SONSOLES FUENTES · LAURA CARRIÓN

Sag's mir ins Ohr

Buch

Sie kennen die geheimsten Fantasien der Frauen. Laura Carrión und Sonsoles Fuentes lassen jetzt die Hüllen fallen. Alles begann mit einem Aufruf an die weibliche Bevölkerung Spaniens. Die Frauen sollten ihre intimsten Wünsche und ihre sexuellen Erfahrungen offenbaren. Die beiden Journalistinnen hatten einen Fragebogen ins Internet gestellt und erhielten schon bald Unmengen von Antworten. Spontan und in aller Offenheit schilderten Frauen aller Altersstufen und verschiedener Herkunft, was sie im Innersten bewegt, welche sexuellen Praktiken sie besonders erregen, was sie schon immer mal ausprobieren wollten und welche Facetten des Liebesspiels sie eher so kalt lassen wie die Pinguine in der Antarktis.

Die freizügigen Bekenntnisse der Frauen sowie die Einschätzungen der ebenfalls befragten Experten, Psychologen und Sexualforscher bestätigen einmal mehr, dass das zentrale Geschlechtsorgan des Menschen anscheinend doch zwischen den Ohren liegt. Artistische Beweglichkeit der kommunizierenden Körper ist willkommen, sicher, doch die stimulierende Macht der Sprache entführt darüberhinaus mitunter in Sphären, von denen der schweigende Genießer nicht einmal zu träumen wagt.

Autorinnen

Die spanische Journalistin Laura Carrión arbeitet für das Magazin »Primera Línea« und produziert Hörfunkbeiträge rund um die Themen Liebe und Sexualität.

Sonsoles Fuentes begann ihre Karriere als Radiomoderatorin. Sie schreibt heute regelmäßig Beiträge für Zeitschriften und Lifestyle-Magazine zu aktuellen Themen und ist Autorin mehrerer Bücher (u. a. »Soy madre – Ich bin Mutter mit Vollzeitjob und schlechtem Gewissen«).

Sonsoles Fuentes
Laura Carrión

Sag's mir ins Ohr

Frauen erzählen ihre sexuellen Fantasien

Aus dem Spanischen
von Claudia Wuttke

GOLDMANN

Die Originalausgabe erschien 2004
unter dem Titel »Dímelo al oído«
bei Ediciones Temas de Hoy, Madrid.

FSC
Mix
Produktgruppe aus vorbildlich
bewirtschafteten Wäldern und
anderen kontrollierten Herkünften

Zert.-Nr. SGS-COC-1940
www.fsc.org

Verlagsgruppe Random House FSC-DEU 0100
Das FSC-zertifizierte Papier *München Super* für Taschenbücher
aus dem Goldmann Verlag liefert Mochenwangen Papier.

1. Auflage
Deutsche Erstausgabe Oktober 2005

Umschlaggestaltung: Design Team München
Umschlagfoto: Zefa/Spindler (10000003240)
Redaktion: Diane von Weltzien
KF · Herstellung: Str.
Druck und Bindung: GGP Media GmbH, Pößneck
Printed in Germany
ISBN-10: 3-442-15339-5
ISBN-13: 978-3-442-15339-8

www.goldmann-verlag.de

Inhalt

Für Xavier, um ihm seine Reise zu verschönern.

Für Candela und die Zeit, die wir ihr stahlen,
für Tomás und die Häppchen und Kaffees, die er uns immer gebracht hat,
für unsere Mütter, die alles gaben, um uns auf den richtigen Weg zu bringen,
und leider scheitern mussten.

Und für alle, die feucht werden …

Einleitung:

Alles nur im Kopf

Ich spürte, dass in der Büchse der Pandora die Geheimnisse der weiblichen Sexualität verborgen lagen. So sehr unterscheidet sie sich von der männlichen, dass deren Sprache nicht hinreicht, um sie zu beschreiben.

Anaïs Nin

Inzwischen kennt wahrscheinlich jeder den Witz, den wir an dieser Stelle trotzdem gern noch einmal zum Besten geben möchten:

»Warum gucken sich Frauen Pornos bis zum Ende an?«

»Um zu sehen, ob die beiden heiraten.«

Ehrlich gesagt, wir haben bei unserer Befragung bis zum Schluss keine einzige Frau kennen gelernt, bei der das Thema Hochzeit eine Rolle in ihren erotischen Fantasien spielte. Nicht einmal ein Candlelight Dinner und rote Rosen scheint sie direkt zum Orgasmus zu führen.

Es mag sein, dass viele Frauen aus dem Impuls behaupten, ihnen genüge ein erlesenes Menü untermalt von leisen Violinklängen mit einem männlichen Prachtexemplar, um sich im Kopf in den heißesten Abenteuern zu verlieren. Doch sobald sie sich mit unserem Fragebogen befassten und ernsthaft darüber nachdachten, was sie wirklich in Stimmung bringt, zeigte sich schnell, dass ihre erotischen Träume mit jenen der Groschenromane wenig gemeinsam haben.

Gleichwohl aber könnte das Szenario eines solchen Abendessens auf mehr als eine Frau spontan stimulierend wirken, wenn sich etwa der Held genüsslich eine Muschel in den Mund steckt und zur Heldin sagt:

»In einer halben Stunde, wenn sie dir deinen Lieblingslikör servieren, werde ich dir langsam erst die Strümpfe und dann den Slip ausziehen, und dann werde ich dir deine Muschi mit warmem Wasser rasieren, damit ich besser von dir kosten kann.«

(Achtung: Die Autorinnen übernehmen keine Haftung für das, was den Männern passiert, wenn sie versuchen, diesen Trick anzuwenden. Nur weil es Frauen gibt, die dabei sofort vor Lust explodieren, heißt das nicht, dass es allen so geht.)

Leider steht zu befürchten, dass sich unsere Leser, sobald sie unsere Fantasien und unseren Umgang mit ihnen im wahren Leben kennen, in ihrer Behauptung bestätigt fühlen, wir Frauen seien ja ach so kompliziert... Wir hören es meistens nicht gern, wenn die Männer das sagen, aber sobald wir allein sind, müssen wir uns manchmal doch fragen, ob wir nicht doch ein wenig merkwürdig und schwierig sind, da noch nicht einmal wir selbst uns immer verstehen (zumindest ergeht es manchen von uns so).

Ein Beispiel dafür mag die Mittzwanzigerin sein, die von ihrem Freund zu ihrem Geburtstag ein ziemlich eigentümliches Geschenk bekam.

Der junge Mann lud sie zum Essen zu sich nach Hause ein, und als er ihr die Tür öffnete, glaubte sie ihren Augen nicht zu trauen. Ihr Partner stand als Frau verkleidet vor ihr, war perfekt geschminkt und trug eine Perücke. Er meinte seinen Auftritt durchaus ernst. Zuerst reagierte die Frau verärgert. Er überredete sie jedoch zum Mitspielen.

Die ganze Zeit während des Essens spielte er seine Rolle perfekt. Seine Bewegungen waren grazil, und er servierte die Getränke und das Essen wie eine Frau, die ihren Mann liebevoll verwöhnen möchte. Und später im Schlafzimmer ließ er sich langsam von ihr ausziehen, was sie immer mehr erregte und zunehmend an dem Spiel Gefallen finden ließ.

Wo war das Problem? Nun, die ganze Sache hat ihr zu gut gefallen. So sehr nämlich, dass es sie erschreckte und sie sich nicht einmal traute, mit ihrem Partner über das zu sprechen, was in der Nacht passiert war. Sie fürchtete, er könnte schlecht über sie denken! Doch aus welchem Grund sollte er ihr eine Reaktion vorwerfen, die er doch im besten Falle genau bezweckt hatte? Aber sie konnte sich einfach nicht eingestehen, dass ihr eine solche Inszenierung mehr Lust bereitete als ihre üblichen Praktiken. Die Frau hatte Angst vor sich selbst, Angst einzusehen, wie wenig sie sich kannte. Was, wenn sie noch viel mehr zu entdecken hätte? Wenn sie sich haltlos immer neuen Impulsen hingeben würde, die sie nicht mehr kontrollieren könnte?

So weit wir wissen, war die Frau schließlich bereit, sich auf neue erregende Erfahrungen einzulassen und die gemeinsamen Bedürfnisse nicht zu unterdrücken, solange beide sich mit der Situation wohl fühlten und die persönlichen Grenzen respektierten.

Man kann es mit Fug und Recht behaupten: Das wirksamste Aphrodisiakum wird im Kopf gebraut, und genau dort, in unserem Gehirn, dem Geschlechtsorgan par excellence, werden die eisernen Barrieren aufgebaut und eingerissen, die es uns verbieten, unsere Sexualität so auszuleben, wie wir uns das wünschen.

Das, was uns in unserem Liebesleben erregt oder auch blockiert, ist eng mit unseren Gewohnheiten und persönlichen Erfahrungen verknüpft, mit den Gefühlen, die bestimmte Erinnerungen in uns wachrufen, unserer Erziehung, dem gesellschaftlich Akzeptierten oder Abgelehnten und nicht zuletzt mit unserer Entschiedenheit, diesen Wertekanon anzunehmen oder zurückzuweisen. Aus diesem Grund sahen sich unsere Probandinnen mit einem Fragebogen konfrontiert, der einigen von ihnen extrem lang erschien. Aber es hätte zu nichts geführt, die Frauen einfach nur nach ihren sexuellen Fantasien zu fragen.

Wie hat alles angefangen?

Manchmal erregt eine Arbeit, eine Studie oder ein Buch unsere Aufmerksamkeit. Es ruft uns wie die Sirenen den Odysseus. In unserem Fall kam der Gesang von einer nordamerikanischen Fernsehdokumentation, in der mehrere Frauen über ihre sexuellen Fantasien sprachen, die dann von verschiedenen Experten kommentiert wurden. Zudem schienen ein paar Fußnoten zu selbigem Thema in einigen Sexualratgebern uns anzuflehen, sie genau zu lesen und uns eingehend mit ihnen zu beschäftigen. Dann wohnten wir der Buchpräsentation von Kollegen bei, auf der die Sexualwissenschaftlerin Carmen Freixa – sie war gewissermaßen die Zeremonienmeisterin auf dieser Veranstaltung – erzählte, dass es in Spanien anders als in anderen Ländern noch keine Studie oder Abhandlung über die sexuellen Fantasien von Frauen gäbe.

Und so kam es, dass wir uns zusammenfanden, um den Schweinkram, wie unser Freund Ángel zu sagen pflegt, in den Computer zu tippen, da wir wussten, dass wir bei diesem Job mit Prüderie garantiert nicht weiterkämen. Die Frauen, denen wir unseren Fragebogen schickten, haben sich anfangs schon genug geziert.

Es scheint so, als hätten die meisten Frauen ein enormes Bedürfnis, über ihre Sexualität zu sprechen, gleichzeitig aber ungeheure Angst davor, den Mund aufzumachen: Man könnte sie ja dafür verurteilen, belächeln, zurechtweisen oder direkt in Therapie schicken. Sobald Manel jedoch eine Homepage für uns einrichtete, auf der die Frauen uns absolut anonym antworten konnten, waren solche Ängste wie fortgeblasen. So wurde www.hazloporti.com geboren (die Seite steht nach wie vor im Netz). Hier erklärten wir, was unsere Neugier geweckt hatte – für irgendwas waren wir schließlich Journalistinnen geworden – und warum wir uns für die geheimen Sehnsüchte der Frauen interessierten.

Schon nach wenigen Tagen kamen die ersten Antworten und auch ein paar Zuschriften von Männern: »Wollt ihr denn nicht auch etwas über unsere Fantasien oder sexuellen Probleme wissen?« Uns ist klar, dass die Männer sehr unter unseren Tabus und den Reglementierungen einer Gesellschaft leiden, die sie zu einem ganz bestimmten sexuellen Verhalten zwingt. Nein, auch sie haben es nicht leicht. Im Anhang dieses Buches ist daher der Fragebogen abgedruckt, den wir für sie entwickelt haben (wer möchte, kann ihn auch über das Internet unter www.queremosconocerte.com beantworten). Ferner erreichten uns auch viele Zuschriften von Frauen aus den lateinamerikanischen Ländern. Eine Auswahl ihrer Antworten findet sich ebenfalls im Anhang.

Welche Bedeutung haben erotische Fantasien? Eine viel größere, als wir uns vorstellen.

Glaubt man den Sexualforschern und den jüngsten themenbezogenen Berichten, haben die meisten Spanier das Interesse an ihrer Sexualität verloren. Diejenigen, die es zurückgewinnen möchten, werden von ihren Therapeuten unter anderem dazu ermuntert, sich in erotischen Gedankenspielen zu üben, was nicht allen immer leicht fällt. Die Fantasien anderer Frauen mögen ihnen vielleicht dabei helfen, den erotischen Funken zu zünden, der die Bilder in Gang setzt und ihnen gestattet, Bedürfnisse zu spüren, die allein oder mit anderen befriedigt werden können. Die Fantasien fungieren als Formel, um sich zu stimulieren, sich auf eine Begegnung einzustimmen, sich sexy zu fühlen und im anderen die Lust zu wecken. Sie bewirken, dass unsere Erregung schneller wächst, sie helfen uns, uns auf die Gefühle zu konzentrieren, die unsere Liebespraktiken in uns wachrufen, und mit ihnen können wir im Kopf schon einmal ausprobieren, was wir auch in der Realität gern einmal testen würden. Die Kraft der Fantasie ist so gewaltig, dass manche Frauen nur über die reine Vorstellung schon zum Orgasmus kommen. Viele unserer Befragten haben sich dafür bedankt, dass wir ihnen die Gelegenheit boten, ihre Geständnisse bei uns abzuladen. Deswegen halten wir unsere Seite im Netz weiter aktiv und nutzen die Vorteile des Internet, um unsere Arbeit fortzusetzen und neues Material zu sammeln.

Ferner ermutigen uns auch die Zuschriften von sowohl spanischen als auch ausländischen Sexualforschungszentren oder Therapeuten, mit unserer Art Röntgenaufnahme des sexuellen Lebens fortzufahren. So schrieb uns John Curtis, ein Reiki-Meister, nachdem er unsere Site entdeckt hatte: »Bei meiner Energiearbeit gehören das Wurzel- und das Sakral-Chakra zu den problematischsten bei meinen Klienten. Beide stehen eng mit Sexualität in Verbindung. Eure Initiative wird sicher vielen Menschen helfen, diese Energie in Fluss zu bringen und so das emotionale und energetische Gleichgewicht wieder herzustellen.«

Die Frauen, die uns geantwortet haben, beschrieben ihre Fantasien alle als situativ, Szenen mit kleinen Handlungsabläufen. Dabei dominierten unterschiedliche Beziehungskonstellationen oder Geschichten: Sex mit einer anderen Frau, das Auftauchen eines Fremden, Sex mit mehreren Männern oder zu dritt, mit dem eigenen Partner, als Unterworfene, Analsex, in einer bestimmten Rolle (die Patientin mit dem Arzt, die Schülerin mit dem Lehrer...), Sex, bei dem man beobachtet wird... Bei der Strukturierung der Kapitel haben wir uns an den Fantasien orientiert, die die Frauen am meisten erregt zu haben schienen, wenngleich viele von ihnen auch mehreren Kapiteln gleichzeitig zugeordnet werden könnten, da in einer Szene unterschiedliche Praktiken vorkommen oder weil es zwischen den einzelnen Szenarien der Lust keine Hierarchie gibt.

Die meisten der Frauen, die sich bei uns gemeldet haben, verspürten das Bedürfnis, sich mit den gelernten sexuellen Mustern auseinander zusetzen. Dank ihrer Fantasien gelingt es ihnen, sich von dem tradierten Kanon zu befreien. Andere konterkarieren die gesellschaftlichen Normen, indem sie sich von fremden Impulsen leiten lassen, etwa wenn sie in ihrem Lieblingsszenario ihre Jungfräulichkeit für den einen besonderen Mann aufbewahren, um sie am Ende an irgendeinen praktisch unbekannten Typ zu verlieren. Nicht wenige verstehen dabei nicht, wie in der Welt der Bilder etwas erregend für sie sein kann, was sie in der Wirklichkeit abstößt. Sie möchten ihre eigenen Widersprüche in ihrer Komplexität begreifen lernen, um mit den psychologischen Barrieren zu brechen, die es ihnen verbieten, auf bestimmte erotische Stimuli entsprechend zu reagieren und sie ohne Schuldgefühle zu genießen.

Einige Sexualforscher sind der Meinung, dass einen Mann schon die Vorstellung eines Hinterns erregt, während weibliche Fantasien wie geschildert situativ sind. Heißt das, Männer und Frauen leben auf unterschiedlichen Planeten?

Wie sich auf den nachfolgenden Seiten zeigen wird, beschreibt die überwiegende Mehrzahl der Frauen Situationen, die mega-erotisch sind. Manche gehen dabei sehr ins Detail, andere deuten nur schüchtern an, wenngleich wir vermuten, dass sich diese Schüchternheit in der Sprache nur auf dem Papier niederschlägt – zuweilen wird schlicht vorausgesetzt, dass wir auch ohne Worte verstehen, worum es geht –, und dass sich in der grauen Masse unseres Gehirns Szenen abspielen, die bedeutend pornografischer sind, selbst wenn es sich um ein hoch romantisches Setting handelt, das übrigens nur sehr selten gewählt wird.

Wenn die von uns gesammelten Zeugnisse den Grad der sexuellen Befreiung des spanischen Volkes anzeigen sollen, dann kommen wir zu dem Schluss, dass die Mehrheit der Frauen weltweit noch nicht befreit genug ist, um sich bei der Beschreibung ihrer erotischen Fantasien völlig gehen zu lassen. Trotzdem verliert sich etwas von der Scham, wenn sie die Fragen zu ihrem sexuellen Werdegang beantworten. Und natürlich steht es jeder Frau frei, die Grenze zum Schutz ihrer Intimsphäre da zu ziehen, wo sie es möchte. Selbst wenn die Anonymität sie bereits schützt.

Unser Hauptinteresse beim Schreiben dieses Buches war nicht herauszufinden, was Frauen erregt, sondern den Leser und die Leserin zu ermuntern, selbst zu entdecken, was sie oder ihn erregt, denn jeder von uns ist für seine Sexualität und die Spielarten, wie wir sie genießen, selbst verantwortlich. Dabei wollen wir dem Liebesakt an sich nicht mehr Bedeutung beimessen, als er hat; das erledigen schon die Medien oder die moderne Gesellschaft, die ihn in eines ihrer Raster presst, zur Messlatte macht (Häufigkeit, Dauer, Anzahl der Orgasmen pro Akt, Penisgröße …) und damit einen Wettkampf mit immer höheren Anforderungen züchtet. Wir wollen den Leser lediglich dazu animieren, Sexualität als eine weitere Möglichkeit persönlichen Wachstums zu begreifen, als eine Spielart mehr, sich den anderen mitzuteilen.

Wir hoffen, dass die Berichte auf diesen Seiten dieses persönliche Wachstum unterstützen.

1

Erregende Situationen

Den Experten zufolge werden wir von »Szenarien« geleitet, kürzeren oder längeren Geschichten der Verführung – die einen obszöner, die anderen romantischer. Wir flüchten uns vor dem Alltag an exotische Orte oder stellen uns ausgefallene und zügellose Situationen vor, wie etwa das orgiastische Übereinanderherfallen in einem öffentlichen Transportmittel. Solche Fantasien sind es, die in den Kapiteln dieses Buches beschrieben werden.

Wir hüten uns jedoch davor, den einen oder anderen Schauplatz als mehr oder weniger sexuell aufgeladen zu etikettieren. Eine Frau kann sich, auch während sie in einer Schlange steht und auf den Bus wartet, plötzlich vorstellen, wie sich der Mund eines Mannes tief in ihrer Vulva versenkt, und sofort einen feuchten Schoß bekommen. Damit gehen jedoch die wenigsten hausieren. Man hat uns beigebracht, ein liebes Mädchen zu sein, und da schickt es sich nicht zuzugeben, dass man den ganzen Tag an Schweinereien denkt.

Bevor wir aber in diese Diskussion einsteigen – was ebenfalls nicht Absicht unseres Buches ist –, lassen wir lieber die Frauen selbst erzählen, welche Situationen sie sich ausmalen, um der Langeweile zu entkommen oder ihre Sexualität zu erkunden.

In der Kirche

Ich bin siebenundvierzig Jahre alt und Abteilungsleiterin. Ich bin geschieden, lebe aber seit zwei Jahren in einer neuen Beziehung. Nach achtzehn Ehejahren habe ich den Sex nun endlich wirklich kennen gelernt und genieße das grenzenlos. Äußerlich würde ich mich als durchschnittliche Frau beschreiben. Ich habe ein paar Kilo zu viel, schminke mich nicht übermäßig, gebe aber ein Vermögen für Parfüms aus. Das Anziehendste an mir ist, denke ich, dass ich sympathisch bin und zuhören kann; und meistens sehe ich eher die witzige Seite des Lebens.

Ich mag Männer, die eine gewisse Virilität ausstrahlen, die etwas an sich haben, das nur ich sehe.

Meine Unschuld habe ich auf ziemlich ungute Weise verloren, und von dem Kerl nie wieder etwas gehört. Traumatisiert hat mich das allerdings auch nicht. Meine Erziehung verbot mir, mich selbst zu befriedigen, und ich fing auch erst mit dreißig damit an, als ich insgesamt begann, etwas freier zu werden. Um den Sex zu genießen, muss ich verliebt sein so wie in meiner gegenwärtigen Beziehung. Manchmal bin ich aktiv, manchmal passiv, das kommt darauf an, aber ich komme immer zum Orgasmus. Innerhalb der Partnerschaft probiere ich gern alles Mögliche aus.

Ich benutze beim Sex keinerlei Spielzeug, und ich stehe nicht auf Pornografie.

Meine Fantasie, die ich nicht ausleben möchte und die mir ziemlich peinlich ist, spielt in der Kirche meiner Kindheit, im Sommer, und ich bin umgeben von all den Götzen, die zu verehren man mir in der Schule beibrachte. Und dann ist da dieser Farbige mit dem riesigen Schwanz. Ich bete, und er nähert

Erotik und Religion

Im Mittelalter wurden die Wände einiger Kirchen mit erotischen Motiven bemalt und Männer und Frauen in beinahe obszönen Positionen darstellten: Nonnen, die ihre Brüste zeigten oder freizügige Darstellungen von Adam und Eva. Ab dem vierzehnten Jahrhundert bedeckte man in sakralen und anderen Gebäuden die Genitalien mit Feigenblättern. Diese Prüderie machte die Betrachtung des Verborgenen zu einem stimulierenden Element für unsere Libido. Aber gilt Ähnliches nicht für fast alles Verbotene?

Lustvolle Fantasien in einer Kirche, also in einem latent repressiven Umfeld, haben etwas Grenzüberschreitendes und wirken umso erregender. Doch die Subversion der Frau ist nicht vollkommen, denn sie ist in der Szene die Angegriffene und die von einem Mann gewaltsam Genommene. Weder hat sie ihn sich ausgesucht, noch besitzt sie die Kontrolle über das, was mit ihr geschieht. Das macht die Schuldgefühle, unter denen die meisten Katholiken leiden, erträglicher.

sich mir von hinten, hält mir den Mund zu, und ohne ein Wort zu sagen, nimmt er mich direkt dort; er hält mir den Mund zu, damit niemand mein Stöhnen hört (die Kirche ist voller Leute, die genauso beten wie ich). Danach verschwindet er schweigend, und ich suche später nach ihm, um noch einmal diese Lust zu spüren, die er mir bereitet hat.

Der Mann mit dem Pick-up

Ich bin fünfundzwanzig, habe einen Hochschulabschluss und arbeite derzeit in einer Werbeagentur.

Ich bin ledig, unabhängig und lebe allein. Ich bin heterosexuell und schon seit einer ganzen Weile ziemlich abstinent (es ist lange her, dass ich zum letzten Mal einen Mann vernascht habe), dafür aber habe ich mit mir selbst jede Menge Spaß.

Ehrlich gesagt, ich bin nicht besonders fantasiebegabt. Aber zwei Szenarios gehen mir immer wieder durch den Kopf. Bei dem ersten habe ich Sex mit einer Frau, die ich nicht kenne. Sie ist attraktiv und sehr feminin, und sie verführt mich stets an einem öffentlichen Ort – in einer Bar oder in der Disko. Ich, immer passiv, lasse sie gewähren. Die Fantasie endet in einem Zimmer, in dem wir uns gegenseitig oral befriedigen. Ich liebe das! Dann penetriert sie mich mit unterschiedlichen Vibratoren, bis ich komme.

Ich hatte noch nie Sex mit einer Frau, und ich glaube, dass ich noch nicht bereit dafür bin, aber ich schließe es auch nicht aus. Für den Moment jedoch ist es nur eine Fantasie.

In dem anderen Szenario sind wir zu dritt, entweder mit zwei Männern oder mit einem Mann und einer Frau. Ich stelle mir vor, wie sie mich fesseln und mir die Augen verbinden. Während einer mich oral befriedigt, »zwingt« mich der andere, es mit ihm zu treiben (wenn es eine Frau ist, verlustiert sie sich mit meinen Brüsten). In diese Fantasie fließen auch gemäßigte sadomasochistische Spielarten ein. Sie schlagen mir mit der flachen Hand auf den Hintern, tröpfeln mir heißes Kerzenwachs auf die Haut... Aber diese Einlagen werden immer von zärtlichem Streicheln abgelöst. Nach dem Vorspiel dringen sie in mich ein, erst der eine, während ich den oder die andere lecke, und dann nehmen sie mich vaginal und anal. Am Ende spritzen die Männer beide auf mir ab.

Eine Fantasie hatte ich nur ein einziges Mal, aber mit ihr hatte ich einen fantastischen Orgasmus: Ich fahre im Auto und habe mitten auf der Landstraße eine Panne. Nachdem ich eine Weile gewartet habe, hält so ein ziemlich attraktiver Hippie in einem Pick-up an. Er sagt nichts, ich steige ein, und ohne ein Wort schiebt er seine Hand unter meinen Minirock und fängt an, es mir zu besorgen. Ich lasse es zu, sehe nicht einmal zu ihm hinüber und werde immer erregter. Dann hält er an einer Tankstelle an, ich steige aus und gehe zu den Toiletten. Kaum habe ich die Tür hinter mir zugemacht, kommt er auch schon rein, drückt mich gegen die Wand, so dass ich ihm den Rücken zudrehe, und dringt vaginal in mich ein. Er nimmt mich kraftvoll, brutal fast, und flüstert mir gleichzeitig obszöne Worte ins Ohr: »Ich wollte schon immer so eine schöne

Sex, ohne sich auszuziehen

Nach einer puritanischen Epoche, in der es sogar als obszön galt, sich vor dem eigenen Ehemann zu entkleiden, wurde das Ablegen der Kleidung – und sei es nur, um sich schlafen zu legen – zu einer so alltäglichen Praxis, dass sich die Flamme der Lust damit nicht mehr so ohne weiteres entzünden lässt – vor allem nicht beim langjährigen Partner.

Die vaginale Penetration, von hinten, voll bekleidet und mit auf Knie- oder Knöchelhöhe heruntergezogenem Slip, kann so für einige Frauen deutlich stimulierender sein als die Vorstellung völliger Nacktheit, erst recht, wenn sie sich in ihrer Kleidung begehrenswerter und schöner fühlen.

Möse wie deine ficken, ja... so, als wärst du eine läufige Hündin auf einem stinkigen Klo...« Solche Sachen.

Danach steigen wir wieder in den Pick-up, und ich blase ihm einen, während er fährt. Später hält er auf dem Seitenstreifen, gebietet mir, hinten auf die Ladefläche zu klettern, wo er mich erneut nimmt, indem er mir einfach den Slip zur Seite schiebt. Dabei guckt ein Hund zu, der die ganze Zeit ohne Unterlass bellt.

Ich bin relativ spät sexuell aktiv geworden, aber seitdem lebe ich meine Lust mit einer gewissen Regelmäßigkeit aus. Nach ein paar mehr oder weniger stabilen Beziehungen hatte ich einige Affären, die von wenigen Ausnahmen abgesehen eher frustrierend waren. In den vergangenen Jahren bin ich mehr und mehr zur Exotin geworden, denn inzwischen ist es schwer, jemanden zu finden, mit dem mir ein Neuanfang lohnenswert erscheint und der außerdem frei ist, aber ich habe auch die Nase voll vom ewigen Suchen.

Es mag traurig klingen, aber die besten Orgasmen hatte ich, wenn ich mit mir allein war, und seit kurzem komme ich auch zu vaginalen Höhepunkten. Im Grunde bin ich mit meinem Leben ganz zufrieden, aber ich hätte auch nichts dagegen, mal jemanden neben mir im Bett zu haben, wenn der Sex die Sache wert ist.

Äußerlich sehe ich ganz gut aus, zumindest drehen sich die Bauarbeiter nach mir um (zählt das?). Ich bin attraktiv, mittelgroß, weder dick noch dünn (obwohl ich gern ein paar Pfunde abnehmen würde). Ich pflege mich, frisiere mich gern so, wie es gerade modern ist – zurzeit habe ich meine Haare feuerrot gefärbt. Ich schminke mich dezent, rasiere mich natürlich, und meine Scham gefällt mir am besten, wenn nichts als ein winziges Dreieck Haare übrig bleibt (ich weiß nicht, ob ich das so

Mein Busen gefällt mir nicht

Die Vorstellung, die wir von unserem eigenen Körper haben, und der Ehrgeiz, mit dem wir den von den Medien gefeierten Schönheitsidealen nacheifern, können unser sexuelles Verhalten stark beeinflussen. Wenn sie etwa »oben« liegt, sind ihre Brüste – ihnen gilt unser Hauptaugenmerk – durch nichts geschützt. Wenn sie darüber nachdenkt, wie er ihren Busen wohl findet, anstatt sich auf das zu konzentrieren, was gerade passiert, kann das den Liebesakt erheblich stören.

Das ist doppelt schade, denn in dieser Stellung kann die Frau den Druck gegen ihre Vulva, das Reiben an ihrer Klitoris, den Rhythmus insgesamt, besser steuern und somit leichter zum Orgasmus kommen.

deutlich sagen muss, aber da es ja niemand sieht, habe ich Lust dazu). Ich habe einen sehr dunklen Teint, und wenn ich dann etwas Helles anziehe, sehe ich toll aus. Mein Gesicht ist ganz süß, und ich habe perfekte Lippen. Aber mein Busen … schrecklich, klein und ohne jeden Halt. Ich trage grundsätzlich Pushups, und sobald es irgend geht, lasse ich mich operieren. Das ist der einzige Komplex, den ich vor Männern habe, erst recht, wenn es zum Sex kommt.

Ob ich intelligent bin? Doch, auch wenn ich manchmal daran zweifle. Vor allem wenn ich immer wieder auf dieselbe Art Trottel hereinfalle. Aber wenn ich mich mit jemandem wohl fühle, kann ich stundenlang mit ihm reden.

Bei den Männern achte ich meistens auf zweierlei, auf die Größe – ich liebe große Männer, das ist ein Tick von mir – und auf die Schuhe. Die sagen viel über einen Menschen aus. Männer in Slippers zum Beispiel können mich total abtörnen, obwohl ich zugeben muss, dass ich auch schon darüber hinweggesehen habe. Und im Bett müssen sie etwas Fantasie beweisen, das ist mir wichtig, und natürlich müssen sie sich auch um mein Wohlergehen kümmern, das versteht sich von selbst.

Aber um auf meinen sexuellen Werdegang zurückzukommen: Ich hab es mit den Phasen! Ich bin durch einige und durch sehr unterschiedliche gegangen. Den ersten intimen Kontakt hatte ich mit dreizehn oder vierzehn, aber damals dann doch noch ohne Penetration. Danach kam der erste offizielle Freund, mit dem ich praktisch alles gemacht habe bis auf »echten« Geschlechtsverkehr. Ich wollte mir meine Jungfräulichkeit bewahren! Mit den Jahren aber begann mich die Sache mit der Unschuld zu traumatisieren, denn der Märchenprinz wollte einfach nicht kommen. Schließlich ließ ich mich halb verzweifelt von einer Urlaubsaffäre entjungfern. Ich ging mit ihm ins Bett, und gut. Es war zwar nicht zum Ausflippen, aber schlecht war es auch nicht.

Mit fünfzehn hätte mich so ein Wichser fast vergewaltigt. Es kam am Ende zum Glück nicht dazu, aber das hat mir einen ziemlichen Knacks beschert.

Bis vor kurzem war ich im Bett relativ passiv. Ich werde gern verwöhnt und gestreichelt. Ich will, dass der Mann sich um mich kümmert. Wen wundert's, ich bin schließlich Löwe. Ich habe eine lange Anlaufzeit – vielleicht ist das meine Taktik, um nicht überrumpelt zu werden. Heute bin ich, wenn es passt, bedeutend aktiver und finde es gut, dem anderen meine Wünsche klar zu sagen. Zu zweit fällt es mir recht schwer, zum Orgasmus zu kommen, vor allem bei einer Affäre, bei der die Koordination noch nicht stimmt.

Wie bereits erwähnt habe ich heute lieber Sex mit mir allein, denn die Männer reizen mich nicht mehr so. Vielleicht bin ich auch anspruchsvoller geworden. Das Problem ist, dass mich nur noch sehr wenige interessieren, und wenn die, die mir gefallen, nicht selbst die Initiative ergreifen, bin ich weg.

Ich habe mir gelegentlich schon mal einen Porno ausgeliehen, meistens, wenn ich einen festen Partner hatte. Mich kann das mächtig erregen. Aber ich mag die erotischen lieber, die mehr Raum für die Fantasie lassen. Manchmal sehe ich mir auch einen im Fernsehen an und lasse mich von den Bildern stimulieren, um mich dann selbst zu befriedigen.

Ich benutze erotisches Spielzeug: Vibratoren, Dildos, chinesische Kugeln. Ich beschäftige mich erst seit kurzem mit solchen Sachen, und sie helfen mir, mich selbst besser kennen zu lernen. Ich setze sie auch gern in einer Zweierbeziehung ein. Sie heizen beide an, und meine Partner fahren meistens darauf ab. Ich habe kein Problem damit, das zuzugeben oder mit meinen Freunden darüber zu reden. Ich bin in dieser Hinsicht ziemlich offen. Heute jedenfalls, denn früher war das anders.

Ab an den Strand

Ich bin vierundzwanzig Jahre alt.

Eine der Fantasien, die ich ausgelebt habe und die ich immer wieder ausleben würde, spielt sich um zwei Uhr nachmittags im seichten Gewässer am Strand ab. Das Wasser ist kalt und schmeckt salzig, und ich liege auf meinem Freund, den Busen fest an seinen Körper gedrückt. Mit meinen Beinen halte ich seine Hüften umklammert und spüre seine Erektion.

Ich schiebe mein Bikinihöschen zur Seite und spüre, wie das Wasser meine Vagina liebkost, während ich seinen steifen

Sommerfantasien

In einem Interview mit der Tageszeitung »Faro de Virgo«, erschienen am 19. August 2003, sagt der Sexualexperte Emilio López Bastos: »Es ist nicht bewiesen, dass die Menschen im Sommer sexuell aktiver sind. Dennoch hat man im Sommer mehr Zeit, seine Lust zu leben, und außerdem bieten die Nächte mehr Spielraum. Die spärliche Bekleidung am Strand und die durchlässigere Sommermode im Allgemeinen tun das Übrige.«

Schwanz aus der Badehose befreie und ihn mir einführe. Dabei küssen wir uns leidenschaftlich und kümmern uns nicht um die Leute um uns herum – Kinder, alte Menschen –, sondern treiben es mitten am Tag am Strand. Mich macht die Vorstellung, dass jeder uns zusehen kann, total heiß.

Ich würde das andauernd wieder machen, aber es gibt Männer, denen der Mumm dazu fehlt, weil sie es für respektlos halten; für mich jedoch gibt es nichts Schöneres, als es an einem gut besuchten Strand im Wasser zu treiben!

Ich habe meine Freunde und Sommeraffären drei Jahre lang mit meinem Ex betrogen, dem Mann, mit dem ich fünf Jahre lang zusammen war. Auch er hat eine seiner Freundinnen betrogen, mit der er bereits eine zweijährige Beziehung führte. Die sexuelle Anziehung zwischen uns war immer sehr groß, und ich bereue es nicht, denn schließlich war er der beste Liebhaber, den ich je hatte, und dann auch noch der Mann, mit dem ich fünf Jahre meines Lebens geteilt habe.

Ich bin eine aufgeschlossene und sehr direkte Frau, und manchmal erschrecke ich die Männer durch meine entschiedene, ehrliche Art. Ich habe eine sehr gute Figur, und die Typen meinen, ich hätte etwas Wollüstiges, aber ich bin nicht plump oder so, im Gegenteil. Sie mögen meinen Körper, mein sympathisches Gesicht bei meinem gleichzeitig dominanten Charakter. Ich ziehe mich sportlich-feminin an, trage selten Absätze, weil ich 1,73 Meter bin und mich manchmal etwas groß finde. Meine Unterwäsche ist weitestgehend aus Baumwolle, obwohl ich für besondere Anlässe schon mal moderne oder verspielte Dessous aussuche. Ich trage immer Tangas.

Die Augen schminke ich mir täglich mit Kajal und Mascara; beim Lidschatten bevorzuge ich rauchige Töne. Außerdem benutze ich regelmäßig Selbstbräuner, weil meine Haut hell und empfindlich ist; beim kleinsten bisschen Sonne wird sie rot. Bei den Düften mag ich frische, jugendliche und gleichzeitig

Sex mit dem Ex

Sporadische intime Begegnungen mit dem Ex sind verbreiteter als man denkt. Der Präsident der spanischen Gesellschaft für sexuelle Aufklärung, Manuel Lucas, erklärte das in der El País de las Tentaciones vom 5. September 2003 folgendermaßen: »Bei Partnerschaften, in denen bei einer Trennung das Begehren nicht gänzlich erloschen ist, sondern sich nur verflüchtigt hat, kommt es häufig wieder, wenn beide Partner etwas Luft hatten und dem Alltagstrott entfliehen konnten.«

Sollte es das Paar daraufhin noch einmal miteinander versuchen, treten bei den meisten jedoch die Probleme wieder zu Tage, die zur ersten Trennung geführt haben.

mysteriöse Noten am liebsten; habe ich einmal ein Parfüm gefunden, bleibe ich ihm lange treu. Bei meiner Frisur gehe ich gern mit der Mode, obwohl ich mir das Haar meistens zurückstecke, damit mein Gesicht besser zur Geltung kommt. Und ich wechsle gern die Farbe. Es kann passieren, dass ich morgens aufstehe und mir die Haare dunkel färbe, um am nächsten Tag auf Platinblond umzusteigen. Ich mag diese Art der Extreme, und ich spiele gern mit dem Make-up, vor allem, wenn ich ausgehe.

Mein Liebhaber oder Freund sollte leidenschaftlich sein, so wie ich, sexuell aktiv, größer als 1,80 Meter und der typische dunkelhäutige Latino, bei dem ich schon dahinschmelze, wenn ich ihn nur sehe. Ich wünsche mir einen ehrlichen, humorvollen und kommunikativen Mann, der gleichzeitig in der Lage ist, mein Temperament zu bremsen und meiner Dominanz Einhalt zu gebieten – ein bisschen jedenfalls, denn die Zügel halte noch immer ich in der Hand, auch wenn er glaubt, dass er das tut.

Beim ersten Mal war ich siebzehn und der Typ sechzehn. Wir hatten beide keine Erfahrung und haben es ohne Kondom gemacht. Wir waren im Haus meiner verstorbenen Großeltern, von dem ich mir einen Zweitschlüssel hatte machen lassen. Natürlich kam genau in dem Moment mein Vater dort vorbei. Wir lagen oben im ersten Stock und hörten den Schlüssel im Schloss. Aber er sah das Moped in der Garage und ist wieder gefahren. Ich habe in meinem ganzen Leben noch nicht solche Angst gehabt, aber die Erfahrung war gut. Ich werde sie nie vergessen! Heute lache ich darüber, aber was hatten wir für einen Schiss, mein Liebster und ich.

Beim Sex ergreife ich gern die Initiative, probiere neue Stellungen aus, komme mit Spielzeugen, lege meinem Partner Handschellen an, mache mit ihm, wozu ich Lust habe, und stehe voll auf anal. Ich habe es vor nicht allzu langer Zeit zum ersten Mal ausprobiert und finde es phänomenal. Es ist eine andere Art der Erregung als beim Vaginalsex, befriedigender.

Seit einem Jahr habe ich einen virtuellen Liebhaber. Er ist der Einzige, der mich via Bildschirm nimmt. Ich habe das nie zuvor ausgetestet, wäre nicht mal auf die Idee gekommen, aber ich vertraue ihm, und wir haben jede Menge Spaß. Wir betrachten es beide als Spiel. Wir »treffen« uns, wann immer wir Lust haben, normalerweise ein paarmal pro Woche. Meinen Cyberlover verlasse ich auch dann nicht, wenn ich eine Affäre habe oder mir jemand gefällt. Dazu geht es mir zu gut mit ihm.

Ich benutze Vibratoren oder Chinakugeln; es macht mir Spaß, mit ihnen zu spielen, vor allem beim virtuellen Sex mit diesem Cybertyp. Mich macht das total heiß, wenn er mir dabei zusieht, wie ich mich mit meinen Spielzeugen befriedige. Ich glaube, diese Dinge sind gut zur Ergänzung. Ich benutze sie immer, und auch wenn sie sich anders anfühlen als ein Glied aus Fleisch und Blut, so ist dieses kribbelnde Vibrieren doch irre. Genau das ist es, was mir so daran gefällt: Die Möglichkeit, auch ohne männlichen Körper sexuell spielen zu können, törnt mich an – ein beinahe schwermütiger Aspekt.

Wenn die Türen sich schließen

Ich bin sechsunddreißig Jahre alt. Ich habe einen Hochschulabschluss und arbeite im Bereich Kultur.

Eine meiner häufigsten Fantasien überkommt mich in den überraschendsten Momenten. Ich stelle mir vor, was passieren würde, wenn genau in dieser Sekunde der Fahrstuhl, in dem ich gerade stehe, stecken bliebe oder die U-Bahn, in der

Überall

Wir Frauen haben das Glück, dass man uns nicht anmerkt, wenn unsere Libido an den peinlichsten Orten plötzlich verrückt spielt, so sehr unser »Geschlecht auch anschwellen« mag, wie eine der Befragten es ausdrückte. Die weiblichen Genitalien reagieren auf sexuelle Stimuli, und nicht nur, indem sie feucht werden. Auch wir haben eine Erektion, doch können andere sie kaum wahrnehmen, da sich die Klitoris v-förmig größtenteils zwischen der Harnröhre und der Vagina verbirgt. Von daher sieht man sie nicht, wie groß sie auch werden mag. Außerdem sind wir, wenn es darauf ankommt, Meisterinnen im Vertuschen.

ich unterwegs bin, oder wenn sich die Türen des Restaurants, in dem ich sitze, schlössen … Und dann male ich mir aus, wie es wäre, mit den Leuten in dem Fahrstuhl, der U-Bahn, dem Lokal Sex zu haben … Männer und Frauen, junge, reifere oder alte Menschen. Ich stelle mir vor, wie ich mich ohne Nachzudenken und mit Leidenschaft Leuten hingebe, die ich nicht besonders sympathisch finde, ja, die vielleicht sogar unangenehm riechen, animalisch irgendwie.

Ich habe derzeit einen festen Partner und einen Sohn von vier Jahren. Beruflich bin ich erfolgreich. Außerdem habe ich einen traumhaften Babysitter, der es uns erlaubt, freitags auszugehen. Das Einzige, was mir zu meinem Glück fehlt, ist eine intakte Libido. Ich gehöre zu der Fraktion: Mutter, beruflich erfolgreich, Hausfrau, die alles im Griff hat, nur leider bleibt ihr sexuelles Begehren dabei auf der Strecke. Aber ich arbeite daran.

Stressphasen

Die Geburt eines Kindes bedeutet unweigerlich einen Einschnitt in der Partnerschaft, mit dem einige besser, andere schlechter umgehen können. Sind die Verantwortlichkeiten nicht gleichmäßig aufgeteilt, fühlt die beruflich eingespannte Frau sich überlastet und unter einem Druck, der leicht zu Angstgefühlen führt oder gar in eine Depression mündet. Diesen Prozess zu erkennen und eine Lösung zu finden, kann anstehende oder künftige Ehekrisen verhindern helfen. Familientherapeuten zufolge sind die glücklichsten Paare solche, die seit mehr als zehn Jahren zusammen sind und es gelernt haben, solche Krisen zu durchschreiten und zu meistern.

Die Anforderungen des modernen Lebens erlauben es zumeist nicht, einer guten Sexualität so viel Raum zu geben, wie sie braucht. Daraus folgt, dass in funktionierenden Partnerschaften das Liebesleben regelrecht terminiert wird. Doch trotz umsichtiger Planung dürfen stimulierende Momente außer der Reihe nicht fehlen: hier mal ein neues Spiel vorschlagen, da den Partner mit einem neuen Outfit oder mit betörender Unterwäsche überraschen, mit einem Kniff, von dem man jüngst gehört hat...

Es lohnt sich, sich zuweilen an den entspannenden Effekt eines Orgasmus zu erinnern – er ist manchmal das bessere Mittel, um Spannungen abzubauen, als der Griff in die Hausapotheke.

Wie es bei mir anfing... ich war sechzehn und er mein Freund, mit dem ich auch einige Jahre zusammen war. Mit ihm habe ich meine Sexualität entdeckt und, was noch wichtiger war, den Spaß daran. Ich glaube, ich hatte Glück. Nachdem ich ein paarmal mit ihm geschlafen und gemerkt hatte, dass die Sache so aufregend nicht war, begann ich, das näher zu untersuchen, was sich zwischen meinen Schenkeln verbarg, und – Überraschung! – stellte fest, dass das Entscheidende außerhalb meiner Scheide lag: meine Klitoris. Wir haben sie sofort in unsere Sexualität mit einbezogen, und ich stimuliere sie oft, auch während ich mit einem Mann schlafe, um zu einem intensiven und in der Regel sehr befriedigenden Orgasmus zu kommen.

Später dann habe ich die Liebe meines Lebens verlassen, um mich eine Zeit lang ziemlich wild auszutoben, so nach dem Motto: Ich nehme jeden, der bei drei nicht auf den Bäumen ist. Anfangs war es mir noch peinlich, mich anzufassen, während wir es trieben, doch dann kam ich zu dem Schluss, dass ich dafür schließlich mit den Männern ins Bett ging ... um Spaß zu haben. Deren Reaktion hat mich ziemlich überrascht: Fast alle fanden das total geil, und die meisten sagten, dass sie noch keine Frau gehabt hatten, die sich selbst so anfasste wie ich. Ich konnte das gar nicht glauben und dachte, eins kann nur stimmen: Entweder bin ich komisch, oder die anderen spielen den Männern etwas vor. Noch heute bin ich mir bei der Antwort manchmal unsicher ...

Ich hatte auch schon mit der einen oder anderen Frau eine Affäre. Ich glaube, dass die Menschen von Natur aus bisexuell sind; sie müssten es nur zulassen. Man verliebt sich doch in eine Person und nicht in ein Geschlecht, aber bei den einen ist es erlaubt und bei den anderen nicht. Mit einer Freundin wäre ich gern eine Partnerschaft eingegangen, aber sie hat es mit der Angst bekommen. Sie hat sich in der Sache verloren ... wir gingen ziemlich hart ran, sowohl im Bett als auch außerhalb. Na ja.

Danach hatte ich den wohl durchgedrehtesten Freund, den man sich vorstellen kann, aber durch ihn habe ich unter anderem begriffen, dass ich mir unlebbare Beziehungen aussuche, um die Verantwortung abgeben und sagen zu können: »Was habe ich doch für ein Pech mit den Männern! Und mit den Frauen!« Dabei hatte ich in Wahrheit nur furchtbare Angst davor, mich wirklich zu verlieben und mich verletzbar zu machen. Zwei Jahre habe ich völlig enthaltsam gelebt, bis ich das begriffen habe, und genau in dem Moment lernte ich meinen derzeitigen Partner kennen – einen Mann, der mich liebt, mich umsorgt und mich so akzeptiert, wie ich bin. Ein echter Glückstreffer. Es wird der Tag kommen, da wir wieder blind vor Leidenschaft übereinander herfallen. Ich merke das!

Manchmal sehe ich toll und dann wieder ganz furchtbar aus. Das heißt wohl, dass ich ein durchschnittlicher Typ bin, aber man hat mir schon oft gesagt, dass ich eine sexy Stimme habe. Und ich glaube schon, dass ich auf manche Männer oder Frauen extrem attraktiv wirke. Nach außen hin erscheine ich

Offenheit

Manche Frauen müssen einen Mann erst kennen lernen, um ihm ihre Bedürfnisse mitzuteilen. Andere trauen sich das auch nach Jahren bei ihrem Partner nicht, legen aber bei einem völlig Unbekannten jede Scham ab.

Über Sexualität zu reden ist nicht leicht. Man hat Angst, das männliche Ego zu verletzen oder einen schlechten Eindruck zu machen, wenn man sich zu weit von dem Drehbuch entfernt, an dem sich ein braves Mädchen orientieren sollte.

sehr sicher, mutig, entschieden, raubeinig, obwohl ich von meiner Statur eher etwas Zerbrechliches an mir habe. Vielleicht ist das für einige die explosive Mischung.

Ab und zu tue ich mir etwas Gutes. Für das Fitness-Studio habe ich keine Zeit, aber ich schwimme gern und gönne mir diese Stunde auch, wann immer ich es schaffe. Wenn ich mich schminke, dann diskret, nur Lippenstift benutze ich regelmäßig, und zwar roten oder braunen. Ich mag frische, etwas säuerliche Düfte. Ich gehe nicht zur Kosmetikerin, aber manchmal verwandle ich mein Badezimmer in einen Schönheitssalon: Dann rasiere ich mich, lege eine Gesichtsmaske auf, massiere mir die Haut mit einem Sisalhandschuh, creme mich ein, gönne meinen Haaren eine Kur und bin danach so schön und entspannt, dass ich mir vornehme, mich häufiger so zu verwöhnen. Gelegentlich belohne ich mich mit einer Massage, vom Kopf bis zu den Füßen, von vorne und hinten.

Als konventionell würde ich mich nicht gerade bezeichnen. Mein Geschmack ist eklektizistisch. In mir wohnen so viele unterschiedliche Typen, wie ich Freunde habe. Jeder spricht mich auf einer anderen Ebene an, weckt andere Facetten in mir. Wenn ich eine Party mit all meinen Freunden und Bekannten feiern würde, wäre das vermutlich der Wahnsinn: vom langmähnigen Heavy-Metal-Freak bis zum interessanten, reiferen Angestellten wäre alles dabei, einschließlich Müßiggängern, Workaholics, Künstlern und solchen, die in keine Kategorie passen.

Ich mag intelligente, authentische Menschen, die so handeln, wie sie reden. Letzteres zieht mich magisch an; man kann es den Leuten an den Augen ablesen. Ich mag ferner mutige Menschen, solche, die sagen, was sie denken, auch wenn es politisch nicht korrekt ist. Und ein bisschen exzentrisch dürfen sie sein, anders, nicht so einfältig …

Ich liebe Sex. Für mich ist er einer der vier Säulen körperlicher und geistiger Gesundheit; die anderen drei sind Schlafen, Essen und Aufs-Klo-gehen (Entschuldigung). Wenn die vier Dinge stimmen, kann man den Idealzustand erreichen.

Momentan lebe ich wie gesagt etwas abstinent. Ich habe zu viel im Kopf und kann nicht richtig abschalten. Sex erfordert eine Menge Energie, obwohl er zum Selbstläufer wird, wenn man erst mal damit angefangen hat. Ich liebe es, meinem Freund einen zu blasen, auch wenn ich den Geschmack von Sperma nicht mag; er ist mir zu aggressiv. Ich ergreife ebenso gern die Initiative, wie ich mich total passiv verhalten kann. Am meisten macht es mich an zu spüren, dass der andere mich begehrt. Ich bin meinem Partner fast nie untreu gewesen: Ich kann nicht lügen, und mich stresst so ein Doppelleben. Obwohl ich durchaus schon andere Menschen begehrt habe, begriff ich doch früh, was für weitreichende Konsequenzen die Untreue haben kann. Ich kann mir eine Beziehung schon ganz lustig vorstellen, die von Anfang an für beide Seiten offen ist, aber ich halte es auch für gefährlich – wir Menschen sind ziemlich besitzergreifend. Da ziehe ich es vor, eine Beziehung zu beenden, bevor ich die nächste beginne, auch wenn ich schon zwei, drei Geschichten parallel laufen hatte.

Es mag wohl sein, dass der Sex ohne Liebe auskommt, aber Liebe ohne Sex ist eine traurige Angelegenheit. Da fehlt das Kribbeln (wie ich es genau jetzt auf der Haut spüre). Meine leidenschaftlichsten Nächte hatte ich immer, wenn ich verliebt war. Ich weiß noch ganz genau, wann ich schwanger geworden bin; das war ein Gefühl, als würde ich mit dem Universum verschmelzen. Ich weiß, dass sich das gewaltig anhört, aber so war es.

Ich liebe erotische Literatur. Anaïs Nin ist unglaublich. Ich werde schon nach dem ersten Absatz feucht. Seit Jahren lese ich sie, wenn ich mich selbst befriedige ... obwohl ich selbst darauf zurzeit keine Lust habe, aber das wird sich auch wieder ändern.

Ich liebe das Risiko

Ich bin einunddreißig Jahre alt und arbeite in der Gastronomie, obwohl ich eine technische Ausbildung gemacht habe. Ich bin verheiratet und habe eine Tochter.

Meine erotische Fantasie spielt sich in einem Fahrstuhl oder in einem öffentlichen Waschraum ab, wo wir zwar allein sind, aber Gefahr laufen, dass uns jeden Moment jemand erwischt. Manchmal sind auch zwei Männer dabei. Und manchmal stelle ich mir vor, meinen Mann mit einem Kollegen zu betrügen, mit dem ich befreundet bin.

Mit achtzehn habe ich mich in einen der Männer verliebt, die mich sehr geprägt haben. Wir haben ein paar Monate nur geflirtet und sind einmal im Bett gelandet, ohne dass etwas passiert wäre, aber es war trotzdem ganz nett. Am nächsten Tag fuhr er für eine Woche nach Jaca und hat dort mit der Schwester eines Freundes angebändelt. Diese Frau hat er geheiratet, ein Kind mit ihr bekommen und sich nach einem Jahr wieder getrennt. Ich glaube, dass auch er ziemlich verliebt in mich war, aber das Schicksal wollte nicht, dass wir zusammenkommen. Wenn ich ihm gelegentlich begegne, dann ist da etwas ganz Besonderes in der Art, wie wir uns ansehen und miteinander reden. Mir ging es wahrlich elend danach.

Mit neunzehn habe ich einen anderen kennen gelernt. Er war der beste Freund des Freundes meiner besten Freundin. Alles klar? Das Ganze fing schon wie ein abgekartetes Spiel an, und wir waren auch zwei Jahre zusammen, aber es fehlte der

Funke, zumindest von meiner Seite. Er war sechsundzwanzig. Dann fing ich in einer Firma an zu arbeiten und begegnete dort meinem jetzigen Mann. Nur war ich ja nicht frei. Obwohl die Chemie zwischen uns echt stimmte, blieben wir ein Jahr nur gute Freunde, mochten uns aber immer lieber, und die Beziehung zu meinem Freund verschlechterte sich immer mehr, bis ich überhaupt keine Lust mehr auf ihn hatte.

Mein Arbeitskollege eroberte mein Herz nach allen Regeln der Kunst, schenkte mir Blumen und andere Dinge. Eines Tages küssten wir uns dann, und am nächsten Tag sagte ich meinem Freund, dass ich so nicht weitermachen könne und dass ich in einen anderen verliebt sei. Später erfuhr ich, dass auch er eine andere Frau hatte.

Fünf Jahre waren wir ein Paar, bis wir heirateten. Eine Weile später kam meine Tochter zur Welt, die heute drei Jahre alt ist.

Insgesamt bin ich eine attraktive Frau, auch wenn ich um die Hüften etwas breit bin und ständig Diät halten muss. Hervorheben würde ich meine Haare, meine Augen und meine fröhliche, extrovertierte Art.

Meine Unterwäsche ist aus Baumwolle und eher jugendlich. Ansonsten kleide ich mich modisch. Ich rasiere mich regelmäßig und gehe immer geschminkt aus dem Haus. Ich benutze teure Parfüms und frisiere mich, wie es gerade modern ist.

Von meinem Idealmann habe ich keine genaue Vorstellung. Intellekt ist mir wichtig. Ich ziehe Männer vor, die außer Fußball noch andere Themen haben, über die sie reden können. Ansonsten sollten sie ehrlich sein. Das Aussehen ist mir egal.

Im Bett bin ich abhängig von der Situation mal aktiv, mal passiv, aber aktiv bin ich lieber. Für Sex nehme ich mir Zeit, und ich treibe es gern morgens. In einer Partnerschaft kommt es bei mir zu fünfundsiebzig Prozent auf Sex an. Eine Beziehung funktioniert nicht, wenn der Sex nicht stimmt. Meine Libido ist mit der Zeit ausgeprägter geworden, aber (bislang) bin ich nie fremdgegangen, obwohl ich manchmal auch schon mit dem Gedanken gespielt habe. Im Moment habe ich eine fantastische Sexualität. Mit den Jahren verstehen und kennen wir uns einfach besser.

Ganz selten gucke ich mir mit meinem Mann auch mal einen Porno an, und manchmal reden wir auch mit unseren Freunden darüber. Irgendwie kommt das Thema immer wieder darauf. Es macht mir nichts aus, wenn sie die Filme auch sehen. Danach wollen sie sie sich immer von uns ausleihen.

Sonstige Spielzeuge benutze ich nicht; nur die Filme, die ich mir nie alleine anschaue. Ob mein Mann sich die Streifen allein ansieht, ist mir egal. Meinen Freundinnen würde ich sie auch jederzeit schenken oder leihen. Ich finde, sie bereichern eine Partnerschaft. Man lernt Neues kennen.

Fremde Akzente

Ich bin siebenunddreißig Jahre, habe einen Hochschulabschluss und arbeite als Krankenschwester.

In meiner Fantasie lebe ich eine verbotene Liebe aus, die sich in meinem Arbeitsbereich abspielt. Am heißesten macht mich dabei seine Persönlichkeit. Es erregt mich, die Stimme dieses Menschen zu hören und seinen weichen, ausländischen Akzent, sein Begehren zu spüren und mich an unsere Rendezvous zu erinnern. Er wirkt sehr nett, und gleichzeitig hat er etwas Dreistes, Forsches an sich. Dieser Widerspruch zwischen seiner Weichheit, seiner Härte und wie dreckig er manchmal sein kann, macht mich total an.

Sinnliche Stimmen

Viele Frauen identifizieren sich mit der Protagonistin aus *Ein Fisch namens Wanda* und deren Hang, fast den Verstand zu verlieren, wenn ein Mann eine andere Sprache oder mit Akzent spricht: französisch, italienisch oder die südamerikanischen Tonarten.

Das Ohr ist eines der Sinnesorgane, das viele bei ihren erotischen Spielarten außer Acht lassen. Dabei geht es nicht nur um die andere Sprache, sondern darum, mit Worten und Stimme auszudrücken, was wir fühlen, oder während des Liebesspiels obszöne Ausdrücke zu verwenden, wenn wir merken, dass sie den Partner erregen.

Die Stimme ist bei der Eroberung der Frau ein Schlüsselelement. Uns Frauen fickt man durchs Ohr, und das sollte kein Mann vergessen, der uns verführen will.

Andere Fantasie: Urlaub mit meinem Mann und seiner Familie in seinem Heimatland. Die absolute Überdosis! Was für eine kraftvolle, überbordende Persönlichkeit da zum Vorschein kommt! Ihn in seinem ureigenen Umfeld zu erleben – das ist er! Ich liebe das. Ich stelle mir vor, wie wir es im Bad treiben, schnell, im Stehen, während die anderen draußen auf uns warten.

Noch eine: Ich fahre im Zug; vor mir ein älterer, unbekannter Herr. Ich beginne, ihn zu begehren, und versuche subtil, ihn zu verführen. Er ist so nah … Ich beschränke mich darauf, ihn zu beobachten und zu begehren. Ich spüre, wie mein Geschlecht anschwillt. Er ist so nah und ahnt nichts, und ich brenne vor Verlangen, ihn zu vögeln.

Ich bin verheiratet, liebe meinen Mann auch, aber es gibt noch einen zweiten. Seit einem Jahr geht das nun schon hin und her: Je mehr ich den einen begehre, desto weiter entferne ich mich von dem anderen. Und das geht in beide Richtungen so. Sagen wir mal, es ist eine Situation der stabilen Krise. Ich hätte nie gedacht, dass mir so etwas mal passieren könnte, und ich frage mich, kann man denn zwei Männer zugleich lieben?

Ich bin ganz ansehnlich, und die Leute erinnern sich oft an mich. Ich habe einen Heidenspaß daran, mich zu begutachten, mich anzusehen und zurechtzumachen. Ich bin ein Narziss. Das Auffälligste an mir ist meine Figur, die Haut, meine Augen und wie ich mich gebe. Ich bin weich und intelligent. Ich halte mich für verführerisch, aber auch für schüchtern. Eine Meisterin im Smalltalk bin ich nicht. Normalerweise spüre ich, dass ich »ankomme«. Ich bin nicht besonders schlagfertig und gewinne den Dingen auch selten ihre komische Seite ab.

Ich kleide mich sportlich und zuweilen hippiemäßig, auch wenn mir das nicht steht. Elegante Sachen passen besser zu mir. Ich benutze Kosmetika und teure Parfüms. Schöne Unterwäsche ja, aber keine teure. Auf meine Haare lege ich großen Wert. Ich esse gut und schlafe viel. Ich mache mich immer zurecht, aber so, dass man es nicht merkt. Ich rasiere und schminke mich regelmäßig, aber diskret. Drei- oder viermal im Jahr gehe ich zum Friseur, und weil ich so anspruchsvoll bin, muss es dann ein sehr guter sein. Ich denke, ich weiß, wie ich meine Vorzüge zur Geltung bringe.

Und auch wenn die äußeren Dinge wichtig sind, Spiritualität steht bei mir an erster Stelle. Ich versuche, die wirklich bedeutsamen Dinge des Lebens nicht aus den Augen zu verlieren und ihnen einen entsprechenden Stellenwert einzuräumen. Trotzdem hat die Frivolität in meinem Leben durchaus ihren Platz.

Ich bin kokett, und von klein auf habe ich Frauen dabei beobachtet, wie sie sich hübsch machen. Ich hatte noch nie etwas mit einer Frau, jedenfalls nie in echt. Ich finde Frauen toll, aber wirklich heiß machen mich die Männer. Irgendwann würde ich gern mal was mit einer richtig atemberaubenden Frau haben. Ich glaube, dass mich das erregen und ich auch zum Orgasmus kommen würde.

Ich glaube, ich kann nicht sagen, welcher Typ Mann mir besonders gefällt; ich hatte nie eine feste Vorstellung davon, wie er sein soll. Eher wiederholen sich bestimmte Eigenschaften bei der Mehrzahl der Männer, die ich mochte. Gut sollen sie sein, und zwar im besten Sinne des Wortes. Ein guter Mann ist großartig. Intelligent, sensibel, mit weiblichen Anteilen. Interessant, mit Persönlichkeit; Männer, die etwas zu erzählen haben. Und was mir mit den Südamerikanern passiert, kann ich auch nicht erklären. Ihr Blick und ihre Stimme faszinieren mich. Grundsätzlich achte ich mehr auf die Persönlichkeit als auf das Aussehen. Mich erobert man mit Worten. Und ich mag Menschen, die anders sind. Vielleicht fallen mir deswegen Ausländer besonders auf. Die Dunkelhaarigen mag ich lieber als die Blonden. Und sie sollen mich begehren wie verrückt. Das erregt mich nämlich am meisten: wenn sie vor Lust fast umkommen.

Ich habe schon als Kind angefangen, mich selbst zu befriedigen, mit neun oder zehn. Dieses Gefühl hat mich bei meiner Entwicklung stets begleitet, und noch heute werde ich es nicht ganz los, obwohl ich mich deutlich weiterentwickelt habe. Eine meiner genialsten Begegnungen bestand aus einer Nacht mit purem Sex, weiter nichts. Ich war einundzwanzig. Mich hat das so aufgewühlt, dass ich dem Kerl danach jedes Mal, wenn er mich erneut besuchen wollte, direkt die Tür vor der Nase zugeschlagen habe. Nicht mal an sein Gesicht kann ich mich noch erinnern. Später habe ich das bereut, denn er war ein ausgezeichneter Liebhaber.

Etwa ab fünfzehn hatte ich dann erste Freunde, doch es dauerte noch eine Weile, bis ich entjungfert wurde. Ich unternahm mehrere Anläufe mit unterschiedlichen Männern, aber ich war einfach zu eng. Unter anderem deswegen vermute ich, dass ich als Kind missbraucht worden bin, auch wenn diese Vermutung sehr vage bleibt.

Ich glaube, dass die katholische Erziehung samt den dazugehörigen Moralvorstellungen mir geschadet hat. Ich habe auf den Prinzen gewartet und mich in Keuschheit geübt, was den Bedürfnissen einer normal entwickelten Jugendlichen, die etwas erleben und sich ausprobieren will, ziemlich zuwider läuft. Aber es war schon gut, den Kerlen zu misstrauen, denn sie spielten ja nach den gleichen ungerechten Regeln.

Meine erste ernsthafte Beziehung hatte ich mit achtzehn mit einem zwanzig Jahre älteren Mann. Er war verheiratet – und mein Chef. Es war ein Familienbetrieb, die beiden hatten drei Söhne im Alter von sieben bis fünfzehn, und es ist mir ein bisschen peinlich, aber auf ihre Art waren alle Männer dieser Familie in mich verliebt.

Mein Chef war total fasziniert von meiner Art, hat mich verführt und dann sein Herz an mich verloren. Sexuell war es fantastisch für mich. Ansonsten aber fühlte ich mich eingesperrt. Es tat mir nicht gut, mich von dem abzuwenden, was mein Leben hätte sein müssen: meine Freunde, die potentiellen Liebhaber an der Uni. Es war wie eine Flucht. Diese Phase war sehr schmerzhaft für mich. Zwar hatte auch ich mich verliebt, doch ich wusste, dass dieser Mann nicht für mich bestimmt war.

Er hingegen hatte vor, seine Familie zu verlassen. Heute, wo ich fast so alt bin wie er damals, denke ich, er hat meine Situation ausgenutzt. Sicher, ich war alt genug und teilweise verantwortlich für das, was passierte, ich führte mich auf wie eine Lolita. Und trotzdem: Meine Voraussetzungen waren schlechter. Ach, ich weiß auch nicht, was ich denken soll.

Es ist mir nicht peinlich, mich selbst zu befriedigen, obwohl ich es nicht oft tue. Mit Anfang zwanzig hat mich die Vorstellung, es mit meinen Hunden zu machen, sehr erregt. Ich liebte sie sehr, habe viel mit ihnen gespielt, ohne dass es zu irgendetwas gekommen wäre.

Es war eine unschuldige und vorübergehende Sache, aber mein Vater – ein Mensch, der diesen Namen nicht verdient und im Verdacht steht, seine Töchter missbraucht zu haben, auch wenn es nicht zu beweisen ist – war mit Verboten schnell bei der Hand. Es ist erstaunlich, dass jemand, der keine Werte kennt, dem nichts heilig und der so primitiv ist, so eifersüchtig sein kann, dass er alles bestraft, was irgendwie mit Sexualität zu tun hat. Als ich fünfzehn war, schenkte mir mein erster Freund – wir gaben uns kaum mehr als einen Kuss – eine Keramikfigur, die ein Paar darstellte. Diese Figur bescherte mir eine Ohrfeige, als mein Vater sie entdeckte. Das erinnert mich jetzt an seine Mutter, die uns schon sehr früh eintrichterte, dass wir einen Schatz zu hüten hätten.

Sexualität hat für mich einen hohen Stellenwert. Es ist eine Art, sich auszudrücken, eine einzigartige und intensive Möglichkeit, Gefühle auszutauschen. Und sie gehört zu den menschlichen Grundbedürfnissen. Wenn ich mit meinem Mann geschlafen habe, fühle ich mich ihm viel näher, und es fällt mir leichter zu reden.

Ich bin seit zwölf Jahren mit meinem Mann zusammen. In den ersten Jahren hatten wir oft und intensiven Sex. Inzwischen aber passiert es eher selten. Er ist stets dazu bereit, wenn ich Zärtlichkeiten einfordere, bleibt aber auch ruhig, wenn er will und ich nicht. Sieht so aus, dass ich die Komplizierte von uns beiden bin. Ich liebe ihn sehr und bin gern mit ihm zusammen, aber ich begehre ihn nicht mehr so wie früher. Was ist passiert? Ich bin zweimal fremdgegangen, und jedes Mal passierte es, wenn seine Mutter auf der Bildfläche erschien. Vermutlich hat er eine derart starke Beziehung zu ihr, dass ich keinen Raum mehr habe und mich verlassen fühle. Ohne es zu provozieren, tappe ich dann in die Falle der Verführung. Für den zweiten Mann empfinde ich nun etwas und fühle mich seit einem Jahr hin- und hergerissen. Manchmal versuche ich mir einzureden, dass es doch etwas Tolles ist, zwei Männer zu lieben, aber wenn ich ehrlich bin, ist die Situation zermürbend.

Ich kann auch nicht verstehen, dass, wenn mein Mann mich so sehr liebt, er partout keine Kinder will. Zwar habe ich darüber nachgedacht und kann es im Kopf auch akzeptieren, aber die Gefühle sagen mir etwas anderes.

Mit Pornografie habe ich grundsätzlich nichts am Hut. Die Filme langweilen mich, und ich finde die meisten extrem schlecht gemacht. An einen guten aber kann ich mich erinnern. Ich glaube, er war von Pasolini: *Erotische Geschichten aus 1001 Nacht*. Die Zeitschriften mag ich auch nicht, obwohl ich sie mir ansehe, wenn mir mal eine in die Hände fällt. Als Jugendliche haben sie mich sehr erregt.

Die erotische Literatur hingegen finde ich klasse. Im Moment lese ich gerade eine Sammlung erotischer Erzählungen zeitgenössischer spanischer Autoren. Aber ich mache das, weil ich gern lese. Wenn sie mich nebenbei auch erregen, umso besser.

Ich war noch nie in einem Sexshop, obwohl ich mir gern mal einen ansehen würde, aber nicht allein. Ich habe keine Lust auf diese aufdringlichen Typen, obwohl ich weiß, dass sie einen in Ruhe lassen, wenn man selbstbewusst auftritt.

Übrigens, den Ausdruck »der Gehörnte« mag ich nicht, obwohl ihn viele benutzen. Ich finde, er gehört in eine andere Zeit und zu einem Wertesystem, das dringend der Überholung bedarf.

Begegnungen

Ich bin sechsundzwanzig und habe Grafikdesign studiert. Ich arbeite als Grafikerin.

Ich habe nur wenig sexuelle Fantasien. Das Einzige, was mich richtig in Wallung bringt, ist die Realität selbst.

Außerdem können mich sinnliche Momente und emotionale Zustände viel besser stimulieren als Bilder im Kopf. Aber gut, davon ausgehend versuche ich, euch mein Lieblingsszenario zu beschreiben:

Mein Traummann heißt Oscar, dieser attraktive Typ mit den braunen Augen und den dunklen Haaren, jener, der mein Herz und meine Seele erobert hat und als Einziger weiß, wie und wo er mich anfassen muss. Er hat einen durchtrainierten Rücken und trägt den süßen Duft der Sonne auf der Haut. Er ignoriert und würdigt mich keines Blickes. Er lebt ein Leben, von dem er mir nichts erzählt. Andere Frauen auf der Straße grüßen ihn. Er ist der Mann, der mich heiß macht, wenn ich nur seinen Namen ausspreche ... und der sich auf meine Nachrichten nie zurückmeldet.

Dieses Prachtexemplar steht plötzlich mit einem riesigen Blumenstrauß und engelsgleichem Gesicht auf dem Platz vor dem Gebäude, in dem ich arbeite. An eine Säule gelehnt raucht er seelenruhig eine Zigarette, während die Nachmittagssonne lange Schatten auf seine muskulösen Arme wirft.

»Ich bin nur gekommen, um dir etwas zu sagen«, erklärt er

mit fester, warmer Stimme. »Mir ist klar geworden, dass ich dich liebe.«

Ich glaube, wenn das eines Tages passieren würde, müsste ich vor Glück so sehr heulen, dass ich darüber meinen ersten echten Orgasmus bekäme.

Bei einer anderen Fantasie sind die Gefühle ähnlich intensiv. Aber der Schauplatz wäre eine Disko oder ein schöner Club. Sagen wir, hier heißt sie Mary anstatt Oscar ...

Das Wummern der Bässe lässt langsam nach, und die Musik geht in angenehmere House-Rhythmen über. Der Whisky hilft mir, ihnen zu folgen, und ich beginne, Hüften und Schultern im Takt zu wiegen. Schon seit einer Weile halte ich eine unangezündete Zigarette zwischen den Fingern, ohne überhaupt noch an sie zu denken. Das Glas mit den zerschmolzenen Eiswürfeln in der Hand hingegen tut gut, denn es wird immer heißer in dem Raum, beinahe unerträglich. Durch die Menge hindurch, vorbei an den anderen Frauen, die sich ihr an den Hals werfen möchten, kommt Mary auf mich zu. Wir kennen uns kaum. Trotz ihrer ungeheuren Attraktivität ist sie sehr, sehr schüchtern, schüchterner als ich. Jedes Mal, wenn wir uns sehen, macht sie sich über meine Klamotten lustig. Wenn ich mich weiter so wie eine Yuppietusse anzöge, sagt sie, dürfe ich mich nicht wundern, wenn ich immer alleine nach Hause ginge.

Das Schlimme ist, dass sie Recht hat. Und an diesem Abend habe ich mich danach gerichtet. Ich habe mir die Piratenhosen meines Ex angezogen: weit, militant und auf gute Art maskulin. Oben trage ich ein schwarzes enges Shirt mit V-Ausschnitt, das auch etwas männlich wirkt. Insgesamt ist mein Outfit männlich, ohne dass ich jedoch meine weiblichen Formen verstecken würde: Hüften, Schultern, Brüste ... Sie kommt immer näher, und über ihre vollen Lippen kommt nur ein Wort: »Feuer?«

Die Unschuld verlieren

Es ist erstaunlich, dass diese Mittzwanzigerin noch keine Frau gefunden hat, die sie in das gleichgeschlechtliche erotische Spiel einweihen wollte. Und später heißt es dann oft, die Lesben seien wie verrückt hinter den Heteros her, um ihnen ihre »perversen Neigungen« aufzuzwingen und sie in ihre »Sekte« zu ziehen!

Uns hat auch eine Frau geschrieben, vor der die Männer die Flucht ergreifen, weil sie schon über dreißig ist und noch nie mit jemandem geschlafen hat. Woher kommt diese Angst, der/die Erste zu sein? Die Ärztin und Sexualexpertin Francisca Molero vom Instituto Clínico de Sexología de Barcelona hat uns ein paar Erklärungen gegeben:

»Kulturell sind wir von der Vorstellung geprägt, dass das erste Mal etwas ganz Besonderes, Magisches sein muss, das man nie vergisst. Auch unsere erste große Liebe vergessen wir nicht, und die Erinnerung daran währt doppelt stark, wenn sie auch eine sexuelle Komponente hatte. Es gibt aber Menschen, die wollen einfach Spaß haben und sich nicht emotional binden. Wenn sie merken, dass sie der oder die Erste sind, fürchten sie Komplikationen.

Ferner geht man immer davon aus, dass das erste Mal schmerzhaft ist und dass die Frau blutet, weil das Hymen reißt. Auch dieses Drama möchten sich viele ersparen.

Nicht zuletzt muss man beim ersten Mal mehr Rücksicht auf die Frau nehmen. Wer also den reinen sexuellen Genuss sucht, um es sich gut gehen zu lassen, der sucht sich lieber einen erfahrenen Partner, der weiß, wie man ›es macht‹, und nicht bloß empfangen will.«

Natürlich will ich Feuer.

»Nein.«

»Was dann?«

Ich kann ihr nicht in die Augen sehen; sie macht mich zu nervös, wie sie die Situation dominiert. Und sie ist so schön – zu schön.

»Du siehst gut aus heute«, fährt sie fort.

»Das habe ich dir zu verdanken«, erwidere ich. »Es scheint, als hätten deine Ratschläge ihre Wirkung getan.«

»Das habe ich durchaus bemerkt«, sagt sie mit einem Hauch Strenge in der Stimme, der mich einen Schritt zurückweichen lässt. »Die Weiber haben den ganzen Abend nicht aufgehört, dich zu umkreisen.«

Und in diesem Moment umfasst sie meine Taille, zieht mich eng zu sich heran und flüstert mir sehr, sehr sanft ins Ohr: »Die kurzen Haare stehen dir gut.«

Darauf beißt sie mich leicht in den Hals.

»Gehen wir zu mir?«, schlägt sie vor.

»Nein, lass uns rausgehen.«

Natürlich hat diese Frau ein funkelndes, gigantisches Motorrad, mit dem wir bis ans Ende der Welt fahren, wo uns niemand sehen, stören oder uns sonst wie belästigen kann.

Und sie lebten glücklich und zufrieden bis ans Ende ihrer Tage …

Mein Leben? Eine Beziehung, zu einem Mann, über vier Jahre. Vor zwei Jahren hat er mich verlassen, und heute ist er Vater.

Ich habe das nie überwunden. Die Sachen vorher hatten keine Bedeutung. Abgesehen von den klassischen postpubertären Trennungsgeschichten. Danach habe ich ein Jahr lang versucht mitzunehmen, was mitzunehmen war. Ein weiteres Jahr brauchte ich, um zu mir selbst zu kommen und zu begrei-

Sprechende Hände

Geschickte Hände können mir mehr Sinnenfreuden bieten als das Geschlecht. Vielleicht liegt es daran – und an der Tatsache, dass das weibliche Lustzentrum außerhalb der Vagina liegt –, dass so viele Frauen sich von Händen angezogen fühlen.

Hände können Zärtlichkeit und Zuneigung ausdrücken, aber auch Selbstsicherheit, Macht und Kontrolle – Eigenschaften also, die eng mit unserer sexuellen Konditionierung und unserer Erziehung verbunden sind. Untersuchungen zum Thema nonverbale Kommunikation haben ergeben, dass für gewöhnlich der Mann zuerst den Körperkontakt aufnimmt, was als Demonstration von Stärke zu interpretieren ist (wir beziehen uns dabei auf jede Art von Begegnungen, es kann auch der Handschlag zwischen Geschäftspartnern zur Begrüßung sein). Berührt die Frau den Mann zuerst, hat diese Geste eine sexuelle Komponente. Vielleicht sollte an dieser Stelle aber doch bemerkt werden, dass die zitierten Studien aus den siebziger Jahren stammen und im dritten Jahrtausend, da die Frauen nun in den wirtschaftlichen und politischen Prozess stärker integriert sind, einer Revision bedürften.

Dennoch ist auffällig, dass auch die Frauen in diesem Buch immer wieder erwähnen, wie sehr sie auf die Hände von Männern achten. Große Hände vermitteln auch heute noch das Gefühl von Geborgenheit und Wärme.

fen, dass mir offensichtlich die Mädels gefielen (dumm gelaufen, denn keine wollte mit mir schlafen, als sie hörte, dass es für mich das erste Mal wäre). Und heute gehe ich mit dem Erstbesten mit, der meinen Weg kreuzt.

Äußerlich halte ich mich für durchschnittlich, eventuell einen Tick zu schlampig.

Ich mag reife, ruhige Männer, die etwas größer sind als ich. Kreativ dürfen sie sein, respektvoll, gebildet und mit einer gewissen emotionalen Intelligenz ausgestattet. Und wenn ihre Haut dann noch nach Sonne riecht, die Hände groß und ausdrucksstark sind... müsste ich vielleicht nicht einmal mehr darüber nachdenken. Auch die Frauen sollten etwas größer sein als ich. Weich, aber selbstsicher, ein bisschen verwegen und offensiv. Und auch für sie gilt: ausdrucksstarke Hände, mit denen sie mich erobern.

Beim Sex ist Erfindungsreichtum wichtig für mich.

Auf Pornografie greife ich nur zurück, wenn ich sexuell die Orientierung verloren habe und mir Klarheit verschaffen muss. Das Internet ist kein schlechtes Medium. Ich habe mich in Lesben-Chatrooms eingeloggt, um dort Frauen kennen zu lernen. Der Vorteil ist, dass man niemandem wehtun kann, wenn man doch den Rückwärtsgang einlegt. Manchmal gucke ich mir im Fernsehen einen erotischen Film an. Aber wirklich nur einen erotischen. Pornos finde ich zum Kotzen.

Reale und imaginäre Situationen

Eine im Jahr 2003 veröffentlichte Studie hat ergeben, dass das Intimleben von siebenundsiebzig Prozent der Spanier weitgehend vorhersagbar ist: Die Mehrzahl unserer lustvollen Stunden spielt sich überwiegend am Wochenende und im Bett ab – egal ob es sich um Paare oder abenteuerlustige Singles handelt. Und der spezifische Moment? Genau! Vor dem Einschlafen.

Es konnte ja gar nicht anders sein, denn wir Westeuropäer sind

Sklaven der Uhr. Wir unterwerfen uns und unsere Mußestunden dem Tagesrhythmus, der uns durch unsere Arbeit, die Schule unserer Kinder, unsere häuslichen Verpflichtungen und die Öffnungszeiten der Kaufhäuser vorgegeben wird. Und Bestandteil dieser Muße- und Entspannungszeit ist eben auch der Sex.

Wenn wir uns von diesem Zwang, alles zu verplanen, schon nicht befreien wollen, können oder dürfen, warum versuchen wir es nicht wenigstens in unserer Fantasie? Nichts wirkt einschläfernder auf unsere Libido als Routine. Aus diesem Grund erschafft man eine die Gefühle neu belebende Atmosphäre, erfindet Situationen, ob glaubwürdig oder nicht, die unsere Sinne verführen, und lässt sich Geschichten einfallen, die den üblichen, routinierten Sex wieder mit etwas Magie aufladen. So kann sich unser Schlafzimmer in einen Fahrstuhl verwandeln, in eine luxuriöse Hotelsuite oder in einen heruntergekommenen Tankstellenwaschraum. Ziel ist es, sich gegenseitig zu überraschen; das Leben selbst sorgt schon hinlänglich dafür, dass Handgriffe, Abläufe und Rhythmen sich Tag für Tag, Woche für Woche wiederholen.

Dabei wollen wir niemanden entmutigen. Es geht auch nicht darum, zwanghaft dem Neuen und Originellen hinterherzulaufen, um nur ja nicht das Knistern in der Beziehung einzubüßen oder gar den Partner zu verlieren. Wir respektieren jeden, der jeden Tag das Gleiche essen möchte. Aber von vielen Frauen wissen wir, dass sie ihre Fantasien gern einmal in die Praxis umsetzen würden.

Auch kann es nicht schaden, den Sex zu planen – zumindest empfehlen das die Sexualforscher. Sicher, einen Quickie kann man immer einschieben, jedenfalls wenn nicht gerade die Kinder durchs Haus toben. Wollen wir einander jedoch ausgiebig verwöhnen, müssen wir entspannt sein und die nötige Muße haben. Bei dem Stress aber, dem wir täglich ausgesetzt sind, bleibt uns keine andere Wahl, als bewusst Zeit für unsere Lust einzuplanen.

Die hier geschilderten Fantasien machen keine Aussage darüber, was die befragten Frauen an ihrem realen erotischen Speiseplan tatsächlich ändern wollen. Vermutlich will keine von ihnen wirklich von hinten in einer gut besuchten Kirche genommen werden. Gewiss jedoch gibt es Szenarios, deren Realisierung an der Bereitschaft des Partners scheitert – wie etwa die Fantasie der Frau, die es gern am Strand treiben würde. Man kann eben niemanden dazu zwingen, sich auf diese Weise zu exhibitionieren.

Auch den Einfluss von erotischen Filmen auf unsere Fantasie sollten wir nicht außer Acht lassen, wenn es dabei um gegenseitige Masturbation oder um Sex vor Dritten geht. Hier reicht das Spektrum von super romantischen, schmalzigen Streifen bis hin zu Vampirfilmen, die gleichfalls eine hoch erotische Komponente haben können. Je nach Genre ist das Ambiente kuschelig und idyllisch oder abstoßend und schmutzig. Tatsächlich wird gerade auf die Ausstattung in den Drehbüchern solcher Wert gelegt, dass die Wirklichkeit bedeutend ernüchternder sein kann. Oder hat sich schon einmal jemand gefragt, wie lange es dauert, zwischen dem ersten Kuss und dem darauf folgenden Liebesakt Dutzende von Kerzen anzuzünden? Vergeht einem dabei nicht alle Lust?

Es sind die Spielfilmregisseure selbst, die dieses Dilemma aufgegriffen und ins Groteske überzeichnet haben, wie zum Beispiel in dem Film mit der grandiosen Bo Derek, die völlig besessen von einem Typen in den Vierzigern war, der mitten in einer Identitätskrise steckte. Als es ihr schließlich doch gelingt, mit ihm anzubändeln, erzählt sie ihm, wie sehr sie der Bolero von Ravel auf Touren bringt. Die Folge ist allerdings, dass er mitten im Liebesakt aufstehen muss, um das Stück neu aufzulegen, weil die Frau mit dem Verklingen des letzten Tons zu Stein erstarrt ist.

Besondere Erwähnung verdient auch das Fremdgehen. Man

findet kaum eine gebundene Frau, die im Kopf nicht auch mit einem anderen Mann ins Bett geht. Besonders beliebt ist dabei der Arbeitskollege, dicht gefolgt vom Mann einer Freundin, dem unwiderstehlichen Fremden im Bus und dem Ex. Inzwischen gewinnt allerdings auch der virtuelle Liebhaber immer mehr Anhängerinnen.

Manche der Frauen betrachten solche Fantasien schon als Untreue und verbieten sie sich. Die Sexualforscher hingegen beharren darauf: So tabuisiert die Bilder im Kopf auch sein mögen, sie dienen einzig und allein dazu, unsere Sexualität zu bereichern, sei es gemeinsam oder allein. Wenn sie uns verunsichern oder uns das schlechte Gewissen quält, dann allein deshalb, weil der Zensor im Kopf die Fantasien nicht zulässt. Wenn wir nicht wenigstens in unserer Fantasie ausleben dürfen, wonach uns der Sinn steht oder was auszuprobieren wir uns im realen Leben nicht trauen, wie viel Freiheit bleibt uns dann noch?

Trotzdem steigt die Zahl der Frauen, die ihre Männer betrügt, und die Mehrzahl von ihnen lebt mit dem Liebhaber einige ihrer Fantasien aus. Kostet es uns so viel, dem Partner Dinge vorzuschlagen, die den Katalog der sexuellen Praktiken erweitern würde? Ist die Angst vor Zurückweisung durch den Partner so groß? Fürchten wir, dass er uns der Perversion bezichtigt, wenn wir ihm vorschlagen, es im Stehen an der Wand zu treiben? Erwarten wir denn immer noch, dass der Mann unsere Bedürfnisse errät? Ist er nach wie vor für unsere Befriedigung zuständig? Immerhin ergreifen bei der Mehrzahl der Frauenfantasien die Männer die Initiative.

Aber auch die Zeugnisse von Frauen, die mit Liebhaber und Ehemann ihre Träume ausleben können, fehlen nicht. Die siebenunddreißigjährige Krankenschwester, die sich von fremdländischen Akzenten angezogen fühlt, ist so ein Beispiel. Sie erlebt mit beiden erotische Situationen – wenn auch getrennt voneinander – und zwar sowohl im realen wie im fiktiven Leben. Entgegen der landläufigen Meinung versichern die Psychologen: Die menschliche Natur erlaubt es uns, mehr als eine Person zu lieben (und damit ist nicht das Verliebtsein gemeint. Dieser verrückte Zustand, der drei Monate währt und nur noch ein Objekt der Begierde kennt, läuft außerhalb jeder Konkurrenz). Vielleicht weil die gesellschaftlich geltende Moral diesen Gedanken verbietet oder weil Frauen ihn sich selbst untersagen, findet diese Frau jedes Mal, wenn die Schwiegermutter auftaucht, eine Erklärung für ihre emotionalen Defizite. Unsere Erziehung hält eine Menge Fallen bereit, um zu verhindern, dass wir vollends in Einklang mit uns und unserer Umwelt kommen.

An dieser Stelle möchten die Autorinnen versichern, dass sie weder ein Hohelied auf die Untreue noch auf die offene Zweierbeziehung anstimmen wollen. Wir wissen, dass das Spiel mit dem Feuer die innige Einheit einer Partnerschaft meistens zerstört. Was unsere Natur uns nicht verbietet, erledigen die Kultur und die gesellschaftlichen Konventionen.

Erinnern wir uns also an die spontane Begegnung im Bad, wenn wir mit unserem Mann bei seiner Familie zu Besuch sind, um die Sache mit der Leidenschaft wieder zu beleben. Oder haben Sie eine andere Idee? Wie wäre es mit einer Nacht im Hotel oder einem Abend im Swinger-Klub, wo wir so tun, als lebten wir eine verbotene Beziehung, etwa die von Chef und Sekretärin, die gern mal eine schnelle Nummer schieben möchten? Es gibt so viel, um der Langeweile zu entfliehen!

2

Wollen wir spielen?

Geflochtene Zöpfchen, das Kindernachthemd, das dir deine Tante geschenkt hat, als du fünfzehn warst, du setzt dich deinem Liebhaber auf den Schoß, streichst ihm über den Hosenschlitz und ... *Heile, heile Gänschen* ... Spielen macht Spaß!

Wer Sex nicht als Pflichtübung begreift, der wird Spaß am Spielen und Ausprobieren haben und daran, eine Rolle zu übernehmen, auf die man Lust hat. Auch wenn man sich vorstellt, eine Hure zu sein, ist man nicht gleich pervers.

An der Bar in einem Bordell

Ich bin fünfundvierzig und Diplomübersetzerin.

In meiner derzeitigen Lieblingsfantasie sehe ich mich als Prostituierte. Ich bin in einem Puff, das Licht ist schummrig, meine Kleidung besteht aus hohen Schuhen, Minirock, Strapsen und durchsichtiger Bluse.

Ein Mann kommt rein und setzt sich an die Bar. Ich gehe auf ihn zu, mache ihn an, errege ihn, bin selbst erregt. Wir gehen auf ein Zimmer, er zahlt, und wir ficken.

Es erregt mich, ihn zu provozieren, ihn dafür zu verspotten, dass er für Sex mit mir bezahlen muss. Absolut nichts verbindet uns, vorher nicht und hinterher auch nicht. Das ist aufregend. Es geht nur um Sex. Und um die Macht, die ich spüre, wenn ich ihn verführe und ihm Lust bereite.

Meine wichtigsten Beziehungen: Mit achtzehn geheiratet, mit einundzwanzig geschieden, mit zweiundzwanzig kam ich erneut mit meinem Mann zusammen, um mich zwei Monate später endgültig von ihm zu trennen. Da war ich im ersten Monat schwanger.

In dem Jahr, in dem ich von meinem Mann getrennt war, lebte ich mit einem Italiener in Italien (mein Mann und ich hatten ihn zusammen kennen gelernt, ich habe mich in ihn verliebt und ging direkt mit ihm in sein Land).

Als ich dort war, tauchte mein Mann bei meinen Eltern in Madrid auf und sagte, dass er ohne mich nicht leben könne (!). Darauf ein Anruf meiner Eltern in Italien: »Komm zurück. Red mit ihm.« Der Italiener: »Geh nach Madrid, red mit ihm, klär die Sachen, und komm zurück.« In Madrid angekommen, beschwatzten mich meine Eltern: »Gib ihm noch eine Chance. Er ist immerhin dein Mann, er liebt dich. Versuch es doch wenigstens.« Ich, ohne Rückgrat, beeinflussbar: »Okay, ich versuche es.« Anruf beim Italiener: »Es tut mir Leid. Ich komme nicht wieder. Ich gehe zu meinem Mann zurück.« Das Ende vom Lied: zwei Monate Lissabon mit meinem Mann, schwanger, Trennung. Ich bleibe in Madrid, die Schwangerschaft schreitet voran, und ich bekomme meinen Sohn.

Dann habe ich von dreiundzwanzig bis dreißig mit einem anderen Mann zusammengelebt. Er war drei Jahre jünger als ich. Bei ihm hatte ich nach einem guten Vater für meinen Sohn und nach einem Mann für mich gesucht. Er war unglaublich. Der Sex mit ihm war immer spitze! Ich verließ ihn, weil er ein ziemlicher Egoist war. Aber er blieb für weitere sieben Jahre mein Liebhaber.

In dieser Zeit hatte ich Tausende von Affären, Liebschaften,

One-Night-Stands, aber nichts Ernstes. Ich wurde Abteilungsleiterin in einer bedeutenden spanischen Firma. Meine Liebhaber waren fast alle Untergebene von mir, jünger als ich, studiert, intelligent, gut aussehend. Mir fiel auf, dass eine Frau mit Macht eine nicht unbeträchtliche Anziehung auf gebildete Männer ausübt.

Mit achtunddreißig lernte ich über meine Arbeit einen Mann aus Barcelona kennen. Er war siebenundzwanzig und sah blendend aus. Der Sex mit ihm: unbeschreiblich! Anders als alles, was ich bis dahin erfahren hatte. Er lebte weiter in Barcelona, ich in Madrid. Wir besuchten uns gegenseitig. Nach ein paar Monaten bekam ich zufällig heraus, dass ich »die andere« und er verheiratet war. Ich sprach ihn darauf an, er gab es zu, ich sagte ihm, er solle sein Leben ordnen und mich anrufen, sobald er sich getrennt habe. Wir blieben Freunde, telefonierten ab und zu. Nach fünf Monaten hatte ich die Möglichkeit, mich nach Barcelona versetzen zu lassen (meine Familie lebte inzwischen dort). Ich akzeptierte. In Barcelona angekommen, rief ich ihn an und erzählte ihm die Geschichte. Einen Monat später war er offiziell geschieden. Er schlug mir vor zusammenzuziehen. In weiser Voraussicht sagte ich nein. Ich war der Überzeugung, dass es für keinen von uns gut sei, wenn er sich von einer Beziehung in die nächste stürzte. Wir verbrachten die Wochenenden und den Urlaub gemeinsam, lebten jedoch in getrennten Wohnungen. Auf dieser Basis funktioniert unsere Beziehung seit neun Jahren. Der Sex war immer und jedes Mal sagenhaft. Ich glaube, er war der erste Mann, in den ich mich wirklich verliebt habe. Totale Glückseligkeit. Das Superpaar. Von allem nur das Gute, nichts Schlechtes. Unser Liebesleben war so reich und so erfüllend für beide Seiten.

Ich bin die Chefin meines Liebhabers

Wie die Sachbuchautorin Lisa A. Mainiero zum Thema »Liebe im Büro« schreibt, provoziert das Verhältnis zwischen Vorgesetztem und Untergebenem oft Neid und Eifersucht, und es quält den Partner, der in der hierarchisch schlechteren Position ist – eine Rolle, die noch heute meistens der Frau zufällt.

Die Chancen, in einem Unternehmen bedeutende Posten einzunehmen, sind für Frauen nach wie vor relativ gering, so dass es selten zu einem Verhältnis zwischen der Chefin und dem Untergebenen kommt. Sollte das doch der Fall sein, kann es passieren, dass man ihr übler nachredet als ihrem männlichen Pendant, da das Bild der liebeshungrigen Abenteurerin nicht den gesellschaftlichen Normen entspricht.

Liebe und Sex zusammen. Perfekt. Jedes Mal, wenn ich ihn sah, machte mein Herz einen Satz. Auch als Mensch schätzte ich ihn sehr. Für mich war das sehr wichtig, wichtiger oder genau so wichtig wie Sex. Abhängig von der jeweiligen Situation überwog das eine oder andere. Aber Sex, Liebe und Achtung zusammen waren das Fundament. Irgendwann jedoch begriff ich, dass ich mich weiter entwickelt hatte und reifer geworden war, er jedoch nicht. Körperlich merkte man den Altersunterschied nicht, geistig jedoch sehr wohl. Plötzlich schätzte ich ihn nicht mehr ganz so sehr. Der Sockel, auf dem unsere Beziehung stand, geriet ins Wanken. Ich brauchte etwas anderes. Und ich wusste, dass ich nicht länger mit ihm zusammen sein wollte. Er war nicht mehr der Mann, in den ich mich verliebt hatte, auch wenn ich ihn noch liebte. Ich entschied mich für die Trennung. Das war sehr schmerzhaft. Ich liebte ihn ja noch so sehr, wirklich sehr. Aber die Beziehung funktionierte nicht mehr so, wie ich mir das wünschte. Ich verbrachte darauf ein grauenhaftes, trauriges Jahr. Ich vermisste ihn und war mir doch sicher, dass ich richtig handelte. Er rief mich an, bombardierte mich mit Textnachrichten und E-Mails. Schließlich gab ich nach. Wir hatten ein paarmal Sex, und der war so traumhaft wie immer, aber etwas fehlte. Vor einem Monat habe ich ihn völlig aus meinem Leben gestrichen. Ich bin umgezogen, habe mir eine neue Telefonnummer, ein neues Handy und eine neue E-Mail-Adresse besorgt. Im Moment bin ich mit seinem Geschäftspartner zusammen. Das hat sich so ergeben. Ich kenne ihn seit acht Jahren. Er war verheiratet. Wir sind oft zu viert ausgegangen. Ich fand ihn schon immer unterhaltsam, nett und attraktiv, habe ihn aber nie als Mann wahrgenommen. Sieben Monate nach der Trennung von meinem Partner habe ich ihn aus beruflichen Gründen angerufen. Wir trafen uns und arbeiteten zusammen. Er hatte sich von seiner Frau getrennt. Wir begannen, uns wegen der Arbeit regelmäßig zu treffen, und verstanden uns wirklich gut. Mit der Zeit gefiel er mir immer besser. Eines Tages schliefen wir miteinander, und – wer hätte das gedacht? – es war fantastisch.

Seitdem sind wir zusammen. Er unterscheidet sich sehr von meinen vorherigen Beziehungen. Der Sex mit ihm ist unglaublich: Er zeigt mir ganz neue Seiten der Zärtlichkeit, und ich entdecke mit ihm seine verborgenen Leidenschaften; er ist wie ein ungeschliffener Diamant, der poliert werden will. Ich lehre ihn, auf Kleinigkeiten zu achten, langsame Bewegungen zu genießen, ein Streicheln, einen Blick …

Ich bin klein und schlank, habe jedoch ausgeprägte Kurven. Mir gefällt, dass ich sehr feminin bin. Mein Teint und meine Haare sind dunkel, aber ich habe Strähnchen. Ich habe einen super Busen und halte mich insgesamt für attraktiv. Ich bin keine Claudia Schiffer, aber ich mag mich. Und ich denke, dass man genau das auch merkt. Meine positive Selbstwahrnehmung wirkt auf Männer sehr verführerisch.

Neben meinem Aussehen setze ich für meine Eroberungsfeldzüge auch meinen Charakter ein. Ich bin eine Mischung aus allem: weich und entschlossen, gebildet und naiv, totales Kind und absolute Frau. Ich kann mich anpassen, weiß jedoch, was ich partout nicht will.

Ich achte sehr auf mich, genieße es, mich zu pflegen. Um einen Mann zu verführen, fahre ich alles auf: sexy Klamotten, hohe Schuhe, schöne Dessous, aber in Jeans und Turnschuhen fühle ich mich genauso wohl.

Dieser Kontrast überrascht viele, aber er scheint zu funktionieren: heute der Vamp, morgen durch und durch sportlich. Kommt drauf an, wie ich mich gerade fühle.

Ich schminke mich normalerweise nicht, oder jedenfalls nicht so, dass man es merkt. Gleichwohl benutze ich teure Parfüms, ich frisiere mich, wie es modern ist, auch wenn ich mich manchmal für einen simplen Pferdeschwanz entscheide.

Ich bin eine echte Genießerin, und die Männer scheinen genau das zu mögen. Sie behandeln mich manchmal, als wäre ich aus Porzellan, und ich liebe das. Sie sagen, ich sei eine verwöhnte Göre, und ich glaube, das stimmt auch, aber eine intelligente Diva (auch wenn ich mich manchmal dumm stelle).

Mir gefallen gut aussehende Männer. Für mich muss er supermega sauber, kultiviert, intelligent, humorvoll und gut gekleidet sein, mit einem Wort: exquisit. Wir sollten gemeinsame Interessen haben, und ich wünsche mir einen Riesenschwanz, mit dem er umzugehen weiß. Dafür darf er schon etwas versaut oder lüstern im Bett sein.

Beim Sex bin ich vergleichsweise aktiv. Ich liebe es, den

Mann zu verführen, und wenn ich etwas will, dann bitte ich darum – mit Worten oder auch nonverbal. Ich befriedige den anderen gern, denn indem ich gebe, empfange ich. Auch beim Sex bin ich ausgesprochen genusssüchtig. Ich liebe es, verwöhnt zu werden, und das merkt man. Die schnelle Nummer ist nichts für mich. Ich kann stundenlang Sex haben, auch wenn es Situationen gibt, in denen nichts besser ist als das »Jetzt, sofort!«. Im Großen und Ganzen bin ich ein treuer Mensch, aber nicht aus moralischen Gründen, sondern weil ich nicht weiter suche, wenn ich das gefunden habe, was ich brauche. Sex in einer Beziehung ist mir sehr wichtig; das können heute fünfundneunzig Prozent, morgen zehn und übermorgen hundert Prozent sein, das hängt davon ab. Aber wenn es im Bett nicht stimmt, stimmt es für mich auch in der Beziehung nicht. Wenn es stimmt, dann gebe ich mich total hin, und ich lehne nichts grundsätzlich ab; es muss nur beiden gefallen.

Die Menopause habe ich hinter mir, und für mich ist das wie die sexuelle Befreiung. Keine Hitzewallungen, keine trockene Scheide, keine Launen mehr, und: keine ungewollten Schwangerschaften. Bei dem, was man alles so hört, bin ich eigentlich überrascht, denn ich habe genau so viel Lust wie vorher, vielleicht sogar mehr, weil die Angst vor einer Schwangerschaft entfällt. Hinzu kommt wohl auch, dass man mir mein Alter nicht ansieht (oder anmerkt; ich fühle mich manchmal immer noch wie fünfzehn). Natürlich bin ich mir meines Alters bewusst, denn ich lerne jeden Tag dazu, bin auf allen Ebenen erfahrener, aber ich will diese staunende Unschuld nicht verlieren, diese kindliche Art, die genau in der Mischung viele offensichtlich bezaubert.

Ich ziehe jüngere Männer vor, aber keine Milchbubis; Männer so ab dreißig, die sexuell und im Leben erfahren sind, die wissen, was sie wollen und wie sie eine Frau behandeln müssen, und die außerdem über Macht und Geld verfügen. Mit Geld und Einfluss kann man mich verführen. Wenn es ans Zahlen geht, verhalte ich mich ziemlich klassisch. Ich zahle nie. Manchmal lade ich dann richtig ein, auch ohne besonderen Anlass. Das irritiert die meisten, und ich glaube, es gefällt ihnen.

Zurzeit bin ich sexuell absolut satt, und vielleicht verliebe ich mich auch gerade, ich weiß es nicht. Nach der Trennung von meinem langjährigen Partner hatte ich sieben Monate null Sex. Ich kümmerte mich um mich, pflegte mich und hatte auch überhaupt keine Lust auf etwas anderes – wahrscheinlich

Geld und Macht

Viel wurde schon über den breiten Rücken, die großen, gepflegten Hände, über Ehrlichkeit und Humor gesprochen, endlich aber gibt eine Frau auch mal zu, dass Geld und Macht sie erregen. Wie kommt es, dass Frauen sich von einem Mann mit angesehenem Job oder gut gefülltem Bankkonto fasziniert fühlen? Oft sind es die Aufmerksamkeiten, die mit solchem Status einhergehen: Essen in teuren Restaurants, eine luxuriöse Lebensführung, das Gefühl von Sicherheit, die Einführung in spezielle gesellschaftliche Kreise … Nicht zu vergessen ist aber auch die Faszination, die ein erfolgreicher Mann ausüben kann, der so ziemlich jede bekommen könnte und ausgerechnet uns auswählt. Zudem sind wir auch immer noch nicht ganz frei von dem Bild des idealen Mannes, der nicht nur bestimmte Äußerlichkeiten, sondern auch ein finanzielles Polster mitbringt, das die Frau materieller Sorgen enthebt. Dieses soziale Muster hat in den Köpfen der Frauen durchaus noch Bestand.

wegen der Trauer. Früher reichte mir der Sex allein, heute nicht mehr, heute gehört für mich mehr dazu. Wenn schon keine Liebe, dann doch wenigstens eine Vertrautheit mit der Person, mit der ich ins Bett gehe, ein gutes Gespräch, ein Abendessen. Einfach nur ab ins Hotel, ein paar Körperübungen machen und tschüss ... ich weiß nicht ... das ist nichts mehr für mich. Dafür befriedige ich mich selbst, und mir geht es ausgesprochen gut dabei. Ich begreife Sex als etwas, das sich zwischen zwei Menschen abspielt, und das hat mit Bumsen wenig zu tun.

Ich bin in einer super traditionellen und repressiven Klosterschule erzogen worden, meine Mutter gehörte dem Orden Opus Dei an. Von daher ist es mir ein Rätsel, warum und wieso ich Sexualität als etwas Natürliches, Wichtiges und Bereicherndes erlebe.

Der Pornografie widme ich mich mit meinem Partner und allein (Bücher und Filme).

Auch erotisches Spielzeug kommt zum Einsatz, und echte Reizwäsche trage ich ebenfalls. Die Sachen werden mir geschenkt, und auch ich verschenke sie. Ich finde, all dies bereichert eine Partnerschaft. Wahrscheinlich bin ich sexuell ziemlich offen. Ich befriedige mich oft allein oder vor meinem Partner. Das Einzige, was ich heute nicht mitmachen würde, wäre Partnertausch. Da gibt es für mich keine Diskussion. Eifersüchtig? Mag sein.

Und dann bin ich wieder jung ...

Ich bin fünfundsechzig Jahre, verwitwet und habe eine akademische Ausbildung.

Ich stelle mir vor, dass ich sehr jung bin, ich gehe mit meinem Freund im Park spazieren, und er fängt an, mich anzufassen. Ich sage ihm, dass er aufhören soll, aber er macht weiter, und es gefällt mir immer besser. Manchmal ist mein Verführer bedeutend älter. Ich befriedige mich daraufhin und höre erst auf, wenn ich zum Orgasmus gekommen bin.

Ich bin eine lebenslustige, schlanke Frau, und ich zeige den Männern gern, dass ich etwas auf dem Kasten habe. Ich kleide mich sportlich, trage das Haar, wie es gerade modern ist, und benutze einen frischen Duft. In meinem Alter aber ist es schwer, jemanden zu verführen, ja, wenn ich ehrlich bin, denke ich nicht einmal ernsthaft darüber nach.

Mich ziehen die großen, intelligenten Männer an, die eher links denken und gut im Bett sind.

Sex im Alter

Immer hieß es, dass auch das Nachlassen des sexuellen Hungers Teil des ganz normalen Alterungsprozesses sei. Die Frau wird nicht mehr so feucht, und die Elastizität der inneren Scheidenwände lässt nach. Folglich kann die Penetration Schmerzen verursachen.

Gleichwohl ändern diese Symptome nichts an der Sensibilität der Klitoris, und Frauen sind auch nach der Menopause noch orgasmusfähig. Dennoch haben Untersuchungen ergeben, dass die Lust der Frau zwischen fünfundsechzig und fünfundsiebzig spürbar abnimmt, was eventuell auch ein Selbstschutzmechanismus sein kann. Unsere Gesellschaft idealisiert die Jugend, und ältere Frauen fühlen sich Männern gegenüber weniger attraktiv, so dass sie lieber die Lust verlieren als sich zurückweisen lassen.

Als ich heiratete, war ich noch Jungfrau. Ich begann, die Sexualität mit meinem Mann zu genießen, als ich mich in einen anderen verliebte, mit dem ich aber körperlich nie etwas hatte. Als mein Mann dann starb, hatte ich ein paar Liebhaber; mit einem von ihnen war der Sex großartig, ich verließ ihn dennoch, da er mich nicht genug liebte. Ich bin nun seit längerem mit keinem Mann mehr zusammen gewesen. Mit der Selbstbefriedigung begann ich etwa mit fünfzig.

Mit Pornografie konnte ich noch nie etwas anfangen. Mir kommt das nicht ganz koscher vor, obwohl ich ganz konventionelle Paare kenne, die sich solche Filme manchmal anschauen, um es danach zu tun.

Eine brave Patientin

Ich gehe noch aufs Gymnasium und bin siebzehn Jahre alt.

Die Fantasie, die ich gern in die Tat umsetzen würde, ist Sex mit zwei Männern... mit zwei Mitbewohnern... Das erregt mich wahnsinnig, wie verrückt erregt mich das.

Meine »verbotene« Fantasie dagegen spielt sich in einer Art Krankenhaus ab, wo die Ärzte – Männer und Frauen – Mädchen befriedigen. Sie fesseln sie in Betten und untersuchen sie dann für wissenschaftliche Zwecke. Das ist eine sehr starke Fantasie, etwas paranoid, aber damit komme ich zum Orgasmus. Ich stelle mir vor, wie diese Ärzte mich in einen OP bringen und dort mit Apparaten, Stäbchen, Instrumenten alles tun, um mich zum Orgasmus zu bringen. Sie beobachten den ganzen Prozess und schreiben die Zwischenergebnisse und meine Reaktion in ihre Bücher.

Ich bin allein, jung, und erst vor einem Jahr wurde ich von Freunden – die klassische »Geschichte« – in die Geheimnisse der körperlichen Liebe eingeweiht. Diese Erfahrung hat mir so gut gefallen, dass ich seither nicht aufhören kann. Ich brauche andauernd Sex, am besten mit Jungs, die ihn auch genießen können.

Ich habe auch schon über bisexuelle Beziehungen nachgedacht, denn manchmal habe ich auch Fantasien mit Frauen, aber die Vorstellung, mit meinen Freundinnen etwas anzufangen, ekelt mich.

Noch nie habe ich mit einem Jungen geschlafen, in den ich auch verliebt war, das hat sich nie ergeben. Bislang waren es immer Freunde.

Ich bin ein dunkler Typ und eher groß als klein. Wahrscheinlich besitze ich eine gewisse Attraktivität, denn wenn ich mir meine Affären so anschaue, dann muss ich wohl etwas an mir haben. Viel Busen habe ich nicht, dafür etwas Hintern, insgesamt bin ich aber schlank.

Ganz sicher überzeuge ich durch meine Persönlichkeit, so eine Mischung aus verspielt und eigenständig. Ich bin sehr, sehr, sehr extrovertiert, allerdings nur, wenn ich mich unter Leuten bewege, denen ich vertraue, andernfalls bin ich verschlossen – und wie. Äußerlich versuche ich mit meinem Hintern Aufmerksamkeit zu erregen. Der ist ein bisschen spitz, weswegen ich ihn zuweilen mit Röcken kaschiere, die die Hüften betonen. Ich schminke mich ziemlich auffällig, und ich glaube, das funktioniert, zumindest erreiche ich mein Ziel damit.

Ich gehe regelmäßig, aber nicht allzu oft zum Sport. Außerdem achte ich darauf, viel Pasta und Fleisch zu essen, wegen der Ballaststoffe. Ich möchte schon weiblich wirken, aber nicht zu viel Fett oder Hüftspeck ansetzen, das ist mein Schönheitsideal. Ich habe immer gedacht, als Mann würde ich mir eine Frau wünschen, die etwa meinen Körper hat.

Etwas Gutes muss es ja haben

Zu flirten und zu spüren, dass der andere darauf anspringt, gibt uns Sicherheit und stärkt das Selbstbewusstsein: Wenn wir für andere begehrenswert scheinen, sind wir es auch für uns. Im Hite Report heißt es dazu: »Je mehr es dem Mann an Selbstbewusstsein fehlt, desto stärker versucht er, über Sexualität seinen emotionalen Mangel zu kompensieren.« Und auch wenn die männlichen und weiblichen Verhaltensmuster nicht identisch sind, so werden durch die zunehmende Teilnahme der Frau an gesellschaftlichen Prozessen die Unterschiede doch immer subtiler.

Tendenziell kleide ich mich eher sexy, ohne es jedoch zu übertreiben. Gute Marken sind mir wichtig, wenn ich sie mir leisten kann, obwohl ich auch im Schlussverkauf zuschlage. Und ich liebe hohe Absätze, nicht super hoch, aber doch Absätze.

Ich benutze weder Parfüm noch Deo – ich mag das einfach nicht. Eine Frau darf gewaschen riechen und nach sich selbst, aber das reicht dann auch. Das Haar trage ich so, wie es mir gerade gefällt. Es ist lang, und mit ein bisschen Gel sieht es meistens schon ganz süß aus.

Ausnahmen bestätigen zwar die Regel, aber im Großen und Ganzen habe ich bei Männern schon meine Vorlieben: Er sollte größer sein als ich, kräftig, aber nicht dick, so Marke Basketballspieler vielleicht. Ausgebildete Muskeln mag ich nicht, angedeutete hingegen schon. Haar- und Augenfarbe sind mir egal, es sollte nur harmonisch zusammen passen und ein bisschen schelmisch wirken.

Masturbiert habe ich zum ersten Mal mit dreizehn. Vorher hatte ich mich nur so angefasst ... auch das gefiel mir, aber erst später merkte ich diese Schauer, von denen es heißt, sie gehörten zum Orgasmus.

Das Komische ist, dass ich nicht weiß, wie ich es gemacht habe, keine Ahnung mehr.

Zurzeit könnte ich andauernd Sex haben. Wahrscheinlich liegt es daran, dass ich erst seit einem Jahr dabei bin und gern alles Mögliche ausprobieren möchte.

Beim ersten Mal war ich nicht verliebt, und obwohl ich darauf bestand, es vor lauter Unsicherheit im Dunkeln zu machen, hatte ich zur Stunde der Wahrheit merkwürdigerweise überhaupt keine Scheu mehr, im Gegenteil. Ich fühlte mich frei und redete ganz offen, so dass ich die Sache absolut genoss. Seitdem versuche ich, beim Sex immer eine aktive Rolle

Lolitas

Der »unschuldige Zauber« der Lolitas kulminiert genau darin: Ein bereits weiblicher Körper, der aber durchaus noch Spuren von Kindlichkeit aufweist, verbunden mit einer unterstellten Unberührtheit, als hätte die Betreffende noch nie etwas von den weiblichen Reizen und der Kunst der Verführung gehört. Das genau macht sie so anziehend (obwohl der Autor von *Lolita*, Vladimir Nabokov, seine Heldin gar nicht für so unwiderstehlich hielt). Der Mann fühlt sich hin und her gerissen zwischen dem Gesang der Sirenen (»Ich konnte nichts dafür, ich war ihr ausgeliefert«) und seiner Rolle als Eroberer und Experte in Sachen Sex (etwas, das die Männer meistens ungemein beruhigt und bestätigt).

Heimlich Pornos gucken

Viele der Frauen aus diesem Buch haben immer wieder betont, dass sie sich weniger »handfeste« Pornografie wünschen, und dass sie sich von Szenen erregen lassen, die nicht ausschließlich erotisch sind.

Zudem geben sie zu, sich nicht in Videotheken zu trauen, um sich einen Porno auszuleihen oder eine Zeitschrift zu kaufen. Das Internet und die Pay-TV-Kanäle aber machen es den Frauen heute leichter, an derlei Material heranzukommen, ohne rot zu werden.

zu übernehmen, ohne dabei ausschließlich dominant zu sein. Ich mag den Wechsel.

Sex bedeutet mir sehr viel. Für mich ist er ein ungeheuer wichtiger Ausdruck von körperlicher Lust und Zuneigung. Sex ist nicht das Einzige, was in einer Beziehung zählt, aber es ist doch ein bedeutender Teil.

Ich habe mir im Internet einige Fotos und Filme angeschaut, und ich komme durch sie zwar nicht zum Orgasmus, aber natürlich erregen sie mich. Alle Praktiken, auch die Sadomaso-Nummern oder die sodomitischen, können in mir angenehme Bilder provozieren. Ausgeliehen habe ich mir so etwas aber noch nicht, das ist mir peinlich.

Liebesspielzeug würde ich sofort kaufen. Wenn ich mal wieder einen festen Partner habe, werde ich es ihm vorschlagen, denn über kurz oder lang würde ich damit gern experimentieren.

Zeig doch mal

Vierzig. Abgeschlossenes Hochschulstudium. Beruf derzeit: Bibliothekarin.

Ich habe jede Menge Fantasien.

Ich stelle mir vor, dass jemand mir beim Masturbieren zuschaut. Je mehr ich diesen Menschen verabscheue und je weniger er mich anmacht, desto besser.

Ich schlafe mit meinem Partner, und er sagt mir währenddessen, dass er mich an einen Freund »ausleihen« will. Wenn ich mit ihm (dem Freund) Sex habe, geht mein Partner, weil er meint, dass ich es dann besser genießen kann.

Ich bin jung, der Mann reif und erfahren. Er will, dass ich lerne, was ein oraler Orgasmus ist, und versucht mich zu überreden, mit ihm zu gehen. Es dauert nicht lange, und ich flehe und winsle ihn an, und er leckt mich so lange, bis ich komme. Dann bitte ich ihn (was auch in der Realität passiert), in mich einzudringen, bis auch er zu seinem Höhepunkt kommt.

Letzteres wiederholt sich in der einen oder anderen Variante, denn diese Fantasie erregt mich am meisten. Er fesselt mich, er leckt mich, damit ich alles andere zulasse, damit ich so erregt bin, dass er und andere in mich eindringen können. Manchmal habe ich dabei mehrere Orgasmen nacheinander.

Mir gefällt der Gedanke, die Lieblingshure meines Partners zu sein, seine Konkubine ... dass er hundert Frauen zur Auswahl hat, aber sich für mich entscheidet, weil ich alles tue, wonach er verlangt; ich bin nachgiebig und zärtlich. Und daran denke ich allzu gerne, wenn ich ihm einen blase.

Andere Fantasien habe ich hinter mir gelassen, indem ich sie realisierte: Dreier, gespielte Vergewaltigungen, harmlose Sadospielchen, eine Menge Fetisch, harten Sex, anal…

Von der Theorie in die Praxis

Nicht alle Fantasien wollen in die Praxis umgesetzt werden. Manche funktionieren nur in der Vorstellung, und das weiß die betreffende Person auch. Bei anderen mag es das Bedürfnis geben, aber wenn sich die Gelegenheit bietet, ist die Enttäuschung groß, denn in der Vorstellung waren die Bilder viel erregender. Fantasien, die in einer festen Partnerschaft ausgelebt werden, können, gerade wenn dritte Personen ins Spiel kommen, zu erheblichen Spannungen führen. Der Sexualwissenschaftler Antoni Bolinches teilt erotische Fantasien in vier Kategorien ein: Bei den *antizipatorischen* stellt sich das Paar vor der Umsetzung bestimmte Handlungen vor und spricht darüber. Die *explorativen* gehen über die bisher bekannten und praktizierten Gewohnheiten des Paares hinaus. Ob man vorher darüber spricht oder nicht, bleibt jedem selbst überlassen. *Substituierende* Fantasien schließen neben dem Partner Dritte mit ein und beinhalten auch Praktiken, die das Paar noch nicht ausprobiert hatte. Und dann gibt es noch die *perversen*. Hier geht es um grenzüberschreitende Fantasien, die sich aus Bildern, der Vorstellung oder Worten nähren. Der Übergang zwischen den Kategorien ist fließend.

Gemäß dieser Klassifikation muss eine nicht realisierbare Fantasie nicht unbedingt erregender sein. Im Gegenteil, manchmal liegt der Reiz gerade in der Möglichkeit, Wirklichkeit werden zu können.

Wenn ich heute in mich gehe und feststelle, dass es für mich am erregendsten ist, mich unerfahren und neugierig in den Armen meines Süßen zu wissen – fast alle Fantasien gehen in diese Richtung –, dann wohl deshalb, weil es die einzige Fantasie ist, die ich im Leben nicht mehr werde umsetzen können.

Ich bin geschieden und habe einen neuen Freund. Die Beziehung ist sinnlich und liebevoll, und ich bin absolut glücklich im Moment. Wir sehen uns nur am Wochenende. Unter der Woche denke ich aber viel an ihn. Für mich ist er der perfekte Mann, humorvoll und ein sehr guter Liebhaber.

Äußerlich bin ich durchaus von dieser Welt, ganz gut gebaut, aber es gibt nichts, was besonders ins Auge fällt. Ich wiege zwischen fünfundsechzig und siebenundsechzig Kilo und treibe viel Sport, denn ich halte nichts von ausgemergelten, kraftlosen Körpern. Ich muss gestehen, dass ich mich heute besser akzeptieren kann als noch mit zwanzig. Ich denke einfach, dass ich für mein Alter noch ganz gut aussehe. Ich bin lustig, extrovertiert, gebildet, und ich halte mich für intelligent, wach und offen. Ich höre immer wieder, dass mein Charakter besticht, weil ich unabhängig und selbstgenügsam bin.

Mein Stil ist persönlich und ausgefallen. Ich mag schicke Kleidung. Ein paar meiner Freunde halten mich für ein wenig versnobt. Ich benutze Antifaltencreme und Parfüm, aber ich schminke mich nie. Die Haare trage ich kurz, aber immer mit Pfiff. Ich mag Unterwäsche, und wenn ich mir etwas Neues kaufe, dann immer passend: ein BH und drei Slips dazu…

Mir gefallen witzige, attraktive, extrovertierte Männer, die gerne die Nacht zum Tage machen und etwas Verschmitztes an sich haben, am besten. Einfallslose, mittelmäßige, fantasielose Menschen, denen es an Schlagfertigkeit mangelt, die sich nur in der Masse wohl fühlen und über simplen Nullachtfünfzehn-Sex nicht hinauskommen, ertrage ich nicht. Ich schätze Beziehungen von gleich zu gleich.

Sexuell würde ich mich als aktiv beschreiben. Ich verführe gerne und mag es, den anderen mit Wortspielen und Provokationen einzuwickeln. Und es gefällt mir, wenn er darauf einzugehen versteht, ohne vulgär zu werden. Für mich ist Sex mehr als eine gymnastische Übung. Sex ist eine Begegnung zwischen zwei Menschen, die den eigenen Spaß und den des Partners gleichermaßen suchen. Eine sexuelle Erfahrung sollte sich so einbrennen, dass man immerfort nach neuen suchen will.

Ich habe die Jungfräulichkeit spät verloren – ich hatte andere Interessen, und die Männer kamen mir ziemlich einfältig vor. Ich war schon zwanzig und hatte das Glück, an einen fantastischen Liebhaber geraten zu sein. Mit ihm war der Sex regelrecht lustig; wir haben miteinander gespielt – ich hatte nie das Gefühl, wir würden schmutzige oder hässliche Dinge tun.

Die intelligente Verführung

Intelligenz und ihr unbestechlicher Gradmesser, der Sinn für Humor, ist für Frauen und erst recht für die intelligenten Frauen das beste Aphrodisiakum. Schon von klein auf bringt man uns bei, nicht nur auf die äußerlichen Aspekte des Mannes zu achten. Und in der magischen Phase der Verliebtheit werden die äußeren Mängel durch einen regen Geist und einen klugen Kopf wettgemacht. Doch die Zeiten ändern sich! Immer mehr Männer lernen weibliche Intelligenz zu schätzen, und immer mehr Frauen legen größeren Wert auf das Aussehen! Warum sonst steht der knackige Po auf der Wunschliste moderner Frauen ganz oben?

Seitdem haut das mit mir und Menschen, die Sex als Körperübung betrachten, nicht mehr hin. Wenn ich keinen Partner habe, bin ich deutlich weniger »aktiv«, als ob meine Lust dann eingeschlafen wäre.

Ich hatte eine ganze Menge sexueller Beziehungen. Am schönsten waren ohne Frage solche, die ich im Rahmen einer mehr oder weniger stabilen Partnerschaft hatte. In sexueller Hinsicht habe ich mit meinem ersten Freund, meinem Exmann und meinem jetzigen Partner die besten Erfahrungen gemacht. Der Erste hatte die aufregendste Fantasie, mein Exmann brachte mich der Pornografie, den Spielzeugen und dem Sadomasochismus näher, und mein heutiger Partner weiht mich in neue Praktiken ein.

Meine derzeitige Beziehung basiert auf der Verführung, dem Wunsch zu gefallen und auf dem Begehren. Wie er mich an sich zieht, mich küsst, mich umarmt, mich berührt ... all das weckt das Begehren und reißt uns mit sich. Er ist ein sehr erfahrener Mann, der weiß, was er tut und was er will. Sanft, aber entschieden bringt er mich in die Position, die er sich vorstellt, um zu tun, was ihm vorschwebt. Er ist ungeheuer geschickt, vielleicht weil er schon so viele Frauen hatte, dennoch spüre ich deutlich seine Hingabe, Liebe und Leidenschaft. Er ist der beste Liebhaber, den ich je hatte, und dafür kann ich mich nur selbst beglückwünschen, zumal wir uns lieben. Vor ein paar Tagen hat er mich zum ersten Mal stundenlang in einem Hotel geliebt, und es war gigantisch.

Die Sache mit der Pornografie und dem Sexspielzeug hat für mich jeden Zauber verloren. Meiner Meinung nach trägt man sein Begehren in sich, und man sollte es von sich aus pflegen und dabei nicht in Gewohnheiten verfallen oder sich auf ei-

Einfühlsam, aber selbstbewusst

Die Kombination aus Härte und Weichheit, Entschlossenheit und Einfühlungsvermögen ist für die meisten Frauen tatsächlich ausgesprochen attraktiv. Das geht aus allen hier wiedergegebenen Berichten deutlich hervor. Die Frau muss die Zärtlichkeit ihres Partners spüren, gleichzeitig aber genießt sie den erfahrenen Mann, der sich ihr sexuell selbstsicher und mit verführerischer Nonchalance nähert.

nen bestimmten Ablauf festlegen. Der Sex ist nicht allein körperlich, er sollte eine mentale Komponente haben, und die Chemie muss stimmen.

Als ich noch jünger war, habe ich gern erotische Bücher gelesen, aber Pornos stoßen mich ab. Ich finde sie irgendwie lächerlich. Ich glaube, sie gehören in die Domäne der Männer. Die Frauen darin kommen mir vor wie aus Plastik, es gibt keine Verführung, nichts, was mich anspricht. Sie ziehen sich das Höschen runter, und das Spektakel beginnt. Und dann die Männer mit ihren meterlangen Schwänzen... armselig, echt! Mein Ex hat sie sich oft angesehen. Mir war das egal, ich habe ihn einfach gelassen.

Und Sexspielzeug finde ich auch nicht besonders prickelnd. Gummi, Latex... ich begreife das nicht. Wenn mein Partner etwas Echtes hat, warum sollte ich mir ein Stück Plastik einführen? Fragen wir doch mal die Männer: Was ist dir lieber, eine Muschi oder eine Gummipuppe? Die Antwort liegt auf der Hand. Das Problem ist der vorherrschende männliche Druck: Uns soll einfach alles gefallen, was sie wollen. So können sie die Filme in ihren Köpfen besser abspulen.

Eignungstest

Ich bin sechsunddreißig und Psychologin.

Hier meine sexuelle Fantasie: Ich bin mit einem Klienten in meinem Büro, die Tür ist geschlossen. Ich werde etwas nervös, denn er sieht sehr gut aus und hat das Begehren in meinen Augen erkannt. Er ist sechsundzwanzig, ungefähr 1,85 Meter groß und hat hellbraune Haare, die er sich, ein bisschen wie Beckham, nach hinten frisiert. Er hat zwei Piercings, eins in der Unterlippe und eins an der linken Braue. Wenn er spricht, fixiert er mich mit seinen blauen Augen so intensiv, als wollte er mich mit seinen Blicken durchbohren. Der Mann ist Grafikdesigner, leger gekleidet, und seine Haut riecht wie frisch geduscht. Er ist kräftig gebaut, mit gut definierten Arm- und Beinmuskeln, aber man merkt ihm an, dass das seiner Statur entspricht und nicht dem gnadenlosen Training im Fitness-Studio. Mein Atem geht etwas schneller. Meine Aufgabe ist es, ihn einer Art Idiotentest für den Führerschein zu unterziehen, und er löst die Aufgaben mit großem Geschick.

Als wir fertig sind, wenden wir uns der Tür zu, aber als ich sie schon öffnen will, stellt er sich mir in den Weg und schließt ab. Ohne ein Wort zu sagen sehen wir uns an. Ich weiß, was er will. Er weiß, was ich will. Draußen wartet kein weiterer Klient mehr, und meine Kollegen würden sich nicht wundern, wenn es bei mir länger dauerte – sie wissen, dass ich gern die schwierigen oder untypischen Fälle auswähle. Und dieser hier gehört garantiert dazu ... Warum nicht?, sage ich mir.

Mir schlägt das Herz bis zum Hals. Er sieht mich weiter so an, wie mich noch nie zuvor jemand angesehen hat. Er zieht mich in seine starken Arme, und seine sinnlichen Lippen nähern sich meinen. Wir verschmelzen in einem langen, innigen, feuchten Kuss, der mir den Atem raubt. Ich fühle mich wie ein kleines Mädchen, unschuldig und unfähig, mich zu wehren, seinem Willen ausgeliefert, seiner Macht. Ich fühle mich gefangen und kann doch nicht anders, als mich seinen Verführungskünsten hinzugeben.

Mit einer entschiedenen Geste reißt er mir die Bluse auf, dann küsst er meine Brüste so sanft, dass ich es kaum aushalte, öffnet geschickt meinen BH. Er setzt sich und zieht mich zu sich, bedeutet mir, mich mit gespreizten Beinen und nach oben geschobenem Rock auf ihn zu setzen. Seine Zunge spielt mit meinen Brustwarzen, und Dutzende wonniger Schauer laufen meinen Rücken hinab. Er findet genau das richtige Maß zwischen Zärtlichkeit und fordernder Härte. Bis dahin hat das noch kein Mann bei mir geschafft. Ich will ihm das Hemd öffnen, doch er verbietet es mir. Er tut es selbst. Seine Stimme ist ein sonorer Singsang, der mir ein erregtes Lächeln entlockt. Es gefällt mir, dass er so dominant ist, das macht mich heiß.

Sein nackter Oberkörper ist eine Pracht. Er hat nicht ein einziges Haar auf der Brust. Seine Haut ist so weich wie die von einem Baby, aber darunter ist der Körper fest und hart wie Beton. Seine unglaublich breiten Schultern stehen im Kontrast zu seinen schmalen Hüften. Und in meinem Schoß spüre ich bereits seine pralle Männlichkeit, die noch in der Hose versteckt ist. Ich bin feucht und empfänglich, habe bereits Zeit und Raum um mich herum vergessen. Ich kann und will nicht mehr denken, nur noch fühlen, berühren, schmecken … Meine Hände wandern seine Brust hoch und runter, mein Mund beißt und nagt hier und da, seine Lippen benetzen mich ebenfalls überall, während seine Finger unter meinem feuchten Slip bereits den Weg zu meiner Muschi suchen.

Da plötzlich schiebt er mich von sich weg. Mit einer gekonnten Bewegung steht er auf und drückt mich auf das Sofa.

Er kniet vor mir nieder und zieht mir den Slip aus. Den Rock habe ich noch an, aber er ist inzwischen ganz hoch geschoben. Mein Geschlecht liegt nun nackt vor ihm, offen, sehnsüchtig, bereit … Voller Begehren schaut er es an, sieht mir in die Augen, verharrt regungslos, zwingt mich so, vor Lust bald umzukommen, bis ich es nicht länger ertragen kann und seinen Kopf zwischen meine heißen Schenkel führe, bis sein Gesicht sich in meiner Scheide versenkt.

Zunächst umspielt seine Zunge meine Klitoris, saugt daran, als wollte er aus ihr trinken. Danach leckt er sie ganz sanft und spart dabei keine Zone aus: meine Lippen, die Klitoris, die Vagina … Sein Rhythmus verändert sich, und ich werde immer erregter, aber als ich fast komme, nimmt er sich zurück, wird langsamer. Und so geht es immer weiter: ruhig, schnell, ruhig, schnell … mehr, mehr … stopp. Er richtet sich auf, und ich würde ihm am liebsten eine scheuern: Warum hört er gerade jetzt auf?

Er holt ein Kondom aus der Tasche und gibt es mir. Wir verstehen uns ohne Worte. Ich öffne den Reißverschluss seiner Hose, hole seinen Schwanz heraus – und was für ein Schwanz das ist! –, reiße die Packung auf, nehme das Kondom mit dem Mund heraus, lege es über sein Glied und stecke es mir fast bis zur Kehle in den Mund, bis das Kondom perfekt sitzt. Ein vorausschauender Junge! Das gefällt mir!

Jetzt nimmt er mich langsam, behutsam und wechselt orale Befriedigung mit Penetration ab … Das bringt mich fast um vor Lust! Ich bin drauf und dran zu explodieren, aber er lässt mich noch eine ganze Weile zappeln … Er hat die totale Kontrolle über die Situation! Wenn er es für angemessen hält, lässt er mich kommen. Und es ist seine großartige Zunge, die das Wunder vollbringt.

Stülpe es ihm über … mit dem Mund

Jede Prostituierte beherrscht die Technik, ein Kondom mit dem Mund anzuziehen, ohne dass der Mann es merkt, denn es gibt immer noch genügend Freier, die nichts von Kondomen wissen wollen. Es ist ratsam, diese Praktik zu üben, falls man an jemanden gerät, der partout keine Vorkehrungen treffen will – in Zeiten von Aids und anderen Krankheiten, die sich über den Geschlechtsverkehr übertragen, oder auch zur Vermeidung ungewollter Schwangerschaften ist es besser, kein Risiko einzugehen.

Zunge und Schwanz, eine verheißungsvolle Kombination

Oralsex und Penetration miteinander abzuwechseln, ist für das Paar eine dankbare Praxis. Mit der Zunge wird die Klitoris auf die denkbar erregendste Art stimuliert, während die Penetration ein wohliges Gefühl des Ausgefülltseins vermittelt. Dauert die Penetration an und die Frau verliert die Lust daran (sei es aus Müdigkeit, weil die Klitoris nicht stimuliert wird oder die Stellung unbequem ist), wird die Scheide schneller trocken. Wenn darauf der Liebesakt mit einem Cunnilingus fortgesetzt wird, bekommt die Vagina die notwendige Feuchtigkeit, und die erneute Penetration bereitet wieder mehr Freude und Befriedigung.

Ich kann nichts mehr denken, verliere mich, lasse mich fallen … Er weiß genau, dass es ein langer, intensiver Orgasmus ist, auf den noch viele kleinere folgen können, und so nimmt er seine Zunge weg, um mich kurz darauf erneut zu lecken, er nimmt sie weg und leckt mich erneut. Zum Schluss dann nimmt er mich stürmisch, fest, entschieden noch einmal, bis wir beide gemeinsam in einem gigantischen Orgasmus verschmelzen. Darauf zieht er sich vorsichtig, damit das Kondom nicht abrutscht, zurück.

Wir ziehen uns an und machen uns – etwas schüchtern und schweigend –, so gut es geht, wieder zurecht. Immer noch zitternd stehen wir uns gegenüber... Zärtlich küsst er mich auf die Stirn und fragt: »Bin ich geeignet?« Irritiert sehe ich ihn an, bis mir wieder einfällt, wo wir beide sind, und mit schelmischem Lächeln antworte ich: »Nein, tut mir Leid, den psychologischen Test musst du morgen leider noch mal wiederho-

Ein paar Kilo mehr, ein paar Kilo weniger

Erwiesenermaßen ist die Frau mit ihrem Körper viel kritischer als der Mann. Und genau so erwiesen ist es, dass so mancher Mann stöhnt, wenn seine Freundin ein paar Kilo zugenommen hat. Welches Schönheitsideal gerade gilt, lässt sich am Wandel der Epochen gut ablesen: In den zwanziger Jahren wurde die knabenhafte Frau ohne Busen und mit schmalen Hüften bevorzugt. In den vierziger und fünfziger Jahren hingegen galten Kurven als das Nonplusultra – man denke bloß an Marilyn Monroe, das Sexsymbol jener Zeit. Auch heute noch gilt: Schlank sein ist schön, aber der Busen darf nicht fehlen, und wenn ihm erst der chirurgische Eingriff zu seinen Idealmaßen verhilft. Solche Leitbilder verzerren die Wahrnehmung. Anorexie und Bulimie sind die dramatischen Konsequenzen aus dieser ästhetischen Tyrannei.

len.« Er lächelt zurück, zwinkert mir zu und schreibt mir seine Telefonnummer auf einen Zettel, bevor er das Büro verlässt. Ich liebe meine Arbeit!

Ich habe derzeit keinen Partner. Momentan lebe ich mit meiner dreißigjährigen Schwester und meinem sechsjährigen Sohn zusammen. Ich vermisse einen Mann an meiner Seite, habe aber auch die Vorzüge meiner Situation zu schätzen gelernt. Ich habe also die nötige Geduld. Die Dinge werden sich schon finden.

Ich denke, ich sehe nicht schlecht aus und habe so meine Wirkung auf Männer. Ich bin von mittlerer Größe und trage dunkles, lockiges Haar. Auf mein Gewicht muss ich sehr genau aufpassen; ich finde ja, ich habe ständig ein paar Kilo zu viel, aber sie finden, das sei genau richtig so, was wieder einmal meine These bestätigt, dass Männer nicht auf Bohnenstangen stehen.

Fremden gegenüber bin ich eher distanziert, wenn nicht gar spröde. Habe ich aber Vertrauen gefasst, wirke ich interessant und attraktiv. Und wenn ich mich anstrenge, kann ich regelrecht etwas durchgeknallt scheinen.

Ich bin ziemlich kokett, und ich liebe es, Klamotten zu tragen, die meinen Busen betonen – sicherlich mein markantestes Körperteil. Von daher gehören die BHs, die ihn ins rechte Licht rücken, zu den unverzichtbarsten Gegenständen in meinem Kleiderschrank. Meine Beine sind sehr schön geformt, und ich habe viel Lob für sie bekommen, aber die Natur verlangt ihren Preis, und ich neige zu Krampfadern, die es mir verbieten, die heiß geliebten Miniröcke zu tragen.

Für Unterwäsche gebe ich schlicht und ergreifend deswegen nicht viel Geld aus, weil ich es mir nicht leisten kann. Ich schminke mich wenig, verzichte aber nie auf Lippenstift – ohne fühle ich mich nackt. Ich habe in meinem Leben so viel

Absätze getragen, dass mein Rücken und meine Füße das nicht mehr mitmachen. Heute steht bei mir – ganz im Gegensatz zu früher – die Bequemlichkeit an erster Stelle, und dann kommt der modische Schick.

Tendenziell ziehen mich eher bedeutend jüngere Männer an, mit makellosem Körper und jungenhaftem Gesicht, hellen Augen und sinnlichen Lippen. Aber mit diesem Typ Mann würde ich nicht unbedingt eine Beziehung leben wollen.

Um mein Leben mit jemandem zu teilen, ist nicht das Äußere entscheidend, sondern das, was er im Kopf hat. Ich wünsche mir einen treuen, verständnisvollen, toleranten Partner, der seinen Freiraum ebenso liebt, wie er meinen respektiert. Der mich in bestimmten Situationen zum Lachen bringt, das Leben aber auch ernst nimmt, wenn es darauf ankommt, jemand, der reif ist, bereit, Verantwortung zu übernehmen, der sein Leben im Griff hat und vor allem: der keine Mutter sucht!

Um aber ein paar schöne Stunden zu verbringen, gibt es nichts Besseres als einen feurigen, attraktiven Achtundzwanzigjährigen. Wozu braucht er etwas im Kopf, wenn er weiß, wie man einer Frau Vergnügen bereitet?

Meine Unschuld habe ich in einer lauen Sommernacht verloren. Es war eins jener typischen Abenteuer, die ich in den Ferien im Dorf meiner Eltern, einem winzigen Ort an der Costa del Sol, häufiger erlebte. Ich war zweiundzwanzig und der Mann ein entzückender und etwas älterer Uruguayer. Ich erlebte dabei nicht gerade den Himmel auf Erden, nicht beim ersten, nicht beim zweiten und auch nicht bei dritten Mal… Das kam erst mit den Jahren und der Erfahrung.

Der zweite Mann, mit dem ich schlief, war Daniel, ein attraktiver Heißsporn, der später mein Mann wurde. Mit ihm entdeckte ich meine Sexualität wirklich und lernte, sie zu ge-

Lieber jünger?

Männlicher Topos: das junge Mädchen, das den reifen Mann beglückt und vergöttert und mit dem er so gut in der Öffentlichkeit »angeben« kann. Doch manche Frauen wagen es bereits, das umgekehrte Tabu zu brechen: die Beziehung zum jüngeren Mann, auch wenn diese Befragte zwischen dem Mann für eine Nacht und dem, mit dem sie leben möchte, unterscheidet. Ohne Zweifel spielt das Alter, wenn es um höchsten Genuss geht, eine Rolle, denn schließlich sind Männer sexuell schon mit zwanzig voll ausgereift. Frauen hingegen entdecken sich und ihren Körper meist erst zwischen dreißig und vierzig. Dennoch hat auch das alte Sprichwort Recht: »Der Teufel ist schlau, weil er alt und nicht weil er ein Teufel ist.« Und in sexueller Hinsicht ist Erfahrung sicher ein wichtiger Pluspunkt.

nießen. Daniel und ich waren zehn Jahre zusammen – vier nur so als Paar und sechs verheiratet –, und auch wenn unsere Ehe zerbrach, muss ich sagen, dass unser Liebesleben so gut harmonierte, dass wir noch anderthalb Jahre nach der Trennung ab und zu Sex miteinander hatten, obwohl er bereits eine neue Freundin hatte.

Daniel und ich stehen beide auf oralen Sex. Na ja, als wir uns kennen lernten, waren wir da noch ziemlich unbedarft, aber wir lernten schnell. Und wie wir lernten! Wir haben immer ganz offen über das geredet, was uns gefällt und was nicht. Ich kannte seine Vorlieben aus dem Effeff, so wie er meine kannte. Und was er mit seiner Zunge fertig brachte, habe ich bislang noch bei keinem Mann jemals wieder gefunden. Wir ha-

Cunnilingus

Wenn der Kuss und das Streicheln auf der Skala des Begehrens die erste Stufe einnehmen, dann ist auf der Schwelle der spürbaren Erregung der Oralsex sicher die beste Methode, um die Lust zu steigern und die Vagina auf die folgende Penetration vorzubereiten. Auch wenn man uns weismachen will, dass für die Frau der Höhepunkt der Lust der Koitus sei, besteht kaum Zweifel, dass der Oralsex für sie mindestens ebenso befriedigend ist.

ben den Liebesakt stets mit dem Cunnilingus eröffnet – er wusste genau, dass er mein Blut damit in Wallung bringen konnte –, während es ihm reichte, mich dabei zu beobachten, um in Fahrt zu kommen.

Wir haben uns in jedem Winkel der Wohnung geliebt – und außerhalb natürlich auch an allen möglichen Orten –, aber ich muss sagen, dass für mich nichts über das Bett geht.

Unsere bevorzugte Zeit waren die Mittagsstunden, vor oder nach dem Essen, lieber noch nach dem Essen, wenn es nicht zu opulent war.

Für uns war der Akt der Penetration kaum mehr als die Kulmination vieler anderer erotischer Spielarten. Ich glaube, wir haben keine Stellung ausgelassen, obwohl ich immer noch die am liebsten mag, wo ich oben bin. Ich bin ein Multiorgasmustalent, da aber der einzige Mann, mit dem ich eine dauerhafte Beziehung hatte, mein Ehemann war, konnte ich bislang auch nur mit ihm diese Gabe genießen – aber das wird schon noch wiederkommen.

Es gab andere Männer nach Daniel, flüchtige Bekanntschaften, die nicht besonders befriedigend waren. Sie sind durch mein Bett gegangen – oder ich durch das ihre –, ohne großartig Spuren zu hinterlassen. Dabei waren: ein Informatiker, ledig, jünger als ich, Typ Kuschelbär, zärtlich, anschmiegsam und genügsam; ein Polizist der Guardia Civil, ledig, älter als ich, attraktiv, aber nicht besonders aufmerksam; ein pakistanischer Kellner, ebenfalls ledig, jünger als ich, aber mit dem gleichen Manko … Bei ihm war es die Religion, die ihm Oralsex verbot.

Und was soll ich über Luis sagen, den Filialleiter meiner Bank, Herr über meine Hypothekenschulden, interessant, gut situiert, ein paar Jahre über vierzig? Mit ihm war alles gut, das Leben war Luxus pur, immer die besten Restaurants, die besten Hotels, der beste Oralsex. Die Sache hatte nur einen Haken: Er war verheiratet. Seine Pretty Woman zu sein hatte durchaus seinen Reiz, aber ich bin nicht gern der Grund für einen Mann, seine Frau zu betrügen. Ich habe mich schlecht gefühlt und die Geschichte beendet. Noch heute geht es mir manchmal durch und durch, wenn ich die Bank betrete und ihn hinter seinem Schreibtisch sitzen sehe, im Anzug, zuvorkommend, gebildet und immer so aufmerksam seinen Kunden gegenüber – und wie aufmerksam! Da habe ich dann manchmal Lust zu rufen: Guckt mal! Dem habe ich den Schwanz gelutscht!

So, das war das ganze Panorama, und jetzt bin ich Single. Beim nächsten Mal möchte ich nichts übereilen. Weder sofort mit ihm ins Bett gehen noch mich auf einen verheirateten Mann einlassen. Die Trennung ist jetzt drei Jahre her, und natürlich vermisse ich den Sex, aber um ihn wirklich zu genießen, um mich richtig hinzugeben, muss ich wenigstens ein bisschen verliebt sein. Ich brauche einen Partner, dem ich vertraue, die Chemie muss stimmen. Und darauf warte ich, solange es nötig ist.

Bis dahin muss ich jedoch auch nicht darben, denn ich kenne meinen Körper ausgezeichnet. Allein zu sein bedeutet nicht, keinen Sex zu haben. Ich habe gelernt, das Terrain zu erkunden und es mir mit Fantasie und Einfallsreichtum gut gehen zu lassen.

Das ist jetzt ein sehr intimes Detail, aber ich will es euch verraten: Ich benutze eine Kerze. Das funktioniert super, man glaubt es ja gar nicht. Eine von diesen weißen Haushaltskerzen, die von Größe und Durchmesser durchaus an einen Penis erinnern. Ich schiebe ein Kondom darüber, und schon ist die Sache perfekt. Nicht zu groß und nicht zu klein, und: Sie passt sich meinem Körper an. Doch, doch! Aufgrund meiner Wärme verformt sie sich entsprechend. Nach Gebrauch wasche ich sie mit Seife und wickle sie in ein Handtuch. Mit der Kerze, meinen Händen und meinen Fantasien bringe ich es auf bis zu zehn Orgasmen...

Der Genuss allein

Entgegen dem Glauben der Männer befriedigen sich Frauen nicht wie die Pornodarstellerinnen, indem sie sich einen Dildo – je größer, desto besser – in die Scheide einführen. Nur anderthalb Prozent der Frauen praktizieren ausschließlich diese Technik. Ihnen gegenüber stehen knappe achtundachtzig Prozent, die ihre Vagina mit den Fingern oder einem Vibrator stimulieren. Mit Wasser – dem Duschstrahl oder der Jacuzzi-Funktion – tun es zwei Prozent, mit Muskelanspannung drei und durch Reiben an einem weichen Gegenstand vier. Die verbleibenden elf Prozent befriedigen sich auf andere Weisen.

Wenn ich meine eigene Zunge benutzen könnte, bräuchte ich wahrscheinlich nie wieder einen Mann... Na ja, das klingt hart, wenn man das so hört, aber ich bin mir sicher, dass mehr als eine Frau mir zustimmen würde, auch wenn sie es nicht laut zugibt. Einen Vibrator wollte ich mir schon mehrmals kaufen, aber ich traue mich nicht in einen Sexshop! Da schlägt meine strenge Erziehung wohl durch. Pornos machen mich auch nicht so an, obwohl ich mir mit meinem Exmann einige angeschaut habe.

Mach mit mir, was du willst

Ich bin Physiotherapeutin und neunundzwanzig Jahre alt.

Ich habe viele Fantasien, und weil ich nicht weiß, für welche ich mich entscheiden soll, erzähl ich gleich ein paar.

Fantasie Nummer eins: Sex mit zwei Männern. Während der eine mich von vorne liebkost, mich auf Mund, Hals, die Achseln, zwischen den Schenkeln küsst, steht der andere hinter mir und streichelt mir Rücken und Po. Dann dringt der Mann vor mir in mich ein, ich komme fast zum Orgasmus, werde gleichzeitig von hinten genommen, worauf wir alle drei in eine wilde Ekstase geraten.

Fantasie Nummer zwei: Ich hatte mal einen Traum... Ein Gorilla hat mich entführt und mich tief in den Dschungel verschleppt. In der Nähe eines Wasserfalls treibt er es mit mir, bis ich kaum noch atmen kann. Manchmal erregt es mich, wenn ich an diesen Traum denke.

Fantasie Nummer drei: Oft stelle ich mir Orgien vor. Ich mache es mit vielen Leuten um mich herum, die ebenfalls mit Vögeln beschäftigt sind.

Fantasie Nummer vier: Ich werde von mehreren gebumst... einer nach dem anderen.

Fantasie Nummer fünf: Zusammen mit einem Fremden werde ich entführt, und wir hängen Körper an Körper in einem Netz, ohne uns bewegen zu können. Langsam wird er geil, sein Schwanz wird hart und passt perfekt in meine Scheide.

Schließlich würde ich gern noch eine Fantasie erzählen, die ich seit Kindertagen habe und an die ich noch immer viel denke.

Als ich etwa sieben oder acht Jahre alt war, hatte ich eine Freundin, mit der ich oft so ziemlich alles gespielt habe, was man in dem Alter eben so spielt. Ich erfand eine Geschichte, nach der wir zwei Sirenen waren, die von Siré verfolgt wurden, einer verfluchten männlichen »Sirene«, vor der wir auf der Flucht waren. Es war so eine Art Abenteuer. Wenn ich jedoch allein war, bekam diese Geschichte eine andere Wendung. Dann nämlich hatte Siré mich in seiner Gewalt und sperrte mich in den Tiefen des Ozeans in einen gläsernen Käfig. Wenn es ihm beliebte, kam er zu mir und machte mit mir, was er wollte. Als Kind ging das nicht über harmlose Fummeleien an meinem Körper hinaus, je älter ich aber wurde und meine Sexualität entdeckte, desto lasziver wurden die Praktiken. Noch heute verfolgt mich Siré, und jedes Mal zerschmelze ich bei diesen Bildern wie Wachs.

Ich bin heterosexuell und lebe seit dreieinhalb Jahren mit meinem Freund zusammen, der ganz sicher der Mann meines Lebens und Vater meiner zukünftigen Kinder ist. Sollte uns die Natur einen Strich durch die Rechnung machen, werde ich mich sterilisieren lassen. Insgesamt leben wir eine erfüllte Partnerschaft mit all ihren Vor- und Nachteilen, und ich kann nur hoffen, dass das nie aufhört …

Die Männer tauchten früh in meinem Leben auf und brachten meine Eltern entsprechend zur Verzweiflung. Meinen ersten »richtigen« Freund hatte ich allerdings erst mit sechzehn. Die

Lieblingsfantasien

Es ist keine Seltenheit, dass unsere Lieblingsfantasien im Laufe der Jahre immer wieder aufs Neue bemüht und modifiziert werden. Wenn wir es uns allein oder mit unserem Partner gut gehen lassen wollen, greifen wir gern auf Bilder zurück, die uns noch nie im Stich gelassen haben. Je mehr wir theoretisch und praktisch erfahren, desto weiter ergänzen wir auch unsere schönsten Fantasien, da das Neue uns schließlich einen zusätzlichen Kick geben kann.

Sache dauerte nicht lange, weil ich nie wirklich in ihn verliebt war. Mit neunzehn verliebte ich mich dann unsterblich in einen Jungen, der seine Freundin gerade erst verlassen hatte. Alles lief wie am Schnürchen, ich war jeden Tag begeisterter von ihm, bis plötzlich seine Ex wieder auftauchte. Aus Angst, ihn zu verlieren, sollte er der Erste werden, mit dem ich schlief, weil ich dachte, dass ich ihn so halten könnte. Die Enttäuschung über dieses erste Mal aber war so nachhaltig, dass ich ihn verließ.

Um über den Schmerz hinwegzukommen, schlief ich mit dem Jungen, mit dem ich vorher ausgegangen war, da er sich sehr um mich bemühte, mir Blumen schickte und mir ein gutes Gefühl gab.

Der Sex mit ihm war nicht schlecht, aber mir fehlte die Leidenschaft. Im Grunde war ich noch immer nicht verliebt in ihn. Nach ein paar Monaten hat mich die Sache völlig erdrückt. Er kontrollierte jeden meinen Schritte, ließ mich kaum atmen, war auf jeden eifersüchtig, selbst auf meine Familie. Die Beziehung wurde schwierig, und ich trennte mich.

Ein Jahr später lernte ich in den Ferien einen anderen Jungen kennen. Wir fingen etwas miteinander an und führten dann eine Fernbeziehung, sahen uns im Sommer und über das Jahr, wenn es einem von uns möglich war, in die Stadt des anderen zu kommen. Er trug mich auf Händen, und ich dachte, dass ich in ihn verliebt sei und dass auch er mich sehr liebte, bis mich das Leben etwas anderes lehrte. Es war auf der Party von Arbeitskolleginnen, als plötzlich ein Freund von jemandem dort auftauchte. Wir hatten kaum drei Worte gewechselt, da spürte ich dieses Stechen in der Brust. Nie zuvor hatte ich ein solches Begehren gespürt. Es tat fast weh.

An seinen Augen konnte ich sehen, dass die Anziehung auf Gegenseitigkeit beruhte. Mir gefiel alles an ihm. Da beendete ich die Fernbeziehung sofort und begann eine neue.

Am Anfang hatten wir viel und sehr leidenschaftlichen Sex. Dennoch gab es etwas, dass mir ein gewisses Misstrauen einflößte, zumal er im Ruf stand, ein Don Juan zu sein. Doch Liebe macht blind, und ich wollte die Wahrheit nicht sehen. Monatelang hatte ich gelitten und Angst gehabt. Ich fühlte mich verletzlich, war ihm aber verfallen wie einer Droge.

Sex hatten wir immer weniger. Während ich ständig hungrig nach ihm war, schien er keine Lust mehr zu haben. Völlig besessen, öffnete ich nach einer Weile dennoch die Augen und musste erkennen, dass er Verhältnisse mit mehreren anderen Frauen unterhielt.

Danach versuchte ich mich mit diversen Affären über ihn hinwegzutrösten, bis ich mich vor mir selbst ekelte, denn das war es auch nicht, was ich wollte. Als ich endlich begriff, dass ich keinen Mann brauchte, um mich angenommen zu fühlen, und auch mit mir allein Spaß haben konnte, lernte ich meinen jetzigen Freund kennen. Und wenn sie nicht gestorben sind, dann leben sie noch heute …

Äußerlich kann ich mich nicht beschweren … Ich bin wohl recht attraktiv. Tendenziell bin ich vielleicht etwas zu dick, obwohl ich im Moment schlank bin (ich mache seit drei Monaten eine sehr gesunde Diät). Aufgrund meines schweren Knochenbaus wirke ich aber eher korpulent, egal, wie wenig ich wiege. Ich glaube, den Männern gefällt vor allem mein Gesicht. Meine Augen sind lebendig und sehen aus wie kleine Mandeln. Meine Haut ist feinporig und der Teint dunkel.

Ich bin extrovertiert, mein strahlendes Lächeln, begleitet von meiner offenen Art, sind echte Waffen (zum Teufel mit der Bescheidenheit!). Zum Sport bin ich zu faul, und meinem Körper widme ich nicht viel Zeit, obwohl ich mich gern dazu überwinden würde, wenigstens eine Stunde pro Tag zu walken.

Ich selbst halte mich für eitel. Ich möchte ansprechend aussehen, und so schminke ich mich auch jeden Tag. Einen bestimmten Kleidungsstil habe ich nicht, aber ein bisschen modern sollte es schon sein.

Eine Idealvorstellung von einem Mann habe ich eigentlich nicht, obwohl ich zugeben muss, dass die großen, schlanken mit einem entschiedenen Charakter und dem Herz am rechten Fleck mich eher anziehen.

Sexuell bin ich mit den Jahren deutlich kühler geworden. Früher habe ich die Männer ja fast überfallen. Aber nach dem Typ, der mich so verletzt hat, brennt mein Körper nicht mehr mit der gleichen Leidenschaft, und meine Einstellung gegenüber dem Sex hat sich verändert.

Nur durch Penetration allein komme ich nicht zum Orgasmus. Mir ist das nur einmal passiert, mit diesem Typ eben, und das gibt mir zu denken … Ich liebe meinen Freund und würde mit ihm gern etwas Ähnliches empfinden. Wahrscheinlich bin ich durch irgendetwas traumatisiert. Richtig ist sicher auch, dass

Einstellung zum Sex

Sexualität funktioniert nicht wie Mathematik nach exakt bestimmbaren Regeln. Jeder Mensch hat andere sexuelle Vorlieben, und es ist schwierig, schon bei der ersten intimen Begegnung zu harmonieren. Man braucht Zeit, um sich kennen zu lernen, das Terrain zu erkunden und sich gegenseitig Befriedigung zu verschaffen, und natürlich muss man mit dem Partner über seine und die eigenen Wünsche sprechen.

Aber es gibt auch Fallstricke – die Angst vor erneuter Verletzung etwa –, über die wir immer wieder stolpern und die zur Folge haben, dass wir uns in den Armen des Partners nie ganz fallenlassen. Eine solche Haltung schmälert zwar den Genuss, aber sie verhindert auch, dass wir uns emotional auf faule Kompromisse einlassen und schützt vor zu großem Schmerz im Falle einer Trennung.

man mit dreiundzwanzig anders empfindet als mit neunundzwanzig. Hinzu kommt, dass Alltag und körperliche Erschöpfung auch nicht die besten Begleiter sind.

Ich bin passiv und mag den sanften Sex, der von Zärtlichkeiten und Küssen auf den Hals, die Hüfte, die Schenkelinnenseiten, Umarmungen und dem einen oder anderen »Ich liebe dich« begleitet wird.

Wenn ich Lust auf Sex habe und er schläft, befriedige ich mich selbst und denke dabei an eine schöne Fantasie oder einen erotischen Film.

Ganz, ganz selten schauen wir uns auch Pornos an, aber mich langweilen die fast alle. Die erotischen dagegen mag ich sehr, vor allem die animierten, auch wenn mich später beide

Genres gleichermaßen erregen können, wenn ich daran zurück denke.

Lass mich deine Lieblingshure sein

Rollen zu spielen oder in die Haut anderer Personen zu schlüpfen, gehört sicher zu den harmloseren Fantasien, wenn es darum geht, sie mit einem festen Partner umzusetzen. Zum einen ist es erregend und reizvoll, in die Haut eines anderen zu schlüpfen, heute die sinnliche Dirne, morgen die verschmitzte Kellnerin und am Wochenende die strenge Lehrerin zu sein. Zum anderen macht es Spaß, den Partner einmal als waghalsigen Abenteurer à la Indiana Jones, als exzentrischen Maler oder als feinsinnigen Dirigenten zu erleben. So kann man Sex genießen und ihm zugleich seine weihevolle Aura und sich selbst die Scham nehmen. Im Rollenspiel kann man miteinander lachen, mit der Monotonie brechen, ihn und sich selbst besser kennen lernen und wieder Kind sein.

Außerdem verliert der Sex durch den spielerischen Umgang mit ihm nach und nach das Anrüchige. Ein weiterer Pluspunkt des Rollenspiels ist die daraus resultierende Komplizenschaft und damit eine Verbindung, die in einer Partnerschaft Wunder wirkt. Man stelle sich das verschwörerische Lächeln des Partners vor, wenn die Kinder begeistert vom jüngsten Indiana-Jones-Film schwärmen oder wenn Freunde von einem langweiligen klassischen Konzert erzählen und man selbst an den grandiosen Orgasmus denkt, den man in der achten Minute von Bachs Fantasie und Fuge in d-Moll hatte.

Es stimmt, wir müssen in der Wirklichkeit zurechtkommen, und trotzdem wird auf diesen Seiten ständig über Sex gesprochen, der sich in der Fantasie abspielt. Dennoch oder gerade deswegen können wir alle, die in ihrer Sexualität neue Wege beschreiten wollen, nur ermutigen, dies im Rollenspiel zu tun. Außer den bereits erwähnten Vorteilen ist das »theatralische Ausleben« sexueller Wünsche ungemein nützlich, um Ängste oder Schüchternheiten abzubauen.

Wer nach den Anfängen solcher Rollenspiele forscht, der muss vielleicht bis zu den Göttern der griechischen Mythologie zurückgehen. Oder besser gesagt, bis zu den Menschen, die diese Mythen erdachten. Man denke nur an Prometheus, den Gott des Feuers, an Neptun, den Herrscher der Meere, oder an Diana, die jungfräuliche Jägerin. Immer schon haben Menschen Geschichten erfunden, um sich mit ihresgleichen zu verständigen oder um über solche Gleichnisse gewisse »Verhaltensregeln« einzuüben. Die Menschheitsgeschichte weiß von zahllosen noblen Helden und einfachen Bauern, von unschuldigen, gütigen, gefallenen oder doppelzüngigen Frauen. Für Carl Gustav Jung hat jede Kultur ihre »Archetypen« (der Unschuldige, der Entdecker, der Liebhaber, der Weise, der Held, der Messias ...), die aufgrund des kollektiven Unbewussten in den Köpfen der Individuen weiterleben. Und glaubt man dem Schweizer Psychiater, so treten sie gerade in unseren Träumen und Fantasien zu Tage. Auch heutige Erzähler, Regisseure, Schriftsteller, Videokünstler, Sänger und Choreografen greifen zurück auf Mythen und Archetypen. Und anders kann es auch gar nicht sein, denn worauf sonst soll unsere Psyche zurückgreifen, um sich uns mitzuteilen, wenn nicht auf das, was wir Tag für Tag in unserem kollektiven Unbewussten ansammeln und was sich dort bereits als kulturelles Erbe manifestiert hat? Und wie sollte sie sich nicht unserer Kindheitserinnerungen bedienen? Schließlich träumen einige von uns wirklich davon, die in einem Burgturm eingeschlossene Prinzessin zu sein, die von dem ungemein gut aussehenden Prinzen auf seinem weißen Ross gerettet wird.

Manchmal verbirgt sich hinter dem Prinzen lediglich ein Manolito oder Joaquín, der damals unsere »große Liebe« war. Heute werden die sexuellen Fantasien der Frauen von Gestalten wie dem sexuell erfahrenen Mann, einem Ärzteteam, einem Zuhälter, dem Vorgesetzten oder einem Uniformierten bevölkert. Und die Frauen selbst sehen sich in der Rolle der nicht ganz so unschuldigen Schülerin, der unerfahrenen Jugendlichen, der Patientin, Hure, Angestellten, Psychologin ...

Und wie in den Märchen unserer Kindheit nimmt die Frau die passive Rolle ein, gibt sich der Faszination und der männlichen Stärke ihres Traumprinzen hin, lässt sich nehmen, geblendet noch immer von dem Glück, die »Auserwählte« zu sein. Sie ist die gute Frau, die Heldin, die am Ende ganz sicher das Rennen macht. Den Bösen, ob es sich nun um die gemeine Stiefmutter, die böse Hexe oder die eifersüchtige Schwester handelt, bleibt nichts anderes übrig, als Gift und Galle zu spucken und den Sieg der Jüngeren mit ihrem reinen Herzen zu akzeptieren.

In der Mehrzahl der in diesem Kapitel beschriebenen Fantasien nimmt der Mann die übergeordnete Rolle ein, er ist der Erfahrene, der die Initiative ergreift und die Situation kontrolliert. Sie will das natürlich genau so und genießt den Fortgang der Ereignisse.

Da aber die Fantasie nie nur eine Richtung einschlägt, auch wenn es manchmal aufgrund unserer Erziehung, des Wertekanons, der überlieferten Mythen etc. den Anschein hat, gibt es doch immer wieder auch Menschen, die bestimmte Grenzen überschreiten.

Gleichwohl sind wir in allen Kulturen und zu allen Zeiten gewissen Bildern ausgeliefert. Die Codes unserer Kommunikation sind voll von Symbolen, die vor allem äußerlich sofort sichtbar werden: der karierte Faltenrock des Schulmädchens, das Ledertop einer Rockerbraut, die Rastalocken eines Umweltschützers oder die makellose Uniform eines Offiziers. Wie können wir es verhindern, uns von solchen Zeichen angezogen zu fühlen? Haben sie von sich aus eine erotische Komponente oder ist auch das schon eine Sache der Überlieferung?

Sind es noch immer die klassischen, die traditionellen Rollen, von denen sich Frauen auch heute noch am meisten angezogen fühlen, und tauchen sie deshalb in diesem Kapitel am häufigsten auf? Erwartet man das von ihnen? Befriedigen sie ihre Libido oder ihr Gewissen? Provoziert das Unterbewusstsein diese Fantasien, weil es zu dem passt, was wir gelernt haben? Oder suggeriert es uns »absichtlich« Bilder, die dem, was wir täglich leben, diametral entgegengesetzt sind?

Wir glauben, dass es keine eindeutigen Antworten auf diese Fragen gibt. Mag sich jeder Leser und jede Leserin die für ihn oder sie passenden herausgreifen – sie werden nicht falsch sein. Solange sie dem Dialog und der Auseinandersetzung dienen, sind sie herzlich willkommen. Werden dadurch Tabus angekratzt, umso besser. Und wenn man gar das eine oder andere Vorurteil ausmerzen kann – toll!

In jedem Fall sollten wir uns trauen, jede Rolle einmal auszuprobieren – von der unschuldigen Lolita bis hin zur verruchten Animierdame. Das Rollenspiel ist die gesündeste Form, sich selbst kennen zu lernen. Zweifelsohne tragen wir von allen Rollen Anteile in uns. Und das Beste daran, es macht Spaß.

3

Bin ich lesbisch?

Wie wir auf den vorangegangenen Seiten merken konnten, sind die Frauen, die in diesem Kapitel über ihre fiktiven oder realen sexuellen Leidenschaften sprechen, nicht die Einzigen, die es sich an der Seite eines gleichgeschlechtlichen Partners gut gehen lassen. Somit können wir bestätigen, was auch die Untersuchungen ergaben, die sich mit unseren sündigen Gedanken befassten: Sex mit einer anderen Frau gehört zu den Top-Fantasien, und nur die wenigsten unserer Probandinnen fragten sich, ob solche Gelüste »normal« oder »gesund« seien.

Für manche Menschen mögen die folgenden Fantasien nichts weiter sein als erregende Masturbationsszenarien. Anderen öffnen sie vielleicht ungeahnte Horizonte, um ihr Sexualleben auf ganz neue Art zu beleben…

Sie ist so lecker

Ich bin dreißig Jahre alt und in der Familientherapie beschäftigt. Außerdem gebe ich Kunstunterricht am Gymnasium und bin Violinistin.

Eine meiner Lieblingsfantasien spielt sich im Bett mit einer Freundin ab. Ich mag die Männer, bin aber auch offen für Erfahrungen mit Frauen. Ich kann gut dazu stehen, wahrscheinlich weil ich es als Teil von mir angenommen habe. Die Tatsache, dass ich noch nie, weder sexuellen noch rein sinnlichen, Kontakt zu einer Frau hatte, führte vielleicht dazu, dass ich mir oft vorstelle, wie es wäre, meine Freundin anzufassen, sie zu riechen. Mich erregt das total. Ich würde wahnsinnig gern ihren ganzen Körper lecken, ich stelle mir das extrem sinnlich vor. Sie hat einen traumhaften Körper … Überhaupt ist sie sehr lecker, und ich muss nur daran denken, wie sich ihre Brust unter meinen Händen anfühlt, um in Wallung zu kommen. Das Ambiente dabei ist ein bisschen mystisch, mit Kerzen und indischer Musik. Die Vorstellung, sie zu berühren und ihre Haut zu spüren, hat für mich etwas Wohltuendes und Antörnendes gleichermaßen.

Sexuelle Orientierung

Die sexuelle Orientierung ist wohl eine der komplexesten Fragen im Bereich der Sexualität. In den vierziger und fünfziger Jahren realisierte Alfred Kinsey und sein Team eine Untersuchung zu den sexuellen Gewohnheiten der Amerikaner, die zeigte, dass sich nicht jeder Mensch eindeutig als hetero- oder homosexuell definiert. Es gab genügend Fälle, in denen beide Neigungen vorhanden waren, und mal dominierte mehr die eine, mal die andere Seite. Daraufhin entwickelte Kinsey eine Art Schema, in dem er den Grad der jeweiligen Erfahrungen jedes Einzelnen als Klassifikationsmerkmal eintrug.

Heute sprechen die Experten lieber von hetero- und homosexuellen »Akten«, anstatt die Personen je nach ihren Leidenschaften mit einem bestimmten Etikett zu versehen.

Die andere Fantasie, die mich erregt, hat mit der Erinnerung an meinen Exfreund zu tun. Wie er mich am ganzen Körper so unendlich zärtlich berührt und ich das Feuer seiner Hände spüre, seinen Geruch, sein Aroma ... Es macht mich heiß, daran zu denken, wie er mich geliebt hat, wie er mich beißt und keinen Körperteil dabei ausspart, wie sein Geschlecht riecht und seine Haut, seine ganze Art ...

Ich bin ledig und habe zurzeit einen Freund, mit dem ich eine sehr erfüllte Sexualität lebe. Diese Beziehung ist die wichtigste in meinem Leben, denn mit ihr habe ich gelernt, eine unabhängige, für beide Seiten freie Partnerschaft zu führen. Ich habe begriffen, dass es nichts Wichtigeres gibt, als auch in der Bindung du selbst zu bleiben und den anderen zu respektieren.

Ich hatte mehr Liebhaber als Ringe am Finger, und um ehrlich zu sein, habe ich bei vielen vor allem begriffen, was ich nicht will. Von einem jedoch lernte ich, die Haut in all ihrer Sinnlichkeit zu entdecken, das Kamasutra und das Spiel der Leidenschaft. Ich erkannte, dass auch ich eine sinnliche Frau bin, und diese Monate der erfüllten, intensiven Erotik waren ein echtes Geschenk, für das ich sehr dankbar bin.

Ich bin eine Frau mit großen, ausdrucksstarken Augen. Ich lebe gern gesund, auch wenn ich bei einem Joint mal nicht nein sage. Ich mag Bauchtanz, Massagen und den Geruch von Menschen. Je nach Situation bin ich offen und kommunikativ. Den Männern gefällt meine Sinnlichkeit, meine Augen und meine Brust ... Ich meine, wer sich selbst mag, wird auch von anderen als attraktiv empfunden. Man muss sich lediglich gut mit seinem Körper und seiner Seele fühlen. Ich kleide mich ganz unterschiedlich, aber möglichst bequem und nie klassisch.

Genau könnte ich gar nicht sagen, was mich bei den Männern anzieht. Ich glaube, es ist erst etwas Inneres und dann das Aussehen. Jedenfalls ist das so, wenn ich mich verliebe.

Wenn man sich selbst mag …

Sich selbst so zu akzeptieren, wie man ist, gehört zu den ersten Schritten zu einer erfüllten Sexualität.

Unsere Gesellschaft hat ein weibliches – und ein männliches – Schönheitsideal geschaffen, das zu ernsthaften emotionalen Problemen führen kann, wenn man es obsessiv verfolgt.

Menschen, die mit sich im Großen und Ganzen zufrieden sind, haben es leichter, ihren Körper im Liebesspiel voll einzubringen, ihn zu genießen und sich hinzugeben.

Manchmal habe ich zur Selbstbefriedigung auch schon Mohrrüben oder Bananen eingesetzt … Ich mag diese Art von »Tröstern«, obwohl ich auch gemerkt habe, dass ich sie nicht mehr brauche, seit ich mit meinem Freund zusammen bin. Ich halte mich mehr für sinnlich als für sexuell, auch wenn bei mir alles seine Zeit hat.

Pornografie nutzt mir – in welcher Form auch immer – überhaupt nicht. Ich kenne mich gut genug, um zu wissen, dass die Energie und Wärme des Partners mir mehr gibt als dieser blanke, harte, männliche Sex, den einem die Pornoindustrie verkauft. Ich lebe meine Sexualität auf konstruktive Art, mit all meinen Sinnen, und koste jeden Moment genüsslich aus.

Die neue Nachbarin

Ich bin achtundzwanzig und habe einen Job als Informatikerin.

Ich stelle mir vor, wie plötzlich die neue Nachbarin vor mir steht, eine sehr schöne und nette Frau. Sie geht in dem Viertel, in dem ich wohne, von Tür zu Tür, um sich vorzustellen und erzählt uns, dass sie neu in der Gegend sei und gern die Leute in ihrer Umgebung kennen lernen würde. Ich lade sie jedenfalls nach einer Weile zum Eintreten ein, und wir unterhalten uns ein bisschen.

Wir verstehen uns auf Anhieb gut, und ich biete ihr an, einen kleinen Spaziergang durch das Viertel zu machen und ihr die nettesten Geschäfte und schönsten Ecken zu zeigen. Wir freunden uns an und verbringen viel Zeit miteinander, zu Hause, auf der Straße, wir gehen zusammen bummeln, etwas trinken usw. Eines Tages sitzen wir bei ihr, und sie zeigt mir ihren Dildo. Wir reden über gleichgeschlechtlichen Sex und finden das Thema ziemlich spannend. Von dem Moment an betrachten wir einander mit anderen Augen.

Ein paar Tage später sind wir bei mir und zappen uns durch die Kanäle, bis wir bei einem Porno hängen bleiben. Wir fangen an, uns jeweils zu masturbieren, bis sie sich zu mir herüberbeugt und mich küsst. Es dauert nicht lange, und wir lieben uns.

Als ich noch allein war, hatte ich jede Menge Männer, aber seit neun Jahren lebe ich nun in einer festen Beziehung. Zwar gab es ein paar Flirts, aber über Küsse gingen sie nie hinaus. Vor einem Jahr habe ich meinen Freund dann geheiratet, und ich bin noch immer verliebt und glücklich. Das war ich mit ihm immer. Nun möchte ich ein Kind.

Ich bin eine ganz normale Frau, weder besonders hübsch noch besonders groß, und auch meine Figur ist nicht spektakulär. Ich erobere die Herzen der Männer, wenn man mich näher kennen lernt. Sie meinen, ich würde sie so gut verstehen.

Momentan achte ich ein bisschen mehr auf mich, denn ich bin doch sehr dick geworden...

Auf den ersten Blick mag ich die äußerlich interessanten Männer. Im Grunde aber ist das Unsinn, denn in Wirklichkeit muss mir ein Mann sympathisch sein und Humor haben. Ich merke sofort, ob er einen guten Charakter hat.

Ich bin mit neunzehn entjungfert worden, und das war sehr gut. Heute habe ich regelmäßig Sex. Mit der Selbstbefriedigung habe ich schon vor Jahren angefangen. Für mich ist das eine natürliche gesunde Sache, auch wenn ich nicht darüber rede. Wenn ich ehrlich bin, gab es für mich nur eine Zeit, die sexuell über alle Maßen geil war, und das war, als ich meinen Mann kennen lernte. Wir trieben es andauernd und überall, und ich fand das klasse. Heute machen wir es in erster Linie an den Tagen um meinen Eisprung, weil wir ein Kind wollen. Es ist Routine geworden, aber mir macht das wirklich nichts aus. Für mich zählen im Moment andere Dinge mehr.

Manchmal schaue ich mir Pornos im Fernsehen an, aber nur, solange ich mich selbst befriedige. Danach kann ich sie nicht mehr ertragen. Mich macht dieses immergleiche Schauspiel nervös, und die Art, wie sie die Frauen behandeln, gefällt mir auch nicht. Spielzeuge oder so etwas benutze ich nicht; es hat sich irgendwie noch nicht ergeben. Ich habe aber nichts dagegen, wenn mein Partner sich zu einem Porno befriedigt. Im Gegenteil. Ich halte die Selbstbefriedigung für eine großartige und sehr intime Liebespraktik – einzigartig und notwendig.

Mit Partner und trotzdem Selbstbefriedigung?

Es hat den Anschein, als würden viele der von uns befragten gebundenen Frauen die Tatsache, dass sie sich selbst befriedigen, leugnen oder die Häufigkeit herunterspielen, weil es gesellschaftlich »nicht gern gesehen« ist, dass wir Erfüllung auch außerhalb der Partnerschaft suchen. Gleichwohl kommen viele Studien zum Thema weibliche Masturbation zu dem Schluss, dass der Sex mit sich allein eine gängige Praxis auch bei den Frauen ist, die einen festen Partner haben. Mehr noch, die Frauen, die sexuell besonders aktiv sind, masturbieren häufiger als jene, die weniger sexuelle Kontakte haben. Der Grund? Es gibt sicher nicht nur einen, aber man sollte darauf hinweisen, dass die erfolgreichen und begehrten Frauen nicht unbedingt bei jedem Abenteuer auch zum Orgasmus kommen und sich daher später selbst befriedigen.

Wie der Psychiater Jesús Ramos einmal schrieb: »Die Selbstbefriedigung führt am häufigsten zum weiblichen Orgasmus, unabhängig von Alter, Familienstand oder sexuellem Erfahrungshorizont. Selbst die sexuell sehr aktiven Frauen erleben noch acht von zehn Orgasmen beim Masturbieren. Der wichtigste Grund der Selbstbefriedigung ist, nun, der Orgasmus.«

Macht und Autorität

Ich bin neunundzwanzig und freie Journalistin.

Ehrlich gesagt habe ich mich mit meinen Fantasien immer für ein wenig absonderlich gehalten, für obsessiv. Ich bin bisexuell, aber in meiner Vorstellung mache ich es nur mit Frauen. Wenn ich daran denke, wie zwei Männer vögeln, erregt mich das auch sehr. Auf jeden Fall haben alle Geschichten, die ich mir zur Selbstbefriedigung erzähle, mit Dominanz zu tun. Ich liebe es, mir vorzustellen, eine autoritäre Chefin zu haben oder eine durchtriebene Liebhaberin, die älter sein muss, als ich es bin, und die mich sexuell beherrscht; oder eine Ärztin, deren Praxis ich aufsuche, die Madame des Bordells, in dem ich arbeite...

Ich will mich auf eine Fantasie beschränken, um konkreter werden zu können... Ich bin so etwas wie eine Mätresse für eine sehr reiche Frau. Zusammen mit ihrer ebenfalls einflussreichen und gut betuchten Freundin verbringen wir einen Tag am Strand. Sie beachten mich den ganzen Nachmittag nicht, aber als es Zeit wird zu gehen, befehlen sie mir, mich mit ihnen zu duschen. Das kalte Wasser prasselt auf mich herab, und die Situation ist mir peinlich, weil eine Menge Leute um uns herum sind, aber den beiden ist das egal. Sie ziehen mich aus, sie streicheln mich, sie schlagen mich. Sie zwingen mich, die Miez der einen zu lecken, während die andere mir auf den Hintern klatscht und mir ihre Finger brutal in den Anus schiebt... Wenn ich mich selbst befriedige, komme ich an dieser Stelle meistens. Ich liebe es, die Lust und den Schmerz gleichzeitig zu spüren, ich mag es, mich ihnen ausgeliefert zu fühlen und zu wissen, dass ich am Ende dennoch auf meine Kosten komme.

Zurzeit habe ich einen Freund, eine offizielle Liebhaberin und sporadisch ein paar Affären mit Männern und Frauen... Neulich hatte ich zum ersten Mal Kontakt mit einem Transsexuellen. Dennoch fühle ich mich meinem Partner sehr verbunden und bin sehr glücklich mit ihm, denn unsere Beziehung steht über allem. Ich bin bekennend promisk. In einer monogamen Beziehung könnte ich nie glücklich werden, ob-

Sexuelle Appetitlosigkeit

Fehlende Lust als erstes Anzeichen sexueller Störungen kommt bei Männern wie Frauen relativ häufig vor.

Die Gründe dafür können mannigfaltig sein: Müdigkeit, durch die Arbeit bedingter Stress, Spannungen innerhalb der Familie, hormonelle Veränderungen, Nebenwirkungen bestimmter Medikamente, Konflikte in der Partnerschaft oder auch Überdruss und Langeweile.

Viele der Frauen in diesem Buch erzählen von solchen Veränderungen in ihren Beziehung mit einer gewissen Wehmut. Sie lieben ihren Mann, und doch begehren sie ihn nicht mehr so wie früher. In manchen Fällen mag das auf versteckten Frust und unbewältigte Probleme hinweisen. Bei den meisten aber liegt es eher an der Routine, an der fehlenden Leidenschaft und Spontaneität, die man zu Beginn hatte. Man kennt sich besser, und in gewisser Weise erleichtert und bereichert das das Liebesleben, es kann jedoch auch zu Langeweile führen.

Wenn ein Paar sich noch liebt, die Liebe aber nicht reicht, um das eingeschlafene Begehren zu wecken, geben die Therapeuten unterschiedliche Ratschläge. Einer davon besteht genau darin, beim Liebesakt an etwas besonders Erregendes zu denken. Wer weiß, vielleicht kann man die Fantasie ja sogar mitteilen und gemeinsam ausleben, wie beim Rollenspiel.

wohl ich mehr als eine überstanden habe. Wenn ich mit jemandem zusammenkomme, sage ich ihm immer gleich klipp und klar, wo ich stehe, aber mein derzeitiger Freund war der erste, der es auch akzeptiert hat, als dann mal etwas passierte.

Ich hatte bis dahin vier wichtige Partner, drei Männer und eine Frau, und alle Verbindungen gingen gründlich schief, in erster Linie aus Eifersucht.

Heute bin ich wie gesagt sehr zufrieden und weiß, dass ich nie wieder mit jemandem zusammen sein würde, der mich nicht so akzeptiert, wie ich bin. Was es allein mich schon gekostet hat, mich so hinzunehmen!

Ich glaube, mein Erfolgsrezept ist meine Sicherheit – in sexueller Hinsicht jedenfalls. Auf anderen Gebieten bin ich da eine echte Katastrophe. Ich denke, ich bin ganz hübsch, und ich habe es verstanden, etwas aus meinem Körper zu machen. Ich bin 1,60 Meter, schlank, aber mit schönen Kurven. Früher bin ich immer in langen Schlabberpullis rumgelaufen, heute dagegen trage ich enge, sexy Klamotten. Ich bin ganz schön eingebildet, und meine Freundinnen meinen, ich sei sehr feminin. Aber ich mag das, mich so zurechtzumachen. Und in gewisser Weise bin ich davon auch abhängig. Ich fühle mich nicht wohl, wenn ich meinen Busen nicht betone. Geld gebe ich für Kleidung nicht viel aus, aber ich habe ein Händchen für das richtige Outfit. Ansonsten bin ich relativ gesprächig. Meine Verführungskunst besteht nicht darin, ein Geheimnis aus mir zu machen. Und dass ich Verstand habe, zeige ich ebenfalls immer. Der tollste Typ kann alles versauen, wenn er den Mund aufmacht und Unsinn erzählt. Deshalb sind mir die intelligenten, kritischen, witzigen Männer lieber.

Was mich an anderen reizt, kann ich nicht sagen. Es ist mir selbst ein Mysterium. Allenfalls das: Besser, sie ergreifen die Initiative. Am Ende aber lasse ich mich auf Leute ein, die ich ausgesucht habe; ich bin selbst fast nie die Auserwählte.

Sex ist ein fester Bestandteil meines Lebens. Der Lernprozess jedoch war ziemlich hart, vor allem die Einsicht, dass ich selbst meine Wünsche anerkennen muss und dass derjenige, der das nicht tut, mir nur wehtun kann, auch wenn er mich vögelt wie ein Gott.

Meine erste sexuelle Erfahrung war eine Vergewaltigung durch meinen so genannten Freund in der Schule. Da war ich dreizehn, und ich habe lange gebraucht, um den Übergriff als solchen zu erkennen. Aus Angst, jemanden zu verlieren, hatte ich Sex, obwohl ich keine Lust dazu hatte, habe Sachen gemacht, die mir nicht gefielen, habe Orgasmen vorgetäuscht… vor allem bei einem meiner Exfreunde, von dem ich drei Jahre nicht lassen konnte, obwohl er mich sexuell und psychisch ziemlich mies behandelte… Für mich war das schlimm, ich verlor die Kontrolle über mein Leben. Heute bin ich in Therapie, arbeite meine Kindheit auf, meinen herrischen Vater, und es geht mir inzwischen gut. Mein Sexualleben hat sich sehr verändert. Ich entscheide, wann, wie und mit wem ich ins Bett gehe… und das genieße ich jeden Tag aufs Neue. Ich bin zu allem bereit, solange beide damit einverstanden sind. Und irgendwie scheinen die Praktiken und Vorlieben mehr und mehr zu verschwimmen. So unterscheide ich beispielsweise kaum noch zwischen dem Sex mit einem Mann und dem mit einer Frau; so kann man mit einem sanften Mann zusammen sein, ohne dass es zur Penetration kommt, oder genauso gut mit einer feurigen Frau, die dir den Dildo bis zum Hals reinschiebt. Die Menschen sind so unterschiedlich, und so unterschiedlich und einzigartig ist auch meine Begegnung mit ihnen!

Manchmal habe ich Lust auf den Fick des Jahrhunderts, und dann will ich einfach nur kommen… Ich vögle für mein Leben gern, und trotzdem habe ich nicht immer Lust dazu. Niemand hat das.

Vorgetäuschter Orgasmus

Den diversen Studien zufolge spielen zwischen fünfundvierzig und neunzig Prozent aller Frauen den Männern einen Orgasmus vor. Warum? Um sich nicht sagen lassen zu müssen, dass sie wohl ein Problem haben, denn »die anderen sind bei mir abgegangen wie Raketen«. Weil uns der Mann Leid tut und wir ihn nicht kränken wollen. Damit er endlich aufhört, weil wir keinen Spaß haben, weil wir ihn nicht verlieren wollen, weil wir nicht wissen, wie wir um das bitten sollen, was wir möchten, damit er nicht sauer wird usw.

Zu gern würde ich endlich mal Pornos finden, die mich erregen, aber die, die ich bisher gesehen habe, ließen mich alle kalt. Ich will weniger Stereotypen und mehr Fantasie. Die versauten Comics machen mich eher an, zum Beispiel die der italienischen Zeichnerin Giovanna Casotto ... Ich habe zu Hause keinen Internetanschluss, so dass ich den Cybersex noch nicht ausprobieren konnte, aber ich bin mir sicher, dass ich hängen bleiben würde.

Liebeskugeln, Dildos, Vibratoren finde ich großartig. Es ist unglaublich, welche Vielfalt es seit ein paar Jahren auf dem Markt gibt. So viele Farben, Formen, Texturen, Rhythmen ... Mein Freund und ich suchen immer noch nach dem Spielzeug, das uns beiden gefällt. Mal sehen, wann wir es finden. Ich glaube nicht, dass es ein Ersatz für den echten Schwanz und die echte Muschi wäre, aber selbst wenn: Was ist daran schlimm? Man sollte keine Angst davor haben – die Dinger beißen ja nicht.

Mit einem schwarzen Kellner

Ich bin dreißig, habe kein Hochschulstudium und arbeite als Köchin.

Ich stelle mir am liebsten vor, es mit einer anderen Frau zu treiben. Sie ist (und wer weiß, vielleicht passiert das ja tatsächlich mal) noch ein ganz unberührtes, naives Mädchen, und ich bin diejenige, die ihr die schönsten Dinge zeigt, sie geil macht und auf den Geschmack bringt. Wir haben Oralsex und befriedigen uns gegenseitig mit den Händen, und ein schwarzer Kellner, der bis auf eine weiße Fliege nackt ist, bringt uns die Getränke.

Ich bin verheiratet und insgesamt zehn Jahre mit meinem Mann zusammen. Er ist der Mann meines Lebens. Ich bin treu und verliebt in ihn. Auf mein Drängen versuchen wir nun, ein Kind zu bekommen. Ich hätte schon viel eher gewollt, aber er hat das Thema immer wieder verschoben und mir versprochen, dass wir es angehen, wenn wir zehn Jahre zusammen wären. Und das sind wir ja nun. Ich gehöre den Zeugen Jehovas an – wie meine Eltern – und nehme regelmäßig an den Gottesdiensten teil.

Mein Haar ist dunkel, und ich trage eine Brille. Ich ziehe mich normal an und glaube nicht, dass mein Äußeres in irgendeiner Form etwas Besonderes ist. Aber ich habe Charakter, bin sympathisch und integer, vielleicht aber auch ein wenig unsicher. Es mag sein, dass ich auf andere etwas herrschsüchtig wirke, aber mit mir kann man viel Spaß haben. Ich verwöhne meinen Mann mit Küssen, Komplimenten und Aufmerksamkeit. Sein Wunsch ist mir Befehl. Ich bin da, um ihm das Leben angenehm zu machen, und ihm gefällt das.

Was haben die Schwarzen bloß an sich?

Dass Schwarze potenter sind als Weiße, ist wohl einer der am weitesten verbreiteten erotischen Mythen. Doch wie so viele Vermutungen im Bereich der Sexualität lässt sich auch diese wissenschaftlich nicht halten, auch wenn der Penis schwarzer Männer im Durchschnitt größer und etwas dicker ist als der von weißen.

Es tut uns Leid, damit all jene enttäuschen zu müssen, die den perfekten Liebhaber in anderen Kulturen zu finden hoffen. Aber das soll der erregenden Kraft der Fantasie keinen Abbruch tun.

Ich mag Männer, die so sind wie mein Mann. Ich finde ihn total schön, intelligent, lustig, und er hat eine super Figur...

Im Bett harmonieren wir gut, und wir haben auch oft Sex. Und dennoch weiß er: Meine Fantasie geht nur mich etwas an, und ich erzähle ihm nicht davon. Ich würde ihn auch nicht zugucken lassen, wenn ich sie auslebe, und schon gar nicht würde ich erlauben, dass er mich dabei filmt.

Ich betrachte mich als Frau, die auch die Initiative ergreift und vor ihrem Mann keinerlei Hemmungen hat. Wir sprechen viel über Sex. Und wenn es darum geht, »ein Kind zu machen«, behandeln wir das nicht als Pflichtübung, für die wir zur rechten Zeit ins Bett steigen, und das war's. Nein, wenn es so weit ist, koche ich uns was Schönes (ich koche gut, und er isst für sein Leben gern), wir trinken Prosecco, nehmen uns viel Zeit, gehen in ein Hotel...

Insgesamt also sind unsere Voraussetzungen ganz okay, und wir gehören zu denen, die sich für den Sex Zeit nehmen, die auf Details achten und den Liebesakt in vollen Zügen genießen. Alles, was ich über Sex weiß, weiß ich von ihm, und er findet es klasse, wenn ich ihm das sage, er fühlt sich geschmeichelt. Aber er ist auch wirklich ein Ass im Bett.

Manchmal sehen wir uns zusammen Pornos an. Das ist auch ganz nett. Es macht uns an.

Sie zum Stöhnen bringen

Ich bin vierundzwanzig und habe mein Examen in Psychologie gemacht.

Ich kann meine Fantasie nicht beschreiben; ich denke häufig daran, es mit einer Frau zu treiben, sie langsam zu streicheln, ihre Brüste zu spüren und sie ganz behutsam zu lecken, ihre Muschi zu streicheln, sie zum Stöhnen zu bringen, indem ich ihr sanft in die Klitoris beiße.

Ich bin allein, habe aber ein paar Männer an der Hand und lernte kürzlich jemanden kennen, mit dem es mehr werden könnte. Ich hatte viele Liebhaber – hundert etwa –, und mit manchen von ihnen verbrachte ich nur eine Nacht, mit anderen bin ich ein paar Mal ausgegangen, und mit einigen wenigen war ich mehrere Monate zusammen. Ich hatte einen »richtigen« Freund, der mich als Person mehr oder weniger ausgelöscht hat. Seitdem ist jede Beziehung, die ich anfange, schlimmer als die vorherige: Drogen, Schläge, Demütigungen, Erniedrigungen ... das steht bei mir auf der Tagesordnung. Ich bin klein, habe ganz hübsche Kurven und bin extrovertiert; wenn ich jemanden mit nach Hause nehmen will, dann habe ich kein Problem damit. Mit mir kann man gut reden, und ich passe mich an wie ein Chamäleon: Was die Person von mir will und erwartet, das kriegt sie. Ich muss nicht ins Fitness-Studio gehen. Wenn ich ausgehe und acht Stunden durchtanze, dann reicht das. Ich ziehe mich bequem an, im Sommer trage ich gern kurze Röcke und enge Klamotten, wenn ich ausgehe. Nur dann schminke ich mich auch, aber dezent. Ich mag teure Parfüms. Mein Lieblingskleidungsstück: der Tanga, egal welches Modell oder welche Farbe.

Ich schmelze bei Männern mit unbezwingbarem Willen dahin, je härter, desto besser, die miesen Kerle mit schönem Auto, die ein bisschen einfach gestrickt sind.

Ich bin mit dreizehn von einem Freund aus Kindertagen entjungfert worden. Ich fand es nicht schlecht, empfand aber auch nicht viel dabei. Erst danach habe ich begriffen, dass dieser Typ noch nicht wusste, was er tat. Mit dem Masturbieren habe ich schon als Mädchen angefangen. Ich habe es mit dem Finger gemacht und mich dafür überhaupt nicht geschämt. Später habe ich es dann mit anderen Gegenständen getan, mit allem eigentlich, was mir in die Hände fiel.

Ungewöhnliche erotische Begegnungen: mit meinem Cousin. Ich habe getan, als würde ich schlafen, und er hat sich über mir einen runtergeholt. Er hat mich angefasst, und das hat mich so erregt wie nichts danach. Den besten Oralsex hatte ich auch mit ihm. Da war ich zwölf.

Die nächste: mit einem Nachbarn. Er war verheiratet, 47, ich fünfzehn. Es war nichts Dolles. Das Geile daran: sein Alter und dass er eine Frau hatte.

Und: Ich hatte Sex mit zwei Männern zugleich, und das war gut. Dann mit vieren, aber das war nicht so toll.

Meine heutige Situation: Ich habe, wie gesagt, mehrere Liebhaber. Im Augenblick sitzen sie jedoch auf der Ersatzbank, denn ich habe jemanden kennen gelernt, mit dem sich mehr entwickeln könnte und mit dem ich den Sex so genieße, dass ich die anderen nicht brauche.

Fessle sie, fessle ihn

Seidentücher, Krawatten, Strumpfhosen, Seile ... oder die klassischen Handschellen. Sich fesseln lassen oder den anderen fesseln, ohne sich gegenseitig wehzutun – darum geht es. Der dominante Part in diesem Spiel darf mit dem anderen machen, was er will, ihm Lust bereiten, einen Striptease vortanzen, ihn mit den Händen oder anderen Dingen berühren, ihn lecken und ihm sogar das eine oder andere sadistische Spielzeug einführen, wenn beide das wollen.

Der Gefesselte genießt das Gefühl der Ohnmacht, seinem Partner bedingungslos ausgeliefert zu sein, und kann sich ganz den Emotionen hingeben, die der andere für ihn inszeniert.

Wenn jemand daran denkt, seine Wohnung neu einzurichten, sollte er vielleicht ein Bett mit Eisengestell in Erwägung ziehen, denn abgesehen davon, dass es nie aus der Mode kommt, bietet es jede Menge Möglichkeiten ...

Pornos, Comics und erotische Literatur erregen mich sofort. Mit einem Partner habe ich bereits Handschellen und Augenbinden benutzt, aber bestimmte andere Spielzeuge hat mir noch keiner vorgeschlagen und ich umgekehrt auch nicht. Ich würde wahnsinnig gern Chinakugeln ausprobieren, aber ich traue mich nicht, welche zu kaufen.

Multikulti

Ich bin Tanzlehrerin und dreiunddreißig Jahre alt.

Meine Fantasie: Ich sitze in einem warmen, schwach erleuchteten Raum, in dem es gut riecht. Um mich herum sind viele Frauen unterschiedlichster Hautfarbe, manche angezogen, andere nackt. Manchmal liege ich mitten unter ihnen, dann wieder suche ich mir eine oder mehrere von ihnen aus.

Ich stelle mir vor, sie auszuziehen. Am meisten erregen mich ihre Brüste, ich will sie küssen, berühren ... Dann sollen sie mir die Vagina lecken ... Ich stelle mir auch vor, wie ich mit mehreren Frauen in einem riesigen Bett liege und unsere Zungen, Hände, Geschlechter, Brüste in einer einzigen Umarmung verschmelzen ... Wir tauschen Zärtlichkeiten aus und sind heiß, aber das Ganze hat nichts Brutales oder Aggressives. – Das ist meine absolute Königsfantasie.

Mit meinem derzeitigen Freund lebe ich seit inzwischen vierzehn Jahren zusammen; mal ist der Sex gut, dann wieder eher mäßig, aber ich hätte gern mal eine Frau zur Liebhaberin ... In der Tat war ich bereits heftig in unterschiedliche Frauen verliebt, aber ich habe die Dinge nie wirklich bis zum Äußersten getrieben.

Als ich noch bedeutend jünger war (bevor ich meinen jetzigen Freund kennen lernte), hatte ich mehrere Beziehungen mit Frauen, war insgesamt keine Kostverächterin, aber dann machte ich eine vergleichsweise traumatische sexuelle Erfahrung und ging den zunächst eingeschlagenen Weg nicht weiter. Ich glaube, es war die Angst vor Verletzungen, die mir die jungen Flügel stutzte. Heute vertraue ich »meinem« Mann, er ist zärtlich und hingebungsvoll im Bett, hat Fantasie und alles ... Mich langweilt das trotzdem. Ich würde lieber andere

Dinge machen, was dazu führt, dass er mich kaum noch erregt. Na ja, aber wenn es mich dann mal packt, ist er auch da. Das reicht mir (zumindest noch).

Ich hatte die eine oder andere Affäre, als ich schon mit ihm zusammen war, aber es war nichts von Bedeutung. Er ist treu und begehrt mich sehr. Das sagt er zumindest.

Ich bin groß und dunkelhaarig, habe schwarze Augen und eine Adlernase. Mein Mund ist eher klein, die Lippen schmal. Mein Körper ist schlank und muskulös. Ich tanze, mache Yoga, genieße es allgemein, mich zu bewegen und zu entspannen. Massagen sind ebenfalls Balsam für meine Seele, und ich liebe Duftöle und Essenzen. Zurzeit schminke ich mich selten, früher habe ich mich angemalt wie verrückt. Heute benutze ich nur einen Kajalstift. Bei den Klamotten ziehe ich an, was mir gerade gefällt. Da ich aber nicht viel Geld habe, müssen es günstige und außerdem praktische Sachen sein. Im Sommer trage ich gern enge Kleider in frischen Farben und rasiere mich dann auch regelmäßig. Im Winter bin ich manchmal ganz froh über meinen »Pelz«. Das Haar trage ich entsprechend meiner inneren Verfassung: mal mit Pony, mal ohne, dann ganz kurz. Färben würde ich meine Haare nie. Sofern ich Unterwäsche trage, ist sie sportlich, na ja, einen Slip habe ich immer an.

Ich halte mich für eine verführerische, kokette Frau, die einen Hauch von Schüchternheit versprüht. Ich spiele, verändere mich gern. Mein Äußeres kann täuschen, da wirke ich wie eine normale Hausfrau. In mir drin jedoch habe ich viel mehr Facetten, bin verspielt, kreativ und manchmal auch aggressiv, besitzergreifend und tyrannisch.

Es gibt Menschen (Männer wie Frauen), die ich mag, und solche, die ich nicht mag. Ich habe da kein Idealbild im Kopf. Entscheidender als das Aussehen ist für mich der Geruch, die

Es ist dein Parfüm

Auch wenn bewiesen ist, dass das Begehren sowohl bei Männern als auch bei Frauen über das Auge geweckt wird, reagieren Frauen doch auch deutlich ausgeprägter auf den Geruch als der männliche Teil der Spezies: Die weibliche Nase ist zweitausend Mal empfindlicher als die männliche. Doch Achtung: Schmeißt euch Mr. Right nicht gleich an den Hals, denn die für uns angenehmsten Gerüche sind die dezentesten.

Art, wie sich jemand bewegt, guckt und worüber er spricht. Auch wenn mir allgemein vielleicht doch die schönen Körper durchaus zusagen, bei den Frauen darf es ruhig ein bisschen fülliger und bei den Männern ein bisschen kräftiger sein, ohne dass es zu viel wird.

Ich glaube, dass ich bereits sehr früh sexualisiert worden bin. Ich habe einen Bruder, der fast genauso alt ist wie ich (ich bin ein Jahr älter), und wir haben unsere Körper und die der Nachbarskinder zusammen entdeckt. Es war eins unserer Lieblingsspiele. Spätestens zu Beginn der Pubertät liefen unsere Entdeckungsreisen dann aber definitiv in unterschiedliche Richtungen weiter, ich widmete mich meiner Nachbarin und er... Na, ich glaube, das tut gerade nichts zur Sache. Wahr bleibt jedenfalls, dass ich mich selbst befriedige, seit ich acht oder neun bin und meine Technik perfektioniert habe.

Es folgte die Zeit diverser Beziehungen, und ich hatte sie mehr mit Frauen als mit Männern – guten Freundinnen oder Spielkameradinnen, ausgelassen, heiter, sinnlich. Nach und nach fingen wir gemeinsam an, mit den Männern zu flirten, doch als ich das erste Mal mit einem Mann ins Bett ging, hatte ich garantiert kein Hymen mehr, so viele Finger hatten mein geliebtes Loch bis dahin bereits erkundet. Ich erlebte also die erste Penetration und fand sie herzlich unaufregend. Es tat nicht weh, aber toll war es auch nicht. Ohne Vorspiel, ohne viel Gefühl, ohne alles. Danach machte ich mich dann auf die Suche nach diesem ominösen Orgasmus, den sie sich alle von den Männern versprachen. Ich hatte bereits unglaubliche Höhepunkte erlebt, allein oder mit meinen Freundinnen. Also forschte ich wie eine Besessene nach dem kompetenten Mr. Macho. Das Ergebnis: Ein paar waren okay, die meisten jedoch eine Katastrophe. Ich fühlte mich schmutzig, unbefriedigt, benutzt und traurig danach.

Ich suchte weiter über den Sex nach der Liebe eines Mannes. Als es zu einer schrecklichen Vergewaltigung kam, setzte ich meinem Treiben ein Ende. Es war wirklich furchtbar, aber es hätte auch noch schlimmer kommen können. Ich hörte danach mit allem auf, mit den homosexuellen wie den heterosexuellen Geschichten, und nahm mir eine Auszeit. Ich fing mit Tai Chi an, mit Yoga und lebte so lange zölibatär, bis ich den Mann kennen lernte, mit dem ich heute zusammen bin.

Was mir gefällt? Zur Selbstbefriedigung mag ich Wasser am liebsten, den Duschstrahl, das Bidet, ein Jacuzzi – wie es gerade passt. Es ist großartig. Mit anderen liebe ich es, wenn sie mir die Brüste küssen und an ihnen saugen und wenn sie mir viele leidenschaftliche Küsse auf den Mund geben. Danach sollen sie dann unter den Laken verschwinden und mit meinem Geschlecht spielen. Normalerweise bin ich passiv. Ich mag es, wenn andere es mir besorgen. Aber es gibt auch Situationen, in denen ich aktiv, stark und dominant bin, das kann mir schon auch gefallen. Was ich nie machen würde und was mir darüber hinaus körperlich auch regelrecht weh tut, ist Sex mit Minderjährigen, mit Menschen, die das nicht wollen und darunter leiden. Bei Tieren sehe ich das schon etwas anders, solange man ihnen keinen Schmerz zufügt. Und da bin ich auch schon wieder mitten im Thema: Ich bin glücklich mit meinem Freund, aber ich würde gern andere Erfahrungen machen.

Die gut geschriebene erotische Literatur mag ich sehr. Ich lasse es mir mit den Texten gut gehen – es ist ein Vergnügen für mich ganz allein. Manchmal schauen mein Freund und ich uns auch gemeinsam Pornos an, solche, die im Fernsehen gezeigt werden, nichts Gekauftes, und das können wir dann auch genießen, masturbieren uns gegenseitig oder gehen miteinander ins Bett. Merkwürdigerweise aber habe ich einen, sagen wir mal, »politischen« Konflikt mit der Pornografie, denn mein Körper springt darauf an, aber meine feministische Ader begehrt dagegen auf. Es ist, als ob sie mir sagte: »Ich will nicht hinsehen, das ist nicht richtig.« Gleichzeitig aber werde ich geil, sehe weiter zu – und genieße. Was also ist am Ende gut, und was ist schlecht? Vielleicht gibt dieses Buch Aufschluss darüber.

Sex ist nicht gleich Beischlaf

So sehr man uns auch dazu rät, uns auszuprobieren, Fantasien zu entwickeln, zu begehren, was wir begehren wollen – der lesbische Sex bleibt in dieser Gesellschaft ein unangetastetes Tabu.

Auch ohne es erlebt zu haben, kann sich jede Frau, die weiß, dass Sex nicht gleich Koitus ist, in ihrem Kopf ein lesbisches Abenteuer vorstellen (was nicht zu verwechseln ist mit dem Sex unter Lesben). Und die Frauen, von denen sie sich in ihren Träumen oder im wahren Leben angezogen fühlen, verkörpern mitnichten die männliche Ästhetik; vielmehr ist es ihre Weiblichkeit, die lockt, und so schwer es uns auch fällt, das zu begreifen, aber es sind die Brüste und die vollen Kurven, und nicht die versteckte männliche Potenz, die den Reiz ausmachen.

Die in diesen Berichten beschriebenen Fantasien mit anderen Frauen haben dabei nichts oder wenig Spirituelles. Hier geht es um Sex, darum, Spaß zu haben, ob zärtlich oder »handfest«. Die romantische oder verträumte Seite bleibt dabei außen vor.

Uns hat nach Lektüre der Bekenntnisse dabei keineswegs überrascht, dass die Vorstellung, es sich mit anderen Frauen gut gehen zu lassen, so verbreitet ist. Was uns hingegen sehr wohl bemerkenswert erscheint, ist die Tatsache, wie viele Frauen in den Fragebögen offen ihre Bisexualität angesprochen haben und sich die Umsetzung ihrer Fantasie auch in der Realität wünschen. Dass sie sich nach den Zärtlichkeiten und der erotischen Umarmung durch einen weiblichen Körper oder gar nach Oralsex sehnen und dass körperliches Begehren sich nicht allein auf die Männer bezieht, da man sich in den Menschen verliebt, egal welchem Geschlecht er angehört.

In einer Gesellschaft, in der der weibliche Körper dazu benutzt wird, beliebige Produkte zu verkaufen, scheint es unvermeidlich, dass der Blick auf eine andere Frau eine erotische Komponente gewinnt, wenn etwa ein betörend schönes Model beinahe zum Orgasmus kommt, bloß weil es sich mit dem Shampoo XY die Haare wäscht, oder wenn eine Claudia Schiffer die Stufen einer eleganten Villa hinabschreitet.

Diese Darbietung der Frauen als Sexualobjekt sucht ihr männliches Pendant vergeblich. Wahrscheinlich glauben die Werber, dass das weibliche Begehren schläft, bis die Mutterinstinkte geboren werden und es Zeit für die Reproduktion ist; oder sie meinen, visuelle Animation funktioniere nur bei Männern. Jedenfalls weigern sie sich, uns die knackigen Hintern männlicher Prachtexemplare zu zeigen, es sei denn, es geht um einen Herrenduft.

Ab und zu ein männlicher Oberkörper, das muss dann aber auch reichen.

Man denke auch an die erotischen Shows, die sie sich für uns ausgedacht haben: Ein paar kräftige Jungs ziehen sich zu heißen Rhythmen aus, was am Ende eher komisch als sexy anmutet, und das soll uns gefallen und antörnen. Solche Darbietungen lassen sich doch wohl kaum mit einem weiblichen Striptease vergleichen.

Gleichwohl, einer gewissen Heuchelei machen auch wir uns schuldig. Nur wenige von uns trauen sich, die Normen zu überschreiten und tatsächlich das »böse Mädchen« zu verkörpern, das auch öffentlich sein Interesse am Sex bekundet. Warum sonst lesen wir in diesem Buch so oft von der Scheu, einen Sexshop zu betreten? Steckt dahinter nicht auch der Wunsch, dass sich die Tore für uns öffnen mögen? Oder manifestieren wir vielmehr nur einmal mehr unseren Hang zur Selbstzensur, mit dem wir freiwillig auf eine Sexualität verzichten, die wir uns doch so wünschen? In den westlichen Ländern ist es inzwischen erlaubt, dem Mann sein mangelndes Einfühlungsvermögen im Bett vorzuwerfen und sich darüber zu beklagen, dass man selbst unbefriedigt zurückbleibt. Noch längst nicht aber sprechen wir mit der gleichen Selbstverständlichkeit auch über unsere autoerotischen Gelüste. So zumindest bezeugen es die Frauen in ihren Berichten, wenn sie von den Schwierigkeiten sprechen, mit ihren Freundinnen das Thema Selbstbefriedigung anzuschneiden.

Zu von sexuellen Hintergedanken freien Berührungen kommt es zwischen Frauen viel häufiger als zwischen Männern. Vielleicht hat es damit zu tun, dass Mütter mehr zu Körperkontakt neigen als Väter. Wir Frauen schminken uns gegenseitig, frisieren und cremen einander ein, ohne dabei irgendwelche Grenzen zu überschreiten. Auf den Dorffesten in Spanien tanzen die älteren Frauen miteinander, wenn ihre Männer keine Lust auf einen Pasodoble haben. Die jüngeren hingegen ziehen nachts in den Diskotheken mit ihrem lasziven, anzüglichen, um die Aufmerksamkeit buhlenden Tanz die Blicke der Männer auf sich, die mit dem Bierglas in der Hand am Rand stehen und ihnen zuschauen.

Leute, die gern Swingerklubs oder ähnliche Lokalitäten aufsuchen, wissen, dass das Protokoll Sex zwischen Frauen erlaubt und die Männer sogar erregt. Der erotische Kontakt zwischen Männern hingegen ist tabu.

Die Lebensläufe der Frauen mit gleichgeschlechtlichen erotischen Fantasien weisen keinerlei Gemeinsamkeiten auf. Manche waren Missbrauchsopfer, die sexuelle Entwicklung anderer hingegen war durchaus »normal«. Ein Teil lebt in einer Beziehung, in der das Begehren bereits vor Jahren erloschen ist, dann wieder hören wir von glücklichen und bis über beide Ohren verliebten Frauen.

Vielleicht flüchten sich einige vor einem langweilig gewordenen Geschlechtsakt in die lesbische Fantasie, sehnen sich nach einem anderen Geschmack, einem neuartigen Erleben von Intensität und Rhythmus, nach einer anderen Körperbeschaffenheit. Oder aber es geht um nichts weiter als ein neues Abenteuer einer erfahrungshungrigen Liebhaberin. Vermutlich ist für die überwiegende Mehrheit der Frauen die lesbische Liebe nichts weiter als eine Fantasie und keineswegs der Ausdruck einer unterdrückten Neigung oder einer nicht zugelassenen brennenden Sehnsucht. Aber welches auch immer die Gründe sein mögen, nach all den eingegangenen Antworten müssen wir uns doch eingestehen, dass die Vorstellung einer gleichgeschlechtlichen erotischen Begegnung immer mehr Frauen erregt und anzieht.

Ebenso wie sich die Frauen, die es gern einmal mit einer Geschlechtsgenossin treiben würden, nicht über einen Kamm scheren lassen, so gibt es auch für ihre Fantasien keinen gemeinsamen Nenner. In den meisten Fällen sind die Begegnungen sicher eher zärtlich. Doch gibt es unter den Frauen, die uns geschrieben haben, auch eine ganze Reihe, die dominiert werden und sich unterwerfen möchte oder nach einer gewissen Aggressivität verlangt. Ähnlich wie bei den heterosexuellen Fantasien überwiegen auch hier die Vorstellungen, in denen Frauen initiiert und verführt werden. Doch es gibt auch Beispiele, in denen sie sich selbst an das Objekt ihrer Begierde heranmachen und somit den aktiven Part übernehmen.

Nach all dem dürfen wir nun aber nicht den Fehler machen zu glauben, Frauen könnten Frauen besser verwöhnen als Männer. Man neigt sicher dazu zu denken, Frauen würden den weiblichen Körper besser kennen, doch leider wird man gerade in diesem Punkt oft genug Lügen gestraft. Zumal nicht bei jedem Körper die gleiche Taste angeschlagen werden muss, um ihn zum Klingen zu bringen. Nein, die Herren der Schöpfung können beruhigt sein: Diejenigen, die sich an lesbischen Fantasien entzünden, haben die Männer noch lange nicht aus ihren sündigen Gedanken verbannt.

4

Mit dem Partner

Die meisten Frauen denken voller Wehmut zurück an die ersten Monate einer Liebesbeziehung – an jene Zeit, in der allein schon die Vorbereitungen auf die nächste Verabredung ein erregendes Erlebnis waren: Genussvoll wählten sie ihre Unterwäsche aus, cremten sich die Beine mit Feuchtigkeitslotion ein und dachten daran, wie er sie bald wieder berühren würde.

Bei frisch verliebten Frauen steht der neue Partner im Mittelpunkt der Fantasien – alles dreht sich um seine überwältigende, leidenschaftliche Anziehungskraft. Mag sein, dass die Frau sich Sex an einem ungewöhnlichen Ort ausmalt oder dass eine dritte Person Eingang in ihre Fantasie findet. Möglich auch, dass sie an Spiele denkt, die sie mit ihrem Partner noch nicht ausprobiert hat. Aber in jedem Fall ist er – in dieser kopflosen ersten Phase – der unangefochtene Hauptdarsteller in ihren heißesten Gedanken.

Er verliert den Verstand

Ich bin Chefsekretärin und sechsunddreißig Jahre alt.

Wenn es nur um das reine Vergnügen geht, male ich mir vielleicht aus, mit einer Frau etwas anzustellen. Aber meistens drehen sich meine Fantasien um meinen Partner.

Filmszenen – in Pornos (die ich mir sehr selten ansehe) oder im Fernsehen – reichen aus, um mich zu erregen und zu inspirieren. Es macht mich schon an, daran zu denken, wie mein Freund und ich normalerweise miteinander schlafen. Und manchmal stelle ich mir vor, dass ich das Gleiche mache wie die Filmdarstellerinnen, aber mit ihm – an fremden Orten, in ungewöhnlichen Situationen ... Oder dass meine Brüste ihm den Verstand rauben, dass sie sich in einen größeren, festeren Busen verwandeln ... In meiner Fantasie machen ihn auch meine Genitalien ganz verrückt, sie sehen dann so aus wie bei diesen *Playboy*-Mädchen. Ich male mir aus, so verführerisch zu sein wie diese Frauen. Was ich nicht verstehe: warum Typen – oder zumindest mein Freund – das Interesse verlieren, wenn wir einen Porno gucken. Warum er nicht die Gelegenheit nutzt, um ein bisschen zu experimentieren. Das wüsste ich gern mal. Er ist wundervoll, und ich bemühe mich immer, so kreativ wie möglich zu sein, wenn wir Sex haben. Und ich weiß ganz sicher, dass er die Abwechslung liebt.

Früher waren meine Fantasien anders. Tatsächlich glaube ich, dass ich meine eigene Sexualität nicht kannte, und während meiner Ehe lief jeglicher Sex sehr mechanisch ab. Elf Jahre lang. Mein Ex-Mann war so ein richtiger spanischer Macho, ein Latin Lover – der aber keine Ahnung davon hatte, wie man Frauen im Bett verwöhnt. Er war meine erste Liebe, und ich hatte null Erfahrung. Damals orientierten sich meine Fantasien noch mehr an den Pornos, die ich bis dahin gesehen hatte. Mittlerweile habe ich meinen Körper besser kennen gelernt. Ich habe Dinge entdeckt, von denen ich vorher nichts ahnte, und ich weiß, was mir gut tut, was mich antörnt. In dieser Hinsicht verdanke ich meinem Freund sehr vieles. Vielleicht ist das der Grund dafür, dass ich es so sehr genieße, an ihn zu denken.

Weibliche Genitalien

Das fehlte gerade noch. Es reicht nicht, dass wir uns die Brüste, Lippen, Hintern und Wangenknochen mit Silikon aufpolstern. Dass wir uns Fett absaugen lassen, hier und da an uns herumschnippeln und uns straffen lassen. Nein, damit nicht genug – wir geben uns erst zufrieden, wenn auch unsere Genitalien hübsch attraktiv sind. Und woher wissen wir, wie »attraktive Genitalien« auszusehen haben? Das Vorbild liegt – selbstverständlich – zwischen den Beinen der Pornodarstellerinnen und -models; und sie alle werden von Männern ausgewählt. Noch ein Trauma!

Anders als man aus Filmen und Magazinen schließen könnte, ist es ganz normal, wenn die kleinen Schamlippen ungleichmäßig und groß wirken (bei zwei Dritteln aller Frauen überragen sie die großen Schamlippen). Vielleicht gibt es Leserinnen, die den Anblick furchtbar fanden, als sie zum ersten Mal ihre Vulva erforschten und dieses »runzelige, schlaffe« Fleisch sahen. Möglicherweise gibt es auch Leser, die mit Schrecken feststellten, dass die Schamlippen ihrer Freundin nicht so aussehen wie bei Pornodarstellerinnen. Diese Frauen und Männer sollten sich vielleicht mal auf der Website von Betty Dodson umsehen (www.bettydodson.com). Dort werden verschiedene weibliche und männliche Genitalien in vielen Farben und Formen gezeigt. Seit langem leitet Dodson Seminare und Workshops, bei denen tausende nordamerikanischer Frauen gelernt haben, sich mit ihrem Intimbereich anzufreunden und zum Orgasmus zu kommen.

Der wichtigste Mann meines Lebens ist der jetzige; er versteht mich wirklich, und er macht mich sehr glücklich. Die anderen sind eigentlich nicht mal eine Erwähnung wert – ich hatte zwei Freunde, bevor ich heiratete, aber beiden ging es nur um ihre eigene Befriedigung. Dann traf ich meinen Mann, wir heirateten, und nach elf Jahren trennten wir uns. Wenn ich heute auf diese Ehe zurückblicke, denke ich, mit Verlaub gesagt: Er konnte bumsen, aber er hatte nicht die geringste Ahnung, wie man Liebe macht. Ihr seht also: Ich musste erst sechsunddreißig Jahre alt werden, um einen Mann zu finden, der mich versteht und glücklich macht.

Ich schätze mich selbst als interessante Frau ein, weder hübsch noch hässlich. Die Proportionen stimmen – ich bin weder dünn noch dick. Vielleicht sollte ich mal ins Fitness-Studio gehen, aber – nun ja – ich bemühe mich, diesen Mangel durch innere Werte auszugleichen, durch Zuneigung, Verständnis, Zuhören… Äußerlich betone ich das, worauf Männer immer zuerst achten, ihr wisst schon: Busen, Hintern und Lippen. Ich mag diskrete Kleidung, achte aber trotzdem darauf, Eindruck zu machen. Ins Büro ziehe ich eher klassische Sachen an, in der Freizeit kleide ich mich leger, so Richtung Ethno, Hippie-Mode… Manchmal, wenn wir zu zweit ausgehen, trage ich Schuhe mit Absätzen, und ich mag schöne Wäsche – ich kaufe keine teuren Teile, aber es macht mir Spaß, in Wäscheläden zu stöbern. Ich schminke nur meine Augen, Parfüm finde ich wunderbar, aber ich gehe dezent damit um, und ich laufe auch nicht ständig zum Frisör.

Mir gefallen Männer, die mit ihren Gefühlen nicht hinterm Berg halten, die reif sind, feinfühlig, intelligent, möglichst gut aussehend – wobei das keine grundlegende Bedingung ist – und ungebunden.

Beim Sex bin ich sehr aktiv, aber ich mag es auch, wenn er

die Initiative ergreift. Ich versuche, mir dafür so viel Zeit zu nehmen wie möglich. Und es hat einen hohen Wert für mich, dass wir Spaß miteinander haben, uns unbeschwert fühlen, es uns gut gehen lassen. Meine erogenen Zonen sind die Brüste, die Lippen und die Klitoris. Orgasmen habe ich erst seit letztem Jahr, seitdem ich mit meinem jetzigen Freund zusammen bin.

Während meiner Ehe war Sex für mich nicht immer eine freiwillige Angelegenheit, aber das ist eine andere Geschichte, die ich jetzt nicht erzählen möchte. Es war nun einmal so, Punkt. Und jetzt genieße ich es mit meinem Freund.

Als ich siebzehn Jahre alt war, machte ich meine erste sexuelle Erfahrung mit meinem damaligen Freund. Er hatte sein Vergnügen, und ich ging leer aus. Da habe ich ihn schnell vor die Tür gesetzt. Mit meinem zweiten Freund lief es genauso. Mit meinem Mann konnte ich es nicht genießen, ich spürte keine Erregung. Meine jetzige Situation ist himmlisch. Es wurde aber auch Zeit!

Manchmal leihen wir uns einen erotischen Film aus. Mit Freundinnen und Bekannten spreche ich nicht über solche intimen Angelegenheiten, da würde ich mich sehr schämen.

Bei dieser Art von Bildern fällt es leicht, sich selbst zu befriedigen, und sie bringen einen auf Ideen, die man gleich umsetzen kann.

Alles ist nass

Ich bin dreißig, arbeite als Sekretärin und habe ein Touristik-Studium abgeschlossen. Im Moment lebe ich mit meinem Partner zusammen, bin total verliebt und überglücklich. Bald bekommen wir eine Tochter.

In meiner Fantasie sind mein Partner und ich in der Badewanne oder unter der Dusche. Ich seife seinen ganzen Körper ein, und er macht das Gleiche mit mir, von oben bis unten und von unten bis oben. Den Hals, die Schultern, die Arme, die Brust, die Taille, das Becken... Seine Finger gleiten in meine Scheide und dann über meinen Po. Alles ist feucht, und so geht es weiter bis zu meinen Füßen.

Dann streicheln und massieren wir einander noch mehr: Brüste, Schultern, Hals – bis alles ganz nass und ganz glitschig ist. Und der Penis meines Partners wird ganz groß, er berührt

Gleichzeitiger Orgasmus

Wir wollen nicht leugnen, dass es eine sehr genussvolle Empfindung ist, wenn die Partner gleichzeitig einen Orgasmus haben: Er gibt beiden das starke Gefühl, eine Erfahrung zu teilen. Trotzdem sei hier klargestellt, dass es wenig Sinn macht, den gleichzeitigen Orgasmus überzubewerten.

Mal angenommen, dass die Frau einen multiplen Orgasmus hat: Bei welchem ihrer Orgasmen sollte der Mann dann gleichzeitig kommen? Oder gesetzt den Fall, dass er in dem Moment zum Höhepunkt kommt, wo bei ihr ein lang anhaltender Orgasmus erst beginnt: Wenn er seinen schlaffer werdenden Penis in ihrer Scheide lässt, bis sie fertig ist, sind die Zuckungen der Scheidenwände schmerzhaft oder unangenehm für ihn.

Und schließlich: Sich bei einem erotischen Erlebnis unter Druck zu setzen, sich ein bestimmtes Ziel zu stecken, geht unweigerlich mit einem Verlust an Sinnlichkeit einher und kann Unwohlsein oder Enttäuschung hervorrufen.

Vorsicht im Wasser

Viele Frauen träumen von sexuellen Praktiken im Wasser – sei es im Meer, im Swimmingpool, in der Badewanne oder in einem Jacuzzi. Doch obwohl sich dieses Element gut fürs Vorspiel eignet – für die Penetration ist es nicht empfehlenswert. Warum? Weil die Gefahr besteht, sich Irritationen der Schleimhäute, eine Infektion oder womöglich noch Schlimmeres zuzuziehen. Denn gleichzeitig mit dem Penis dringt in die Scheide auch Wasser ein (einschließlich Seife und anderer Substanzen).

Hinzu kommt, dass manche Verhütungsmethoden beim Sex im Wasser nicht gut funktionieren. Kondome zum Beispiel sind unter Wasser nur schwerlich überzustreifen (das sollte man besser außerhalb des Wassers machen). Eindringende Flüssigkeit kann zudem bewirken, dass Kondome verrutschen.

Hinzu kommt, dass die Scheide durch das eindringende Wasser an Gleitfähigkeit verliert. So mag die eigentliche Situation zwar erregend sein, aber der Akt an sich ist es nicht.

Abgesehen von der Penetration bietet sich das Wasser für viele verschiedene erotische Spielarten an: Streicheln, Massagen, Einseifen ... (in Erotikläden gibt es vibrierende Schwämme zu kaufen!). Wer dann auch noch Lust auf die Penetration hat, sollte vorzugsweise das Wasser verlassen und auf dem Trockenen weitermachen.

meine Scheide, um in mich einzudringen. Dabei öffnet er meine Beine, und mit meinen Beinen und Armen klammere ich mich an seinen Körper, und sein Penis dringt wieder und wieder in mich ein, ohne Hindernisse, bis wir beide einen Orgasmus haben.

Die wichtigsten Liebhaber oder Freunde meines Lebens waren wohl die ersten, vielleicht weil man Liebe und Partnerschaft in jungen Jahren noch anders erlebt. Man ist unschuldiger, auch in sexueller Hinsicht. Bei meinen ersten Freunden war das Verliebtsein anders. Da zählte jeder Moment, alles war so schön ... Ich idealisierte meinen Partner, sah in ihm den reinsten Gott und dachte, dass diese Liebe ewig währen würde. Auch der Sex war anders. Ich fragte mich, ob ich gut gewesen war, was er von mir hielt ...

Mein erster Partner war für mich zugleich der beste Lebens- und Bettgefährte. Ich war damals fünfzehn Jahre alt. Wir blieben zusammen, bis ich zwanzig war, dann starb er bei einem Autounfall. Für ihn gab es nur mich und weiter nichts. Alles andere hatte für ihn keinen Wert, und was ohne mich geschah, machte für ihn keinen Sinn. Er holte mich von der Schule ab, später von der Uni. Er sparte all sein Geld, um mir zum Geburtstag einen goldenen Ring zu kaufen, eine Art Verlobungsring. Auch ich war verliebt in ihn, sehr verliebt, ich liebe ihn weiterhin und werde ihn immer lieben. Noch heute gehe ich zum Friedhof, ich besuche ihn und bringe ihm Blumen mit. Und ich bewahre alles auf, was mich an ihn erinnert: seine Geschenke, seine Briefe, Fotos von ihm – sogar den Zeitungsausschnitt mit der Nachricht von seinem Unfall. Seitdem hatte ich nie wieder eine vergleichbare Partnerschaft. Jede Beziehung ist anders.

Zurzeit bin ich in meinen Partner verliebt, aber die Verliebtheit ist eine andere als mit fünfzehn Jahren. Jede Liebesbiografie besteht aus verschiedenen Abschnitten, abhängig vom Alter, vom Umfeld und den Lebensumständen (je nachdem, ob man verheiratet ist oder nur zusammen lebt, ob jeder seine eigene Wohnung hat, ob es eine Fernbeziehung ist, ob man Kinder hat und so weiter).

Glücklicherweise bin ich recht attraktiv, jedenfalls geben die Männer mir dieses Gefühl. Ich bin groß und schlank, habe braune Augen. Meine dunklen, glatten Haare trage ich halblang. Ich habe hübsche Beine, weder dick noch dünn, sondern wohlgeformt und elegant. Ich zeige sie gern her und trage oft Röcke – kurze, mittellange oder lange, je nach Anlass. Und dazu immer hochhackige Schuhe, nur im Büro bevorzuge ich halbhohe Absätze. Sehr gern mag ich Stiefel mit hohem Schaft im Winter und Sandalen mit Absätzen im Sommer.

Ich habe auch einen schönen, knackigen Hintern – er wird nicht größer, so viele Süßigkeiten ich auch in mich hineinstopfe. Und wenn ich Hosen trage, nehme ich welche, die im Hüft- und Beckenbereich enger sitzen, um meinen Po zu betonen.

Grundsätzlich bin ich ein verschlossener Mensch, ich rede kaum mit Leuten, die ich noch nicht gut genug kenne, um ihnen Vertrauen zu schenken. Manchmal nutze ich meinen Verstand, um zu verführen. Aber wenn Männer eine Frau vor sich haben, fragen sie sich normalerweise nicht, wie intelligent diese Frau ist. Sie wollen lieber wissen, ob man einen guten Busen hat und dergleichen mehr. Intelligente Frauen verunsichern Männer.

Ich pflege mich gern und verwende Kosmetikartikel, weder die billigsten noch die teuersten. Wobei ich für die Augen und auch zum Schminken meistens auf bestimmte Marken zurückgreife. Zur Arbeit gehe ich diskreter geschminkt als in der Freizeit. Parfüm benutze ich nur sehr selten, intensive Düfte mag ich gar nicht.

Mein Kleidungsstil ist meist sportlich-klassisch und modisch. Mal trage ich ein Kostüm, mal einen Hosenanzug, mal sogar einen Jeansrock, eine Lycra-Bluse, Pullover mit weiten Kragen und so weiter. Mode finde ich super. Ich fühle mich gut, wenn ich von der Taille an aufwärts frische, vorteilhafte Farben trage – und von der Taille an abwärts dunklere Sachen. Taillierte Blazer und Jacketts mag ich sehr gern. Gleiches gilt für sportliche, kurze Blousons. Im Sommer trage ich auch Kleider aus leichtem Stoff und mit Dekolleté.

Meistens trage ich Bügel-BHs oder andere, die den Busen hervorheben, weil ich nun mal keinen besonders großen Busen habe, und dazu Lycra-Slips. Zu Röcken trage ich keine Strumpfhosen, sondern halterlose lange Strümpfe. Meinen Partner macht es ganz wild, meine Haut dort zu berühren, wo die Strümpfe aufhören. Vor allem im Sommer ziehe ich String-Tangas an statt Slips. Ich verführe meinen Freund auch gern mit aufreizenden Bodys, obwohl mir Wäsche mit Spitzenbesatz nicht so gut steht. Schwarz und rot sind meine Lieblingsfarben bei Dessous.

Saunas oder Spas besuche ich nicht, aber ich habe es mir angewöhnt, mich kalt abzubrausen, nachdem ich warm geduscht habe – insbesondere die Lendengegend und die Beine. Das fördert die Durchblutung. Und wenn es zeitlich passt, gehe ich schwimmen. Gymnastik und Fitness-Training langweilen mich, Aerobic habe ich im ganzen Leben noch nicht gemacht. Schwimmen entspannt mich und hilft mir, in Form zu bleiben.

Im Allgemeinen finde ich dunkelhaarige, athletisch gebaute Männer anziehend. Vorzugsweise sind sie größer als ich (zwischen 1,75 und 1,80 Metern). Ihre Augen müssen so einen bestimmten, sinnlichen Ausdruck haben. Ein hübsches Lächeln finde ich wichtig. Und ein »Levi's«-Hintern macht mich an. Es gefällt mir nicht, wenn Männer ihre Genitalien betonen. Ob sie Slips oder Boxershorts tragen, ist mir egal. Meistens achte ich auch auf ihre Hände, ob sie schlanke oder wulstige Finger haben. »Wurstfinger« hasse ich, und Nägelkauer kann ich nicht ausstehen. Am liebsten sind mir sportlich gekleidete, gut rasierte Männer. Der Rücken ist bei Männern ein sehr sinnlicher Körperteil, finde ich.

Was die Sexualität betrifft, so mag ich es, wenn Männer aktiv und leidenschaftlich sind. Sie sollten auf Abwechslung stehen und nicht nur auf den Orgasmus bedacht sein. Mir gefällt, wenn sie alles schön langsam angehen lassen: Verführung, Vorspiel, Zärtlichkeit, Küsse – bis man es fast nicht mehr aushalten kann. Aggressive Typen kann ich nicht ab und auch nicht solche, die so schnell wie möglich durchs Ziel laufen.

Ich mag es auch, wenn Sex sich irgendwie ergibt, wenn er nicht immer im Bett stattfindet, nur weil ich neben meinem Partner einschlafe und aufwache. Ich will Sex zu jeder Tages- und Nachtzeit, an jedem erdenklichen Ort: in der Garage, im Auto, in der Küche, unter der Dusche, im Wohnzimmer, im Schlafzimmer, auf einem Berg und in einem Hotel. Nach dem Mittagessen, während des Abendessens, während des Hausputzes, beim Essenkochen, beim Abwasch, beim Wäschewaschen und -aufhängen. Wenn wir es im Bett machen, kann ich es nicht leiden, wenn mein Gespiele gleich danach aufsteht. Ich möchte, dass wir noch ein bisschen beieinander bleiben, dass ich in seinem Arm liege, wir ein bisschen dösen und gemeinsam wieder zu Kräften kommen.

Aufmerksam und zärtlich, verständnisvoll auch in schwierigen Momenten und ein guter Gesprächspartner – so ist für mich der ideale Mann. Er muss mich bei meinen Aktivitäten unterstützen und meine Interessen teilen: Sport, Gebirge, die Natur, Reisen. Er muss flexibel sein und für vieles offen, sei es ein Strandurlaub, seien es Ferien auf dem Bauernhof. Ich mag

Nach dem Sex

»Er hat sich umgedreht und ist eingeschlafen.«

»Er ist ins Badezimmer gegangen, um sich zu waschen.«

»Danach war er kalt und abweisend.«

Mit diesen oder ähnlichen Worten beschweren sich Frauen über das Verhalten mancher Männer nach dem Orgasmus – auch wenn dieselben Männer vor und während des Geschlechtsverkehrs zärtlich und aufmerksam waren. Mit der sexuellen Befriedigung allein geben Frauen sich nicht zufrieden, und sie haben kein Verständnis für den plötzlichen Sinneswandel ihres Partners. Die meisten wissen nämlich nicht, dass es bestimmte körperliche Unterschiede zwischen den Geschlechtern gibt: Frauen mögen auch direkt nach dem Orgasmus stimuliert werden – sie befinden sich weiterhin in einer Erregungsphase (was einen Mehrfachorgasmus überhaupt erst möglich macht). Bei Männern geht nach dem Orgasmus die Erektion zurück, und sie sind nicht mehr erregt. Mit zunehmendem Alter dauert es immer länger, bis ein erneuter Geschlechtsverkehr möglich ist. Diesen Zeitraum zwischen zwei Erektionen nennt man die »refraktäre Phase«. Hinzu kommt, dass beim Orgasmus Endorphine freigesetzt werden, die schläfrig machen.

Am meisten aber stört es Frauen, wenn der Mann nach dem Höhepunkt nicht mehr voller Zuneigung ist. Frauen wünschen sich eine Fortsetzung des Körperkontaktes (Umarmungen, Streicheln, zärtliche Gesten) – und das muss ja nicht bedeuten, dass das Liebesspiel gleich wieder von vorn beginnt.

Männer, die ein bisschen scheu sind – aber mir müssen sie vertrauen. Und sie sollten nicht gleich jeder Frau schöne Augen machen, die ihnen über den Weg läuft.

Was die Sexualität angeht, da bin ich weder die Aktive noch die Passive. Ich mag vor allem Abwechslung. Manchmal habe ich Lust darauf, dass mein Partner die Initiative ergreift, ein andermal wünsche ich ihn mir passiv, damit ich die dominante Rolle spielen kann.

Meiner Meinung nach ist es wichtig, der Verführung viel Zeit zu widmen. Verführung muss ja auch nicht immer auf eindeutig sexuelle, handgreifliche Art vonstatten gehen. Es gibt so viele Möglichkeiten, Erregung zu bewirken. Mir fallen da zum Beispiel ein: flirten, ein bisschen frech sein, aufreizende Kleidung tragen, die Finger des Partners küssen und daran lutschen, heimlich unter dem Tisch intime Bereiche streicheln, zweideutige Worte benutzen, Speisen auf sinnliche Art verzehren (einen Jogurt, eine Banane, ein Würstchen, Meeresfrüchte und so weiter). Fast jede Situation, jede Sache kann man für Verführungszwecke nutzen und erotisch aufladen.

Niemand ist zum Sex verpflichtet. Sex ist Kommunikation, Spiel, Intimität, Lust und Leidenschaft, und ich kann mir nicht vorstellen, dass es psychologisch oder emotional verträglich wäre, Sex zu einer Pflicht zu machen. Genauso, wie es Zeit braucht, Pflanzen zum Blühen zu bringen, genauso muss man sexuelle Beziehungen hegen und pflegen. Alles, was eine Partnerschaft ausmacht, verlangt nach Aufmerksamkeit, damit die Liebe nicht verwelkt. Was man aufgibt oder vergisst, stirbt irgendwann ab. Außerdem meine ich auch, dass Sexualität kein Verfallsdatum hat.

Am meisten törnt es mich an, wenn meine Klitoris berührt und gestreichelt wird. Und am allerliebsten mag ich richtiges

Im Bett die Rollen tauschen

Die Erziehung und die persönliche Prägung sind von hoher Bedeutung, wenn es darum geht, das eigene sexuelle Verhalten zu ändern und aktiver zu werden. Dies gilt insbesondere für Frauen, deren Selbstbild seit ihrer Kindheit negativ beeinflusst wurde – Frauen, denen man immer wieder zu verstehen gab, sie seien uninteressant und unattraktiv. Die verinnerlichte Geringschätzung kann dem Wunsch nach Neuem, nach Experimenten im Weg stehen und dazu führen, dass Frauen sich aus purer Angst vor Ablehnung mit ihrer passiven Rolle abfinden. Im Bett halten sie sich zurück und lassen den anderen gewähren. Es scheint ihnen zu riskant, eine neue, eine aktive Rolle anzunehmen oder sonst etwas Ungewöhnliches zu tun, worauf sie gerade Lust haben.

Ein befreites, experimentierfreudiges Sexualverhalten lässt sich nicht erzwingen – schon gar nicht, wenn Angst mit im Spiel ist. Dennoch sollte man sich zumindest überlegen, welche Schritte möglich sind, um eine lustvollere Sexualität und größere Befriedigung zu genießen.

Altersgrenze

Logischerweise kommt es bei Männern und Frauen mit zunehmendem Alter zu psychischen und organischen Veränderungen. Bei Frauen vermindert sich mit dem Ausbleiben der Regelblutung die Östrogenproduktion, gleichzeitig können Symptome auftreten wie Kopfschmerzen, Knochen- und Gelenkprobleme, Müdigkeit sowie andere Komplikationen und Unpässlichkeiten. Auch psychische Unausgewogenheiten kommen vor – eine Art »emotionale Revolution« wie in der Pubertät.

Und dennoch: Die Menopause ist nicht mit dem Ende des Sexuallebens gleichzusetzen. Die Lust auf Sex wird nicht geringer, wenn man vorher ein befriedigendes Sexualleben hatte. Falls der Appetit nachlässt, hat das nicht mit der Menopause zu tun, sondern mit schlechten Erfahrungen.

Körperliche Veränderungen (wie zum Beispiel eine verminderte Produktion des Scheidensekrets, die zu Schmerzen bei der Penetration führen kann) müssen unser Sexualleben nicht beeinträchtigen. Ein Besuch beim Frauenarzt oder bei anderen Spezialisten lohnt sich – dort erfahren wir, welche Alternativen und Hilfsmittel es gibt.

»Liebemachen«: dass er voller Leidenschaft in mich eindringt und wir immer wieder andere Stellungen ausprobieren (Missionarsstellung, ich oben, seitlich, Hündchenstellung, Wiegenstellung, auf einem Stuhl, in der Badewanne ...). Trotzdem muss es immer ein Vorspiel geben: Streicheln, Küsse, heiße Massagen von Kopf bis Fuß (und das meine ich wörtlich!). Überall sind Hände, deren Wärme sich auf den ganzen Körper überträgt, und ich reibe mich an seinen Genitalien. Hinzu kommen sinnliche Küsse, und manchmal gleitet die Zunge über verschiedene Körperteile – zwischen die Oberschenkel, über den Hintern, die Brust, den Hals, die Ohren, den Nacken. Hin und wieder machen wir es auch »französisch« oder »spanisch«.

Für mich hat Sex in der Partnerschaft einen hohen Stellenwert. Sex steht zwar nicht an erster Stelle, aber auch nicht an der letzten, sondern er ist ein Element, das nicht fehlen darf. Es gibt viele Bereiche in der Beziehungswelt, um die man sich kümmern muss. Sex ist einer davon.

Orgasmen habe ich bei der Penetration oder wenn mein Freund mich auf bestimmte Arten mit der Hand berührt. Momentan hat meine Libido nachgelassen, was damit zu tun hat,

Erotische Variationen

Mit »Hündchenstellung« meint die Interviewpartnerin wahrscheinlich die folgende Position: Sie stützt sich auf Hände und Knie, er dringt von hinten in ihre Vagina ein. Die »Hündchenstellung« gibt es in vielen Varianten, wobei der Mann mit einer Hand ihre Klitoris berühren kann, um sie zu stimulieren, während er sie penetriert. Für viele Männer ist diese Stellung äußerst erregend.

Bei der »Wiegenstellung« setzt er sich mit angewinkelten Beinen aufs Bett, sie setzt sich auf seinen Schoß, von Angesicht zu Angesicht. Dann verschränkt jeder seine Beine hinter dem Rücken des anderen. So kann die Frau bestimmen, wie tief er in sie eindringt.

»Spanisch« bedeutet, dass er seinen Penis zwischen ihre Brüste legt, die Frau dann ihre Brüste aneinander presst und ihren Oberkörper bewegt. Für ihn fühlt sich das an, als wäre sein Penis in der Scheide oder von einer Hand umschlossen. Mit »Spanisch« kann man viel herumexperimentieren, bis man die bequemste Stellung gefunden hat.

»Französisch« ist eine weit verbreitete Bezeichnung für die orale Befriedigung des Mannes durch die Frau.

dass ich schwanger bin. Abends bin ich sehr müde, aber wir finden immer noch andere Gelegenheiten für Sex, trotz der Schwangerschaft.

Ich war nie untreu – nur in Gedanken. Es ist ab und an vorgekommen, dass ich mir Sex mit attraktiven Männern aus meinem Bekanntenkreis ausgemalt habe.

Wie üblich bei uns Frauen, habe ich mein »erstes Mal«, also die erste Penetration, nicht in bester Erinnerung. Ich war nicht heiß, spürte keine Lust, keine Leidenschaft. Was nicht bedeuten soll, dass es schrecklich oder unangenehm war. Aber es hatte nichts mit dem zu tun, was ich heutzutage empfinde: Geilheit, Höhepunkt, die Lust, es ihm zu besorgen und es mir von ihm besorgen zu lassen, ein gleichberechtigtes Lusterlebnis.

Selbstbefriedigung ist meiner Meinung nach nichts Beschämendes. Wer behauptet, es nicht zu tun, der lügt. Sogar Priester und Nonnen machen das. Ich finde, es ist ein gutes Mittel, um sich selbst kennen zu lernen und zu erfahren, was einem wirklich Spaß macht. So kann man den eigenen Körper gut erforschen.

Soweit ich weiß, hatte ich noch kein sexuelles Erlebnis, das schädlich für mich und mein Leben war. Im Großen und Ganzen denke ich, dass meine sexuelle Biografie bis heute sehr positiv ist.

Ich will ihn beherrschen

Ich bin siebenunddreißig Jahre alt, arbeite als Verlegerin und Schriftstellerin.

Am meisten Lust hätte ich darauf, Herrin und Knecht zu spielen. Ich als Domina, mein Partner als Untergebener. Auch ihm steht der Sinn danach. Mich erregt die Vorstellung, wie ich die Peitsche schwinge und ihm Befehle erteile. Ja, eine Peitsche will ich, und ich will damit umgehen können – was nicht gerade einfach ist (ich habe das mal ausprobiert). Wir waren auch schon in entsprechenden Geschäften, um uns Lederkorsetts anzusehen: Er will mir ein Korsett schenken, das im Rücken lange Schnüre hat und die Brüste frei lässt. Auch mein restliches Outfit steht fest: Lederstiefel mit hohem Schaft und hohen, schmalen Absätzen. Masken mögen wir nicht. Und am Unterleib wäre ich nackt. Den Akt male ich mir folgendermaßen aus: Wir verzichten zwar auf Fesseln, aber er darf sich nicht ohne meine Erlaubnis rühren. Mit meiner Peitsche, mit dem knallenden Geräusch, schränke ich seine Bewegungen ein. So geht es eine ganze Zeit lang. Dann hocke ich mich über ihn, aber er darf mich nicht anfassen, bis ich es ihm befehle. Ich stelle alles Mögliche mit ihm an, und wahrscheinlich endet das Spiel in dem Augenblick, in dem auch er aktiv wird. Aber wir hören dann nicht auf, sondern lieben uns.

Domina

Ist es so schwierig, eine Peitsche zu finden? Um unsere Zweifel zu beseitigen, rufen wir die Sexshop-Inhaberin an, die unsere Beraterin ist und die auch unsere Fragebögen unter ihren Kundinnen verteilt hat. Maica Solà erklärt: »Alle Bestandteile einer Domina-Ausrüstung sind einzeln erhältlich. Aber es gibt auch ein komplettes Sado-Einsteigerset, bestehend aus Nylonfesseln mit Klettverschluss, Maske, Rohrstock für kleine Hiebe auf den Hintern und natürlich der Peitsche, ein- oder mehrschwänzig. Zu manchen Sets gehört außerdem ein Lehrvideo.«

Ja, bei uns gibt es Machtspiele, und zwar nicht nur sexueller Natur. Wir finden so was lustig und erregend. Zum Beispiel draußen, im Dunkeln: Während wir nebeneinander hergehen, stecke ich einen Finger zwischen seine Pobacken, fast in den Anus. Er geht auf Fußspitzen weiter, und ich lenke seine Schritte, wohin ich will. Ein Riesenspaß ist das für uns. Außerdem haben wir auch noch folgende Angewohnheit: Einer von uns beiden schlägt irgendetwas vor – das kann ein absurder oder irrsinniger, auch ein sexueller Vorschlag sein. Der andere sagt: »Ja, Schatz« – mit zuckersüßer Stimme, hingebungsvoll, blind vor Liebe und zugleich im Brustton der Überzeugung. Dieses Spiel bedeutet soviel wie: »Liebster, du bist mein Herrscher« oder: »Liebste, du bist meine Herrin«. Wir finden das klasse und spielen es regelmäßig.

Was mir sonst noch gefallen würde, sind Rollenspiele: ich als Ärztin, er als Patient; die Hausfrau und der Familienvater, der von der Arbeit heimkommt (zum Beispiel könnte ich dann eine niedliche kleine Schürze tragen und darunter nur einen String-Tanga); Hausfrau und Staubsaugervertreter oder Polizist und Diebin. Oh, ja, mich totstellen, bis ich beinahe platze vor Erregung und »auferstehe«, das würde ich auch gern mal machen! Ich habe noch viel mehr Ideen: Dass wir uns irgendwo treffen und so tun, als würden wir uns überhaupt nicht kennen. Wir flirten miteinander – und dann: »Zu dir oder zu mir?« Oder wir gehen in ein Hotel. Schieben eine wilde Nummer. Und tun die ganze Zeit über so, als wären wir einander noch nie zuvor begegnet.

Außerdem schwebt mir ein Dreier mit einer weiteren Frau vor. Was dann genau passiert, weiß ich nicht, es kann sich vieles ergeben. Obwohl es mir wahrscheinlich nicht gefallen würde, ihm dabei zuzusehen, wie er eine andere bumst. Aber gemeinsam mit meinem Partner die andere Frau zu vernaschen, das würde mir sicher Spaß machen. Auch dass die beiden es mir besorgen, stelle ich mir gut vor. Oder dass wir zwei Frauen es ihm gemeinsam machen. Will sagen: Alle drei sollten beteiligt sein. Wenn einer von uns, mein Partner oder ich, nur zuguckt – das würde es nicht bringen. Anders sähe es aus, wenn ich ungebunden wäre. Dann könnte ich es wohl auch mit zwei Männern machen, die gleichzeitig von vorn und von hinten in mich eindringen. Ich könnte alles, worauf ich Lust hätte, nach und nach in die Tat umsetzen.

Meinen ersten Freund hatte ich im Alter von fünfzehn bis siebzehn Jahren. Dann ließ er mich wegen einer Freundin im Stich. Mit diesem Jungen hatte ich keinen Geschlechtsverkehr im eigentlichen Sinne, wir beiden waren und blieben Jungfrauen – er ist nie in mich eingedrungen. Wir versuchten es, aber es klappte nicht, und wir maßen dem auch keine große Bedeutung zu. Miteinander erlernten wir die tausend und eine – ach, nein: die hunderttausend Arten, einander zu verwöhnen, sich gemeinsam zu vergnügen – ohne Penetration. Das waren großartige Lehrjahre. Nach dieser Beziehung hatte ich nur ein paar Techtelmechtel – ich war damals nicht besonders promisk, jedenfalls kann ich mich nicht daran erinnern, wild in der Gegend herumgevögelt zu haben. Sex hatte ich nur, wenn Verliebtheit mit im Spiel war. Im Alter von neunzehn bis einundzwanzig Jahren hatte ich wieder einen Freund. Ich machte Schluss, weil er mich langweilte. Zusammengelebt habe ich mit keinem von ihnen.

Anschließend kam ich in eine mega-promiske, mega-sexuelle Phase, die bis zu meinem sechsundzwanzigsten Lebensjahr anhielt. Danach lernte ich den Mann kennen, der später der Vater meines Kindes wurde. Mit ihm blieb ich neun Jahre lang monogam zusammen, nur zum Schluss wurde es eine offene Beziehung. Schließlich trennte ich mich von ihm, aber wir gingen im Guten auseinander. Fast drei Jahre lang blieb ich Single, befriedigte mich selbst, vögelte hin und wieder mit irgendeinem Bekannten. Ich hatte keine Lust auf schnellen, harten Sex – da hab ich es mir doch lieber allein besorgt. In jener Zeit bin ich auch nicht viel ausgegangen, ich war lieber allein, wollte die Trennungsschmerzen kurieren und das Singledasein genießen. Zu Hause, mit meinen Freundinnen und meinem Sohn, fühlte ich mich pudelwohl. Ziemlich oft war ich auch ganz allein, ich habe mich eingeigelt. So vergingen zwei Jahre, bis eine Freundin mich wieder ins Nachtleben zurückholte. Ich ging zwar nicht regelmäßig jede Woche aus, aber bei einer dieser Gelegenheiten lernte ich meinen jetzigen Freund kennen.

Was ich jetzt aber auch noch erzählen muss: In den zwei Jahren, die direkt auf meine Trennung folgten, knüpfte ich an mehrere verhinderte Liebschaften aus meiner Vergangenheit an. Mit dem Ersten, gleich nach meiner Trennung, lief es miserabel: Auch er hatte sich gerade getrennt, wir waren beide in einer defensiven Situation. Und im Umgang miteinander verhielten wir uns wie zwei Feiglinge, unsere Beziehung war von Angst durchsetzt. Nach vier Monaten bekam er Panik: Er eröffnete mir, dass er zu seiner Ex zurückkehren wolle (die gerade dabei war, sich eine ernsthafte Beziehung mit einem anderen Mann aufzubauen) und dass er keine Lust auf eine Beziehung mit einer »Getrennten, Alleinerziehenden« habe (also mit mir). Na, prima: Er war zwar auch ein »Getrennter«, und er hatte Haarausfall, aber er hatte keine Kinder.

Nach dem Glatzkopf unternahm ich den nächsten Versuch, mit einer weiteren Liebe, die Jahre zuvor nicht hatte sein sollen. Es war ein Mann, der mich wirklich gern hatte, der sehr geduldig mit mir war. Nur ich schaltete irgendwie auf stur, ich habe mich ihm völlig verschlossen. Schließlich entfernten wir

Getrennt und … verletzlich

Obwohl eine andere Überzeugung weit verbreitet ist: Frisch getrennte Frauen stürzen sich nicht kopfüber ins Nachtleben, um einen gut ausgestatteten Männerunterleib zu finden, der ihr Verlangen stillen könnte. Möglich, dass ihr Selbstwertgefühl auf ein Minimum geschrumpft ist und sie sich wie Verliererinnen fühlen (was der Normalzustand nach einer Trennung ist, obgleich Befreiungsgefühle ebenfalls häufig vorkommen). Doch zugleich wissen diese Frauen, dass ihr Zustand sich um keinen Deut verbessern wird, wenn sie gleich beim nächstbesten Strichlistenverführer die Beine breit machen. Und sollte ein weiblicher Neu-Single dies noch nicht wissen, so wird er es spätestens bei der ersten flüchtigen Sexerfahrung lernen.

Die zur Dominanz neigende Frau, die hier von sich berichtet, vermittelt uns einen weitaus realistischeren Eindruck vom Gefühlszustand, in dem sich Menschen nach dem Scheitern einer Liebesbeziehung befinden.

uns voneinander, körperlich und seelisch. Diese Angelegenheit dauerte ungefähr sieben oder acht Monate, in denen wir uns aber sehr selten sahen. Und das Intimste zwischen uns waren Küsse auf den Mund. Logisch, dass ich mich selbst befriedigte. Aber dabei habe ich nicht an ihn gedacht, sondern an mich und an meinen Spaß.

Nach jener Affäre habe ich mich weiterhin sexuell selbst versorgt. Ich hatte zwar auch ein paar Verabredungen mit Bekannten, aber mit denen bin ich einmal ins Bett gegangen, und das war's dann. So ging es, bis ich meinen großen Schatz gefunden habe – fast drei Jahre nach der Trennung vom Vater meines Kindes. Wir sind jetzt seit einem halben Jahr zusammen und verliebt bis über beide Ohren. Wir leben monogam und setzen uns intensiv mit unserer Partnerschaft auseinander. Die Hälfte der Woche verbringe ich jeweils mit meinem Kind (die restliche Zeit ist es bei meinem Ex, mit dem ich mich supergut verstehe). Ansonsten bin ich mal bei meinem Freund, mal ist er bei mir (es gibt Tage, an denen wir uns nicht sehen, aber im Großen und Ganzen ist es eine sehr enge Beziehung). Allerdings will er mit mir zusammenziehen, aber ich will das nicht. Ich habe mir meine Freiheit so hart erarbeitet, es war ein so weiter Weg, bis ich da angekommen bin, wo ich mich wohl fühle. Deshalb will ich nichts, nicht einmal ein Millionstel meiner Zufriedenheit, meines jetziges Zustandes aufs Spiel setzen. Ich denke sogar daran, meinem Freund zu eröffnen, dass ich mir etwas mehr Abwechslung wünsche. Aber ich weiß noch nicht, wie ich ihm das klarmachen kann, ohne ihn zu verletzen. Also: Ich möchte wieder mehr Zeit für mich allein haben, auch für meine Freundinnen und für meinen Sohn. Was bedeuten würde, dass mir weniger Zeit für meinen Freund bliebe. Mit meinem Sohn, der jetzt neun Jahre alt ist, versteht er sich prächtig, die beiden sind ganz verliebt ineinander. Überhaupt haben wir viel Spaß zu dritt. Ja, so sieht es aus … (Eine Freundin hatte ich noch nie. Ich war zwar schon an diversen Frauen sehr interessiert, aber diese Frauen standen nicht auf mich. Überhaupt waren sie sehr – nein: bedingungslos! – heterosexuell. So was Blödes aber auch!)

Ich habe ein sehr ungewöhnliches, exotisches Gesicht, mit einer markanten Adlernase. Trotzdem bin ich ziemlich attraktiv. Mein Haar ist dunkelbraun, mein Körper schlank, sehnig und elegant. Ich wirke geschmeidig und habe eine gute Aus-

Eine Liebe, zwei Wohnungen

Eine gewisse Lebensform findet immer mehr Anhänger in den industrialisierten Ländern, insbesondere in den USA – dort nennt man sie »LAT« (»living apart together«). Das bedeutet: Zwei Menschen sind miteinander durch eine sexuelle und emotionale Beziehung verbunden, aber sie wohnen nicht zusammen.

Vorteile: Man kann sich eine gewisse Individualität bewahren und muss seine Gewohnheiten nicht ändern. Man bleibt finanziell eigenverantwortlich und hat Freiräume. Außerdem dauert es länger, bis sich Routine in die Partnerschaft einschleicht und bis Abnutzungserscheinungen auftreten.

Nachteile: Zwei Wohnungen zu unterhalten, kostet viel Geld. Außerdem vertreten manche Paartherapeuten die Meinung, man knüpfe engere Bande, wenn man unter demselben Dach lebt. Allerdings herrscht bei den meisten getrennt lebenden Paaren Einigkeit in puncto Treue und Ausschließlichkeit. Was aber noch weitaus wichtiger ist: In der Regel wissen beide Partner, dass ihr Partnerschaftsmodell für sie das Beste ist und dass ihre Beziehung kaum halten würde, wenn sie etwas daran änderten.

strahlung. Dass ich bei anderen gut ankomme, habe ich schon als kleines Mädchen gespürt. Jetzt bin ich siebenunddreißig Jahre alt, und endlich deckt sich mein Selbstbild mit der Fremdwahrnehmung. Ich bin extrovertiert, sympathisch, geistreich und witzig – und heute finde ich das auch gut so. Ich mag mein seltsames Gesicht, meine ehrliche Art und mein loses Mundwerk. Gleichzeitig wurde ich immer attraktiver, von

Tag zu Tag, und heute bin ich »appetitlicher« als je zuvor. Frauen sind wie Wein: je älter, desto besser. Und das sagen nicht nur meine Großmutter und ich. Sogar mein Busen wird immer praller (ich schwöre!).

Da ich ein sehr aktiver Mensch bin, ist mein Körper gut in Form – er wirkt jünger als mein Gesicht. Ich gehe weder ins Fitness-Studio noch in die Sauna, nichts dergleichen. Mein Trainingsprogramm besteht aus vögeln, tanzen, nachdenken und in der Natur spazieren gehen. Meine Gesichtscremes kaufe ich im Supermarkt, bei Lidl, die sind gut und billig. Für den Körper nehme ich natürliche Öle, ich verteile sie auf der feuchten Haut.

Ich finde es toll, mich individuell zu kleiden, ich habe einen ganz eigenen Stil und gehe nicht mit der Mode. Da ich eine große Klappe habe, selbstsicher bin und über einen eleganten Körper verfüge (einen guten Knochenbau), kann ich mir überstülpen, was ich will: Es sieht immer klasse aus (so ist es nun mal, warum sollte ich lügen?). Nicht, dass ich mich wie einen Christbaum herausputze. Aber ich finde es zum Beispiel völlig unbedenklich, Karos mit Streifen oder Blumenmustern zu kombinieren, solange die Grundfarbe dieselbe ist. Mich anzuziehen, das ist für mich eine kreative Handlung. Und ich mische gerne verschiedene Stile: elegant plus Rockerbraut plus sexy plus bequem plus modern, und um die Verwirrung komplett zu machen, dazu noch ein bisschen klassisch – nur mal so als Beispiel. Meistens trage ich mächtig hohe Hacken, an flachen Schuhen besitze ich nur ein Paar, nämlich Turnschuhe. Zu Hause laufe ich gekleidet wie eine Hure herum. Und was meine Unterwäsche angeht: Die rangiert vom weißen, baumwollenen Kinderslip (sieht sexy aus, finde ich) bis zu den aufreizendsten Modellen, die ich nur finden und kaufen kann.

Mein Verhältnis zur Beinbehaarung hat sich in letzter Zeit gewandelt: Jetzt mag ich am liebsten glatte, unbehaarte Beine. Also rasiere ich mich immer, wenn möglich (wenn ich nicht die Zeit dafür finde, auch nicht so schlimm). Früher bin ich immer mit Fell an den Beinen losmarschiert (die Behaarung war extrem dicht, schwarz und lang), man hätte daraus Zöpfe flechten können. Und dazu: Stöckelschuhe.

Ich verstelle mich nicht, und ich glaube, es ist diese Wahrhaftigkeit, mit der ich die Männer rumkriege. Intelligenz finde ich sexy, und soweit mein Intelligenzquotient es zulässt, setze ich sie wohl auch als »Waffe« ein.

Ich trage immer die gleiche Frisur, sie steht mir einfach am besten: dunkel, halblang, gewellt, ein paar graue Haare habe ich schon, aber wirklich nicht viele, gefärbt wird nicht. Gelegentlich greife ich zu einem guten Shampoo und mache eine Augenmaske.

Parfüms mag ich nicht, die meisten sind mir zu intensiv. Wenn ich Düfte benutze (was fast nie vorkommt), dann nur natürliche Öle. Lippenstift trage ich regelmäßig auf, und zwar roten (tomatenrot, dunkelrot, kirschrot oder einen leicht bräunlichen Farbton). Die Augenringe übertünche ich mit einem Tröpfchen Make-up, meine Augenbrauen fülle ich mit einem braunen Stift aus. Das ist alles an Schminke, mehr nehme ich nicht. Ganz selten male ich mir Katzenaugen – also einen Lidstrich, der ein bisschen über die äußeren Augenwinkel hinausgeht. Jeden Abend reinige ich mein Gesicht. Gelegentlich trage ich klärende Masken auf (Schlammmasken) oder auch Feuchtigkeitsmasken.

Ich mag ungezwungene und respektvolle Leute. An »Authentizität«, Ehrlichkeit und Wachheit liegt mir sehr. Mir gefallen Menschen, die sich mit ihren Beziehungen auseinander setzen, mit zwischenmenschlichen Beziehungen jeglicher Art. Solche, die an ihren Zwangsvorstellungen, Ängsten und Schwächen arbeiten. Dies alles erwarte ich insbesondere

Phallozentrismus

Manche Menschen vertreten die Meinung, die heterosexuelle, vaginale Penetration sei der ideale und einzig zulässige sexuelle Akt – alle anderen geschlechtlichen Praktiken finden sie inakzeptabel. Die Auffassung dieser Menschen nennt man »Phallozentrismus«. Es handelt sich dabei um ein Muster, das auf soziokulturelle und religiöse Traditionen zurückgeht, die von Generation zu Generation weitergereicht werden.

Seitdem es sexualwissenschaftliche Forschungen gibt, sind sich Ärzte, Psychologen und Therapeuten darin einig: Es ist absolut notwendig, verschiedenen Möglichkeiten des Lustempfindens gegenüber aufgeschlossen zu sein, um die eigene Sexualität auszuloten und zu bereichern. Sowohl bei Männern als auch bei Frauen entstehen sexuelle Komplikationen mehrheitlich durch Unwissenheit. Wer Vorurteile gegenüber bestimmten Praktiken hat, wer sich nicht traut, aus dem Vollen zu schöpfen, der kann irgendwann Probleme bekommen. Es gibt nicht »den einen«, »den richtigen« Weg zum Orgasmus! Aber das hat sich leider noch nicht ganz herumgesprochen. Noch immer gibt es Leute, die sich fest vornehmen, auf eine ganz bestimmte, vorgegebene Art zum Höhepunkt zu kommen – und die selbst dann keine Experimentierfreude entwickeln, wenn der Orgasmus ausbleibt. Bei solchen Leuten besteht die Wahrscheinlichkeit, irgendwann seelische oder auch physisch-sexuelle Störungen zu entwickeln.

So kommt es, dass Sexualität zur Pflicht wird – zu einer Norm, die es zu erfüllen gilt. Daraus folgt Versagensangst, und Angst ist der kürzeste Weg zur Impotenz.

von Männern, die mit mir zusammen sein wollen. Obwohl ich betonen möchte: Bei einem Partner achte ich außerdem darauf, dass er ein sehr sexueller Mensch ist (und kreativ und offen in sexueller Hinsicht – er muss mir deutlich mehr bieten als den puren Geschlechtsverkehr). Zusätzlich lege ich Wert auf Zärtlichkeit, Rücksichtnahme, Einfühlungsvermögen, emotionale Aufgeschlossenheit sowie – natürlich – Intelligenz und Humor. Wenn er dann auch noch eine ausgeprägte Persönlichkeit besitzt, so wie mein Freund ... dann schmelze ich dahin.

Als ich ungefähr dreißig war, entwickelte ich eine intensivere Sexualität – mein sexueller Drang wurde stärker, und sowohl die Häufigkeit als auch die Qualität meiner Orgasmen nahm zu. Ich nehme mir viel Zeit für Sex – ich mache es häufig und ausdauernd.

Schon immer war es bei mir so, dass ich Sex hatte, wann und wie ich es wollte. Ich habe ja schon erklärt, dass ich mit meinem ersten Freund keine Penetration erlebte, aber viel Lust, Befriedigung und Liebe. Meinen ersten Koitus hatte ich mit neunzehn, als ich es wollte. Ich ging mit einem Jungen, der wusste, dass ich mein Jungfrauendasein satt hatte (ich war ja neugierig), und wir zogen uns zurück in die Wohnung eines gemeinsamen Freundes. Es war nicht im Geringsten so befriedigend wie all das, was ich mit meinem ersten Liebhaber (ohne Penetration) erlebt hatte. »Nun, ja«, dachte ich mir, »so geht es also. Und darum macht die Menschheit so ein Tamtam?«

Die Sache mit der Selbstbefriedigung habe ich entdeckt (oder eigentlich: wieder entdeckt), als ich um einiges älter war, auch so um die dreißig. Es geschah auf vorsätzliche, selbstbewusste und selbstbestimmte Art. Ich habe alles gründlich vorbereitet und mir Hilfsmittel wie Dildos, Gleitmittel oder Mohrrüben besorgt. Obwohl: Als Kind oder Jugendliche hatte ich es auch schon gemacht, aber seltener, schneller und spontan. Heiße Träume, in denen ich mich erst berührte und dann selbst befriedigte, hatte ich zu Tausenden. Ich glaube mich daran zu erinnern, dass ich einst, als kleines Kind, Schimpfe bekam, wenn ich mich anfasste oder mich am Stuhl rieb. So lernte ich, dass Selbstbefriedigung etwas »Schmutziges« oder »Schlechtes« sei. Aber als ich die Sache später neu entdeckte, habe ich mir ein regelrechtes Bühnenbild aufgebaut, mit allerlei Accessoires. Soweit es ging, stopfte ich mir in alle möglichen Körperöffnungen etwas hinein, während ich gleichzeitig meine Klitoris stimulierte oder mich am ganzen Körper streichelte, den ich zuvor eingeölt hatte. Das Wichtigste dabei: Ich liebte mich selbst.

Selbstbefriedigung ist meiner Meinung nach eine Bereicherung. Sie steigert dein Selbstwertgefühl. Sie hilft dir, deinen Körper besser kennen zu lernen und herauszufinden, was du wirklich magst. Wenn ich einen Partner habe, befriedige ich mich natürlich weitaus seltener selbst. Dann denke ich kaum daran, sondern lebe meine Sexualität mit meinem Freund aus. Andererseits macht es mir Spaß, wenn mein Partner und ich uns gegenseitig oder gleichzeitig selbst befriedigen.

Wenn ich einen sexuellen Drang verspüre, finde ich es normal, die Initiative zu ergreifen. Ich mache das mit Worten – oder auch oft mit Taten. Was Sex angeht, bin ich ziemlich aktiv, aufgeschlossen und kreativ – so sehr, dass manche Männer darüber »erschrocken« waren. Andere wollten, dass ich nicht ganz so stürmisch sei. Aber ich bin, wie ich bin. Und in dieser Hinsicht gebe ich nicht nach. Mit dem Sex ist es so wie mit dem Essen: Wenn man einmal angefangen hat, kann man nicht mehr aufhören. Ein Paar kommt sich beim Sex erst richtig nahe – insbesondere wenn man daraus keine Akrobatiknummer macht, sondern sich emotional öffnet, wenn man

Liebe gibt und empfängt. Mein jetziger Partner und ich haben festgestellt, dass wir beide noch »verrückter«, noch empfindsamer und bedürftiger werden, wenn wir ein paar Tage lang keinen Sex hatten. Bei uns beiden spielt Sex eine wichtige Rolle (mehr noch als bei meinen früheren Partnerschaften), für uns ist das eine Art der Kommunikation, der Liebe – beim Sex kosten wir unsere Liebe aus. Mal davon abgesehen, dass Sex natürlich sowieso Spaß macht, bringt er uns außerdem Befriedigung, gegenseitige und gemeinsame Befriedigung. Auf die Penetration legen wir nicht so viel Wert, wodurch das Ganze auch ungezwungener wird – wir müssen uns nicht darauf versteifen, »es zu bringen« und »pünktlich zu kommen«. Der vaginale Koitus ist nicht unsere sexuelle Hauptaktivität. Manchmal machen wir es, manchmal nicht. Als eine unerschöpfliche Quelle der Lust haben wir den Anus entdeckt (ich hatte das früher auch schon mal ausprobiert, aber nicht so regelmäßig). Für den Anus haben wir Dildos in verschiedenen Größen, mit denen wir herumspielen. Die »69« mögen wir momentan eigentlich am liebsten; wir nehmen uns viel Zeit dafür, und normalerweise komme ich in seinem Mund. Nach dem ersten Orgasmus habe ich meistens noch weitere, in immer kürzeren Abständen und immer heftiger. Der Orgasmus an sich hängt für mich untrennbar mit meinem Anus zusammen – mehr noch als mit meiner Scheide oder sogar der Klitoris. Anal bekomme ich schneller einen Orgasmus als klitoral. Was mir auch noch eine Menge Spaß bringt: den Penis fest mit meiner Scheide zu umklammern, wenn sie vor Erregung schon angeschwollen ist.

Was mich angeht, ich kann mir nicht vorstellen, dass eine Liebesbeziehung ohne ein erfülltes Sexualleben funktioniert. Wenn bei mir eine Partnerschaft nicht richtig läuft, schlägt

Die erotische Zahl

Trotz des hohen Bekanntheitsgrades der 69 können wir bei dieser Praktik die Genitalküsse nicht voll und ganz genießen. Das liegt daran, dass man sich nicht so gut auf das eigene Lustempfinden konzentrieren kann, wenn man zugleich seinen Partner optimal mit der Zunge verwöhnen will. Deshalb machen es die meisten Menschen lieber abwechselnd. Kommt der Mann weder vor noch gleichzeitig mit der Frau zum Orgasmus, kann er es ihr immer wieder und so lange mit der Zunge machen, bis sie aufhören möchte – wie es auch der Fall bei unserer Erzählerin ist.

Mit der Vagina den Penis umklammern

Bei einigen Völkern – zum Beispiel im arabischen Raum und in Asien – haben Frauen diese beliebte Technik so sehr perfektioniert, dass sie als Meisterinnen des Faches gelten. Wenn man sich auf die Beckenboden- und die Vaginalmuskulatur konzentriert, spannen sich die Muskeln an und umklammern den Penis so stark, als würden sie ihn festhalten (man kann das auch alleine ausprobieren, indem man einen oder mehrere Finger in die Scheide steckt, um den Druck der Scheidenwände zu spüren). Manche Frauen, die regelmäßig trainieren, können auf diese Weise einen Mann zum Orgasmus bringen – ohne ihren Unterleib zu bewegen, nur durch die Zuckungen der Scheidenwände. Hilfreich beim Erlernen dieser Fähigkeit sind »Kegel-Übungen« (Beckenbodentraining, benannt nach dem Arzt Arnold Kegel) und Liebeskugeln.

sich das auf meine Libido nieder. Gleichgültigkeit, Respektlosigkeit, Kommunikationsstörungen, Unaufmerksamkeit und Rücksichtslosigkeit beeinträchtigen meine Sexualität.

Wie bereits erwähnt, hatten mein Ex-Mann und ich gegen Ende unserer Ehe eine offene Beziehung. Es galten die folgenden Abmachungen: Kondome waren Pflicht beim Sex mit anderen, man musste diskret sein und durfte sich keine festen Geliebten halten – Affären, die länger als drei Monate dauerten, waren verboten. Für uns hatte das nichts mit »Untreue« zu tun. Meiner Meinung nach sollte jedes Paar für sich entscheiden, wo Treue aufhört. In Wirklichkeit herrscht meistens ja eher das stille Einverständnis, Untreue sei etwas rein Sexuelles. Für mich persönlich dreht sich die Sache aber weitaus mehr um Loyalität und Vertrauen. Um es mit aller Deutlichkeit zu sagen: Wenn dein Partner gerne mal in der Gegend rumvögelt, oder wenn du selbst zu dieser Sorte Menschen gehörst – dann ist es besser, bei seinen Vereinbarungen von der Realität auszugehen und nicht von unerfüllbaren Wünschen oder Erwartungen. Man sollte lernen, seine Gefühle in den Griff zu bekommen, und man sollte mit beiden Beinen auf dem Boden bleiben. Nur so ist eine wirkliche Beziehung möglich – es macht doch keinen Sinn, den anderen oder sich selbst andauernd zu betrügen.

Ich denke auch, dass man seine Abmachungen zum Thema »Treue« von Zeit zu Zeit den Gegebenheiten anpassen sollte. Eine junge, frische Verliebtheit »bis über beide Ohren« ist einfach nicht dasselbe wie eine zehnjährige Beziehung. Andererseits kann es passieren, dass plötzlich ein »zweiter Frühling« einsetzt oder dass man Lust auf einen Dreier bekommt. Man sollte immer offen, immer wachsam sein, finde ich. Das Schicksal ist unberechenbar.

Offene Beziehungen

Eine allgemeingültige Definition gibt es dafür nicht, aber in der Regel meint die Bezeichnung »offene Beziehung«, dass beide Partner ein Recht auf Sexualkontakte auch außerhalb der Partnerschaft haben. In manchen offenen Beziehungen gehören auch Partnertausch und Gruppensex dazu. Wer kann schon solch einen Vorschlag akzeptieren, ohne sich dabei miserabel zu fühlen? Nun, vor allem sind das Menschen mit einem bombensicheren Selbstwertgefühl.

Zweifelsohne haben derartige Vereinbarungen ihre Vorteile: Sie eröffnen einem die Möglichkeit, die sexuellen Fantasien auszuleben, in denen dritte Personen vorkommen – und das sogar ohne Schuldgefühle. Für viele Frauen und Männer sind offene Beziehungen besser – und vor allem: ehrlicher – als Fremdgehen. So hat keiner der beiden Partner ein alleiniges Anrecht auf den anderen, und man läuft gar nicht erst Gefahr, untreu zu werden. Denn es stellt sich ja die Frage: Was ist Untreue in einer Beziehung, bei der Sex mit Dritten erlaubt ist?

Doch trotz allem: Bei den meisten offenen Beziehungen fühlt sich zumindest einer der beiden Partner schrecklich unsicher, und er schlägt sich mit der Befürchtung herum, seine große Liebe an einen stärkeren, dominanteren Menschen zu verlieren.

Ja, auch ich habe mich sexuell schon ein paarmal rumkriegen lassen, ohne wirklich Lust darauf zu haben. Meistens passierte mir das nach Trennungen – also in Situationen, in denen ich wenig Selbstbewusstsein hatte. Aber nach dem letzten

Mal – mit dem frisch getrennten Glatzkopf, der keine Kinder hatte und Latein konnte – habe ich beschlossen, dass Selbstbefriedigung mir wesentlich mehr Spaß macht, unkomplizierter ist und deutlich weniger Gefahren birgt. Aber in Bezug auf die Zukunft will ich mich nicht festlegen, ich weiß nicht, was kommen mag.

Ich habe ja schon erzählt, dass ich Dildos benutze, allein und gemeinsam mit meinem Freund, ich besitze vielerlei Anal-Dildos in verschiedenen Größen. Wir haben sie in Sexshops gekauft. Meinem Empfinden nach kann Sexspielzeug das Sexualleben bereichern, sowohl bei der Selbstbefriedigung als auch zu zweit. Zum Geburtstag haben mir meine Freundinnen einen Luxusvibrator geschenkt, einschließlich eines Klitoris-Stimulators. Daran kann man unterschiedliche Vibrationsbewegungen und -geschwindigkeiten einstellen, jeweils für die Vagina und die Klitoris. Anfangs hat dieser Apparat meinen Freund ein bisschen eifersüchtig gemacht, aber das wird ihm schon vergehen, wenn ich ihm das Ding in den Hintern stecke.

Mein Sohn kennt mein Instrumentarium. Ich habe ihm die einzelnen Teile erklärt, weil er mich gefragt hat. Nun sieht er es als seine Aufgabe an, überall herumzuerzählen – meinen Eltern, meinen Freunden –, dass ich einen Apparat besitze, »mit dem man sich massiert und der einem Spaß bringt«. Dafür schäme ich mich nicht, und genauso wenig würde ich mich schämen, wenn ich mir Pornos angucken würde. Irgendwann hab ich da zwar schon mal reingezappt, aber es hat mich nicht besonders angemacht. Das überkommene Frauenbild und die Art, wie weibliche Sexualität in den meisten Videos dargestellt wird, gefallen mir nicht. Dieser ausschließlich männliche Fokus, diese Stereotypen – das alles hat nichts mit mir zu tun. Natürlich weiß ich, dass es Pornos für Frauen gibt, aber so was inspiriert mich nicht. Da bin ich doch lieber selbst erfinderisch, allein oder mit meinem Partner. Sachbücher über Sexualität habe ich allerdings gelesen, und sie haben mich auf ein paar Ideen gebracht. Auch im Internet habe ich mich informiert. Seit kurzem interessiere ich mich für Tantra.

Als ich herausbekam, dass mein Partner sich Pornos anguckt, wurde ich ein bisschen eifersüchtig. Einen Moment lang glaubte ich, ihm »nicht gut genug« zu sein. Doch ganz schnell wurde mir bewusst, dass dies ein absurder Gedanke war. Zum Sommeranfang habe ich ihm *Im Reich der Sinne* geschenkt. Danach habe ich mir Sorgen gemacht, dass er vom Frauenbild der Macho-Pornos angesteckt wird. Auch befürchtete ich, dass bei ihm eines Tages eine extreme sexuelle Seite ans Licht kommen könnte, die vorerst verborgen geblieben war. Aber auch diese Idee tat ich bald als Blödsinn ab. Mir ist es doch egal, was er mit seinem Körper anstellt, ich kenne ihn und vertraue ihm:

Vibratoren

Vibratoren dienen der Stimulation eines oder mehrerer Bereiche, getrennt oder gleichzeitig. Sie bestehen aus einem Dildo zum Einführen in die Scheide – die geriffelte, rotierende Oberfläche des Vibrators massiert die Wände des Scheideneingangs, dort, wo man den G-Punkt vermutet. Am oberen Ende befindet sich ein beweglicher Kopf, der so aussieht wie eine Eichel. Manche Vibratoren haben zusätzliche Elemente für die Klitoris oder den Anus.

Je nachdem, worauf man gerade Lust hat, kann man die verschiedenen Teile eines Vibrators gleichzeitig oder einzeln anwenden.

Ich weiß, dass er sich nichts Schlimmes antun wird, dass er vorsichtig ist. Und wir sind monogam – zumindest bisher.

Jawohl: Ich würde einer Freundin zur Bereicherung ihres Liebeslebens Sexspielzeug schenken; tatsächlich mache ich ziemlich viel Propaganda in dieser Hinsicht. Aber ich verleihe kein Spielzeug, obwohl jemand mir einen riesigen Vibrator überlassen hat, länger als ein Jahr. Ich musste ihm das Ding zurückgeben, nachdem ich erzählt hatte, was ich alles damit gemacht hatte. Und, wie gesagt, jetzt hätte ich gern eine Domina-Ausstattung. Vor allem eine Peitsche. Und dann: weiterforschen, mehr ausprobieren. Wie wäre es mit Liebeskugeln beim Einkaufen im Supermarkt?

Geflüster

Ich bin einunddreißig Jahre alt und arbeite als Verwaltungsangestellte und Buchhalterin.

Ich bin gebunden, lebe aber bewusst nicht mit meinem Freund zusammen. Mit meinem letzten Partner habe ich zwei Jahre lang eine Wohnung geteilt (und zwar auf den Tag genau). Als ich ihn verließ, waren wir seit zwölf oder dreizehn Jahren ein Paar. Wir hatten auch schon eine Hochzeit abgesagt. Die Hörner, die er mir aufgesetzt hatte, trug ich mit Würde. Und mir wurde klar, dass von ihm keine Änderungen mehr zu erwarten waren... Als ich ihn verließ, hatte er dieselbe mentale Reife wie zu dem Zeitpunkt, als ich ihn kennen lernte. Er war ein unsicherer Mensch. Das Gefühl, gebunden zu sein, versetzte ihn geradezu in Panik.

Dann traf ich den perfekten Mann – jedenfalls wirkt er so auf mich. Allerdings lebt er in Trennung und hat zwei Kinder, was die Angelegenheit ziemlich kompliziert macht.

Ich glaube, dass ich keine schlechte Wahl bin, obgleich ich nicht wie eine Göttin aussehe. Mein Körperbau ist normal, nur plagt mich leider die Zellulitis – Tag um Tag schreitet sie bei der Eroberung meiner Hüften voran. Deshalb kümmere ich mich in letzter Zeit mit mehr Hingabe um meinen Körper. Ich mache Yoga, hauptsächlich wegen der Entspannung. Und ich massiere mich – wollen wir doch mal sehen, wer den längeren Atem hat: die Zellulitis oder ich. Ich rasiere mich wie eine Besessene. Schminke benutze ich wenig. Man sagt, ich wirke jünger, als ich bin. Kleidung ist meine große Leidenschaft. Ich liebe Leinen, Baumwolle und ganz allgemein eher schlichte Sachen. Aus Bequemlichkeit trage ich meistens Schuhe ohne Absätze. Auch in Bezug auf Unterwäsche bevorzuge ich Bequemes, aber hübsch muss es natürlich trotzdem sein. Parfüm? »Aire« von Loewe, ausnahmslos. Mein Haar binde ich zusammen, das verursacht am wenigsten Aufwand. Ich schätze, dass ich eine gute Gesprächspartnerin bin – aber nur, wenn eine vertrauensvolle Atmosphäre herrscht. Genau hierin – im guten Gespräch – liegt wohl das Geheimnis der Zuneigung zwischen meinem jetzigen Partner und mir. Und was ist meine Eroberungstaktik? Es reicht, mit mir selbst im Reinen zu sein. Das hört sich abgegriffen an, aber so funktioniert es meiner Meinung nach.

Mein derzeitiger Traummann ist intelligent, attraktiv, groß, schlank, mit dunklem, sehr dunklem Haar, romantisch und feinfühlig. Er kann zuhören, spricht über seine Gefühle, ist sehr ehrlich, entschlossen, verantwortungsbewusst gegenüber Familie, Arbeit und Freunden … Aber schon möglich, dass meine Einschätzung nicht ganz stimmt und ich ihn durch eine rosarote Brille sehe, weil ich frisch verliebt bin.

Beim Sex bin ich aktiv. Früher war das anders. Ich finde es super, mir viel Zeit für Sex zu nehmen, auch wenn es nicht immer möglich ist: Abendessen, ein Bad im Kerzenschein,

Die Vorfreude

Was werden wir miteinander machen, wenn wir unter uns sind?… Es kann ein hervorragendes mentales Aphrodisiakum sein, dem Partner derartige Ankündigungen zu machen. Auch der spanische Sexualforscher Antoni Bolinches hat schon darüber geschrieben, er bezeichnet solche Versprechen als »antizipierte Fantasie«. Durch sie wird eine günstige Stimmung geschaffen, eine Erregung vor dem Beginn des eigentlichen Vorspiels.

Das gemeinsame Vergnügen kann man auf verschiedenen Wegen ankündigen: telefonisch, per E-Mail, SMS oder indem man einander etwas ins Ohr flüstert – wie es der Partner der Frau macht, die hier von sich erzählt.

Küsse… Dann: ganz normal, keine ausgefallenen Praktiken. Aber ich genieße den Sex sehr. Und ich glaube, vor kurzem herausgefunden zu haben, was Liebemachen bedeutet. Es erregt mich, wenn mein Freund mir in der Öffentlichkeit etwas ins Ohr flüstert, wenn er mir sagt, dass er mit mir schlafen möchte oder solche Sachen. An seinem Körper gefällt mir alles.

Aus purer sexueller Begierde würde ich mit niemandem etwas anfangen. Bei mir müssen Gefühle im Spiel sein. Wenn die Kommunikation stimmt, klappt es meist auch sexuell. Meine persönliche Situation und mein Gemütszustand stehen immer an erster Stelle, meine sexuelle Lust und das dazugehörige Verhalten spielen eine untergeordnete Rolle. Fremdgegangen bin ich noch nie. Zwar stand ich in verschiedenen Situationen kurz davor, aber ich habe es nie geschehen lassen, und ich bezweifle stark, dass dies jemals der Fall sein wird. Einen Beinahe-Ausrutscher habe ich mir einmal geleistet, und er gab mir den Anstoß, mich von meinem letzten Partner zu trennen. Wie es sich als Single lebt, kann ich nicht wirklich sagen, weil ich fast immer gebunden war. Selbstbefriedigung ist für mich uninteressant. Wenn ich keinen passenden Sexualpartner habe, verspüre ich keinen sexuellen Drang.

Jungfrau war ich ungefähr bis zu meinem achtzehnten Lebensjahr, dann habe ich mit meinem Freund geschlafen. Es war weder erregend noch schön, nichts dergleichen. Die einzige gute Erinnerung, die ich damit verbinde: Es geschah aus Liebe, ich habe es nie bereut. In meinem sexuellen Lebenslauf gibt es kaum etwas Erwähnenswertes: Selbstbefriedigung, die üblichen Spielchen und Stellungen – mehr ist da nicht. Eine Zeit lang dachte ich, Sex sei etwas Böses. So dauerte es, bis ich Spaß daran fand.

Zurzeit bin ich sehr verliebt und habe Geschlechtsverkehr, so oft es geht. Weitaus seltener, als ich es gern hätte, aber die Umstände lassen nicht mehr zu.

Ich gucke mir keine Pornos an. Erotisch aufgeladene Filme sehe ich mir gern gemeinsam mit meinem Partner an. Aber wenn es nach mir ginge, bräuchte die Menschheit keine Pornoindustrie. Ich bin nicht der Meinung, dass so was eine Beziehung zerstört oder bereichert. Meinem Empfinden nach ist jedes Paar eine Welt für sich – und je nachdem, in welcher Phase sich die Beziehung befindet, verändert sie sich. Ich will Pornos und dies alles für mich auch nicht ganz ausschließen. Nur habe ich es bisher nicht für nötig befunden, sie zu konsumieren.

Ja, ich kann mir vorstellen, Sexspielzeug zu kaufen, um es gemeinsam mit meinem Partner zu benutzen. Aber ich würde es wahrscheinlich nicht im Sexshop besorgen, sondern im Internet bestellen.

Der Gemütszustand

Die Libido kann aus vielen verschiedenen Gründen nachlassen, zum Beispiel aus Unzufriedenheit mit der Liebesbeziehung, Wut auf den Partner, Frustration aufgrund der Lebensumstände. Und es ist völlig normal, dass Frauen weniger erregbar sind, wenn die guten Momente in ihrer Partnerschaft seltener werden.

Dennoch fühlen sich manche Frauen zu Männern hingezogen, die sie psychisch misshandeln. Sie gieren weiter nach diesen Männern, meistens sind sie sich der Misshandlung nicht einmal bewusst. Und es ist sehr wahrscheinlich, dass auch ihren Männern dieses Bewusstsein fehlt.

Gegenwärtig finde ich es erregend, wenn ich mit meinem Partner in einem Restaurant oder in einem Café bin und er mir ins Ohr flüstert, wie er gern mit mir Liebe machen würde. Dass er mir sagt, was er machen würde, wenn es hier und jetzt möglich wäre.

Ich würde gern in einem Kino oder an irgendeinem anderen öffentlichen Ort Sex haben. Aber dies wird eine Fantasie bleiben, weil ich Angst hätte, ertappt zu werden. Obwohl, vielleicht, wer weiß, was noch alles passiert…

Verliebte Frauen

Selbstverständlich ist der Sex großartig, wenn wir verliebt sind. Den ganzen Tag haben wir damit verbracht, an diesen Mann zu denken. Wir waren unfähig, uns auf unsere Arbeit zu konzentrieren, und während wir mit der Familie aßen, haben wir sehnsüchtig auf den Ausgang geschielt. Wo wir auch waren – immer trugen wir ein albernes Lächeln im Gesicht. Wenn wir dann endlich unseren Liebsten sehen, hat unser Erregungszustand ein Höchstmaß erreicht – so dass er uns nur berühren muss, damit wir zerfließen.

Eine sexuelle Fantasie muss keine komplette pornografische Geschichte sein, die wir im Kopf durchspielen. Sie kann auch aus simplen Gedanken bestehen, die plötzliche Hitzewallungen bei dir auslösen: sein gebannter Blick – kürzlich, als du dir den Mantel auszogst und er dein eng anliegendes Kleid sah; die Erinnerung an das Gefühl, das er auslöst, wenn er mit seiner feuchten Zunge deine Schenkel berührt, wie er dich an der Hüfte packt, um stehend in dich einzudringen ... Ein kurzer Gedanke, und dein Körper verlangt nach Sex. Du gierst danach, diesen Mann wiederzusehen. Das Blut pocht in deinen Genitalien. Und die Nervenenden in deiner Haut reagieren hoch sensibel sogar auf flüchtige Berührungen.

Viele Leser haben sicherlich damit gerechnet, auf diesen Seiten ganz bestimmte Geschichten zu lesen – von Frauen, die sich zum Beispiel erträumen, dass tollkühne Helden sie aus den Klauen wilder Piraten erretten. Oder die sich danach sehnen, dass ein attraktiver Manager sie zum Dinner auf seine Luxusyacht einlädt. Zweifelsohne hegen eine ganze Menge Frauen derartige Wünsche – schließlich verdienen manche Verlage ein Vermögen mit kitschigen Groschenromanen. Aber es darf nicht vergessen werden: Auch solche Geschichten haben einen hohen Anteil an sehr expliziten sexuellen Szenen. Und mal ehrlich: Warum sollten Frauen sich wünschen, dass derjenige, mit dem sie es gerade getrieben haben, eines Tages als Prinz auf einem weißen Pferd dahergeritten kommt? Oft liefern die Erfahrungen, die sie gesammelt haben, schon ausreichend erotisches Material, damit Frauen Tag und Nacht unter Strom stehen.

Als wir damit anfingen, die Antworten auf unsere Fragebögen auszuwerten, fiel uns eine Sache auf: Die meisten weiblichen Fantasien basieren auf realen Erlebnissen mit Liebhabern und Partnern. Im Folgenden zitieren wir einige Aussagen von Frauen, deren Berichte wir nicht vollständig in dieses Buch aufgenommen haben:

»Wenn ich mit meinem Mann Liebe mache, dann erregt es mich, ihn nackt zu sehen und dass er mich fest anpackt und mich dann vögelt.« (Lehrerin, dreiunddreißig)

»Wenn ich mich selbst befriedige, denke ich an meinen Freund und an all das, was wir so miteinander machen: Fellatio, gleichzeitigen und abwechselnden Oralsex, er auf den Knien und ich über ihm, von hinten, er oben, ich oben ... Ich stelle mir viele verschiedene Praktiken vor, wild durcheinander. Die Fantasie, dass wir es auf dem Auto machen, auf der Motorhaube, wiederholt sich bei mir oft. Ich liege darauf, und er steht, oder ich beuge mich über das Auto, und er macht es von hinten. Diese Fantasie ist aber schwierig zu verwirklichen, weil es hier bei uns so kalt ist. Während wir Liebe machen, habe ich keine Fantasien – warum sollte ich auch, wenn wir genau das tun, was ich will?« (arbeitslos, zweiundzwanzig)

»Ich stelle mir vor, dass mein Süßer und ich an einem paradiesischen Strand miteinander Liebe machen. Rundherum sind Palmen, und das Wasser streichelt unsere Körper.« (dreiunddreißig)

»Ich bin gern mit meinem Mann zusammen. Im Kerzenschein, beide nackt und in einen frischen Duft gehüllt.« (Verwaltungsangestellte, vierundvierzig)

»Schon allein der lüsterne Blick meines Süßen lässt mich dahinschmelzen. Wenn er mich nervös anlächelt, ohne seine Brille und mit glühenden Wangen.« (Hausfrau, einundzwanzig)

»Obwohl ich schon mal Fantasien hatte, gibt es keine, die mich besonders anmacht. Wenn ich mich selbst befriedige, denke ich an meinen Mann. Aber das ist mehr ein Gefühl als ein inneres Bild.« (Archivarin, neunundzwanzig)

Groschenromane, Vorabendserien und Filmromanzen können nur für diejenigen Frauen zur Gefahr werden, die Fantasie und Wirklichkeit verwechseln. Eine Frau, die glaubt, ein eingefleischter Schürzenjäger werde sich in den treuesten aller Männer verwandeln, nur weil er ihr seine große Liebe beteuert hat, hat wirklich ein Problem. Solche Fantasien gehören zweifellos in die Kategorie »wirklichkeitsfremd«.

Nein, die echten Konflikte sind nicht mit Romanen oder Filmen zu erklären, sondern mit dem Alltag. Als verliebter Mensch ein erfülltes Sexualleben zu führen, ist keine Kunst. Eines Tages aber zieht Routine ein – eines Morgens nach vielen, vielen gemeinsamen Nächten, eines Abends nach einem langen Tag voller Anspannung, an dem man nicht einen Gedanken an Sex verlieren konnte. Dann bleibt die Libido im Tiefkühlfach eingesperrt, obwohl man deshalb nicht zwangsläufig auch aufhört, seinen Partner zu lieben. Spezialisten sprechen in diesem Zusammenhang von der »sekundären sexuellen Inappetenz«. Der Begriff bezeichnet eine allmählich eintretende sexuelle Lustlosigkeit. Von »primärer sexueller Inappetenz« spricht man, wenn Menschen niemals sexuelle Lustgefühle haben. Eigentlich müsste sie kein Problem darstellen. Es ist ja nichts dabei, wenn auf eine Phase des sexuellen Austobens eine der Zurückhaltung folgt. Doch empfinden viele Frauen sie als problematisch, da sie »Lust darauf haben, Lust zu bekommen«.

Um wieder aufzutauen, empfiehlt es sich, die Kommunikation mit dem Partner zu intensivieren. Auch sollte man sich ausreichend Zeit nehmen, um Geschlechtsverkehr ohne Eile und Druck genießen zu können (auf die Vorbereitungen sind wir ja bereits eingegangen). Einander überraschen, Neues ausprobieren, sich nicht auf den Orgasmus versteifen und in Fantasien schwelgen:

Dies alles kann helfen, die unterkühlte Sexualität mit neuem Leben zu füllen. Zwar lassen die Aussagen unserer Berichterstatterinnen auf einen langsamen Wandel schließen. Hinzu kommt, dass viele Frauen sich so lange zurückhalten, bis sie deutlich das Begehren des Partners spüren – eher selten ergreifen sie die Initiative und leiten selbst den Sexualkontakt aktiv ein.

Kann man mit dem Partner über die eigenen Fantasien sprechen? Es gibt reichlich Paare, bei denen das gang und gäbe ist – auf diese Weise heizen sie die Erotik an. Dennoch kann man solche Offenheit nicht uneingeschränkt empfehlen. Viele Männer fühlen sich durch die Mitteilung verunsichert, dass ihre Bettgenossin sich Sekunden vor dem Orgasmus beispielsweise ausgemalt hat, wie ein Arbeitskollege an ihren Brustwarzen knabbert. Anderen sind bestimmte Praktiken zutiefst zuwider. Oder ihnen fehlt möglicherweise das Verständnis dafür, dass jemand nur um der Fantasie willen fantasiert – sie glauben, man wolle das Erdachte unbedingt verwirklichen. Letztendlich wird jeder wissen, ob es besser ist, seine Fantasien nur im Stillen zu genießen oder sie auch auszusprechen.

Sich gemeinsam als Paar eine Fantasie auszumalen, bietet gute Möglichkeiten der Kommunikation. Das ist, als würde man mit vier Händen eine erotische Erzählung schreiben, und es macht Spaß, das Ambiente, die Personen und die Handlung, die Praktiken zu erfinden. Am wichtigsten ist es jedoch, sich darüber im Klaren zu sein, dass die Begierde nicht spontan und von selbst kommt. Wir müssen sie uns erarbeiten – wie fast alles im Leben. Sie ist das Ergebnis einer Suche. Sexuelle Fantasien können ein Anfang sein, von dem aus wir die Spur unserer verloren gegangenen Libido aufnehmen.

5

Beherrsche mich!

»Schlag mich!«

»Bestrafe mich!«

»Fessle mich!«

»Beiß mich!«

»Vergewaltige mich! Jetzt! Und wieder! Mehr! Bis ich nicht mehr kann … vor lauter Lust!«

Ach, sie bereiten uns am meisten Kopfzerbrechen: die Unterwerfungsfantasien. Frauen, die sich an der Überlegenheit behaarter Hengste laben und sich angezogen fühlen von animalischer Kraft, geben uns ein Rätsel auf. Werden sie unterdrückt? Nichts dergleichen lässt sich aus den sexuellen Biografien unserer Probandinnen folgern.

Härter, härter!

Ich bin zwanzig Jahre alt und Studentin.

In meiner Fantasie komme ich selbst nicht vor, sondern eine andere Frau. Und mehrere Männer, die sie vergewaltigen, einer nach dem anderen, sie kann sich nicht wehren. Tatsächlich ähnelt die Frau einem Objekt, einem Gegenstand. Das heißt, sie lehnt sich nicht auf, sie macht gar nichts, sie ist nur noch Körper. Die Szenerie ist finster, da ist ganz wenig Licht –

nur die Frau, die Männer, kein Bett, nichts weiter. Manchmal schlagen sie die Frau, und das macht mich noch heißer.

Männliche Dominanz taucht in meinen Fantasien immer wieder auf, obwohl ich in Wirklichkeit eigentlich selbst die Dominante bin. Ich habe wohl Träume, die ich nicht steuern kann.

Meinen ersten Freund hatte ich mit sechzehn. Unser gemeinsames Sexualleben war erbärmlich. Mit siebzehn fand ich Gefallen an einer Freundin, was mich an meiner sexuellen Orientierung zweifeln ließ. Da habe ich schnell etwas mit einem anderen Jungen angefangen. Wir blieben ein Jahr lang zusammen und haben uns vor kurzem getrennt. Jetzt habe ich wieder einen Mann kennen gelernt, doch verbindet mich mit ihm nur der Sex. Obwohl ich ein heterosexuelles Leben führe, bin ich neugierig auf lesbischen Sex (wie viele andere Frauen auch). Aber im Moment spüre ich keine dringende Notwendigkeit, das tatsächlich auszuprobieren.

Unterwürfig und mächtig

Es kursiert das Gerücht, dass sich Personen, die eine hohe berufliche und gesellschaftliche Position innehaben, gerade im sexuellen Bereich nach Unterdrückung und Demütigung sehnen. Nichts daran ist wahr. Die Behauptung basiert allein auf dem Umstand, dass die Dienstleistungen einer professionellen Domina nicht für jedermann erschwinglich sind. Seit jeher sind es gut situierte Männer, die sich diese Art von Verwöhnung gönnen. Und wer über viel Geld verfügt, hat nun mal oft auch Einfluss und Macht.

Ich finde, dass ich gut aussehe und eine attraktive Frau bin. Mein Haar ist schwarz, lang und kraus, meine Augen sind braun. Ich bin sehr schlank und 1,63 Meter groß. Ich fühle mich selbstsicher, und ich glaube, die Männer merken das. Ihr Interesse zu wecken, ist mir noch nie schwer gefallen. Mein Äußeres kostet mich nicht viel Zeit, ich treibe keinen Sport und esse alles, worauf ich Appetit habe. Sollte es eines Tages erforderlich sein, würde ich mich ein bisschen mehr kontrollieren, aber Schönheitsoperationen kommen für mich nicht in Frage. Ich kleide mich modisch, feminin. Auf Marken achte ich nicht, sondern kaufe das, was mir steht und von dem ich weiß, dass es anderen gefällt. Fast immer trage ich hohe Absätze und schminke mich. Ich rasiere mich komplett.

Nordische Typen machen mich schwach, vor allem Deutsche. Ich stehe auf blonde Männer mit blauen oder grünen Augen, die eine kräftige Statur und ein mädchenhaftes Gesicht haben. In sexueller Hinsicht lege ich am meisten Wert darauf, dass sie sich gut mit Oralsex auskennen und sich im Bett zu beherrschen wissen. Und dass sie viel, viel Zeit damit zubringen, mich von oben bis unten zu küssen.

Entjungfert wurde ich mit sechzehn Jahren. Es gefiel mir überhaupt nicht, ich empfand dabei nichts außer Schmerzen. Ein Jahr lang blieb ich mit dem Jungen zusammen und spürte weiterhin nichts beim Sex mit ihm. Dann hatte ich Sex mit einem anderen, das habe ich genossen, auch wenn ich keinen Orgasmus hatte. Jetzt bin ich mit einem zusammen, der ist im Bett unglaublich, aber trotzdem komme ich nicht zum Höhepunkt. Wahrscheinlich versteife ich mich zu sehr darauf zu kommen und verhindere es damit vielleicht.

Ich befriedige mich selbst seit meiner Kindheit. Da war ich vielleicht elf Jahre alt und dachte dabei nicht an Sex. Dann

Fixe Ideen

Alle Sexualtherapeuten empfehlen ihren Patienten, sich grundsätzlich nicht auf eine vorhandene sexuelle Störung zu konzentrieren – in diesem Fall auf das Ausbleiben des Orgasmus (Anorgasmie). Sexuellen Genuss sollte man während des gesamten Geschlechtsaktes spüren und nicht erst zum Schluss. Wenn man ein Problem wie eine fixe Idee verfolgt, verkrampft sich der Körper, und es ist unmöglich, Ängste zu vergessen und zu genießen. Um zu einem Orgasmus zu kommen, muss man sich gehen lassen und die Kontrolle über den Körper aufgeben. Manche Menschen fürchten sich davor, sich in den Armen ihres Liebhabers zu verlieren. Sie bremsen sich auf mentaler Ebene und verhindern dadurch die Ekstase.

Ein anderer Grund kann sein, dass die Erregung nicht intensiv genug ist. Die Tatsache, dass so viele Frauen den Höhepunkt vortäuschen, begründet Shere Hite mit dem Druck, einen vaginalen Orgasmus zu bekommen. Zweifellos handelt es sich bei diesem Druck um ein Erbe, dass wir Sigmund Freud verdanken. Er war es, der weibliche Orgasmen in vaginale und klitorale unterteilte und nur Erstere als wünschenswert klassifizierte – durch sie könne man auf die sexuelle Reife der Frau schließen. In Wahrheit aber haben die meisten Frauen nur dann Orgasmen, wenn ihre Klitoris direkt stimuliert wird. Die angeblich vaginalen Orgasmen sind ebenfalls klitoral und entstehen durch die indirekte Stimulation der Klitoris.

habe ich meinen Körper nach und nach erforscht und fand immer mehr Gefallen an der Selbstbefriedigung. Meiner Meinung nach ist das etwas Gesundes und Natürliches, noch nie habe ich mich deshalb schlecht gefühlt. Ja, ich spreche sogar gerne darüber, denn die Selbstbefriedigung ist ein fester Bestandteil meiner selbst.

Ich bin ein sehr fantasievoller Mensch und kann den ganzen Tag lang an Sex denken. Obwohl ich beim Geschlechtsverkehr keinen Orgasmus habe, werde ich schnell scharf. Schon die leichteste Berührung verursacht bei mir überbordende Gefühle. Hervorheben möchte ich die Tatsache, dass ich einmal eine Frau anziehend fand. Sie zu umarmen und zu merken, dass etwas mit mir passierte, war etwas Neues, sehr Erregendes für mich.

Pornos gucke ich mir oft im Internet an: Filme, Texte und Fotos. Sie stimulieren mich, aber ich bin nicht auf sie angewiesen, um mich selbst zu befriedigen. Ich gucke mir so was allein an. Mit den Frauen in den Videos identifiziere ich mich nicht, aber es erregt mich.

Heimliche Leidenschaften

Die weibliche Selbstbefriedigung ist eine der am häufigsten verschwiegenen Wahrheiten. Eigentlich sollte man darüber genauso offen sprechen wie über die männliche Selbstbefriedigung, und Frauen sollten sie so selbstverständlich praktizieren wie Männer. Das wäre ein erster Schritt zur Akzeptanz der weiblichen Selbstbefriedigung als ein normales und sogar empfehlenswertes Verhalten. Die Frau, die hier von sich erzählt, sagt völlig zu Recht: »Die Selbstbefriedigung ist ein fester Bestandteil meiner selbst.« Tatsächlich gehört Selbstbefriedigung zu jeder Sexualität.

Ja, Pornos machen mich an, aber ich teile die Meinung vieler Frauen: Es müsste erotischere Filme geben (wobei ich nicht auf den pornografischen Anteil verzichten möchte). Für Frauen ist das Drumherum entscheidend. Männer sind visueller veranlagt als Frauen, und das, was ihnen geboten wird, reicht ihnen zumeist. Wir Frauen wünschen uns ein schönes Ambiente, ansehnliche männliche Darsteller und Frauen, die Orgasmen nicht bloß vortäuschen.

Wenn meine Freunde und Freundinnen wüssten, dass ich mir Pornos angucke, würde ich mich schämen. Vor allem, weil sie nie darüber sprechen, und ich möchte nicht den Anfang machen. Ich gucke mir das an, es gefällt mir und Punkt. Wenn die Gesellschaft irgendwann anders damit umgeht, werde auch ich es nicht mehr verschweigen. Aber ich bin nicht diejenige, die die Welt verändert.

Ich halte pornografisches Material für etwas Positives und wäre nicht eifersüchtig, wenn mein Partner sich Pornos ansehen würde. Wir könnten uns sogar über die Pornos unterhalten und sie gemeinsam angucken. Die Inhalte bereichern sowohl das Sexualleben jedes Einzelnen wie auch das des Paares.

Doktor, was ist los mit mir?

Ich bin dreißig Jahre alt, habe Geschichte und Journalistik studiert.

Wegen meiner Fantasien habe ich mir Sorgen gemacht, bis ich erfuhr, dass diese Träume unter Frauen recht verbreitet sind: Es geht um Vergewaltigungen. Ich habe gelesen, dass solche Fantasien es uns ermöglichen, uns wie »Huren« zu fühlen. Angeblich können wir auf diese Art unseren Gelüsten freien Lauf

Nymphomanie und Homosexualität

Der scheinbare Widerspruch zwischen ausbleibenden Orgasmen und starker Erregbarkeit wird oft in einen Zusammenhang mit der Nymphomanie gestellt. Konventionelle Literatur und Filme präsentieren uns Nymphomaninnen, die viel Sex mit vielen verschiedenen Männern haben, weil sie sich auf einer systematischen, wenn auch vergeblichen Suche nach Befriedigung befinden. Der Sexualwissenschaftler Antoni Martín weist darauf hin, dass es solche Nymphomaninnen in der Realität nicht gibt. Weder der große Genuss beim Sex noch eine hohe Frequenz von Sexualkontakten ist etwas Krankhaftes.

Andererseits deutet es nicht immer auf eine zukünftige Homosexualität hin, wenn man sich in der Jugend zum eigenen Geschlecht hingezogen fühlt. Dies gilt selbst dann, wenn es zu körperlichen Kontakten kommt. Wie der US-amerikanische Biologe Alfred Kinsey in den fünfziger Jahren erklärte, kann sich bei Menschen im Laufe ihres Lebens die sexuelle Orientierung ändern. Oft geschieht dies in der Jugend, wenn sich die Heranwachsende geradezu explosiv sexuell, sinnlich und emotional zu öffnen beginnt. Und die Menschen, die jungen Frauen in dieser Lebensphase am nächsten stehen, sind nun mal die Freundinnen.

lassen. Bisher hatte ich allerdings noch nie das Gefühl, mit meiner Sexualität ein Problem zu haben. Ich habe meinen Spaß dabei. Und niemals habe ich befürchtet, man könnte mich für eine Hure halten! Ich bin mit flüchtigen Bekanntschaften ins Bett gegangen, ohne mich schuldig zu fühlen. Für

Unter Zwang

Eine der häufigsten weiblichen Fantasien ist die Vergewaltigung. Tatsächlich interpretieren Sexualwissenschaftler, Psychologen und Psychiater diese Fantasie so, wie es die Frau hier erklärt. Mit dieser Interpretation kann man einverstanden sein oder auch nicht – nur sollte man Folgendes bedenken: Die Schuldgefühle, die diese Frauen in Bezug auf Sex wahrscheinlich mit sich herumtragen, können tief im Unterbewusstsein verborgen sein. Wer in seinen Fantasien unter Zwang handelt, braucht sich weder für seine sexuellen Wünsche noch für die ausgeübten Praktiken verantwortlich zu fühlen. So kommt es, dass Frauen im Kopf etwas durchspielen, das sie sich wünschen, doch im Prinzip für schlecht halten.

mich ist Sex etwas anderes als Liebemachen. Und obgleich es auf der Welt nichts Besseres gibt als inniges Vögeln, ist auch purer Sex für mich ein Vergnügen. Ich kann nicht verstehen, warum Leute sich so was untersagen…

Nun gut, entschuldigt bitte meine ganzen Vorabinformationen. Meine Fantasien haben also mit Vergewaltigung zu tun. Ich selbst übernehme dabei aber keine Rolle, sondern stelle mir ein anderes Mädchen vor. Sie hat weder Gesicht noch Körper – das heißt: Ich male mir Situationen und Körperteile aus, die für die jeweiligen Szenen nötig sind. Aber ich stelle mir niemals Frauen mit bestimmten Eigenschaften vor.

In meiner häufigsten Fantasie – die dennoch eine unter vielen ist – besucht das Mädchen ein Krankenhaus, weil es ein sexuelles Problem hat (einen Scheidenkrampf oder Orgasmusprobleme; manchmal stelle ich mir auch vor, dass sie Jungfrau ist und sich das Jungfernhäutchen chirurgisch entfernen lassen will). Als sie ankommt, entkleidet man sie und schnallt sie auf einer Krankenliege fest. Sie wird unruhig, denn sie weiß nicht, warum man sie so behandelt. Man erklärt ihr, dass man ihr Problem lösen wird, indem man in sie eindringt. Sie will das nicht, aber sie kann nichts dagegen unternehmen, weil sie gefesselt ist. Zuerst kommt eine Krankenschwester und leckt ihre Genitalien, um sie »vorzubereiten«. Dann kommt ein Arzt mit einem riesigen Penis. Er dringt in sie ein, sie schreit, und um sie herum stehen Leute, die zugucken. Manchmal ergänze ich die Fantasie mit Analsex und Gerätschaften, Vibratoren und solchen Sachen, die sie an dem Mädchen anwenden, um sie auf die Ankunft des Arztes mit dem immensen Penis vorzubereiten …

Ich hatte acht Jahre lang eine Beziehung, die immer hervorragend lief, außer im letzten halben Jahr vor der Trennung. Das hatte einen einfachen Grund: Ich empfand nur noch Zuneigung, aber keine Liebe mehr. Ich bin sehr perfektionistisch und machte mir Vorwürfe, weil ich es zugelassen habe, dass die Beziehung auf diese Art in die Brüche ging. Außerdem war das meine erste Liebe. Ich hatte das Bett noch nie mit einem anderen Mann geteilt. Als wir auseinander gingen, war ich vierundzwanzig Jahre alt und hatte den sexuellen Erfahrungsschatz einer Fünfzehnjährigen (aber einer sehr reifen, denn ich habe früh angefangen, als fünfzehnjähriges Mädchen eben). Die einzige mir bekannte Welt verschwand, und vor mir breitete sich ein absolut unbekanntes Universum aus.

Ich fühlte mich, als wäre ich aus einem seit acht Jahren fortdauernden Koma erwacht und müsste nun noch einmal lernen, das Leben allein zu meistern (und zwar mutterseelenal-

Der Riesenpenis

Die Annahme, der Riesenpenis bereite mehr Vergnügen, ist nicht nur falsch, tatsächlich kann er sogar Schmerzen verursachen und die Penetration in bestimmten Stellungen verhindern. Der übergroße Penis gehört zu den Requisiten der Porno-Produktion. Die Sexualforscherin Pilar Cristóbal behauptet, dass Männer einen großen Penis haben wollen, um in der Rangordnung über ihren Geschlechtsgenossen zu stehen. Für Frauen jedoch, fügt sie hinzu, sei Michelangelos David der ideale Prototyp: »Große Hände, kleiner Penis.« Sie erläutert, dass vor allem der Umfang (und nicht die Länge) zum Lustempfinden der Frau beiträgt, da nur das erste äußere Drittel der Scheidenwände reizempfindlich ist. Aus irgendeinem Grund jedoch halten auch wir Frauen beharrlich daran fest, Quantität mit Qualität gleichzusetzen. Und sei es nur in unserer Fantasie …

lein). Doch jagte mir die neue Situation nicht nur Angst ein, sie machte auch, dass ich mich gut fühlte. Ich kam mir vor, als wäre mir eine prall gefüllte Wundertüte überreicht worden. Ich dachte mir: »Jetzt bist du vierundzwanzig Jahre alt, und seitdem du dreizehn bist, warst du nie länger als zwei Monate am Stück solo.« Ich war noch nie alleine weggefahren (außer natürlich innerhalb unserer Stadt). Ich hatte nie auf mich selbst Acht gegeben. Ich war noch nie »mit mir allein« gewesen. So beschloss ich, mal zu gucken, wie ich eigentlich mit mir selbst klarkomme. Und zum Glück verlief das Experiment positiv.

Ich fasste den Entschluss, mein Leben auf mich allein gestellt zu führen, und ließ zum ersten Mal andere Faktoren beiseite (Freund, Familie ...). Um an die Uni zu gehen, zog ich in eine andere Stadt und studierte das, was ich schon immer studieren wollte, aber bisher nicht konnte. Das war das beste Jahr meines Lebens. Endlich machte ich all das, was mir schon seit langem vorschwebte. Ich hatte zwar kaum Geld, und meine Familie war nicht einverstanden mit meiner Entscheidung (obgleich sie sie respektierte) – aber ich war glücklich. Ich schloss neue Freundschaften, und schließlich blieb ich dort wohnen.

Was die Liebe angeht: Seit der Trennung von meinem Ex vor sechs Jahren habe ich keinen festen Partner gehabt. In einen Freund war ich hoffnungslos verliebt, ungefähr ein Jahr lang, bis er mir ins Gesicht sagte, er hätte kein Interesse an mir. Ich war am Boden zerstört – nicht weil er mich nicht liebte, sondern weil ich dachte, dass er mich wegen meines Aussehens von sich wies. Nachdem ich gerade mal drei Tage lang in der Luft gehangen hatte, wurde mir klar, was ich wollte, nämlich: diesem Jungen gefallen. Dabei ging es mir um die Herausforderung: Eigentlich wollte ich gar nicht ihn – es war die Schwierigkeit, ihn für mich zu gewinnen, die mich anspornte.

Meine Mutter meint, dass mir so was häufig passiert, und ich glaube, sie hat Recht. Manchmal gefällt mir jemand, dann halte ich inne und denke: »Nein, nein, er ist doch gar nicht so klasse. Du redest dir ein, ihn zu mögen, damit du dir dann die Aufgabe stellen kannst, ihn zu erobern ...« Und so ist es wirklich. Das ist wohl der einzige Ballast, den ich noch aus meiner früheren Beziehung mit mir herumschleppe: die Unsicherheit. Der Gedanke, ich sei nicht hübsch genug, und der Versuch, mich selbst vom Gegenteil zu überzeugen. Doch habe ich das Gefühl, dass ich diese Unsicherheit jetzt allmählich überwinde.

Ansonsten habe ich mich noch in einen Jungen verliebt, den ich sofort nach der Trennung von meinem Ex kennen lernte.

Aber eine Partnerschaft passte nicht in mein neues Lebenskonzept, denn meine Devise lautete ja: »Denk an dich selbst, nur an dich!« Da ich zu jenem Zeitpunkt schon mit dem Gedanken spielte, in eine andere Stadt zu gehen, kostete es mich nicht viel, die Verliebtheit zu überwinden. Was vor allem auch damit zusammenhing, dass ich mit der Zeit feststellte, wie ähnlich jener Junge meinem Ex-Freund war. Zwar war dieses Abbild perfekter als das Original, aber dennoch: Eine Beziehung mit ihm hätte bedeutet, da weiterzumachen, wo ich aufgehört hatte. Dann verguckte ich mich in einen, als ich kurzfristig in einer anderen Stadt arbeitete. Aber die Sache hatte keine Zukunft, da wir fünfhundert Kilometer voneinander entfernt wohnten.

Ich hatte viele Affären, weil ich gern flirte und Sex mag. Mit flüchtigen Bekanntschaften ins Bett zu gehen, finde ich völlig unproblematisch (mit ganz Fremden lasse ich mich nicht ein, vor allem aus Angst vor körperlicher Gewalt – man kann ja nie wissen, an was für einen Irren man womöglich gerät). One-Night-Stands sind für mich dennoch kein Tabu. Manche Männer habe ich vergessen, aber an die meisten erinnere ich mich noch. Denn wenn es auch nur um Sex ging, hat man doch intime Momente mit diesen Menschen geteilt. Da entwickelt man eine gewisse Zuneigung – alles andere würde doch wohl heißen, dass man autistisch veranlagt ist.

Mehr habe ich von diesen Männern nie gewollt, ich kannte sie ja kaum, da war nur der Sex mit ihnen, weiter nichts. Für Frauen, die sich nach solch einer Begegnung nach Anrufen sehnen, habe ich kein Verständnis. Was denken die denn? Als folgte aus dem simplen Umstand, miteinander geschlafen zu haben, automatisch die Verpflichtung zu einer Beziehung. So was liegt mir fern.

Es wäre durchaus schön, wenn ich mich verlieben und daraus

eine feste Beziehung entstehen würde. Aber bis dahin werden wohl noch ein paar Jahre vergehen, in denen ich weiterhin das Alleinsein genießen möchte. Ich weiß auch nicht, aber im Moment habe ich einfach keine Lust, mich zu binden, ganz ehrlich. Andererseits finde ich die Vorstellung erschreckend, vielleicht niemals wieder eine feste Partnerschaft zu haben … So ähnlich ist es für mich mit dem Gedanken ans Kinderkriegen: Ich weiß ganz sicher, dass ich Kinder haben möchte – aber noch nicht jetzt. Und so macht mich der Gedanke auch schon wieder traurig, möglicherweise nie welche zu bekommen …

Ich finde mich nicht unattraktiv, aber ich wäre gern schlanker. Ich bin zwar nicht dick, bringe aber ein paar Kilo zuviel auf die Waage. In Wirklichkeit habe ich mich nie übermäßig um mein Aussehen gekümmert. Für Kleidung gebe ich nicht viel Geld aus (ich hasse Shopping), auch nicht für Kosmetik (nur das Nötigste: Reinigungsmilch, Gesichtswasser, Feuchtigkeitslotion, alle drei Monate frische Strähnchen im Haar – und das ist fast schon alles). Unter der Woche trage ich bequeme Sachen – Jeans und sportliche Kleidung, zu Konferenzen ziehe ich Hosenanzüge an –, und ich schminke mich fast nie.

Wenn ich an Wochenenden abends ausgehe, mache ich mich ein bisschen zurecht, aber ich bin bestimmt kein Modemädel. Ich möchte nett aussehen, entsprechend kleide und schminke ich mich. Es kommt aber nicht in Frage, dass ich mich die ganze Nacht in meinen Klamotten quäle, ich will ja meinen Spaß haben (will sagen: Ich gehe nie mit Stöckelabsätzen oder anderen unbequemen Schuhen aus). Ein tiefes Dekolleté (ich habe viel Busen) und dazu Hosen, oder oben etwas weniger ausgeschnitten und dazu Minirock. Klassisch – und ein bisschen sexy. Für samstags nachts suche ich immer irgendwas Besonderes aus – klein, aber fein (ein bisschen Glittergel im Ausschnitt, goldenen Lidschatten …), keine übertriebene Effekthascherei.

Auf teure Parfüms und Unterwäsche fahre ich total ab, dafür gebe ich gern Geld aus. Im Moment – da ich keinen Partner habe – trage ich vor allem bequeme Unterwäsche, aber früher habe ich mir viele Dessous gekauft, und das will ich wieder machen. Ich finde es klasse, eine super sexy Kombination Wäsche zu tragen und oben drüber Jeans und T-Shirt. Dann fühle ich mich sehr sinnlich, auch wenn ich zur Arbeit gehe.

Keine Ahnung, ob das mit einem Kindheitstrauma zu tun hat, aber die Jungs, auf die ich ein Auge werfe, sehen immer gleich aus: eher klein (ich bin 1,73 Meter und mag Männer, die ungefähr genauso groß sind), mit dunklem Teint, schwarzen Augen oder langen, dunklen Wimpern, mit athletischem Körperbau (keine aufgeblasenen Bodybuilder, aber Männer mit gut definierten Muskeln) und leicht kindlichen Gesichtszügen. Auf »interessante« Gesichter lege ich mehr Wert als auf klassische Schönheit.

Coole, freche Typen finde ich attraktiv (keine Großmäuler, sondern selbstsichere Männer), aber ich kann es nicht ausstehen, wenn mir einer wichtigtuerisch kommt. Sehr, sehr humorvoll müssen sie sein (das ist eine Grundvoraussetzung) und vor allem extrem intelligent. Wenn mir einer gefällt, dann hängt das meistens damit zusammen, dass er mal etwas gesagt hat, wo ich dachte: »Okay, der hat's drauf!« Ich meine aber keine pedantischen Besserwisser, sondern Jungs mit vielfältigen Interessen, mit gesundem Menschenverstand. Solche, die wissen, was in der Welt passiert...

Ab und zu lese ich pornografische Geschichten, das macht mir Spaß. Filme auch, obwohl ich mir noch nie einen ausgeliehen habe. Pornohefte habe ich mir auch noch nicht gekauft. Wenn ich mir so was ansehe oder lese, befriedige ich mich selbst. Es macht mir auch nichts aus, zu zweit einen Film zu gucken (beziehungsweise, na ja, zusammen den Anfang zu gucken). Aber ich brauche keine Pornos, um mich selbst zu befriedigen – und noch weniger, um mit jemandem Sex zu haben. Ich fände es überhaupt nicht gut, wenn jemand aus meinem Freundeskreis diese Dinge bei mir finden würde, für mich ist das eine intime Angelegenheit.

Die Darstellerinnen in Pornofilmen fahren auf Sachen ab,

Erregende Pornos

Untersuchungen haben gezeigt, dass pornografische Bilder auf Frauen genauso erregend wirken wie auf Männer. Und was ist mit den Frauen, die von sich das Gegenteil behaupten? Lügen sie? Nein, dafür gibt es keinen Anlass. Frauen reagieren stärker auf das ganze Drumherum und weniger auf die Pornoszenen, denen Männer den Vorzug geben. Neue wissenschaftliche Forschungstechniken gestatten es, bei Frauen vaginale Reaktionen auf pornografische Bilder zu messen. Diese vaginalen Reaktionen werden nicht von allen Frauen bewusst wahrgenommen – eine Ursache hierfür könnte die Erziehung sein. Scham- und Angstgefühle verhindern den Bewusstwerdungsprozess.

Die wenigsten Frauen identifizieren sich mit der Erregung der Pornodarstellerinnen, das gilt auch für die meisten Mitwirkenden an diesem Buch. Pornos sind auf den männlichen Markt zugeschnitten, und zu diesem Zweck täuschen die Darstellerinnen Lustgefühle vor. Wahrscheinlich brauchen Frauen mehr Wirklichkeitsnähe – Umgebung, Dekoration, Drehbuch, glaubwürdige Charaktere ... – und außerdem mehr dargestellte Praktiken, die eine Frau tatsächlich zum Orgasmus bringen.

die Frauen im realen Leben nicht erregend finden. Pornos werden für Männer gemacht, und deshalb nehme ich an, dass sie mehr auf männliche Fantasien abgestimmt sind als auf weibliche. Es passiert kaum etwas in diesen Pornos, das ich gern selbst ausprobieren würde (bei erotischen Szenen ist das etwas anderes), aber die Handlungen helfen mir dabei, eigene Fantasien zu entwickeln. Vor allem die Analsex-Szenen erregen mich, obwohl ich diese Praktik selbst noch nicht ausgeübt habe (ich würde das machen, wenn es nicht wehtäte – Sex soll lustvoll sein, nicht schmerzhaft).

Ich besitze kein Sexspielzeug, obwohl ich glaube, dass ich mir welches kaufen würde, wenn ich einen festen Freund hätte. Vielleicht einen Vibrator, obgleich ich so was nicht für notwendig halte. Ich kann mir vorstellen, dass Spielzeug in einer funktionierenden sexuellen Beziehung Spaß macht. Aber ich bezweifle, dass es eine Beziehung retten kann, aus der im Bett der Pep raus ist.

Es stört mich nicht, wenn mein Partner sich selbst befriedigt oder Pornofotos anschaut. Wirklich schlimm fände ich es, wenn er kein sexuelles Interesse für mich mehr empfände. Das sind zwei verschiedene Dinge: Das eine hat mit Intimität zu tun und das andere mit Begierde oder Liebe. Ich weiß auch nicht, das ist vielleicht wie der Unterschied zwischen einem Brötchen, das du isst, weil du keine Lust hast, dir etwas zu kochen, und einem Gericht, das du zubereitest, um das Essen zu genießen. Brötchen sind völlig in Ordnung und befriedigen ein körperliches Bedürfnis – genauso wie die Selbstbefriedigung. Während Liebemachen viel mehr als das bedeutet. Auf jeden Fall glaube ich, dass man sich seltener selbst befriedigt, wenn man einen festen Partner hat, als wenn man solo ist.

Überfallen und vergewaltigt, aber befriedigt

Ich habe Geschichte studiert und bin zurzeit arbeitslos. Ich bin siebenundzwanzig Jahre alt.

Was sexuelle Fantasien angeht, bin ich wohl eine sehr durchschnittliche Frau.

Eine meiner Fantasien ist in der Realität nicht umsetzbar. In dieser Fantasie werde ich vergewaltigt. Ich werde unerwartet angegriffen, in irgendeiner Situation überrascht, nur nicht bei mir zu Hause. Zum Beispiel stelle ich mir vor, mitten in der Nacht überfallen zu werden, von einem unglaublich attraktiven Mann: groß, dunkelhaarig, mit einem beeindruckenden Körper und sehr maskulinem Gesicht (auf weibliche Gesichtszüge stehe ich nicht), mit einem ausgeprägten Kinn und einem großen Adamsapfel.

Ich male mir aus, dass in dieser Situation keine Waffen zum Einsatz kommen, sondern körperliche Gewalt. Wir ringen miteinander, ich fühle mich unterlegen. Solche Fantasien kommen bei mir an solchen Tagen vor, an denen man ein so starkes sexuelles Verlangen hat, dass man es am liebsten mit jedem machen würde. Zunächst flößt mir die Situation in meiner Vorstellung Angst ein, doch dann überwinde ich die Angst und werde gierig nach dem Typen. Er macht mich so heiß, dass ich nachgebe und die Situation ausnutze. Ich stelle mir einen Geschlechtsakt vor, bei dem Gewalt eine gewisse Rolle spielt – kein Vorspiel, hastig, aber sehr lustvoll. Eine dieser Nummern, nach denen du total erschöpft bist. Ohne Analsex.

Eine andere Fantasie würde ich gern umsetzen, aber ich weiß nicht, ob ich jemals den Mut dazu aufbringen werde: Ich würde gern einen Dreier machen, mit meinem festen Partner und einem weiteren Mann. Wenn ich daran denke, frage ich mich immer, ob als Dritter ein Freund oder ein Fremder besser wäre.

Die Szene spielt bei mir zu Hause, in entspanntem Ambiente, und es herrscht eine verspielte Atmosphäre, so dass es möglich ist, verschiedene Stellungen auszuprobieren. Zum Beispiel lutsche ich dem einen den Schwanz, während der Zweite mich oral befriedigt; dann dringen beide in mich ein – einer von vorne, der andere von hinten; es folgen Penetration und Fellatio gleichzeitig, bis hin zu all dem anderen, das sich von Moment zu Moment ergeben kann.

Bei dieser Fantasie ist die Stimmung äußerst wichtig, das heißt: Ich muss mich dort wohl fühlen, wo die Handlung stattfindet. Wir alle müssen uns ungezwungen fühlen, aufgeschlossen sein für die Spiele und viel Zeit füreinander haben. Ein (mit Kerzen) verhalten beleuchtetes Zimmer, in dem ein edles Flair herrscht, mit schicken Möbeln und Objekten. So, dass ich mich darin völlig unbekümmert bewege.

Schon seit einer ganzen Weile würde ich gerne mal herausbekommen, wann ich von mir aus ein Liebesspiel beenden und selig in die Kissen sinken würde. Denn obgleich ich immer befriedigenden Sex hatte, passierte es in den letzten Jahren kaum einmal, dass ich nicht gern noch weitergemacht hätte. Mir scheint, als wäre ich im Gegensatz zu meinem Partner am Ende nie so erschöpft, dass mich der Schlaf übermannt.

Vor zehn Monaten habe ich mich von dem Partner getrennt, mit dem ich sieben Jahre zusammen war und drei Jahre zusammengelebt habe. Den Entschluss haben wir gemeinsam gefasst, weil das Zusammenleben uns so viele Probleme bereitete. Sexuell haben wir uns sehr gut verstanden. Und damit war er auch der wichtigste Mann meines Lebens. Vorher bin ich zwar auch schon mit Jungen gegangen, aber mit denen hatte ich bis auf Küsse und Berührungen keine Sexualkontakte.

Seit meinem dreizehnten Lebensjahr und bis ich ihn kennen lernte, hatte ich eine platonische Liebe, die mich prägte. Ich war in einen Jungen verliebt, der sechs Jahre älter war als ich. Wir sahen uns immer im Sommer, auf dem Lande, und hatten viel miteinander zu tun, weil er der Neffe meiner Tante war (von Seiten ihres Mannes). Manchmal behandelte er mich wie ein Kind, und von Zeit zu Zeit spielte er ganz unverhohlen mit meinen Gefühlen. Er bewirkte, dass ich mich wichtig fühlte, wie eine junge Frau. Wir hielten uns allein in einem Zimmer des Hauses auf und spielten Karten, jeden Morgen joggten wir zusammen eine Runde, und meine Tante erlaubte mir, das Nachbardorf zu besuchen, weil er mich begleitete. Er war mein Märchenprinz, und ich hätte alles für ihn getan. Als ich vierzehn oder fünfzehn Jahre alt war, sagte ich zu meiner Freundin: »Wenn er mich darum bäte, würde ich mit ihm schlafen.«

Ich finde, dass ich eine attraktive Frau bin, aber nicht besonders hübsch. Sowohl mein Haar als auch meine Augen sind braun, also durchschnittlich, und ich habe ein Allerweltsgesicht. Ich bin relativ groß und nicht sehr schlank, aber ich habe einen wohlgeformten Körper, der dem traditionellen Ideal nahe kommt: eine gerade Haltung, viel Busen (hundert Zentimeter Brustumfang), kein sehr breites Becken und lange Beine.

Bis vor zwei oder drei Jahren war ich auf dem Hippie-Trip, aber auf eine widersprüchliche Art, denn eigentlich mag ich Mode, aber aus ideologischen Gründen erlaubte ich mir nicht, modische Kleidung zu tragen. Mit Dingen, die körperliche Vorzüge fördern oder unterstreichen, wollte ich nichts zu tun haben: Gymnastik, teure Cremes und so weiter – das alles war für mich überflüssiger Konsumterror.

Mit der Zeit veränderte ich mich und akzeptierte diese Facette meiner Persönlichkeit. Ich achtete mehr auf mein Äußeres, kleidete mich femininer und schminkte mich ein bisschen. Das Ende vom Lied ist, dass ich heute mit der Mode gehe, ohne alles mitzumachen, und sogar einen leicht eleganten Stil entwickelt habe.

Ich bin extrovertiert und eine gute Gesprächspartnerin, ich rede sehr, sehr gern und versuche, durch intelligente Wortspiele verführerisch zu wirken. Ich finde es herrlich, Leute zu treffen, deren intellektuelles Niveau meinem entspricht.

Was ich an meinem Körper betone, um zu verführen, sind meine Brüste: Ich gehe sowohl mit tiefem Ausschnitt als auch ohne BH. Ich trage hohe Absätze, obwohl ich manche Männer ohnehin aufgrund meiner Körpergröße beeindrucke und weil ich »wie ein Kerl« wirke, jedenfalls alles andere als zerbrechlich. Ich schminke mich auf diskrete Art und rasiere mich. An Unterwäsche besitze ich sehr unterschiedliche Teile, von bequem über jugendlich bis edel und teuer. Als ich mich von meinem Freund trennte, begann ich, mir teure Kosmetik zu leisten und ins Fitness-Studio zu gehen.

In der Regel mag ich große Männer mit dunklem Haar, aber es können verschiedene Eigenschaften sein, die ich an einem Mann ansprechend finde. Ich gehöre nicht zu denen, die sich von typischen Schönlingen den Kopf verdrehen lassen. Eher werfe ich ein Auge auf Männer, die vom allgemeingültigen Ideal abweichen; ich stehe mehr auf attraktive als auf schöne Männer. Auf jeden Fall müssen sie für mich sowohl körperlich als auch geistig interessant sein. Unkultivierte Männer, mit denen ich kein gutes Gespräch führen und von denen ich nichts lernen kann, mag ich nicht. Es muss ein Leben jenseits der Arbeit geben, aber ich brauche keinen Yuppie. Es kann passieren, dass ich einen Bauarbeiter gut finde, wenn der etwas für Musik, Kunst, die Berge und so weiter übrig hat. Der Beruf eines Mannes ist mir völlig egal.

Ich habe angefangen, mich selbst zu befriedigen, als ich noch ein Kind war – so ungefähr mit acht Jahren, wenn ich mich richtig erinnere. Es geschah auf absolut natürliche Art, und ich war so unbefangen, dass ich meinen Schwestern und meinen kleinen Tanten (die genauso alt sind wie ich) zeigte, wie viel Spaß es macht, sich an einem Polsterkissen zu reiben. Seitdem habe ich nicht aufgehört, es zu tun, selbst wenn ich eine Beziehung hatte.

Meiner Meinung nach ist Sex ein Teil der Persönlichkeit und etwas Wichtiges. Ich finde nicht, dass man erwachsenen, reifen Menschen sexuelle Barrieren setzen sollte. Seine persönlichen Grenzen stellt man fest, indem man herausbekommt, was man mag und was nicht. Für mich ist Sexualität eine Form, mich auszudrücken, ein Spiel und ein Experimentierfeld.

In dieser Hinsicht bin ich ein sehr aufgeschlossener Mensch, aber bestimmte Sachen würde ich nie machen: Sodomie, Sadomasochismus, Nekrophilie ... und dergleichen. Noch widerlicher als alles andere finde ich Päderastie.

Im Moment genieße ich Sex sehr, aber bis zu diesem Punkt war es für mich ein beschwerlicher Weg, den ich allein bewältigen musste. Es gab eine Zeit, als ich zwölf oder dreizehn Jahre alt war, da empfand ich das sexuelle Verlangen als etwas Lasterhaftes. Und das, obwohl ich sehr liberal erzogen worden war und Sex bei uns nie als etwas Schmutziges galt. Doch damals hielt ich meine Eltern plötzlich für dreckig und sündig, weil sie aus purem Spaß Sex miteinander hatten und nicht, um mir ein Brüderchen zu bescheren.

Diese Vorstellung bekam ich nicht aus dem Kopf, und obwohl ich meinen sexuellen Drang nicht unterdrücken konnte, lebte ich ihn auf eine zwiespältige Art aus, neugierig und ablehnend zugleich. Diese Vorstellung hielt sich bei mir, bis ich achtzehn oder neunzehn Jahre alt war. Dennoch war meine Neugier oft stärker als die Ablehnung. Seit ich vierzehn Jahre alt bin, habe ich mich mit Jungen getroffen und hatte Affären für eine Nacht – mit Zärtlichkeiten, Berührungen, Petting.

Meine Haltung gegenüber dem Sex änderte sich, als ich meinen festen Partner kennen lernte. Die Sache mit ihm begann, als ich siebzehn war. Er war zwei Jahre älter als ich, und gemeinsam entdeckten wir die sexuelle Welt der Erwachsenen. Anfangs fiel es mir sehr schwer. Ich erinnere mich an Momente, in denen ich – nachdem wir einander geküsst und gestreichelt hatten – total zusammenbrach. Ich begann zu weinen, weil ich mich schmutzig fühlte – es war schlimm für mich zu merken, dass ich sexuell erregt war und Spaß dabei hatte. Für mich stand fest, dass wir Frauen keinen Spaß dabei haben durften, dass brave Mädchen keinen sexuellen Drang verspü-

Sich schmutzig fühlen

Der Körper ist immun gegen die moralischen Bedenken, die der Verstand im Hinblick auf sexuelle Praktiken hegt. Auch wenn wir nicht die Gesinnung der katholischen Kirche, der Familie oder der Gesellschaft insgesamt teilen, hat sich die Botschaft, dass Sex etwas Schlechtes ist, doch in unsere tiefsten Überzeugungen eingegraben, wo wir sie – oft unbewusst – mit uns herumtragen. Manche Menschen halten sich für pervers, weil sie überhaupt Geschlechtsverkehr haben – entweder weil er außerhalb der Ehe stattfindet, weil sie sich keine Kinder wünschen oder weil sie meinen, kein Anrecht auf die erlebte Lust zu haben. So erklärt es sich, dass Schuldgefühle und Gewissensbisse zutage treten. Es wird noch ein paar Generationen dauern, bis die Menschen Sex nicht mehr automatisch als etwas »Sündiges« empfinden.

ren. So etwas gab es meiner Meinung nach nur bei verdorbenen Mädchen.

Dadurch, dass ich einen festen Partner hatte, mit dem ich reden konnte, dass wir beide unsere Sexualität zusammen erforschten und gemeinsame Erfahrungen machten, konnte ich mein Problem nach und nach überwinden. Aber ich blieb sexuell weitgehend passiv, erwartete von ihm, dass er die Richtung vorgab, und ergriff – bis auf äußerst seltene Ausnahmen – nicht die Initiative.

Ich begann, meinen Körper auf andere Art wahrzunehmen, als ich merkte, welche Lust ich in meinem Partner weckte. Wir probierten uns gemeinsam aus. Als ich siebzehn Jahre alt war, hatten wir zum ersten Mal Oralsex, und ich erlebte meinen Körper auf eine vollkommen neue Art.

Dem Koitus schrieben wir einen sehr hohen Wert zu, drei Jahre lang (bis ich zwanzig war) verzichteten wir darauf. Wir haben es dann genau geplant, zuerst gingen wir gemeinsam zu einer Frauenärztin, um uns ein Rezept für die Pille zu holen (ich wollte es absolut nicht mit einem Kondom machen). Alle beide waren wir uns einig, dass es etwas Besonderes sein sollte, weil wir uns so lange zurückgehalten hatten. Wir sind übers Wochenende weggefahren und bereiteten alles gewissenhaft vor.

Als der Moment gekommen war, waren wir beide so nervös und angespannt (auch für ihn war es das erste Mal), dass es ein frustrierendes Erlebnis wurde. Ich erinnere mich daran, dass ich leichte Schmerzen hatte, aber sie waren nicht der Grund für die Enttäuschung. Schlimmer fand ich, dass ich keine Lust dabei verspürte. Wenn wir Oralsex hatten, genoss ich das sehr und bekam Orgasmen. Also, ich hatte mir mehr davon versprochen.

Der unterdrückte Wunsch

Wilhelm Reich, ein österreichischer Psychoanalytiker, entwickelte Ende der zwanziger Jahre und bis zu seinem Tod im Jahre 1957 eine Theorie, nach der es Parallelen zwischen dem psychoanalytischen Gedankengut und dem Marxismus gibt. Er vertrat die Auffassung, dass die Gesellschaft ihre repressive und autoritäre Funktion auf dem Weg der sexuellen Unterdrückung ausübt. Reich beschreibt die Entwicklung der sexuellen Gewohnheiten ausgehend von der Legitimität privaten Eigentums. Die Frau darf ihre sexuellen Reize spielen lassen, aber sie muss dem Koitus ausweichen, um eine uneheliche Schwangerschaft zu vermeiden. Wenn sie ein uneheliches Kind zur Welt bringt, wird dieses nicht hinreichend versorgt, und auch ihre eigene Zukunft bleibt ungesichert (auf die wirtschaftliche Abhängigkeit der Frau vom Vater folgte unmittelbar die Abhängigkeit von ihrem Mann). Der Mann erkennt einzig und allein die innerhalb der Familie entstandenen Kinder als rechtmäßige Erben seiner Güter an. Damit der familiäre Reichtum erhalten bleibt und anwächst, darf die Familie nicht zersplittern.

Die Revolution erfolgte in den sechziger Jahren mit dem Aufkommen der Anti-Baby-Pille. Damit war die Frau vom reproduktiven Sex befreit. Heute, in Zeiten von AIDS, sind Präservative das beste Verhütungsmittel. Doch obgleich es nie einfacher war als heute, sich unbefangen dem sexuellen Genuss hinzugeben, behindert die mythische Verklärung der Penetration noch immer die Entwicklung befriedigender sexueller Verhaltensweisen. Das mag zum einen daran liegen, dass es eben nur bei der Penetration zur Befruchtung kommen kann und dass daher dieser Praktik ein besonders hoher Stellenwert zugeschrieben wird. Zum anderen ist die Penetration die einzige hundertprozentig heterosexuelle Handlung, die »wahre Liebe zwischen Mann und Frau«. Auf jeden Fall genießt die vaginale Penetration bis heute den höchsten Stellenwert – und das, obwohl sie weder die größte Befriedigung bringt (zumindest auf rein körperlicher Ebene) noch die innigste Vertrautheit der Partner untereinander voraussetzt (Oralsex ist wesentlich intimer) oder der größten Rücksichtnahme, des stärksten Einfühlungsvermögens bedarf (was bei der analen Penetration unabdingbar ist).

Meine Enttäuschung hielt jahrelang an – beinahe bis zu dem Zeitpunkt, als wir zusammenzogen. Hinzu kam noch, dass mein Partner unter vorzeitigen Samenergüssen litt. Wir probierten tausend Mittel und Wege aus. Schließlich entledigten wir uns des Drucks, wir lernten, beim Liebemachen nicht mehr minutiös auf alles Mögliche zu achten, sondern uns gehen zu lassen. So überwanden wir das Problem, und ich begann, den Koitus gründlich zu genießen.

Der große Einschnitt kam, als wir in eine gemeinsame Wohnung zogen. Da hatten wir unsere Ruhe, konnten tun und lassen, was wir wollten. Wir konnten uns Zeit füreinander nehmen und experimentieren. Ich fing an, aktiver und dominanter zu werden. Wir probierten verschiedene Stellungen und Spiele aus – vom gegenseitigen Fesseln über fiktive Situationen, die wir uns ausdachten und in denen wir Rollen übernahmen wie Schauspieler, bis hin zu romantischen Dinners und so weiter. Wir hatten es uns regelrecht vorgenommen, verschiedene Sachen auszuprobieren – ganz zwanglos zwar, aber es ging uns auch darum, Tabus zu brechen. Alles war erlaubt, wenn wir beide Lust darauf hatten. So sind wir auch das ganz große Wagnis eingegangen und haben Analsex gehabt. Das war für uns beide etwas Neues.

Sex ist für mich wichtig und eine große Bereicherung. Seitdem die beschriebene Beziehung in die Brüche gegangen ist, befriedige ich mich selbst öfter als früher, vier- bis fünfmal pro Woche. Dabei male ich mir Situationen aus, oder ich gucke mir Pornofilme an, lese erotische Bücher und Erzählungen, aber hauptsächlich denke ich mir selbst Geschichten aus.

Seit ganz kurzem habe ich ab und an einen One-Night-Stand. Früher war ich dafür nicht selbstsicher genug, heute aber habe ich das Selbstbewusstsein und verhalte mich entsprechend. Vorurteile interessieren mich nicht, und ich frage mich auch nicht mehr, was die Leute von mir halten. Ich lebe so, wie ich will. In solchen Situationen bin ich meist diejenige, die den ersten Schritt tut. Ich verführe die Männer, sie sind meine Beute. Da ich sehr entschieden auftrete, erschrecken manche Männer und suchen lieber das Weite. Bei solchem Gelegenheitssex dominiere ich im Bett, ich fordere die Männer zu Handlungen auf und mag es, wenn sie sich von mir leiten lassen.

Oralsex ist für mich ein hochgradiges Vergnügen – ganz egal, ob ich dabei die Aktive oder die Passive bin. Die 69 mag ich aber nicht, denn ich kann nicht gleichzeitig genießen und mich auf das konzentrieren, was ich gerade mache. Meiner Meinung nach können Berührungen und Küsse am ganzen Körper erregend sein, viele Körperteile sind lustempfindlich. Aber meine erogensten Zonen sind der Hals und der Rücken. Am liebsten mag ich es, wenn ich auf dem Bauch liege und er über mir ist.

Gelegentlich benutze ich erotische und pornografische Pro-

Die Monotonie vertreiben

Feste Beziehungen laufen oft Gefahr zu stagnieren. Man bewegt sich auf bekanntem Terrain, und die damit verbundene Sicherheit – auch die guten Orgasmen, die auf die genaue Kenntnis des eigenen Körpers und den des Partners zurückzuführen sind – kann eine »sexuelle Langeweile« bewirken, denn man tut jedes Mal dieselben Schritte und kommt immer schneller zum Höhepunkt. Paare, die ihre Libido anheizen, ohne dieser Monotonie anheim zu fallen, ergänzen ihr Liebesspiel durch neue Elemente und variieren die bereits erprobten Handlungen. Sie halten sich Zeiten und Räume frei für ihre intimen Momente, und sie gehen fantasievoll mit ihrer Sexualität um. Dazu gehört es auch, die »Light«-Variante verschiedener Praktiken zu genießen: Sadomasochismus, Massagen, Rollenspiele, Fesselspiele, Pornografie, aphrodisierende Speisen ... Alles geht, wenn beide dieselbe Wellenlänge haben.

dukte, aber ich bin nicht auf sie angewiesen. Wenn ich allein bin, fantasiere ich viel. Und in Begleitung erregt mich allein schon die Tatsache, dass da jemand ist, dass wir uns küssen und streicheln, uns erzählen, was wir gleich miteinander anfangen werden und so weiter.

Pornos finde ich nicht abstoßend, aber normalerweise identifiziere ich mich nicht mit den Gelüsten der Darstellerinnen. Ich habe mir auch schon mal vorgestellt, diejenige zu sein, die da penetriert wird. Aber eigentlich finde ich, dass Pornos zu sehr auf Männer abgestimmt sind. Erotische Filme erregen mich stärker als Pornos.

Mein Ex-Freund und ich haben hin und wieder einen Vibrator benutzt, den er mir geschenkt hatte. Jetzt benutze ich ihn bei meinen Solospielchen, und ich will mir noch ein paar andere Sachen kaufen. Einer Freundin, die solchen Themen gegenüber aufgeschlossen ist und die gern Neues ausprobiert, würde ich ohne zu zögern Sexspielzeug schenken.

Wenn mein Partner sich mit Pornos anheizen möchte, wäre ich nicht eifersüchtig. Ich würde zusehen, dass auch ich davon profitiere, und ihn zum Beispiel bitten, mir zu beschreiben, was er da gesehen hat. Ich würde ihm auch vorschlagen, gemeinsam Pornos anzugucken. Und vor allem würde ich respektieren, dass dies zu seinem Sexualleben gehört, dass er sich auf diese Weise selbst befriedigt oder sich in Stimmung bringt. Sehr stören würde es mich jedoch, wenn Pornos die einzige, ausschließliche Art für ihn wären, sich zu erregen.

Ich glaube nicht, dass es eine Partnerschaft ruiniert, wenn man vernünftig mit solchem Material umgeht. Im Gegenteil: Ich denke, dass es sie bereichern kann, weil es die Routine unterbricht.

Sexuelle Abhängigkeiten

Bei der Diagnose sexueller Störungen laufen verschiedene Koordinaten zusammen: der Intensitätsgrad, ob Befriedigung ausschließlich durch eine bestimmte Art der Stimulation erreicht wird und wie die Betroffenen damit leben (ob ihre »Abhängigkeit« zu Angstzuständen, sozialer Ausgrenzung, Abstinenz oder Ähnlichem führt). Das heißt: Wer ausschließlich mithilfe von Pornografie erregbar ist, muss sich an einen Sexualberater wenden.

Ich bin ein Lustobjekt

Ich bin siebenunddreißig Jahre alt, habe einen Universitätsabschluss und arbeite als Lehrerin.

Eine Fantasie, die ich nicht in die Praxis umsetzen würde, die mich jedoch am meisten erregt, handelt in einem dunklen Raum in einer Hütte. Das schummerige Licht lässt nicht erkennen, ob das Zimmer schmutzig ist oder überhaupt über eine Ausstattung verfügt. Nur die Eingangstür, die wie alles andere aus Holz besteht, ist zu sehen und ein großer hölzerner Küchentisch. Ich bin als Person nicht wichtig, nur ein Lustobjekt für meinen Gebieter. Und so fühle ich mich auch, dank der gewalttätigen Gelüste eines Menschen, der viel älter ist als ich, dem ich egal bin und mit dem ich nicht spreche. Nur er redet. Er kommt zur Tür herein, und nachdem er die Arbeitstasche abgelegt hat, die er bei sich trägt, kommt er energischen Schrittes auf mich zu. Er murmelt in dominantem Ton: »Was hast du getan, während ich fort war? Bestimmt warst du böse… du wirst schon sehen… jetzt kriegst du deine Strafe…« Ohne jegliches Vorspiel presst er mich gegen den Tisch und dringt rücksichtslos in mich ein. Er hält eine Rute in der Hand und droht mir, mich damit zu peitschen, weil ich so böse bin. Er schlägt auf meine Brüste, während er in mich hineinstößt, bis er kommt (und ich komme auch). Ende der Szene.

Ich bin verheiratet, und mein Mann ist mir treu, obwohl wir eindeutig abgemacht haben, dass jeder sein eigenes Leben führen darf. Mit Schwiegermutter und Adoptivtochter zusammenlebend. Ohne eigene Kinder. Ich habe Sexualkontakte mit zwei guten Freunden, nicht oft, aber regelmäßig. Mein Mann ist damit einverstanden. Einen der beiden kenne ich länger als meinen Mann, auch er ist verheiratet, wir sind Arbeitskollegen, ich war mal sehr verliebt in ihn. Den anderen habe ich kürzlich kennen gelernt, er ist ebenfalls verheiratet. Ich bin bis über beide Ohren in ihn verliebt, obwohl wir eigentlich wenig miteinander gemein haben. Aber Leidenschaft ist Leidenschaft. Unproblematisch.

Ich unterscheide sehr deutlich zwischen sexueller Leidenschaft und dem Alltag mit einem Menschen, mit dem mich

Spanking

Das sogenannte Spanking hat seinen Ursprung in einer »englischen« Sexualpraxis. Dabei spielt es keine Rolle, ob die Akteure masochistisch veranlagt sind oder ob die Peitschenhiebe mit anderen Unterwerfungspraktiken kombiniert werden. Viele Paare, die nicht als sadomasochistisch einzustufen sind, integrieren Elemente des Spanking in ihr Liebesspiel: Sie verabreichen Schläge auf den Po – im Allgemeinen den der Frau – und sprechen dazu Obszönitäten und Flüche aus. Bei der ausgereifteren Variante verwendet man Ruten oder Gerten, die es sowohl in Sexshops zu kaufen gibt als auch in Geschäften für S/M-Ausstattung oder im Reitsport-Fachhandel.

Pilar Cristóbal erklärt: Wenn man Spanking während des Koitus macht, hockt die Frau dabei meist auf allen vieren (die sogenannte Hündchenstellung), seltener ist die Frau oben. Man kann Spanking praktizieren, indem man sich auf die Knie des Schlagenden stützt, und gleichzeitig einen Dildo benutzen oder seine Genitalien mit der Hand liebkosen. Der vereinzelt auftretende Schmerz intensiviert den Orgasmus. Mit Spanking weckt man Kindheitserinnerungen und empfindet die Macht, die Dominanz des anderen.

mehr als der Sex verbindet. Andererseits sind meine Liebhaber meistens Freunde, mit denen ich auch in anderen Bereichen zu tun habe (Arbeit, Reisen). Der pure Sex mit Fremden, den ich vor Jahren hatte, ist bei mir gerade nicht aktuell: Ich habe augenblicklich weder Zeit noch Lust loszuziehen, um mir Männer zu suchen. Außerdem halte ich nichts vom Suchen; ich finde lieber.

Ich bin weder dick noch mager. Normal. Mein Gesicht ist eher nicht so schön (meine Freundinnen behaupten, ich hätte ein »Krötengesicht«). Um Männer von mir zu überzeugen, reichen für gewöhnlich meine Freundlichkeit, meine Redegewandtheit und mein überzeugendes Auftreten. Man sagt von mir, ich sei sehr extrovertiert und selbstsicher.

Manch einer behauptet, mein Kleidungsstil sei streng (ich trage oft Anzüge und fast immer Hosen, das hängt auch mit meinem Beruf zusammen). Aber wenn es darum geht, Männer zu verführen, stellt das offensichtlich kein Problem dar. Solche Kleidung steht mir einfach gut. Für Kosmetik gebe ich nicht einen Cent aus, weil ich auf alles allergisch reagiere. Ich schminke mich nie. Ich rasiere mich ein- oder zweimal im Jahr (mein Mann sagt, ich hätte neunzehn Haare an den Beinen). Meine Selbstbeschreibung in wenigen Worten: aufgeschlossen und nicht besonders weiblich. Aufgrund der Beziehung zu meiner zwanzigjährigen Adoptivtochter trage ich in letzter Zeit an den Wochenenden jugendlichere Kleidung. Sie gibt mir Sachen von ihr, die ihr nicht gefallen oder die ihr nicht stehen. Der einzige Sport, den ich treibe, ist Bauchtanz. Das macht Spaß und ist sehr praktisch (mein Liebhaber sagt, ich würde mich schön bewegen und sei sehr gelenkig).

Die einzige Gemeinsamkeit meiner Männer ist ihre geringe Körpergröße. Aber ich halte das für nichts als Zufall. In der Theorie finde ich blonde schmalgesichtige Männer anziehend. Da ich hauptsächlich auf geistiger Ebene verführe beziehungsweise mich verführen lasse, sind meine Männer total verschieden. Mein Ehemann ist dunkelhaarig und pummelig. Einer meiner festen Liebhaber ist sehr schlank, blond und hat grüne Augen. Mein anderer Liebhaber ist ebenfalls blond, hat graue Augen und ein Bierbäuchlein, und er ist klein wie die anderen.

Nun ja, mit »klein« meine ich, dass sie zwischen 1,67 und 1,72 Meter groß sind.

Als ich acht Jahre alt war, hat mich ein »lieber« Verwandter vergewaltigt – eine Erfahrung, die ich niemandem wünsche. Dann, als ich zwölf Jahre alt war, versuchte einer, von dem ich dachte, er sei mein erster Freund, mich zu vergewaltigen. Er hatte sich zusammen mit einem Kameraden aus seiner Kaserne betrunken, sie waren beide Wehrdienstleistende. Daraufhin machte ich eine Phase existenzieller Zweifel durch. Gegenüber Männern verhielt ich mich abweisend – und ich meine nicht nur im Hinblick auf Sexualkontakte, sondern auf körperlichen Kontakt insgesamt. Dank eines siebenunddreißigjährigen Pflegers lernte ich als Sechzehnjährige, dass Sex nicht unbedingt gleichbedeutend mit Penetration ist. Er verführte mich auf sehr geschickte Weise – wissend, dass ich minderjährig war. Und ich entdeckte, dass ein Mann für mich begehrenswert sein kann, nur weil er mir zarte, sinnliche Worte ins Ohr flüstert. Wir haben nie miteinander geschlafen. Erst als wir uns schon lange kannten, begannen wir, uns gegenseitig zu befriedigen. Damals befriedigte ich mich auch schon selbst – er war der Auslöser dafür. Ich habe es mir mit den Fingern gemacht oder mit Haushaltsgegenständen wie Haarbürsten, die einen langen Griff haben. Richtigen Sex hatte ich das erste Mal mit einem Schulkameraden, als ich siebzehn Jahre alt war. Ich lieferte ihm den Beweis, dass ich keine Jungfrau mehr war, was ihn sehr erstaunte. Vier oder fünf Jahre lang hatten wir gelegentlich Sex miteinander, bis er herausfand, dass er homosexuell war. Mich verwunderte das nicht, weil er es gern anal machte (das tut mir weh) und mich bat, mir die Schamhaare wegzurasieren. Die wichtigste Schlussfolgerung aus dieser Beziehung war für mich, dass Sex und Liebe nicht miteinander einhergehen müssen. Ich war in ihn verliebt, aber er nicht in mich. So lernte ich, die Kontrolle zu bewahren und das Thema Sexualität nüchterner zu betrachten.

Unsere Freundschaft ist bis heute erhalten geblieben, ich bin seine beste Freundin. Gleichzeitig habe ich Sex mit Fremden genossen, die ich in Bars und Diskotheken kennen lernte. Dabei war stets klar: Wir machen einander keine Versprechen, sondern beschränkten uns darauf, miteinander Spaß zu haben. Solche Affären für eine Nacht, mit Leuten, die ich nicht kenne, befriedigen mich. Am liebsten mag ich klassischen Sex in der traditionellsten Stellung.

Bei meinen Affären habe meist ich die Initiative ergriffen.

Zur gleichen Zeit kam ich mit einem Mann zusammen, den ich heiraten wollte. Aber glücklicherweise stellten wir rechtzeitig fest, dass es außer Sex eigentlich keine Verbindung zwischen uns gab. Und da er sehr Besitz ergreifend und eifersüchtig war, verließ er mich für eine andere, mit der er Kinder bekam. Er wollte sich nicht mehr mit mir treffen, obwohl ich ihm das vorschlug. Damals glaubte er noch an die eine große Liebe, die es nur einmal im Leben gibt. Das hat sich inzwischen geändert. Nun besucht er mich gelegentlich bei der Arbeit, um mir zu sagen, dass er einen Fehler gemacht hat. Das ist übrigens eine Konstante in meinem Leben: Mich haben drei Männer verlassen, weil sie treu sein wollten und Treue von ihrer Partnerin erwarteten. In dem Wissen, dass ich mich auf einen solchen Handel nicht einlasen würde, verließen sie mich, obwohl sie mich sehr liebten. Das wurde mir deutlich, weil sich unsere Freundschaften erhielten und diese Männer Jahre später, als sie ihrer Frauen überdrüssig geworden waren, erneute Annäherungsversuche machten. Ich war jedoch nicht mehr interessiert, weil sie mich sexuell nicht mehr ansprachen und kindisch auf mich wirkten.

Mit sechsundzwanzig Jahren erklärte ich mich bereit, mit meinem jetzigen Partner zusammenzuziehen – unter der Voraussetzung, dass er mir einen hohen Grad an Unabhängigkeit garantierte. Tatsächlich war er derjenige, der mir den Vorschlag machte, und ich war begeistert. Neuerdings verhält er sich jedoch Besitz ergreifend und versucht, Kontrolle über meine Eskapaden zu erlangen. Ich habe ihm klar gemacht, dass ich mich von ihm trenne, wenn er sich weiterhin so verhält.

Meine letzte seltsame Erfahrung war, dass ich mich in den Mann einer Freundin meines Mannes verliebte. Mit ihm unterhalte ich zurzeit eine leidenschaftliche Beziehung. Zum Glück mag er Sex auf die traditionelle Art – ohne Verrenkungen, die mich total ablenken und die ich lachhaft finde. Er steht auf Analsex, aber ich habe ihm erklärt, dass er daran nicht mal zu denken braucht, dass er sich dafür eine andere suchen soll.

Mit neunzehn oder zwanzig habe ich mich sozusagen in eine Freundin verliebt. Ich mochte sie sehr gern und spürte das Verlangen, sie zu küssen. Wir haben darüber gesprochen, und sie wollte nichts davon wissen. Ich akzeptierte ihre Ablehnung. Bis heute sind wir Seelenverwandte geblieben und teilen alles miteinander, nur nicht das Bett.

Sexualität bewerte ich heute noch genauso wie mit achtzehn oder neunzehn: Ich finde ihn einfach toll. Ich habe Sex, mit wem ich will und wann ich will. Und ich mache es nur mit anderen Männern, wenn ich gerade keine Lust auf meinen Ehemann habe. Das sage ich auch jedem so, damit er gleich Bescheid weiß. Und meine Partner können es im Umkehrschluss genau so halten.

Ich schätze mich als heterosexuell ein, wenn auch mit leicht bisexuellen Anklängen. Und ich befriedige mich selbst, wann immer mir der Sinn danach steht. Es ist für mich nicht nötig, in jemanden verliebt zu sein, um den Sex mit ihm zu genießen.

Als Jugendliche habe ich mir erotische Comics angeschaut, die mir ein älterer Liebhaber schenkte. Heutzutage gucke ich mir Pornos im Fernsehen an, weil das nichts kostet. Sie erregen mich, und ich befriedige mich meistens selbst, wenn ich sie mir alleine ansehe, oder wir vögeln, wenn mein Mann dabei ist. Früher hat er sich keine Pornos angeguckt, doch jetzt bittet er mich darum, sie zu besorgen. Ich nehme sie auf. Sie mir in einer Videothek auszuleihen, wäre mir zu aufwändig. Für die Freunde, die zu uns nach Hause kommen, suche ich die besten Filme aus. Meinen Mann stört das sehr, aber meine Freunde finden das super. Ich habe nur ein Sexspielzeug, das mir ein Liebhaber vor Jahren geschenkt hat und das ich nicht benutze. Im Allgemeinen benötige ich solche Sachen nicht.

Ich träume davon, benutzt zu werden

Ich bin einundzwanzig Jahre alt und studiere noch.

Mir gefällt es am besten, wenn sie hart mit mir umgehen, mich unerwartet nehmen, mir schmutzige Sachen sagen und mich fast wie eine Sklavin behandeln. Natürlich will ich es so nicht in der Realität, jedenfalls nicht in dem Maße. Ich mag Situationen, die unterschwellig morbid sind. Ich lasse mich gerne erniedrigen und will spüren, dass ich ein Nichts bin. Aber ich verhalte mich nicht dementsprechend, ich bin nämlich ziemlich pfiffig!

Ich träume davon, benutzt zu werden. Dass zwei Männer mich begehren und mich zum Sex zwingen. Obwohl, in Wirklichkeit: nein, nein, nein, nein, nein!

Schon immer habe ich Männer gemocht, die wesentlich älter sind als ich, also Männer in den Dreißigern – sie wirken stark und sehr männlich auf mich. Mein Freund ist ungefähr fünfzehn Jahre älter als ich, und ich bin sehr verliebt in ihn. Dennoch und obwohl er mir theoretisch eine offene Beziehung zugesteht, flirte ich gern mit anderen, ohne dass er es mitbekommt. Riskante Situationen reizen mich.

Die Freunde oder Affären, die ich hatte? Sehr kultivierte ältere Männer. Während ich mit ihnen zusammen war, hatte ich zugleich eine Liebesbeziehung mit einem Mann meines

Die Macht der Eroberer

Glücklicherweise ist es nicht mehr allein den Männern vorbehalten, auf die Pirsch zu gehen, verschiedene Opfer ins Visier zu nehmen und sich umso besser und mächtiger zu fühlen, je mehr Jagdtrophäen man einheimst. Aus Sicht der Psychologen deutet dieses Beziehungsverhalten meist auf einen Mangel an Selbstvertrauen hin, sowohl bei Männern als auch bei Frauen. Typisch ist ein derartiges Verhalten für Jugendliche, die am Anfang ihres Liebes- und Sexuallebens stehen. Es sei darauf hingewiesen, dass es sich hierbei um einen riskanten Sport handelt. Eroberungen, die mit Verachtung einhergehen, können dem Eroberer mehr Schaden zufügen als dem Unterworfenen. Denn auf diese Weise macht man es sich zur Gewohnheit, Beziehungen auf der Basis von Betrug und mangelndem Vertrauen einzugehen.

Alters. Wenn ich fremdgehe, fühle ich mich nicht schlecht, sondern machtvoll.

Ich bin ein Mädchen mit eigenem Stil, klassisch und modern zugleich. Mir gefällt es, Sachen zu tragen, die sowohl elegant als auch lässig sind. Ich mache mich gern hübsch. Im Internet verführe ich die Männer gern auf geistiger Ebene, aber danach mache ich nichts weiter. Körperlich bin ich attraktiv, ein bisschen mollig, aber gut aussehend, und ich achte auf die Feinheiten. Es macht mir Spaß, mich zu pflegen, mich aufzubrezeln, damit man mich beachtet. Aber wenn ich dann ausgehe, fühle ich mich ganz und gar nicht wohl in meiner Haut! Manchmal schminke ich mich.

Hin und wieder laufe ich auch ganz gern schlampig herum, damit mich niemand anguckt. Manchmal fühle ich mich furchtbar ..., aber das ist eine sehr lange Geschichte.

Als ich sechzehn Jahre alt war, versuchte ich, meine Unschuld zu verlieren, aber das haute nicht hin. Erst wollte ich mit dem einen, dann mit einem anderen ... aber immer hatte ich Pech. Schließlich, als ich neunzehn Jahre alt war, hat es geklappt. Seit ich zwölf bin, befriedige ich mich selbst. Es hat sich zufällig ergeben. Anfangs dachte ich, dass Gott mich dafür bestrafen würde, ich sagte mir immer: »Dies ist das letzte Mal.« Irgendwann dachte ich mir dann: Ich bin zwar katholisch, aber nicht blöd. Und mein jetziger Freund hat mir geholfen zu akzeptieren, dass mein Verhalten ganz normal ist. Heute ist es mir egal, ob es eine Sünde ist oder nicht. Hauptsache, es macht Spaß!

Ein Geheimnis? Gelegentlich gefällt es mir, mich wie eine Hure zu fühlen und dafür zu sorgen, dass mein Freund danach total erschöpft ist. Eigentlich hat das gar nichts mit Huren zu tun, aber ich bin gern aktiv. Ich ergreife die Initiative, vor allem beim Oralsex. Aber oft will ich auch, dass er die Richtung vorgibt, dass er sich wie ein richtiger Kerl verhält, mich benutzt und mit mir anstellt, was er will.

Pornos mag ich nicht. Ich finde so was nicht sehr realistisch – und, ganz ehrlich: Es törnt mich nicht an. Worauf ich stehe: Bei »echten« Paaren zuzugucken. Die Hände echter Männer zu beobachten, wie sie Frauenkörper anfassen. Gibt es etwas Schöneres? Wenn aufgepumpte Frauen mit tuntigen Typen vögeln, will ich dabei nicht zusehen. Was denken sich die Regisseure solcher Pornos denn bloß? Wenn mich etwas anmachen soll, muss es echt, natürlich und ein bisschen hart sein (und vor allem fahre ich auf die Hundestellung ab).

Unsere unterwürfige Seite

Auf Leute, die noch nie mit wildem, rohem und gewaltsamem Sex geliebäugelt haben, wirken die Berichte dieses Kapitels wahrscheinlich seltsam. Geschlagen oder gepeitscht zu werden, sich zu bestimmten Sexualpraktiken drängen zu lassen, die man schon in der Theorie eklig findet (und von Vergewaltigung wollen wir gar nicht erst sprechen): Solche Fantasien können eine Lawine unterschiedlicher Meinungen und Reaktionen auslösen – sowohl von Seiten der Frauen, die sie nicht haben, als auch bei Frauen, die sich durch diese Schilderungen ertappt fühlen. Tatsächlich erschraken einige der in diesem Buch berichtenden Frauen, als sie bemerkten, dass sie der Gedanke an eine Vergewaltigung heiß macht.

Die Bandbreite der Beurteilungen, die man hinsichtlich solcher Unterwerfungsgeschichten zu hören bekommt, ist groß: Manch einer findet, dass Frauen mit solchen Fantasien auf die Couch eines Psychoanalytikers gehören. Am anderen Ende der Skala stehen Urteile, die von einem seit Ewigkeiten überholten Machismo bestimmt sind. Es gibt unendlich viele Dinge, von denen wir nichts verstehen. Das gilt insbesondere für solche, die mit der menschlichen Psyche zu tun haben. Trotzdem verzichtet kaum jemand darauf, wertende Urteile abzugeben.

Es gibt Fantasien, die nur auf mentaler Ebene funktionieren, und andere, bei denen es die entsprechende Person für möglich hält, sie in die Praxis umzusetzen. Manche entsprechen denselben Erregungsmechanismen wie in der bewussten Realität, andere überhaupt nicht.

Keine Frau wünscht sich wirklich, vergewaltigt zu werden. Man muss nur auf die Studie hinweisen, die 1986 im *Journal of Sex Research* erschien (einer bei Sexualtherapeuten äußerst angesehenen US-amerikanischen Publikation): Zwei Wissenschaftler führten einer Gruppe von Frauen einige Filme vor. In dem einen sah man eine erotische Vergewaltigungsfantasie – die Frauen zeigten sich interessiert und erregt. Im nächsten Film war eine realistisch dargestellte Vergewaltigungsszene zu beobachten. Ausnahmslos reagierten die Frauen darauf mit Ablehnung, Angst, Verärgerung, Schmerz und Niedergeschlagenheit. Die Empfindungen der Versuchspersonen waren dermaßen intensiv, dass sie durchaus jenen der Vergewaltigungsopfer ähnelten. Die Forscher empfahlen daraufhin, bei vergleichbaren Studien mit großer Vorsicht zu handeln.

Unterwerfungsfantasien haben viel mit dem Bedürfnis von Frauen zu tun, sich Lustempfindungen »zu genehmigen« – ein Beleg für die vielen verbliebenen Verbote, die wir der puritanischen Geisteshaltung der vorangegangenen Generationen verdanken. Damals sprach man Frauen jegliche sexuellen Gefühle ab. Sie sollten ihre Erfüllung in der Mutterschaft suchen und Geschlechtsverkehr als Akt der Reproduktion betrachten. Sex war für Frauen nichts Schönes, sondern es war ein Geschenk, das sie ihren Männern machten (und es war eine Strafe, wenn sie sich aus Zorn über ihre Männer diesen verweigerten), eine eheliche Pflicht.

Manche der Frauen, die uns geantwortet haben, sind nur eine Generation von denen entfernt, die noch mit diesen Moralvorstellungen aufwuchsen. Andere mussten sich noch selbst anhören, dass Sex etwas Schmutziges sei, dass wir Frauen daran keinen Gefallen zu finden hätten und dass Männer zu Huren gingen, weil ihre animalische Veranlagung sie dazu zwängen.

Bei der Unterwerfung überlässt die Frau anderen die Kontrolle über ihr Verhalten und überträgt damit auch die Verantwortung auf sie. Nicht sie ist verantwortlich für das, was passiert. Ihr Körper reagiert, aber die Handlungen, die diese Reaktion hervorrufen, geschehen gegen ihren Willen. Somit ist der andere »schuld« an ihrer Erregung und Lust, denn er »zwingt« sie ja zum Sex.

Bei ihren »realen« Sexualkontakten legen viele der Frauen in unserem Buch Verhaltensweisen an den Tag, die im Widerspruch zur althergebrachten Moral stehen. Zweifelsohne befinden wir uns in einem Übergangsstadium, doch noch immer hat die christliche Religion tief greifenden Einfluss auf die Entwicklung unserer Kultur. Wenn die Gesellschaft – wie Reich behauptete – ihre repressive Funktion und ihren Autoritarismus ausübt, indem sie die Bürger sexuell unterdrückt, dann war es schon immer besonders effektiv, dies unter Berufung auf Gott zu tun. Wenn die Drohungen der Menschen nicht abschreckend genug waren, das Feuer der Hölle war unausweichlich und würde ewig brennen. Um dies zu veranschaulichen, war nichts besser geeignet als die Scheiterhaufen, auf denen so viele als Hexen verurteilte Frauen dafür starben, dass sie, wie es hieß, Orgien veranstaltet hatten. Sexuelle Handlungen galten schließlich schon immer als das verderbteste aller Übel.

Das Feuer hat aufgehört zu brennen. Sogar der Papst hat vom Glauben an die Hölle abgeschworen. Aber noch immer wird zur

Vorsicht gegenüber freizügigen Frauen gemahnt. Und so kann man als Frau leicht am eigenen Verhalten zweifeln. Diese innere Diskussion färbt auch auf die Fantasien ab. In den Berichten dieser Frauen liegen Lust und Schmerz dicht beieinander, Anziehung und Abstoßung, Begierde und Ablehnung.

Im eigenen direkten Umfeld unterdrückt jeder Mensch irgendetwas. Schließlich hat man den Männern doch beigebracht, ihre Tränen zu unterdrücken? Männer, ihr wisst nicht, was euch entgeht!

Es kommt der Tag, da fühlen wir uns matt, wenn wir morgens aufstehen. Und während die Stunden voranschreiten, nimmt uns der Kummer immer stärker gefangen. So dass uns schließlich die Tränen herunterlaufen, wenn wir eine alte Frau sehen, die allein auf einer Bank sitzt. Die Arme wirkt so einsam und so hilflos auf uns!

Keine Ahnung, warum wir uns so niedergeschlagen fühlen. Nichts Besonderes ist passiert, unser Leben nimmt seinen gewohnten, ordentlichen Lauf. Alles ist wie immer – was so viel heißt wie: Mein Bankkonto ist schon wieder leer, mein Chef ist und bleibt ein Vollidiot, und der Mann, mit dem ich ins Bett gehe, hat noch immer nicht kapiert, dass mich der Oralsex mehr antörnt, wenn er mir gleichzeitig einen Finger in die Vagina steckt. Wenn alles so ist, wie es gestern war: Warum fühle ich mich dann bloß so mies?

Es wird Nachmittag, und bei der Arbeit haben wir mal wieder überhaupt nichts auf die Reihe gekriegt. Wir sind völlig niedergeschlagen, weil eine Arbeitskollegin eine Bemerkung gemacht hat, mit der sie überhaupt nicht uns meinte, aber die wir als eine direkte Anspielung auf unsere berufliche Unfähigkeit interpretiert haben. Also rufen wir unsere beste Freundin an:

»Kommst du mit ins Kino? Hast du auch Lust auf einen Film, bei dem man so richtig schön heulen kann?«

Im dunklen Kinosaal, mit tröstendem Popcorn im Magen und die

Nähe der geliebten Freundin spürend, weinen wir Rotz und Wasser im Angesicht der verhinderten Liebe zwischen Clint Eastwood und Meryl Streep. Und allmählich fällt der Druck von uns, der den ganzen Tag auf uns lastete. Nachdem wir mehr Papiertaschentücher verbraucht haben, als Clint Eastwood es sich in seinen kühnsten Momenten ausgerechnet hatte, fühlen wir uns wunderbar. Morgen wird ein glücklicher Tag sein, und wir werden uns nicht erklären können, warum wir gestern bloß so »down« waren.

Man weiß nicht, warum man traurig war: vielleicht nur aufgrund irgendeiner Geste irgendeines Menschen, aufgrund irgendeines Gespräches, vielleicht nur wegen eines kleinen, scheinbar nichtigen Geschehnisses, das einen im tiefsten Innern berührt hat und Beklemmungen hervorrief. Der Film bewirkt, dass wir unser Unbehagen in bestimmte Bahnen leiten können, dass wir es auf einen konkreten Gegenstand beziehen – auf eine Geschichte, an der wir uns festhalten können. Und so finden wir schließlich einen »guten Grund«, um zu weinen. Das beruhigt uns.

Gut möglich, dass in mehr als einem Fall etwas Ähnliches auch auf die Fantasien zutrifft – dass diese Fantasien uns von einem Druck befreien. Aber was ist es, das diese Frauen verdrängen? Ein zweites, masochistisches Ich? Nein, die Erklärung ist komplizierter. Mehrere Frauengenerationen haben für ihr Rede- und Wahlrecht gekämpft, und der Kampf für die Gleichberechtigung hält bis heute an. Aber das Schwierigste ist, Erlerntes zu verlernen und sich von den Verhaltensnormen zu distanzieren, die mit dem stereotypen Frauenbild einhergehen, das noch immer unsere Gesellschaft prägt. Das eine ist, was Frauen denken, und das andere, was sie empfinden. Weiterhin umschwärmen viele – zu viele – all die fiesen Machotypen, Weiberhelden und Frauenverächter. Für Männer, die sich die Schürze umbinden, um uns zu verwöhnen, uns zu bedienen und uns wie Königinnen zu behandeln, hegen viele Frauen keinerlei Interesse – ja, sie finden sie sogar lächerlich.

Nein, wir Frauen sind nicht von Natur aus unterwürfig. Genauso wenig, wie Gewalttätigkeit und Herrschsucht von der Natur vorgegebene männliche Charakterzüge sind. Psychiater und Anthropologen beharren darauf, dass es sich dabei um kulturell bedingte Verhaltensweisen handelt, die erlernt sind. Margaret Mead lieferte den Beweis mit ihrer berühmten Studie über das geschlechtsspezifische Verhalten der Südsee-Völker Arapesh, Mundugumor und Tchambuli. Die Männer und Frauen des Arapesh-Stammes sind gleichermaßen mütterlich, liebevoll, friedfertig und kooperativ in Bezug auf die familiären Verantwortlichkeiten. Im Gegensatz dazu sind die Mundugumor beiderlei Geschlechts aggressiv, und sie haben ein gewaltbereites Temperament. In der Gemeinschaft der Tchambuli schließlich haben die Frauen eine leitende und beherrschende Position gegenüber den Männern, aus emotionaler Sicht spielen die Männer eine untergeordnete Rolle. In jedem dieser Stämme werden die Jungen und Mädchen im Sinne der Werte und Ideale der Gemeinschaft erzogen – genauso, wie es auch in unserer Gesellschaft geschieht. Wer ein anderes Temperament an den Tag legt als das, was ihm aufgrund seines Geschlechtes zustünde, gilt als unangepasst.

Aber wir dürfen auch die Biologie nicht ganz unberücksichtigt lassen. Ein Gigolo mit reichlich Berufserfahrung hat uns erzählt, dass beim sexuellen Verkehr zwischen Mann und Frau – aufgrund ihrer jeweiligen Anatomie und speziell beim Koitus – die weibliche Intimsphäre durch den Phallus verletzt wird. Die Penetration geht einher mit männlicher Dominanz, und der befragte Prostituierte ist der Meinung, dass jede Frau dies von einem Mann erwartet. Zumindest während des Geschlechtsaktes. Sie muss sich unterwerfen, und sei es nur für wenige Sekunden, um ihre Vaginalmuskulatur zu entspannen und das Eindringen in ihren Körper zuzulassen.

Aber lassen wir die Frage der Geschlechterrollen, den Krieg zwischen Mann und Frau sowie die Unterdrückungsthematik jetzt mal beiseite. Kehren wir zurück zum Liebesspiel. Denn das ist es ja, was Frauen wollen: Spiele ohne Vorbehalt. Zumindest in ihrer Fantasie. Bei zwei Menschen, die sich miteinander vergnügen, indem sie die Rolle des Dominierenden beziehungsweise der Dominierten wie in einem Theaterstück übernehmen, geht es um nichts anderes als Lust. Das vereinbarte sexuelle Modell ist der Weg, Lustempfinden und Befriedigung sind das Ziel. Dabei werden alle Regeln im Voraus vereinbart: die Heftigkeit der Peitschenhiebe, ob Vergewaltigung erwünscht ist oder nicht, wie weit man es bei der Inszenierung treibt, wenn einer der beiden einen Hund spielt, ob Fesseln erlaubt sind oder nicht, welche Art von Demütigungen in Frage kommen ...

Und selbstverständlich inszenieren sie dieses Spiel, mit wem sie wollen. Bei der Beschreibung ihrer Fantasien erwähnen viele dieser Frauen, dass sie von extrem gut aussehenden Männern dominiert und zum Sex gezwungen werden – von Männern, die ihren bevorzugten ästhetischen Leitbildern entsprechen. Was bedeutet, dass sie zwar unter Gewaltanwendung zur Ekstase gebracht werden, aber von jemandem, der ihrem Geschmack entspricht.

Wir wissen nicht, ob manche dieser Frauen ihre Fantasien eines Tages in die Praxis umsetzen werden. Mit Sicherheit steht jedoch fest, dass keine von ihnen eine unterwürfige Rolle im Alltag einnimmt.

Zwei menschliche Körper können Lust miteinander verspüren, wenn sie einen heftigen Kampf inszenieren und einander schonungslos behandeln. Und ein andermal versinken sie gemeinsam in den sanftesten Zärtlichkeiten. Nichts davon hat mit Grausamkeit oder Misshandlung zu tun – ganz im Gegenteil: Eine derartige intime Beziehung muss auf hochgradigem Vertrauen der Beteiligten beruhen, auf großem Respekt und weit reichender Freiheit.

6

Sehen und gesehen werden

Jede Frau träumt irgendwann einmal davon, die Göttin zu sein, vor der alle anderen auf die Knie fallen. Welche Frau sehnt sich nicht gelegentlich danach, auf der Bühne zu stehen, ein Star zu sein, zu glänzen und unkontrollierbare Leidenschaften zu wecken? Wer von uns wäre nicht gerne eine Quelle der Inspiration für andere Frauen? Es gibt wohl keine Frau, die nicht schon einmal darüber fantasiert hat, so oder auf ähnlichem Weg Aufmerksamkeit zu erregen – womit allerdings einhergehen kann, dass man sich in ein für die männliche Erotik verfügbares Objekt verwandelt. Welche Wonne, Erektionen hervorzurufen, indem man sich nackt zeigt!

Jedoch: Heißt das, dass ausschließlich Männer sich am Anblick der Intimbereiche anderer ergötzen? Ist es deren lüsterner Blick, der uns erregt? Haben wir Frauen kein Interesse daran, mal etwas genauer hinzugucken? Bleiben unsere Augen nicht an einem ansehnlichen Kerl hängen, an einem gut bestückten Unterleib und Hintern? Ist Voyeurismus nichts Weibliches? Sind Frauen selbst der Voyeur, wenn es sie erregt zu sehen, wie andere sie anstarren?

Arabisches Ambiente

Ich bin dreiundzwanzig Jahre alt, Sozialarbeiterin und habe einen Universitätsabschluss.

Schon immer habe ich eine sexuelle Fantasie, von der ich noch niemandem erzählt habe. Ich will sie beschreiben:

Mein Partner und ich (zurzeit habe ich keinen Freund) reisen in ein exotisches Land. Wir machen Besichtigungen, man bietet uns die feinsten Delikatessen an, und wir werden zu einem nächtlichen Fest eingeladen.

Man führt uns in einen Raum im arabischen Stil. Dort sind viele Speisen und Getränke aufgebaut. Es herrscht eine warme Atmosphäre mit Kerzenschein und brennenden Fackeln. Die Leute haben auf Polstern an einem niedrigen Tisch Platz genommen, zum Teil liegen sie fast. Im Hintergrund erklingt angenehme Musik, man hört zum Beispiel Harfen oder Leiern. Zwei Gruppen von Frauen und Männern kommen, sie nehmen meinen Freund und mich mit und geben uns eine geheimnisvolle Flüssigkeit zu trinken, die das sexuelle Verlangen weckt. Sie bringen uns in ein großes Zimmer und weisen uns zwei Betten zu, die einander gegenüberstehen. Beide Gruppen, Männer und Frauen gemischt, fangen nun an, uns zu streicheln und erotische Spielchen mit uns zu spielen. Sie entkleiden uns, wir nehmen mehr von dem Trunk... Als wir schon höchst erregt sind, bringen sie uns in einen Raum, in dem ein großes Bett steht. Er ist mit Kerzen geschmückt. Es spielt die gleiche Musik wie zuvor. Alle bleiben hinter großen Fenstern stehen und beobachten, wie mein Freund und ich unermüdlich Liebe machen.

Ich bin zurzeit Single und lebe bei meiner Familie. In meinem Leben hatte ich eine wichtige Partnerschaft. Sie hielt drei

Jahre, und bisher war das der einzige Mann, mit dem ich Sex hatte. Jetzt befinde ich mich in einer Phase der Entspannung, finde zu mir selbst.

Was mein Äußeres angeht: Ich bin ein bisschen pummelig, aber angenehm anzusehen. Zu meinen körperlichen Vorzügen gehören meine Brüste, und wenn mir der Sinn danach steht, mache ich sie mir zunutze. Mein Kleidungsstil ist unterschiedlich, je nach Gelegenheit und Laune. Wenn ich eher traurig bin, ziehe ich klassische Sachen an, und wenn ich fröhlich bin, kleide ich mich ein bisschen gewagter. Ich bin ein sprunghafter und launischer Mensch – mal steht mir der Sinn danach, mich prächtig zurechtzumachen, mal gehe ich in Jogginganzug und Turnschuhen los. Normalerweise schminke ich mich nicht, nur samstags nachts. Auch mit Kosmetik habe ich nicht viel am Hut, ich benutze Feuchtigkeitscreme, sonst kaum etwas.

Ich sehe mich als extrovertierte Frau, die sich gut ausdrücken kann und weiß, wie man ein Gespräch beginnt. Mir gefallen Leute, mit denen man über viele verschiedene Themen reden kann, nicht bloß über Fußball.

Im Prinzip stehe ich auf keinen speziellen Männertyp, für mich gibt es nicht den einen, perfekten Prototypen. Aber fast alle Männer, mit denen ich etwas hatte, waren schlanker als ich und hatten dunkles Haar.

Seien wir doch mal ehrlich: Auf den ersten Blick lassen wir uns immer vom Äußeren leiten. Aber ich mag zwei sehr unterschiedliche Arten von Männern. Einerseits finde ich Typen gut, die ein bisschen hippiemäßig drauf sind, unbekümmert und spontan; andererseits kriege ich leuchtende Augen, wenn ich einen gut gekleideten Mann sehe, der intellektuell ist und geradlinig. Ich finde Männer anziehend, die eine soziale Ader und Verantwortungsbewusstsein haben, die feinfühlig und respektvoll sind. Was ihren Körper angeht, finde ich es super, wenn sie einen festen, prallen Hintern haben, der sich gut anpacken lässt.

Meinen ersten Sex mit Penetration hatte ich, als ich zwanzig Jahre alt war. Eine positive Erfahrung, was den Zeitpunkt und die Person anging, aber die Situation an sich war furchtbar. Mit der Zeit wurde es besser. Im Allgemeinen bekomme ich einen Orgasmus, wenn ich mich selbst befriedige oder wenn sie es mir mit der Hand machen. Selbstbefriedigung finde ich gut, und ich empfehle allen Frauen, das zu tun – auf diese Art lässt man Druck ab, und man braucht dazu niemanden. Wenn ich Sex habe, ist mir das Vorspiel wesentlich wichtiger als die eigentliche Penetration.

Besonders erogene Zonen: mein Hals – Küsse auf den Hals lassen mich dahinschmelzen –, die Innenseiten meiner Schenkel, der untere Teil meines Bauches, meine Klitoris ...

Meiner Meinung nach ist Sex ein wichtiger Aspekt innerhalb einer Beziehung, um sie lebendig zu erhalten. Aber ich glaube nicht an Sex aus purer Begierde oder ohne Liebe.

Ein paar Mal habe ich Ausschnitte aus Pornofilmen gesehen, länger als zwanzig Minuten würde ich das nicht aushalten. Ich habe sie mir immer allein angeschaut und mich dabei selbst befriedigt. Es wäre für mich kein Problem, Pornofilme zusammen mit meinem Partner anzugucken. Sexspielzeug habe ich noch nie besessen. Für mich ist Sex ein Spiel, bei dem die Vorstellungskraft eine wichtige Rolle einnimmt. Und um Spaß an diesem Spiel zu haben, kann man auf jede Art von Gegenständen oder Kleidungsstücken zurückgreifen – was auch immer einem einfällt. Schließlich geht es darum, eine gute Zeit zu haben.

Das Vorspiel

Im Jahr 1970 erschien die erste Auflage eines Buches, das inzwischen zum Klassiker zur menschlichen Sexualität avanciert ist: *Die sexuelle Reaktion*. William H. Masters und Virginia E. Johnson legten darin ihre Erkenntnisse über den Koitus dar, nachdem sie elf Jahre lang in ihrem Labor geforscht hatten.

Seitdem – und bis heute – predigen die Spezialisten der Welt, was diese beiden Wissenschaftler beobachtet haben: dass das Vorspiel nicht nur als einleitende Phase, als Vorbereitung auf den eigentlichen Sex angesehen werden sollte, sondern dass es notwendig ist, die Erregungsphase an sich zu genießen – sie muss viel mehr sein als ein Mittel, um zum Orgasmus zu kommen. Durch dieses Rezept ließen sich sexuelle Störungen beseitigen, und es sorgte dafür, dass Frauen wie Männer endlich Befriedigung fanden. Wer lernt, diese Etappe der Erregung voll auszukosten, befreit sich von der negativen Wirkung, die eine ausschließliche Ausrichtung auf den Orgasmus mit sich bringen kann.

Mit einem Profi

Ich bin eine Frau von dreiunddreißig Jahren, die studiert hat.

Es ist mein Glück, dass ich einen Großteil meiner Fantasien in die Praxis umsetzen konnte. Zum Beispiel finde ich Analsex super und praktiziere ihn. Eine meiner Fantasien besteht jedoch darin, dass ich Analsex mit einem anderen Menschen praktiziere, während mein Partner zuguckt.

Ich stelle mir vor, dass mein Partner mir eine Sex-Nacht mit einem anderen Mann, mit einem Profi, schenkt, der sich fürs

Vögeln bezahlen lässt. Die Bedingung ist, dass mein Partner dabei sein und die Regeln vorgeben darf und damit dem anderen befiehlt, dieses oder jenes mit mir anzustellen. Ich gebe mich ihm hin, werde aber selbst nicht aktiv. Unter anderem befiehlt mein Partner dem Mann, mich feste auf den Hintern zu schlagen und von hinten in mich einzudringen.

Bei dieser Szene wird mein Freund ganz verrückt vor Geilheit – und ich auch. Tatsächlich habe ich ihm so was schon mal vorgeschlagen, aber anscheinend gefällt ihm die Vorstellung nicht so gut wie mir.

Von einer anderen Sache, die wir uns ausgemalt haben, kann ich mir eher vorstellen, dass wir sie irgendwann realisieren – es geht um einen Besuch im Swingerklub, wo man die Partner tauschen kann. Mir gefällt daran der Gedanke, dass er mich beobachtet, während ich es mit einem anderen treibe. Nicht, dass er bloß zuguckt, sondern dass es ihm Spaß bringt, dabei zu sein. Die umgekehrte Konstellation macht mich jedoch überhaupt nicht an. Es erregt mich eben, angeguckt zu werden.

Eine andere meiner Fantasien besteht darin, dass ich mich mit den Fingern oder einem Vibrator bearbeite, während mehrere Männer mir dabei zugucken und sich zugleich selbst befriedigen.

Schließlich sorgt meine masochistische Ader dafür, dass ich eine gewisse Art von Gewalt genieße. Ich mag es, wenn sie mich »Hure« oder »Nutte« nennen, während sie mich ficken. Dass sie meinen Kopf so festhalten, dass ich ihn nicht heben kann, während ich Fellatio mache. Dass sie mich schlagen (heftig, aber nicht zu sehr) und mich »zwingen«, etwas zu tun, wogegen ich mich widersetze. Auch, dass sie mir die Augen verbinden und ich nicht weiß, was um mich herum geschieht. Überrascht werden. Ach, ich liebe die Vorstellung, gleichzeitig vaginal und anal penetriert zu werden. Die Erfahrung habe ich auch schon einmal gemacht, mithilfe meines Freundes, der Dildos benutzt hat, um das hinzukriegen.

Hoffentlich hilft mein Bericht euch weiter. Ich denke, dass meine Sexualität völlig normal ist. Und obwohl man im Allgemeinen nicht so detailliert darüber spricht, nehme ich an, dass sehr viele Frauen die gleichen Vorlieben haben wie ich.

Seit über einem Jahr lebe ich mit einem Mann zusammen.

Schmutzige Ausdrücke, Schläge, Fesseln und Augenbinden

Wer es erregend findet, wenn man ihn während des Geschlechtsaktes beleidigt, muss noch lange nicht darauf stehen, im Alltag erniedrigt zu werden. Bei diesem Spiel ist alles erlaubt, solange darüber Einigkeit zwischen den Beteiligten herrscht. Es sind vereinbarte Regeln und keine Gesetze, die einer dem anderen auferlegt. Wer seine Partnerin »Hure« oder »Nutte« nennt, empfindet ihr gegenüber weder echte noch symbolische Abneigung, denn er weiß ja, dass die Frau es so möchte – die Beleidigungen erfolgen auf Wunsch der Beleidigten. Frauen, die mutig genug sind, um solch eine Show der verbalen oder physischen Aggressionen mitzumachen, haben ein ausgeprägtes Selbstwertgefühl und viel Selbstsicherheit. Diese Frauen wissen, dass die Männer sie nicht beherrschen und auch nicht an Wärme und Zärtlichkeit einbüßen – ganz gleich, wie viele Schläge auf den Hintern sie ihnen verabreichen. Auch bedeutet es, dass diese Frauen ein großes Vertrauen in ihren Partner haben, wenn sie sich die Augen verbinden lassen und sich dem Mann hingeben, ohne sich bedroht zu fühlen.

Vorher hatte ich drei Beziehungen. Meinen Partner würde ich als aufgeschlossenen und zuvorkommenden Menschen beschreiben. Allerdings habe ich das Gefühl, dass er zu denen gehört, die auf Frauen mit einem leicht »nuttigen« Stil stehen – außer, wenn es sich dabei um ihre eigene Frau handelt (ich weiß nicht, ob ihr mich versteht ...). In letzter Zeit wird der Sex mit ihm immer konventioneller.

Seit einer Weile denke ich häufiger darüber nach, ob es möglich oder angebracht wäre, mit anderen Männern Sex zu haben. In meiner Fantasie habe ich mir auch schon Sex mit Frauen ausgemalt, aber ich weiß nicht, ob ich diese Fantasie eines Tages in die Praxis umsetzen werde. Zuletzt war ich mit einem Mann verheiratet, für den Sex auf den Akt der Penetration begrenzt war. Jahrelang habe ich ihm Orgasmen vorgetäuscht, und gleich danach bin ich immer ins Badezimmer gegangen, habe behauptet, ich wolle mich waschen. Dann habe ich das Thema abgeschlossen, indem ich mich selbst befriedigte. Als die Beziehung mit ihm zu Ende ging, hatte ich nicht die geringste Lust darauf, an Sex auch nur zu denken.

Mein Aussehen ist normal. Ich bin 1,60 Meter groß, wiege achtundfünfzig Kilo, treibe Sport, genug, um der Zellulitis – die bei uns in der Familie liegt – nicht das Feld zu überlassen. Ja, ich gebe zu, ich habe bereits Zellulitis, aber wenigstens kümmere ich mich darum. Ich kleide mich normal, tendenziell eher sportlich. Parfüm benutze ich nicht, und ich schminke mich wenig. Mir gefällt ein »frisches« Aussehen – so, als hätte man gerade geduscht. Was mir hilft, wenn ich einen Mann verführen möchte: Ich wirke sinnlich dank voller Lippen, die ich von meiner Mutter geerbt habe. Die meisten Männer mögen meinen Hintern. Und ich schäme mich nicht, deutlich zu machen, wonach mir der Sinn steht. Die besten »Waffen einer Frau« sind – was mich angeht – meine Worte.

Mir gefallen Männer, die es erregt, wenn ich Lust verspüre. Und solche, die bereit sind, Dinge auszuprobieren … Konventionelle Typen und Männer, die nur ihr Ding reinstecken wollen, mag ich nicht.

Ich erinnere mich an eine kurze Affäre, die ich mit einem reifen, sehr erfahrenen Mann hatte. Er schätzte mich folgendermaßen ein: »Wenn du kommst, habe ich das Gefühl, dass du in andere Sphären abhebst, dass du alles andere vergisst.« Das ist für mich Sex. Etwas, das man voll und ganz auskostet. Und es gibt keine Grenzen, wenn dir etwas Lust bereitet und du es mit jemandem teilen kannst. Am meisten geprägt hat mich vielleicht die Erfahrung mit einem Mann, der wesentlich älter war als ich. Wir sahen uns mehrmals in unregelmäßigen Abständen. Dabei habe ich viel gelernt. Mit ihm hatte ich das erste Mal Analsex, und ich erinnere mich daran, dass ich weit davon entfernt war, mich zu schämen. Im Gegenteil: Ich war dankbar, jemanden getroffen zu haben, der mich mit der Sache vertraut machte.

Selbstbefriedigung fand ich schon immer wunderbar. Ich habe versucht, meinen Partnern klarzumachen, dass Selbstbefriedigung ein Teil meiner Sexualität ist – ganz gleich, ob für mich allein oder in Gesellschaft. Und es stört mich überhaupt nicht, wenn ein Mann den Wunsch äußert, in meiner Gegenwart zu masturbieren. In solchen Fällen befriedige ich mich gleichzeitig mit ihm selbst. Und dann zögere ich gerne meinen Orgasmus hinaus, damit wir zugleich kommen.

Momentan habe ich einen festen Freund und keine Affären. Nicht immer war ich diesem Partner treu, was ich ihm danach auch gebeichtet habe. Jedoch habe ich das Gefühl, dass er es heute nicht so leicht akzeptieren würde wie in der Vergangenheit.

Liebeskugeln

Was erwarten die Leute von Liebeskugeln? Möglicherweise bringen viele Menschen sie in Zusammenhang mit pornografischen Filmen und Shows, aber in Wirklichkeit haben diese Kugeln eine ausschließlich therapeutische Funktion. Frauen, die mehrmals wöchentlich Liebeskugeln in ihre Scheide einführen und damit herumlaufen, stärken auf diese Weise ihre Beckenbodenmuskulatur. So beugt man der Inkontinenz vor und hat mehr Spaß beim Sex. Wenn diese Muskulatur aber in gutem Zustand ist, wird man die Liebeskugeln möglicherweise nicht einmal bemerken.

Dennoch kann es sehr erregend sein, ein Paar Kugeln mit sich herumzutragen, die von den Vaginalwänden gehalten werden. Ist doch ein verlockender Gedanke, dass der Typ, der neben dir im Bus sitzt, nicht die geringste Ahnung davon hat!

Anregungen finde ich in erotischen Comics – schon immer (man wird überhaupt nicht schief angesehen, wenn man sie kauft, das gilt sogar als cool). Auch Sex via Internet gefällt mir (bisher nur erotische Chats, noch bin ich nicht so weit, dass ich eine Webcam benutzen oder zum Telefon greifen würde, ich möchte lieber anonym bleiben).

Mein Partner lässt sich durch Pornofilme erregen, die wir uns gemeinsam angucken und die ich manchmal auch allein sehe (ich nehme an, dass er das ebenfalls tut). Ansonsten bringt er Vibratoren (er hat mir einen geschenkt, den ich ganz bezaubernd finde) und Liebeskugeln (die bringen mir überhaupt nichts) zum Einsatz.

Meiner Meinung nach ist alles in Ordnung, was einem neue

Horizonte eröffnet. Wer langweilt sich denn nicht, wenn er hundert Mal auf die gleiche Art gevögelt hat? Solche Vorschläge heiße ich in hohem Maße willkommen, obgleich ich zugeben muss, dass es mir schwer fallen würde, allein in einen Sexshop zu gehen. Es macht mich nicht eifersüchtig, wenn mein Partner Gegenstände oder Filme benutzt, um sich selbst einzuheizen – ich finde es super, mich an dem Spiel zu beteiligen. Ich befriedige mich selbst, wenn ich mir Filme ansehe. Meistens nehmen wir sie auf, oder wir bekommen sie von Freunden. Ganz besonders erregend finde ich das Bild, wie zwei Männer gleichzeitig in eine Frau eindringen.

Sie kommen plötzlich rein

Ich bin einunddreißig Jahre alt und Journalistin.

Eine meiner häufigsten Fantasien, wenn ich kurz vor dem Orgasmus bin: Die Tür geht auf, und eine Gruppe von Leuten kommt herein. Sie stellen sich rund um das Bett, sagen nichts, und wir fahren fort mit dem, was wir gerade machen. Manchmal stelle ich mir vor, dass es Leute sind, die eine Ausbildung machen. Ich male mir aus, dass ich mich in einem Zentrum für Sexualforschung befinde und einen bestimmten Orgasmus-Typ repräsentiere. Deshalb kommen sie erst rein, wenn ich kurz davor bin: um sich meinen Orgasmus anzusehen.

In anderen Spielarten dieser Fantasie bin ich Teil einer Show, und die Leute betreten die Bühne in dem Moment, wo klar ist, dass wir gleich explodieren vor Lust. Diese Personen haben kein wissenschaftliches Interesse, sondern sie suchen die Erregung. Mit dieser Fantasie spiele ich schon seit Jahren. Erst vor ein paar Wochen habe ich sie meinem Partner gebeichtet, nachdem wir miteinander geschlafen hatten.

Ich bin unverheiratet, habe einen Freund und bin völlig treu, weil es mir mit ihm sehr gut geht.

Ich hatte vier feste Beziehungen (die jetzige mitgerechnet). Mein erster Freund, mit dem ich drei Jahre zusammen war, hat mich immer befriedigt, und er bemühte sich, Tag für Tag besser zu werden, um uns beiden noch mehr Spaß zu bereiten.

Der Zweite war eine komplette Katastrophe – unfähig, mich zu befriedigen. Aber ich war so verliebt in ihn, dass es drei Jahre dauerte, bis ich ihn verließ. Furchtbar, wenn man bedenkt, dass ich genau drei Jahre lang keinen Orgasmus hatte. Ich ging zu einer Sexualtherapeutin, die mir sagte, mein sexuelles Reaktionsvermögen sei gehemmt. Danach hatte ich zum Glück eine Beziehung, die meine Störung heilte und meine Sexualität zu neuem Leben erweckte. Aber wir wohnten nicht in derselben Stadt, es war ziemlich hart. Die Beziehung hielt zwei Jahre. Heute befinde ich mich in einer hervorragenden sexuellen Situation, wir ergänzen einander sehr gut, und er kümmert sich um meine Bedürfnisse. Wir sind seit zweieinhalb Jahren zusammen.

Ich habe braune Augen, sehr langes, lockiges Haar, ich bin gut proportioniert, 1,64 Meter groß, wiege vierundfünfzig Kilo, trage Kleidergröße achtunddreißig, bin weder sehr dick noch sehr dünn, treibe einmal wöchentlich Sport (Schwimmen). Meine Figur ist typisch spanisch: kein besonders großer Busen, eine ansehnliche, schmale Taille und ein guter, aber zu großer Hintern. Ich bin also »birnenförmig« – und dennoch ziemlich passabel. Am meisten Aufmerksamkeit errege ich mit meinem Busen. Ich kleide mich ungezwungen, trage eine Mischung aus klassischen und sportlichen Sachen (keine teuren Teile). Am wichtigsten ist mir die Bequemlichkeit: flache Schuhe, keine oder wenig Schminke, eher Eau de Cologne als Parfüm. Meine Unterwäsche: schlicht, ein kleines bisschen sexy, aber nicht zu sehr, normalerweise in Weiß oder Schwarz. Mein Haar trage ich meist offen, wenn es frisch gewaschen ist, oder mit einem Band oder einer Spange zusammengenommen, je nachdem, wie es gerade sitzt. Ich trage immer silberne Finger- und Ohrringe (Gold mag ich nicht), hin und wieder rasiere ich mich (rasieren nervt mich sehr, und ich mache das ausschließlich für meinen Partner).

Ich bin mit echten Prachtkerlen und mit hässlichen Typen zusammen gewesen – in wen ich mich verliebe, kann ich nicht steuern.

Mir gefallen Menschen mit Charakter. Ich mag ein ausdrucksstarkes Gesicht und eine ausgeprägte Persönlichkeit. Was ich nicht ab kann, sind fade, stille Typen, die keine Regung zeigen und bei denen man nicht weiß, ob sie sich gerade wohl fühlen oder nicht. Wie gut Männer körperlich in Form sind, interessiert mich nicht besonders. Muskulöse »Supermänner« finde ich verabscheuenswürdig. Es gefällt mir, wenn Männer ein bisschen mollig sind. Dann kann ich mich bei ihnen ankuscheln. Ich stehe außerdem auf hübsche Augen – die Augenfarbe ist mir egal. Und ich streiche gern über schönes Haar (ganz gleich, welcher Form und Farbe).

Sexuell bin ich sehr aktiv. Ich mag Sex sehr gerne und finde ihn in einer Beziehung äußerst wichtig. Aber nicht nur innerhalb einer Partnerschaft, sondern generell, auch wenn man mit niemandem zusammen ist. Deshalb war es mir auch sehr wichtig, mit meinem Orgasmusproblem zu einer Spezialistin zu gehen. Oralsex praktiziere ich in aktiver und passiver Form, Penetration (nur vaginal) in allen Stellungen, die ich bisher kenne und noch kennen lernen werde. Befriedigung mit den Händen: ebenfalls aktiv und passiv. Auch mit Selbstbefriedigung kenne ich mich aus. Das Thema habe ich eben ja schon angesprochen: Meiner Meinung nach ist Selbstbefriedigung

Genug Zeit

Für manche Männer sind wir Frauen zu langsam. Für manche Frauen sind die Männer zu schnell. Was aber mit Sicherheit zutrifft: Bei einer Frau dauert es nicht immer gleich lange, bis sie auf die erotischen Stimulationen reagiert. Unzählige Faktoren haben Einfluss auf die Zeitspanne, die zwischen den ersten Anzeichen der Lust und dem Eintreten des Orgasmus liegt.

Wenn Frauen die Situation im Griff haben, könnten sie den Höhepunkt innerhalb weniger Minuten erreichen. Wobei zu bedenken ist, dass die Missionarsstellung den Orgasmus des Mannes begünstigt, während sie den weiblichen Orgasmus behindert. Die Selbstbefriedigung ist in der Regel die schnellste Methode, um zum Orgasmus zu kommen. Aber jeder Frau kann es passieren, dass der Gedanke an eine dringliche Besorgung sie ablenkt. So nimmt sie es kaum noch wahr, dass ihre Finger auf mechanische Weise die empfindlichsten Bereiche ihrer Vulva bearbeiten – die mentale Stimulierung ist dermaßen wichtig! Andererseits können weibliche Genitalien in Höchstgeschwindigkeit auf eine Fantasie reagieren, auf eine erotische Geschichte oder irgendein anderes Aphrodisiakum, so dass die Frau gemeinsam mit ihrem Partner ganz plötzlich vom Orgasmus überrascht wird.

Aber man muss sich unserer Meinung nach auch fragen: Sind diese ganzen Erörterungen nicht ein bisschen lächerlich? Gibt es eine Auszeichnung für die Frau, die am schnellsten kommt? Kämpfen wir um eine Goldmedaille? Ist es verboten, zwischendurch mal einen Gang runterzuschalten? Und in wessen Macht steht es eigentlich zu definieren, was in Bezug auf Sexualität »normal« beziehungsweise »anormal« ist?

vor allem dann gut, wenn man gerade keinen Partner hat (weder einen Gelegenheitspartner noch einen festen Freund). Masturbation ist gesund und notwendig, eine grundlegende Voraussetzung, um Ruhe zu finden. Beim Sex ergreifen mein Freund und ich zu mehr oder weniger gleichen Teilen die Initiative. Ich finde es gut, dem Sex viel Zeit zu widmen, nur so kann er wirklich lustvoll und bereichernd sein. Sex auf die Schnelle tut mir nicht gut. Ich brauche Zeit, um in Stimmung zu kommen. Manchmal ziemlich viel Zeit, weil ich gestresst bin oder weil mich etwas belastet.

Manchmal passiert etwas Interessantes mit mir: Wenn ich mehrere Orgasmen nacheinander habe (keinen multiplen Orgasmus, sondern sehr schnell aufeinander folgende Orgasmen), werde ich nicht müde, sondern strotze vor Energie. Ob das normal ist? Ich kann nicht aufhören, ich habe Blut geleckt und will mehr davon, mehr und mehr. Dann bin ich gut drauf und hochgradig empfänglich, und wir machen Sachen (obwohl er an diesem Punkt oft schon nicht mehr kann), die sehr extrem, sehr hart sind, weil ich das alles gut aushalte.

Ich habe mich mit Männern getroffen, von denen ich nichts weiter wollte als einen Fick. Einmal rief ich jemanden an, wir trafen uns, wir taten es und – zack! – schnell wieder nach Hause. Ich hatte auch Sex mit Männern, die ich erst wenige Stunden kannte.

Im Moment bin ich verliebt, aber oft fühle ich mich zu müde, um Sex zu haben. Was nicht bedeuten soll, dass ich auf Sex verzichte. Nur fällt es mir schwerer, in Schwung zu kommen.

Mit meinem Partner – und manchmal auch alleine – sehe ich mir zu Hause Pornos an. Filme, die im Lokalfernsehen laufen, also von sehr schlechter Qualität. Wenn wir in einem Hotel übernachten, dann gucken wir uns dort auch Pornos an.

Und natürlich, wenn wir in unserem eigenen Bett oder auf dem Sofa liegen. Dabei berühren wir uns. Ja, wenn ich mir allein Pornos anschaue, befriedige ich mich selbst. Ich benutze keine Sachen aus Sexshops. Mein Freund lädt schmutzige Laienfotos aus dem Internet herunter, und die sehen wir uns an, aber nicht sehr häufig, vielleicht einmal im Monat. Auch Pornofilme gucken wir nicht öfter. Es macht Spaß zu vögeln, während man dabei zuschaut, wie andere es machen. Vor einem Spiegel zu ficken, macht uns besonders heiß. Also, für mich ist es das Größte, weil man sich auf diese Art selbst in eine Pornodarstellerin verwandelt.

Zwei Männer unter sich

Mein Künstlername ist Bibian Norai. Ich bin neunundzwanzig Jahre alt und Pornodarstellerin.

Ich habe kein Abitur, aber auf die meisten Leute wirke ich intelligent und einfühlsam. Ich bin offen und lerne gerne Menschen kennen. Mich interessieren Gefühle und zwischenmenschliche Beziehungen. Außerdem finde ich natürlich, dass Sexualität ein hochinteressantes Thema ist.

Ich hatte eine Fantasie, darin kamen Oralsex, Lebensmittel und Frauen vor. Alles sehr sinnlich – wie in dem Film *Neuneinhalb Wochen*. Mit Früchten, deren Geschmack und Konsistenz eine stimulierende Wirkung haben. Manche ähneln ja auch dem weiblichen Geschlecht. Ich übernahm eine Rolle in einem Stück der Performance-Gruppe La Fura dels Baus. Ich hatte eine Sexszene mit einem Schauspieler, unsere Körper waren mit Spaghetti überschüttet, und so mussten wir Oralsex miteinander machen. Seitdem schreckt mich die Sache eher ab – am Ende jeder Vorstellung stank ich nach Käse! Jetzt finde ich

Vor dem Spiegel vögeln

Wer vor dem Spiegel vögelt, sollte sich nicht an Zellulitis, Haarausfall oder an den anderen Nichtigkeiten stören, die uns Angehörige der westlichen Gesellschaft aus der Ruhe bringen. Wem das gelingt, für den kann die Erfahrung, die eigenen sexuellen Handlungen im Spiegel zu beobachten, ein absoluter Hochgenuss sein. Vor dem Spiegel ist man Voyeur und Exhibitionist zugleich.

Einige Menschen fühlen sich jedoch in Gegenwart eines Spiegels beobachtet, und es kommt ihnen so vor, als mische sich das Spiegelbild in ihre privaten Angelegenheiten. Auf diese Weise kommt ihnen die Vertraulichkeit abhanden, die sie benötigen, um sich auf das eigene Lustempfinden konzentrieren zu können. Und wieder stellen wir fest: Was manche Leute erregt, kann bei anderen die Erregbarkeit hemmen.

es erregend, mir vorzustellen, wie zwei Männer Sex miteinander haben – auf sehr sinnliche, zärtliche Art, ganz langsam und ganz liebevoll. Vieles, was bisher in meinen Fantasien vorkam, mache ich auch tatsächlich. Vielleicht erregt mich diese neue Fantasie, weil ich mich daran nicht beteiligen muss, sondern nur Zuschauerin bin.

Zurzeit bin ich Single. Wenn ich einen Partner habe, lebe ich monogam, dann interessieren mich Affären nicht. Verliebt zu sein macht mich glücklich. Bisher hatten alle meine Freunde, die nicht in derselben Branche arbeiteten wie ich, erstaunlicherweise Verständnis für meinen Beruf. Sie waren weder eifersüchtig noch störten sie sich daran, dass ich im Job ficke und sogar Spaß dabei habe. Ich mache kein Geheimnis daraus:

Ich widme mich dem Pornofilm, weil ich Sex super finde, ich genieße die Dreharbeiten, und obgleich ich nicht immer dabei komme, hatte ich doch schon mehrere Orgasmen im Beisein meiner Kollegen und Kolleginnen. Ja, es ist nicht leicht, solche Männer zu finden, aber bisher hatte ich Glück. Obwohl ich zugebe, dass mein Job ein großes Handicap ist, wenn es darum geht, feste Beziehungen aufzubauen. Und darauf bin ich aus.

Ich bin blond und schlank. Selbstverständlich achte ich auf mein Aussehen und gehe ins Fitness-Studio – mein Beruf macht das unerlässlich. Ich gehe nicht gern aus, und auch Partys

Mit Lebensmitteln spielen

Champagnerströme, die über den Rücken laufen; Sahnewolken zwischen den Schenkeln; Pfade aus Schokoladencreme, die sich über den Körper ziehen; Eis auf dem Bauch an heißen Sommertagen… Wenn man köstliche Rezepte zusammenstellen und das Menü gemeinsam genießen will, kann man sich ganz nach seinem persönlichen Geschmack richten und seiner Fantasie freien Lauf lassen.

Schon ein gemeinsames Abendessen wird zum erotischen Erlebnis, wenn man sich entsprechend verhält. Mit der Zunge, den Lippen, den Zähnen, den Fingern lassen sich aufreizende Effekte erzielen – man muss die Speisen nur auf eine sinnliche Art handhaben und kosten. Dabei müssen die Lebensmittel nicht unbedingt eine phallische Form haben. Außerdem kann es aufregend sein, im Restaurant einen Schuh abzustreifen und sein Gegenüber mit den Zehenspitzen zwischen den Beinen zu berühren.

langweilen mich, deshalb besuche ich nur Veranstaltungen, die für mich von beruflichem Interesse sind: Pornofilm-Premieren, Erotik-Festivals, Preisverleihungen… Aber meistens verabschiede ich mich möglichst früh.

Was Männer angeht, ist es für mich eine Grundvoraussetzung, dass sie über Sex genauso denken wie ich: Obwohl ich meine Arbeit genieße und diese Arbeit darin besteht, Sex zu machen, hat das nichts mit Untreue zu tun. Liebe ist nicht nur Sex, sondern mehr als das, sogar mehr als Leidenschaft. Unter wirklicher Untreue gegenüber einem Menschen, den man liebt,

Aus einem weiblichen Blickwinkel

Die Mehrheit der Frauen beschwert sich darüber, dass die Pornoindustrie nicht auf ihre Bedürfnisse eingeht. Andererseits kann man in diesem Buch erfahren, dass es auch viele Frauen gibt, die Spaß an der herkömmlichen Pornografie haben. Gleichwohl möchten wir nachfolgend einige der Kritikpunkte nennen, die Frauen zu solchen Filmen äußern:

- Die Orgasmen der Darstellerinnen wirken unecht.
- Die Stellungen sind dermaßen unbequem, dass man nicht glauben kann, eine Frau fühle sich gut dabei.
- Die Handlung ist hanebüchen.
- Die Filme orientieren sich am männlichen Lustempfinden: Fast nie ist eine direkte Stimulation der Klitoris zu sehen, und während die Fellatio Stunden dauert, wird ein Cunnilingus nur wenige Sekunden gezeigt.
- Die Darstellerinnen wirken, als wären sie aus Plastik.
- Die Ausstattung ist sehr kitschig.
- Manche Szenen sind zu aggressiv.

verstehe ich die seelische, nicht die körperliche Untreue. Und ich selbst bin noch nie seelisch untreu geworden.

Ich hatte schon immer gerne Sex. Noch nie habe ich mich dabei unterdrückt gefühlt, und noch nie hatte ich dabei diese typischen Schuldgefühle, von denen man immer hört: dass Leute denken, sie täten etwas Schlechtes, Sündiges, Schmutziges… Nein, mir hat es immer Spaß gemacht, und ich habe es immer genossen, neue Eindrücke zu sammeln. Und nicht nur der Sex an sich ist für mich ein außerordentlicher Genuss – wenn das bei einer Frau nicht der Fall ist, kann sie die Arbeit als Pornodarstellerin gleich vergessen –, sondern ich halte mich auch für eine neunzigprozentige Exhibitionistin. Außer den Leuten, die normalerweise bei einem Dreh dabei sind (Techniker und Künstler), werden gelegentlich auch noch andere Leute dazu eingeladen (Pressevertreter, Freunde…). Manche Darsteller stören sich daran und können sich dann nicht konzentrieren. Ich hingegen habe umso mehr Spaß, je mehr Leute anwesend sind. Entsprechend werden meine Szenen dann auch besser. Erotik finde ich wundervoll, und wie gesagt hatte ich schon mehrmals Orgasmen während der Dreharbeiten. Aber auch, wenn ich nicht komme, habe ich viel Vergnügen bei meiner Arbeit.

Was das körperliche Empfinden angeht, bin ich bisexuell: Ganz gleich, ob ich es mit einem Mann oder mit einer Frau treibe – ich fühle mich dabei immer bestens. Wenn es aber um Liebe und um eine feste Beziehung geht, dann bevorzuge ich einen Mann. Jedoch bereitet mir Gruppensex mehr Vergnügen, wenn die anderen alle dasselbe Geschlecht haben. Also: Gemischte Orgien machen mich weniger an als Orgien nur mit Männern oder nur mit Frauen.

Im Privaten habe ich eine sehr sanfte, zärtliche, sinnliche Sexualität, und ich nehme mir viel, viel Zeit dafür. Das ist wahrscheinlich logisch, denn bei der Arbeit machen wir es im Akkord: Die Szenen werden so schnell wie möglich abgedreht, und wenn die Kamera nicht läuft, hat man so gut wie keinen körperlichen Kontakt mit den anderen Darstellern. Es gibt keine »Aufwärmübungen« (nur ganz kurze vor dem Analsex), keine Sinnlichkeit, keine Küsse, keine Streicheleinheiten. Am Set passiert das, was später im Film zu sehen ist – nichts weiter, weder vor noch nach dem Dreh. Die Arbeit ist der Ort, wo ich meinen Durst auf neue Erfahrungen stille und wo ich einen Großteil meiner Fantasien ausleben kann. Im Privatleben bin ich sehr ruhig, ganz durchschnittlich, ich brauche auch keine Hilfsmittel, um mich wohl zu fühlen und Erregung zu verspüren. Das Einzige, worauf ich dann bestehe: dass wir uns reichlich Zeit nehmen und dass ich es bequem habe. Denn die Stellungen, die wir in den Filmen einnehmen, sind unbequem. Später, auf der Leinwand, sorgen diese Positionen für die besten Effekte, für die stärkste Erregung. Wer sich einen Pornofilm ansieht, will nicht beobachten, wie zwei Menschen es in der Missionarsstellung machen, sondern er will eine Show der Superlative erleben. Klar, dass man da schon mal einen Muskelkrampf kriegt, oder dass einem ein Bein einschläft. Oder du arbeitest – wie es mir passiert ist – mit vierzig Grad Fieber, da hatte ich eine Erkältung (den Darsteller, der damals eine Szene mit mir hatte, machte das total geil, weil ich – wie er mir sagte – »eine kochende Möse« hatte).

Mit Männern, die ich liebe, mache ich es also ganz in Ruhe. Ich nehme mir viel Zeit für Sex, Küsse, Streicheln und für die Erkundung seines Körpers … Dabei mache ich es mir so gemütlich wie nur irgend möglich: Badewanne, ein großes Bett, Sitzkissen und Teppiche auf dem Fußboden. Ich bin sehr zärtlich und empfänglich. Das Gute an meiner Arbeit ist, dass man einen Film innerhalb von zwei Wochen dreht, in denen mein

Partner mich nicht zu sehen bekommt. Gleich danach kann man sich einen ganzen Monat frei nehmen und sich, wenn man möchte, ausschließlich seinem Partner, der Liebe und dem Sex widmen. Da ich außerdem sehr häuslich bin und nicht gern ausgehe und da mich auch Fernsehen schnell langweilt, habe ich umso mehr Zeit für Sex. Und Sex ist nun mal das, was ich am liebsten mag.

Geschäftsleute

Ich bin siebenundzwanzig Jahre alt und Diplom-Sozialpädagogin. Ich arbeite in einem Frauenberatungszentrum.

Sexuelle Fantasien kenne ich bei mir erst seit eineinhalb Jahren, so lange bin ich jetzt mit meinem neuen Partner zusammen. Früher bin ich nicht auf solche Gedanken gekommen. Wenn ich mit ihm schlafe, gehen mir verschiedene Szenarien durch den Kopf. Jedoch ist die folgende Fantasie diejenige, die sich bei mir am häufigsten wiederholt: Ich stelle mir zwei Manager vor, eine Frau und einen Mann. Sie sind nur Kollegen und kennen sich kaum. In der Mittagspause gehen sie zusammen in ein Pornokino.

Während der Film läuft, beginnt er damit, über ihre Bluse zu streichen, ihren Busen zu ertasten. Dann, ganz langsam, knöpft er ihr die Bluse auf und befühlt die Haut ihrer Brüste. Nach und nach gleitet seine Hand nach unten, bis er schließlich ihre Möse leckt. Das Ende der Fantasie kennt verschiedene Varianten: Manchmal erscheint eine dritte Person, die sich ebenfalls in dem Kino befindet und an den Brustwarzen der Frau saugt. Oder aber die beiden treiben es in dem Saal miteinander, vor den weit aufgerissenen Augen der anderen Kinogäste, aber es sind nicht viele Leute dort.

Seit mehr als einem Jahr lebe ich mit meinem Freund zusammen, und fast immer fühle ich mich, wenn er bei mir ist, wie die glücklichste Frau der Welt. Vor ihm hatte ich nur eine einzige weitere feste Beziehung, sie dauerte über vier Jahre und weckt bei mir nicht viele gute Erinnerungen. Er war ein sehr träger und empfindlicher Mensch, der sich für Sex nicht interessierte. Wir gingen nur selten miteinander ins Bett, meistens streichelten wir uns nur. Er sagte, dass Sex ihm nicht viel bedeute. Jeder von uns wohnte bei seinen Eltern, und nie wollte er mit mir in ein Hotel gehen, um mit mir zu schlafen. Überhaupt war er nicht gut von seiner Scholle wegzubewegen.

Ich hatte immer das Gefühl, dass er solche Situationen vermeiden wollte. Heute halte ich es für möglich, dass er schwul ist und selbst nichts davon weiß, denn vieles an ihm war nicht normal. Schon früher dachte ich darüber nach, aber jetzt, wo ich ein erfülltes Sexualleben habe, wird mir das alles erst richtig deutlich. Affären hatte ich viele, aber fast nie mit Penetration, danach stand mir nicht der Sinn. Ich glaube, ich brauche Vertrauen in die Person. Sowieso habe ich mit der Zeit festgestellt, dass ich mehr Freude am Sex habe, wenn ich es mit jemandem mache, dem ich sehr vertraue. Bei meinem Freund ist das der Fall. Meinem jetzigen Partner und mir geht es in sexueller Hinsicht prächtig. Alle beide sind wir sexuell sehr aktiv.

Ich finde mich nicht attraktiv, obgleich ich phasenweise Erfolg bei den Männern hatte. Mein Plus ist wohl die Art, wie ich mich gebe. Ich verstelle mich nicht – ich bin einfach ein ehrlicher, fröhlicher und zärtlicher Mensch.

Wenn mich ein Mann interessiert, geht es mir nicht in erster Linie um Äußerlichkeiten. Ich lege Wert auf Ehrlichkeit, Zärtlichkeit, Unternehmungslust und Toleranz. Um meine Vorstellung von einem idealen Partner auf den Punkt zu bringen: ein guter Mensch, dem man Vertrauen schenken kann.

Wenn er nicht will

Wir Menschen haben das Bedürfnis, allen ungewöhnlichen Vorfällen einen Sinn zu geben. Und wir bevorzugen Erklärungen, die uns selbst nicht in negatives Licht rücken. Auf diese Art entstehen Mythen und Fehleinschätzungen in Bezug auf die Sexualität. Dass ein heterosexueller Mann niemals »Nein« zum Sex mit seiner Partnerin sagt und ein stärkeres Bedürfnis hat als sie – diese Behauptung entstammt der Gerüchteküche und ist weit verbreitet. Von einem Mann, der wenig Appetit auf Sex hat, nehmen wir deshalb an, er habe sich in seiner sexuellen Orientierung geirrt. Trugschlüsse schränken uns in unserem Denken und Handeln ein, und dies gilt auch für Männer, denen man eingetrichtert hat, ein echter Kerl sei wie ein geiler Bock.

Helen S. Kaplan, Ärztin und Leiterin der Human Sexuality Clinic am New York Hospital, kennt verschiedene mögliche Gründe für die Rückbildung des Sexualtriebes: Depressionen; Alkohol- oder Drogenmissbrauch; Hypophysen-Tumore, die die Prolaktin-Sekretion auslösen; Testosteron-Mangel – sowohl bei Frauen als auch bei Männern; Nebenwirkungen von Medikamenten; weniger bekannte Krankheiten sowie zum Teil sehr tief liegende psychische Störungen. Trotz alledem können und wollen wir der Vermutung, der Exfreund dieser jungen Frau sei schwul, nicht widersprechen. Wichtig ist vor allem, dass der Mann ein persönliches Problem hatte und dass die Frau nicht zu seiner Blockade beigetragen hat.

Meine erste Affäre hatte ich mit sechzehn, meine Unschuld verlor ich mit einundzwanzig. Vielleicht war das relativ spät, doch ich bereue es nicht. Es geschah zu einem für mich genau richtigen Zeitpunkt. Den Mann, der mich entjungferte, hatte ich allerdings erst an diesem Tag kennen gelernt. Für mich war es kein schönes Erlebnis. Weil ich nervös war, konnte ich es nicht genießen. Was sexueller Genuss genau bedeutet, wusste ich nicht, bis ich den Mann traf, mit dem ich heute zusammen bin. Man kann sagen, dass mein vorheriges Sexualleben nicht besonders bewegt war, und ich finde es traurig, dass ich nach einer vierjährigen Partnerschaft auf diesem Gebiet noch weitgehend unerfahren war. So empfand ich es damals, und mein jetziger Freund hat es mir bestätigt. Inzwischen macht es mir Spaß, hin und wieder die Zügel in der Hand zu halten und alles Mögliche mit ihm anzustellen, meine Macht auszuspielen, damit er scharf wird. Aber nicht immer – ich mag es auch, wenn er die Führung übernimmt.

Wir benutzen keine Erotikartikel, um uns in Fahrt zu bringen, sondern nur unsere Fantasie. Wir sind selbst diejenigen, die in ihrem eigenen Film spielen, wir verkleiden uns sogar. Auf diese Weise haben wir eine richtig gute Zeit miteinander. Im Moment haben wir nicht das Gefühl, dass es uns an irgendetwas mangelt.

Die Hauptrolle spielen

Was eine Frau zeigen darf und was nicht, hängt von den Zeiten ab, in die sie hineingeboren wurde, von ihren familiären Hintergründen, von religiösen Zwängen, von der Stadt, dem Dorf und sogar dem Viertel, in dem sie wohnt, von ihrem sozialen Umfeld ... und selbstverständlich von der Mode, die bestimmt, wie lang ein Rock sein muss, damit die Beine darunter elegant wirken.

Unbewusst lernen Frauen, sich so zu präsentieren, dass sie einen Mann abkriegen, aber nicht »unanständig« wirken. Den-

Ihn scharf machen

Noch immer lässt man viele Mädchen in dem Glauben heranwachsen, sie bräuchten sich beim Sex nur hinzugeben und müssten selbst nicht aktiv werden. »Lass ihn nur machen, der Mann wird schon wissen, was zu tun ist.« Parallel vermittelt man jungen Männern das Gefühl, dass eine göttliche Eingebung ihnen offenbaren wird, was Frauen gut tut, und dass wir in Erwartung des heiligen Orgasmus stillhalten. Alles Lügen, die sowohl uns als auch ihnen schaden! Uns schaden die Lügen, weil wir vor lauter Angst, ihr Selbstwertgefühl zu verletzen, unsere Wünsche unterdrücken. Eigentlich würden wir uns doch gern an der Handlung beteiligen und erklären, was wir mögen! Ihnen schaden die Lügen, weil die gesamte Verantwortung für eine zufriedene weibliche Sexualität auf ihren Schultern lastet.

Glücklicherweise lernen die Paare, die Rollen zu tauschen, wann immer es ihnen beliebt. Für viele Frauen ist es äußerst erfreulich, festzustellen, dass ihr Liebhaber scharf wird, wenn sie ihre sexuelle Kreativität beweisen – und dass er sie keinesfalls als »schmutziges Luder« beschimpft.

noch hat ein Großteil aller Frauen – ob wissentlich oder nicht – eine exhibitionistische Ader. Zumindest sprechen unsere Fantasien dafür.

Die sechziger und siebziger Jahre waren eine Zeit des gesellschaftlichen Wandels. Die Frauenbewegung protestierte gegen den Einsatz des weiblichen Körpers als Lockmittel, und unsere Befreiung ging damit einher, dass man begann, sich aus der Abhängigkeit von der finanziellen Macht der Männer zu lösen. Frauen schrieben sich an den Universitäten ein und erlangten ein hohes Bildungsniveau. Und was folgte darauf? Das Vordingen in das Territorium des anderen Geschlechts, in die Geschäftswelt.

In diesem Umfeld ging es nicht an, dass Frauen wie junge Mädchen herumliefen, sondern sie mussten zeigen, dass sie mehr zu bieten hatten als Busen und Hintern. Um die gläserne Decke zu durchbrechen – jenes unsichtbare Hindernisse, die unseren Aufstieg in die verantwortungsvollen Positionen der Geschäftswelt hemmen –, eigneten sich Frauen eine strenge Ästhetik an. Sie verzichteten auf verspielte Accessoires, machten sich asexuell, manchmal auch androgyn zurecht. Sogar die Art zu sprechen wurde männlich eingefärbt – wenn nötig, nahm man einen aggressiven Ton an.

Rosa heißt eine Hauptfigur in dem Frauenroman *Von Liebe, Zweifeln und Prozac*. Sie ist Managerin, Workaholic und süchtig nach dem im Buchtitel genannten Antidepressivum. Zudem hält sie sich strikt an John T. Molloys *The Woman's Dress for Success* – ein 1977 erschienener Ratgeber, der Managerinnen empfiehlt, Maßanzüge und andere zurückhaltende Kleidung zu tragen, wenn sie von Männern respektiert werden wollen. Ständig denkt Rosa daran, sich nicht nur streng zu kleiden, sondern auch so zu verhalten. Für Konferenzen erlegt sie sich zahlreiche Verbote auf: Nicht mit dem Haar oder Schmuck spielen; keinesfalls die BH-Träger zurechtrücken; nicht an der Strumpfhose zupfen; keine imaginären Fussel von der Bluse streifen! Oder kurz: unerotisch sein!

Zum Erfolg hat diese Strategie jedoch nicht geführt. Ja, sicher, die Frauen haben vieles erreicht. Aber wir müssen uns eingestehen, dass wir weder die gläserne Decke durchbrochen noch aufgehört haben, mit unseren Geschlechtsgenossinnen zu rivalisieren. Wir haben uns nicht von der verfluchten Hausarbeit befreit und bis heute keine Gleichberechtigung hinsichtlich aller Rechte und Pflichten erreicht. Wir bekommen nicht einmal denselben

Lohn für dieselbe Arbeit wie Männer, sondern deutlich weniger. Und was uns nicht entgehen sollte: Es waren Männer, die den Frauen empfahlen, ihre Blusen bis zum Hals zuzuknöpfen und sogar die geringste sinnliche Geste zu unterdrücken. Es hätte ja auch nicht schön ausgesehen, wenn der Geschäftsführer mit ausgebeulter Hose durch die Firma spaziert wäre.

Wenn wir weder Männer waren noch ein weibliches Bild abgeben durften (beziehungsweise ein Bild, von dem behauptet wurde, es sei »weiblich«) – wer waren wir Frauen dann?!? Warum verlangte man von uns, dass wir uns verkleideten und unser weibliches Fleisch verbargen, um die Schwelle in ihr Reich zu übertreten? Warum lernten die Männer nicht, tatsächlich mit uns zusammenzuarbeiten und uns als die Frau zu akzeptieren, die sich in jeder von uns verbarg?

Der unfreiwilligen Kostümierung überdrüssig, beschlossen die Frauen, es sei nicht nötig, sich einen Kartoffelsack überzustülpen, um leistungsfähig zu wirken. Und so folgte die Ära des Silikons, des Fettabsaugens und eines Körperkultes, den auch die Männer für sich entdeckten. Hiermit im Zusammenhang steht der unfassbare Erfolg von Reality Shows wie *Big Brother*, in denen auch pornografische Szenen nicht fehlen – eine der erfolgreichsten Fernsehideen aller Zeiten. George Orwells infernalischer Albtraum verwandelte sich in ein wundervolles Märchen zur Befriedigung der Gier nach dem Eindringen in fremde Privatsphären.

Die exhibitionistische Frau ist politisch inkorrekt. So war es früher, vor der vermeintlichen Emanzipation, und so ist es noch heute. Früher, weil es der Frau nicht zustand, sich in irgendeiner Form sexuelle Erregung zu verschaffen. Heute, weil es als ausgemacht gilt, dass keine von uns sich wie ein Lustobjekt vorkommen möchte.

Alle sexuellen Fantasien, sowohl von Männern als auch von Frauen, sind durch psychosoziale Faktoren beeinflusst – davor können wir uns nur schwerlich bewahren. Und einer der am tiefsten verwurzelten Faktoren bei allen, die wir in einer christlichen Gesellschaft aufgewachsen sind, ist das Schuldgefühl.

Die erste in diesem Kapitel beschriebene Fantasie entführt uns in ein orientalisches Ambiente – eine Welt, von der westliche Menschen seit der Veröffentlichung der *Geschichten aus Tausendundeiner Nacht* fasziniert sind. Beeinflusst durch die idyllischen Bilder dieser Märchen, lässt die dreiundzwanzigjährige Frau, die uns von ihrer Fantasie berichtet, kein Detail des sexuellen Festes aus: exotische Speisen, verführerische Musik, eine warme und gemütliche Atmosphäre. Außerdem findet die junge Frau einen Weg, sich nicht für ihre exhibitionistischen Handlungen verantwortlich fühlen zu müssen: Man verabreicht ihr ein Getränk, durch das sie die Kontrolle verliert. Die Schuld liegt nicht bei ihr, sondern bei dem Getränk. Eine erfolgreiche Strategie, um den eigenen Kopf hinters Licht zu führen und weiterhin ein braves Mädchen zu bleiben, obwohl man dem eigenen Wertesystem zuwiderhandelt. Andernfalls könnte eine Blockade einsetzen, die den sexuellen Appetit hemmt.

Manche der Frauen in unserem Buch praktizieren auf exhibitionistische Weise eines der lehrreichsten Spiele, die es überhaupt gibt: Sie befriedigen sich vor den Augen ihrer Partner selbst. Wie sehr würde doch das sexuelle Verhältnis fast aller Frauen zu ihren Männern davon profitieren, wenn sie sich so verhielten! Doch die meisten Frauen geben sich damit zufrieden, sich über die Unbeholfenheit ihrer Partner zu beschweren. Wie kommen sie bloß auf die Idee, allen Männern sei das Wissen um die Klitoris und ihre Stimulierung in die Wiege gelegt?

Keine der Frauen, die exhibitionistische Fantasien haben, ist krank oder anormal. Exhibitionismus wird erst dann zum Problem, wenn es für einen Menschen die einzige Möglichkeit ist, sich sexuell zu betätigen.

In ihren exhibitionistischen Fantasien fühlt die Frau sich schön und attraktiv und ist endlich einmal frei von Schwierigkeiten mit dem Selbstwertgefühl. Sie steht im Mittelpunkt der Show, sie ist der Star, die großartige Liebhaberin, die soziale Anerkennung findet.

Lange Zeit hat die Gesellschaft übertrieben viel Wert auf die sexuelle Tauglichkeit von Männern gelegt, selbst in äußerst repressiven Gesellschaften. Dennoch ist es unbestreitbar, dass sich Frauen in der Menschheitsgeschichte als wunderbare Verführerinnen hervorgetan und sich auch entgegen den gängigen Moralvorstellungen sexuell ungezwungen verhalten haben. Es gibt genug Beispiele: Kleopatra, Salome, Mata Hari, Stars aus der Literatur wie Madame Bovary oder Lady Chatterley. Sogar Gott war Judith dankbar dafür, dass sie den Feind mit ihrer Liebeskunst überwältigte und dass ihm, als er erschöpft eingeschlafen war, der Kopf abgeschlagen werden konnte. So ist es im Volksglauben verankert: Frauen, die wissen, wie sie ihre Waffen einsetzen müssen, um Männer verrückt zu machen, verfügen über die Macht, jeden zu beherrschen, den sie beherrschen wollen. So erklärt sich auch, warum Frauen exhibitionistische Fantasien haben: Für sie ist Exhibitionismus ein Instrument der Macht.

Und wo sind die Voyeurinnen abgeblieben? In den an uns eingesandten Berichten ist die Zahl voyeuristischer Fantasien gering. Nur Bibian hat einen Beruf gewählt, in dem sie Künstlerin sein und die Hauptrolle spielen kann.

Wie beim Exhibitionismus ist auch das voyeuristische Verhalten nur dann krankhaft, wenn das Erreichen des sexuellen Höhepunkts für einen Menschen davon abhängig ist, dass er heimlich sexuelle Handlungen beobachtet – ohne selbst daran teilzunehmen und ohne die Menschen, die er beobachtet, zu berühren. Und dies ist bei den Frauen, die hier von sich erzählt haben, eben gerade nicht der Fall.

7

Die Tabuzone

Po, Hintern, Allerwertester, Arsch ... Frauen und Männer schenken ihm Beachtung, vor allem wenn er schön knackig ist. Jedoch ist ein Großteil der aufregenden Dinge, die man mit dem Po anstellen kann, in unserer Gesellschaft verpönt. Dabei hat das Backenpaar eine enorme Anziehung auf Menschen beiderlei Geschlechts.

Anscheinend sind es in heterosexuellen Beziehungen meist die Männer, die sich anale Praktiken wünschen, wobei sie es bevorzugen, weiterhin die Rolle des Eindringenden zu übernehmen. Dennoch stehen mittlerweile auch viele Frauen dazu, dass sie die neu entdeckten analen Wonnen ganz großartig finden.

Dass ich einen Penis habe

Ich bin achtundzwanzig Jahre alt und habe einen Hauptschulabschluss. Jahrlang versuchte ich, einen höheren Abschluss zu schaffen, aber es ist mir nicht gelungen. Ich arbeite als Telefonistin.

Meine wichtigste sexuelle Fantasie handelt davon, dass ich einen Penis habe. Natürlich nur für kurze Zeit, denn es muss ja ziemlich nervig sein, ständig mit diesem Paket zwischen den Beinen herumzulaufen. Ich wüsste gern, was man fühlt, wenn man einen Schwanz hat. Wenn man dort gestreichelt wird, wenn man einen geblasen bekommt und vor allem, was für eine Empfindung es ist, wenn man damit in eine Vagina oder einen Anus eindringt. Das alles wüsste ich gern.

Ich stelle mir vor, wie es wäre, wenn ich meinem jetzigen Partner meinen Penis in den Hintern steckte. Dabei würde ich ihm gerne erzählen, welche Empfindungen er in mir auslöst. Das fände ich super. In meiner Fantasie gehe ich sehr liebevoll mit meinem Partner um. Zuerst küsse ich ihn und schlecke seinen ganzen Körper ab. Dann lasse ich mich von ihm küssen, und er verwöhnt meinen Schwanz mit dem Mund. Er sollte dabei sehr zärtlich sein – so wie ich es mache, wenn ich ihm in Wirklichkeit einen blase: Ich nehme seinen Penis in die Hand und küsse und lecke ihn ganz sanft, weil ich ja weiß, dass ich – wenn wir zusammen sind – einen Großteil meiner Lust und Befriedigung diesem Teil seines Körpers zu verdanken habe. In meiner Fantasie bewege ich ihn gegen Ende des Aktes dazu, sich umzudrehen, so dass meine Brüste seinen Rücken berühren. Und nach und nach stecke ich meinen Penis ganz vorsichtig in seinen Po. Langsam, damit ich spüren kann, wie sein Anus ihn mit in die Tiefe zieht – so wie es die Wellen mit dem Sand am Meeresufer machen. Und ich bin auch sehr geduldig, damit er merkt, wie die Lust seinen Körper, seine Haut und seine Brust erfüllt. Für einen Tag wüsste ich gern, was man auf der anderen Seite erlebt.

Seit einem Jahr und zwei Monaten wohne ich mit meinen Freund zusammen. Als wir zusammengezogen sind, kannten wir uns schon seit sechs Jahren, und seit einem Jahr bin ich ihm treu; vorher habe ich mich zweimal mit anderen eingelassen. Ich weiß nicht, ob ich das noch mal tun würde. Wenn überhaupt, dann nur One-Night-Stands; alles andere käme für mich nicht in Frage, das Durcheinander wäre mir zu anstrengend. Auf keinen Fall möchte ich, dass er jemals von meiner Untreue erfährt – Hörner tun Männern weh. Und wenn er mir eines Tages untreu wäre, würde ich das auch nicht wissen wollen. Was hätte ich denn davon? Außerdem ist er sehr, sehr treu. Ich glaube, dass er sich nicht einmal selbst befriedigt, weil er das als eine Art der Untreue mir gegenüber empfindet. Aber ich lege dafür auch nicht die Hand ins Feuer – weder bezüglich der Selbstbefriedigung noch bezüglich des Fremdgehens. Das Leben ist sehr lang.

Ich habe ihn ganz schön leiden lassen, bevor wir zusammengezogen sind. Ich war mir so unsicher. Er und ich, das ist wie Tag und Nacht. Irgendwann sagte ich mir dann, dass er nun mal so ist, wie er ist. Und jemanden zu lieben, bedeutet genau das: ihn so zu akzeptieren, wie er ist. Früher habe ich beinahe wöchentlich mit ihm Schluss gemacht. Oder wir hatten uns verabredet, und ich kam zwei Stunden zu spät, weil ich mich vorher noch mit anderen Freunden und Freundinnen getroffen hatte. Heute kann ich mir zwar vorstellen, dass es hübschere, interessantere und intelligentere Männer gibt als ihn. Aber ich bezweifle, dass auf der Welt noch ein zweiter Mensch so gutmütig ist wie er. Obwohl wir uns heutzutage alle für wahnsinnig schlau und aufgeweckt halten, verwechseln wir Gutmütigkeit mit Dummheit. Was für eine Schande!

In meinem erotischen Lebenslauf gibt es niemanden, den ich als »Mann meines Lebens« bezeichnen könnte. Für mich waren sie alle wichtig. Das kann auch für einen gelten, mit dem ich in der U-Bahn nur ein paar Blicke getauscht habe; es muss keine lange Liebesgeschichte gewesen sein.

Aber auf jeden Fall möchte ich den Ersten hervorheben, in ihn war ich bis über beide Ohren verknallt. Es geschah im Urlaub. Ich war sechzehn und völlig verrückt nach ihm. Ich stellte mir vor, wie ich mich mit ihm unterhalte, wie wir verschiedene Situationen miteinander erleben. Und natürlich wollte ich ihn heiraten. Als der Urlaub zu Ende war, habe ich monatelang geweint und ging echt durch die Hölle. Zu allem Überfluss erzählte ich auch noch meiner Mutter, was los war, und sie sagte zu mir: »Du bist so jung, du wirst noch öfter leiden.« Und sie sollte Recht behalten, denn kurz darauf war es ein anderer Mann, der mir Kummer bereitete. Ich war zwei Jahre lang mit ihm zusammen. Es ging um Sex. Ich war ganz wild nach ihm, er sah fantastisch aus. Und als es gerade passte, wurden wir ein Paar. Es war schön, aber meine Leidenschaft für ihn ließ nach. Dennoch denke ich, wir hätten eine glückliche Zukunft miteinander haben können. Ja, ich gebe es zu: Er ist einer der Männer, bei denen ich mir vorstellen kann, noch einmal rückfällig zu werden.

Und dann noch ein Arbeitskollege, mit dem ich etwas hatte, als ich schon mit meinem jetzigen Freund zusammen war. Er war ganz anders als mein Partner. Nun gut, zumindest dachte ich das. Wir trafen uns ein Jahr lang, hatten keinen Sex miteinander, nur Küsse, und zwar wenige. Ich fühlte mich sehr schuldig und bedrängt, weil er mich bat, meinen Freund zu verlassen. Aber ich wollte meinem Partner nicht wehtun, doch jenen anderen Mann mochte ich auch sehr gern. Nur entsprach er nicht hundertprozentig meinem Geschmack. Um es kurz zu machen: Er verlor die Geduld und kündigte seinen Job, um mir nicht mehr zu begegnen. Ich trennte mich eine Zeit lang von meinem Freund, um nachzudenken und herauszubekommen, was ich wirklich wollte. Dann merkte ich, dass ich ihn sehr vermisste. Ich kehrte zu ihm zurück, und wir beschlossen, das Schicksal herauszufordern und zusammenzuziehen.

Ich finde, dass ich nicht besonders hübsch bin. In Schulnoten ausgedrückt: Wenn ich zurechtgemacht bin, würde ich mir eine Zwei minus geben, ohne Styling eine Vier. Ich kleide mich jugendlich. An Wochenenden verbringe ich mehr Zeit vor dem Spiegel als sonst. Ich hätte gern mehr Busen, aber ich habe nicht vor, ihn mir vergrößern zu lassen. Wenn ich nur an so eine OP denke, wird mir schon übel. Schuhe mit hohen Absätzen trage ich nicht, weil ich damit nicht klarkomme, aber eigentlich finde ich sie sehr weiblich. Ich wünschte, ich wäre mindestens zehn Zentimeter größer. Die Unterwäsche, die ich trage, ist bequem, möglichst aus Baumwolle. String-Tangas ziehe ich nie an, weil ich eine leichte Zellulitis habe und meinen Hintern schwabbelig finde. Es stört mich, wenn keine Unterhose meinen Po zusammenhält. Männer kennen zu lernen, fällt mir nicht schwer – sie finden mich sympathisch und sagen, meine Lebensphilosophie sei wie ihre. Eigentlich würde ich mich gern jeden Tag hübsch zurechtmachen, aber ich bin sehr undiszipliniert. Nun ja, später einmal muss ich wohl mehr auf mich achten, denn unglücklicherweise werde ich nicht jünger. Ich gehe nicht ins Fitness-Studio, obwohl ich es tun sollte – mehr noch aus gesundheitlichen Gründen als um gut auszusehen. Aber, wie gesagt: Es mangelt mir an Disziplin.

Mir gefallen Männer wie Tom Cruise, Mick Jagger und David Beckham. Durchaus sehr unterschiedliche Typen. Mein Ideal wäre ein Mann mit dunklem Haar, grünen Augen, sehr schlank, aber nicht spindeldürr. Lustig muss er sein, fleißig und sexy. Er sollte auch körperlich anziehend auf mich wirken. Manche Männer finde ich wirklich nett, aber wenn sie mich äußerlich nicht ansprechen, kann ich nur ein kumpelhaftes Verhältnis zu ihnen entwickeln, mehr nicht.

Zurzeit habe ich Sex, weil es mir gefällt. Meinen Partner liebe ich, aber Sex ist dazu da, es sich gut gehen zu lassen. Nicht immer habe ich dabei das Gefühl, »Liebe zu machen«. Beim Sex habe ich eher körperliche, lüsterne Empfindungen. Mein Ziel ist der Orgasmus. »Liebe machen«: Das tue ich täglich, indem ich an meinen Partner denke, an meine geliebten Freunde und Freundinnen, an meine Familie. Beim Sex mit meinem Partner bin ich aktiv, aber ich mag gern schnelle Nummern ohne langes Vorspiel. Ich habe klitorale Orgasmen. Sie sind leichter zu erreichen und tun mir sehr gut. Auch vaginale Orgasmen hatte ich schon, aber ich brauche länger, um so zu kommen.

»Griechisch« habe ich es mit meinem Freund auch schon gemacht, aber nur einmal. Er hat nämlich einen sehr großen Penis, deshalb tat es mir weh. Ich befriedige mich regelmäßig selbst. Es gefällt mir, man lernt sich selbst dabei besser kennen. In einer halben Minute kann ich sowohl allein als auch mit einem Partner zum Orgasmus kommen. Ich finde es wunderbar, wenn man mir die Brüste und die Knie küsst und abschleckt. Zusammen mit meinem Freund bin ich eher ein bisschen faul, was Positionswechsel angeht. Er würde gern mehr verschiedene Stellungen ausprobieren. Sexuell befriedigt er mich, und er ist sehr kreativ.

Bei kurzen Affären bin ich fantasievoller – wahrscheinlich wirkt die Gewissheit, dass es nur ein Abenteuer ist, enthemmend auf mich. Man versucht dann, so viel wie möglich für sich herauszuholen, denn möglicherweise gibt es keine zweite Chance auf ein Zusammensein mit jener Person. Und das ist das Beste. Beim zweiten Mal wäre ich schon weniger leidenschaftlich. Es ist der Reiz des Fremden. Der Vorteil einer festen sexuellen Beziehung ist, dass man sich besser kennt und weiß, wie man den anderen zum Höhepunkt bringt.

Meinen ersten Geschlechtsverkehr hatte ich mit dem Jungen, mit dem ich zwei Jahre lang aus rein sexuellen Gründen zusammen war. Eine sehr gute Erfahrung. Ich fand ihn körperlich äußerst attraktiv, und er passte zu mir. Mit ihm fühlte ich mich sehr wohl, ich war nicht nervös. Wir taten es in seinem Auto. Mein Lieblingsort für Sex ist das Bett, da ist es am bequemsten.

Schmerzen vermeiden

Der Anus ist weder so feucht noch so elastisch wie die Scheide. Daher kann Analverkehr schmerzhaft sein, wenn man ihn nicht mit höchster Vorsicht praktiziert und wenn die Person, in die eingedrungen wird, verspannt ist.

In erster Linie sollte man stark erregt sein, um es griechisch zu machen (dieses Adjektiv ist die umgangssprachliche Bezeichnung für den analen Koitus), das heißt: Die Person, die penetriert wird, sollte ein starkes Verlangen danach haben. Auch darf man nicht vergessen, andere Körperregionen zu stimulieren (Brüste, Schamlippen, Pobacken, Klitoris …) – das Vorspiel ist entscheidend, damit man den Analsex genießen kann. Am besten beginnt man damit, einen Latexhandschuh anzuziehen und einen Finger mit Gleitmittel zu bestreichen. Mit diesem Finger berührt man dann zärtlich den äußeren Analbereich und wartet die Reaktionen ab. Empfindet die Person diese Berührungen als angenehm, kann man den Finger in den Anus einführen – jedoch nicht zu tief, wenn der Schließmuskel angespannt und unnachgiebig ist. Auch sind keine so schnellen rhythmischen Bewegungen wie bei der Stimulation der Genitalien angebracht. Und selbstverständlich muss man das Spiel umgehend abbrechen, wenn der Partner darum bittet.

Fühlen sich beide Partner soweit gut, kann man einen zweiten Finger hinzunehmen, bevor man mit dem Penis in den Anus eindringt – immer mit Kondom und Gleitmittel! Am besten ist es, wenn die Frau die Führung übernimmt, wenn sie den Rhythmus und die Stellungen vorgibt, die für sie am bequemsten und angenehmsten sind.

Ich bin geistig und körperlich für jede Art von Vorschlägen aufgeschlossen. Nur mit Praktiken, bei denen Gewaltanwendung eine Rolle spielt, will ich nichts zu tun haben. Auch mit Tieren oder Kindern unter sechzehn würde ich es nicht machen. Mit Frauen hatte ich bisher keinen Sex, aber ich kann mir vorstellen, dass ich dabei genauso viel Spaß hätte wie mit Männern. Mein jetziger Freund hat ständig Lust auf Sex, öfter als ich. Da er sich in den Situationen, wenn ich gerade keine Lust habe, nicht selbst befriedigen möchte, hole ich ihm dann einen runter. Oder ich stelle ihm meinen Körper zu seiner Befriedigung zur Verfügung. Klar, dass ich dann letztendlich auch einen Orgasmus bekomme.

Beim Sex bin ich egoistisch, weil ich gern genieße. Aber ich achte auch genügend darauf, dass auch die andere Person auf ihre Kosten kommt.

Geistig bin ich leichter erregbar als körperlich, will sagen: Eine erotische Stimme bringt mich zum Beispiel eher in Stimmung als ein Pornofilm. Schwulenpornos finde ich allerdings ziemlich erregend. Ich gucke lieber zu, wie zwei Männer es miteinander treiben, als mir heterosexuelle Pornohandlungen anzusehen. Das hängt damit zusammen, dass die Aufgabe der Darstellerinnen eher darin besteht, Begierde zu wecken, als selbst Lust zu haben. Mein Partner weiß das, und er zeigt mir Schwulenpornos, um mich geil zu machen. Wenn ich so was sehe, werde ich schnell scharf, aber ich komme auch ohne sie aus. Ich glaube nicht, dass Pornos einer guten Beziehung im Weg stehen. Sicherlich profitieren viele Partnerschaften außerordentlich davon, solange die Leute nicht süchtig danach werden. Wenn mein Partner sich selbst befriedigt oder sich solche Sachen anschaut, ist das für mich in Ordnung. Es ist sein Körper, seine Sexualität – damit kann er anstellen, was er will. Sorgen würde ich mir machen, wenn ich von Pornos abhängig wäre und ohne sie keinen Sex haben könnte – weder allein noch mit einem Partner. Wenn Menschen ständig auf solche Filme zurückgreifen und sie benötigen, um Erregung zu verspüren, finde ich das auch nicht schlimm, aber an ihrer Stelle würde ich einen Sexualtherapeuten aufsuchen. Andererseits heiße ich alles herzlich willkommen, was der Lust förderlich ist. Das Leben meint es oft genug schlecht mit uns. Da sollte man nicht auf genussvolle Momente verzichten.

Um mich selbst zu befriedigen, streichle ich meine Klitoris mit den Händen, mit dem Kopfkissen oder unter der Dusche mit einem Schwamm.

Im Internat

Ich bin sechsunddreißig, habe Sprach- und Literaturwissenschaften studiert und arbeite heute im Staatsdienst. Es hat viele Vorteile, Beamtin zu sein, jedoch macht es mich ein bisschen unzufrieden, dass meine Arbeit nichts mit meiner Universitätsausbildung zu tun hat. Auf alle Fälle bin ich bis heute ein regelrechter Bücherwurm.

Wenn ich mich selbst befriedige oder mit meinem Partner vögle, habe ich eine Fantasie, von der ich annehme, dass sie stark von meiner Kindheit und Jugend beeinflusst ist, denn ich bin auf eine Klosterschule gegangen. Zwar habe ich nicht im Klosterinternat gewohnt, doch die Uniform und die Disziplin, für die die Nonnen sorgten, haben auch bei mir Spuren hinterlassen.

Ich stelle mir vor, dass ich wieder ein junges Mädchen bin und zusammen mit anderen Mädchen in einem Internat lebe, das fernab von Städten und Dörfern mitten im Gebirge liegt. Es ist ein großes Gebäude, das zwar alt, aber von innen sehr gepflegt ist. Das Haus hat mehrere Stockwerke, die man über eine breite Treppe erreicht, und auf der Treppe liegt ein roter Teppich. Die Leiterin ist eine reife Frau, die streng, aber zugleich attraktiv aussieht. Die Lehrer sind jedoch ausschließlich Männer.

Wir Internatsschülerinnen stammen aus reichen Familien, die ein Vermögen dafür ausgeben, dass wir eine gute Schulbildung erhalten. Aber unsere Eltern haben keine Ahnung, welche Strategie die Leiterin und die Lehrer anwenden, um uns Schülerinnen zu motivieren, damit wir eifrig lernen. Die guten Schülerinnen werden nämlich von den Lehrern mit den fleischlichen Lüsten bekannt gemacht. Immer wenn sich unsere schulischen Leistungen verbessern, belohnt man uns mit einer neuen sexuellen Praktik.

Ich male mir aus, dass ich meine Uniform trage und auf dem Tisch im Arbeitszimmer eines Lehrers sitze. Sein Aussehen spielt keine Rolle, er hat ein Allerweltsgesicht. Er sitzt auf einem Bürosessel, und ich sitze vor ihm. Ich trage ein weißes, unschuldiges Baumwollunterhöschen, das bis zu meinen Knöcheln heruntergezogen ist. Meine Söckchen und Schuhe habe ich auch noch an. Er hat meinen Rock angehoben und hält ihn mit den Händen fest, beguckt meine Möse und lächelt mich lüstern an. Ich weiß nicht, was gleich passieren wird. Bis zu jenem Moment hat er mich nur ein paar Mal zu sich gerufen, um meine Klitoris mit den Fingern zu streicheln. Dann beginnt er, meinen Körper zu lecken. Mit seiner Zunge zeichnet er eine Linie von meinem Knie bis zur Leistengegend. Danach macht er das Gleiche mit meinem anderen Bein, und er lutscht auch an meinem Bauch – dort, wo sonst der Saum meiner Unterhose sitzt, oberhalb des Venushügels.

Ich bleibe still auf der Tischkante sitzen, leicht zurückgelehnt, und ich stütze mich mit den Händen ab, um nicht ganz hintenüberzufallen. Der Lehrer streift meine Unterhose über meine Knöchel und legt sie zur Seite. Er legt seine Hände auf meine Knie, um meine Schenkel zu öffnen. Jetzt kann er meine kleinen Schamlippen ganz in den Mund nehmen und daran saugen, wobei er jedoch meine Klitoris nicht direkt berührt (diese direkte Berührung vertrage ich nicht, sie tut mir beinahe weh). Er legt meine Beine über seine Schultern, ohne sein Gesicht von meinem Schambereich abzuwenden. Er leckt an meinem Scheideneingang, dann an meinem Damm. Fast berührt er meinen Anus mit seiner Zunge, aber nur fast. In meiner Fantasie bin ich überwältigt von den Gefühlen, ich hätte nie gedacht, dass es etwas so Wunderbares gibt wie das, was ich gerade empfinde. Ich befürchte, die Besinnung oder die Kontrolle über mich zu verlieren.

Kontrollverlust

Manche Frauen verhindern unbewusst ihren Orgasmus, weil sie Angst haben, sich gehen zu lassen. Vielleicht befürchten sie, dass ihr Partner die Kontrolle über sie erlangt, indem er ihnen sexuellen Genuss bereitet, und dass sie sich dadurch in seine Abhängigkeit begeben.

Es ist auch nicht auszuschließen, dass solche Frauen sich verletzlicher fühlen, wenn sie sich erlauben, den Höhepunkt zu erreichen. Möglicherweise finden sie die Vorstellung unangenehm, sich vollständig zu öffnen und den Blick auf ihre intimsten Gedanken und Gefühle freizugeben, so dass ihr Partner sie vollkommen durchdringen und beherrschen kann.

Frauen, die mit dieser Art von Konflikten kämpfen, müssen herausfinden, was genau es ist, das ihre Erregung hemmt und ihren Orgasmus verhindert. Sexualtherapeuten können in einem solchen Fall sehr hilfreich sein.

Er stellt meine Füße auf den Tisch und erhebt sich, er steht zwischen meinen Beinen. Seine Hände legt er auf meine Schultern, die er sanft nach hinten drückt, um mir zu bedeuten, dass ich mich auf dem Tisch hinlegen soll. Ich gehorche ihm. Ich bin ein sehr gehorsames Mädchen. Der Lehrer, der weiterhin steht, ergreift wieder meine Beine und legt sie auf seine Schultern. Ich halte mich mit beiden Händen hinter meinem Kopf an der Tischkante fest. Und ich bemerke, dass er – nachdem er meine Beine auf seine Schultern gelegt hat – seinen Gürtel öffnet. Plötzlich drehe ich instinktiv meinen Kopf zur Seite und stelle fest, dass die Direktorin in einer dunklen Ecke des Raumes sitzt, von wo aus sie uns beobachtet.

Ich fühle, wie etwas die zarten Lippen meiner Vagina berührt, dass es dann langsam vordringt, immer tiefer, sehr sanft und mit kleinen Stößen. Das ist sein Penis, und meine hungrige Vagina weitet sich, um ihn in sich aufzunehmen. Ich bin völlig nass. Er füllt mich ganz aus, und ich spüre, wie ein heftiger Schauder mich überkommt. Dieses Gefühl erreicht mein Rückgrat, zieht weiter bis hin zu meinem Gehirn, um dann erneut meine Vagina zu erfüllen, sich auf den Bereich meiner Klitoris auszudehnen und auch einen Moment lang an meinem Anus stehen zu bleiben.

Während ich den Druck fühle, der an den Innenwänden meiner Vagina hinauf- und hinabgleitet, tastet er mit einer seiner großen Hände nach meinem Venushügel. Mit kreisenden Bewegungen stimuliert er den gesamten Bereich meiner Klitoris. Ich weiß nicht, woher mein Orgasmus kommt. Ob hierher, oder ob er meinen Eingeweiden entspringt. Aber der Orgasmus erreicht meine Schläfen und macht mich rasend.

Als er seinen Schwanz aus mir herauszieht, zittere ich. Er ergreift meine Beine, legt sie zunächst aneinander und dann ganz vorsichtig auf den Tisch, zu einer Seite. Ich bleibe in Fötushaltung auf dem Tisch liegen, kann mich nicht rühren. Die Internatsleiterin erhebt sich, sie streicht über mein Haar und lächelt und lächelt. In liebevollem Ton sagt sie zu mir:

»Jetzt zieh dir deine Unterhose an und geh schlafen.«

Ich steige die Treppe hinab, die zur Eingangstür führt und auch zu den Schlafzimmern. Meine Beine gehorchen mir kaum, ich klammere mich ans Treppengeländer und setze mich auf eine Stufe. Da nehme ich Geräusche wahr, die aus dem Pförtnerzimmer dringen. Die Jalousie vor dem Empfangsfenster ist hinuntergelassen, aber durch die Ritzen dringt Licht. Ich gehe darauf zu und versuche, durch die Spalten zu gucken. Ich erkenne Menschen, und die Geräusche werden deutlicher: Ich höre eine Frau, die stöhnt. Oder ein Mädchen.

Ich betrete den Flur, von dem die Tür zum Pförtnerraum abgeht. Sie ist nur angelehnt, und jetzt kann ich sehen, was dort geschieht: Der Pförtner tut es mit einer meiner Klassenkameradinen, die weniger gute Noten bekommen hat. Der Mann ist älter als die Lehrer und weniger gut aussehend. Wir verhätschelten Internatsschülerinnen haben ihn oft abschätzig behandelt. Aber jetzt scheint er ein anderer Mann zu sein – so wie er da steht und von hinten in meine Klassenkameradin eindringt. Bäuchlings ist sie an einen Tisch gelehnt, mit den Füßen auf dem Boden. Sie trägt schon ihr Nachthemd, das bis zur Taille angehoben ist. Zwischen ihren Knien hängt ihre weiße Unterhose, und sie hat Kinderschühchen an. Ihr Mund und ihre Augen sind geöffnet, aber sie scheint nichts wahrzunehmen. Alle ihre Sinne sind auf die Lust ausgerichtet, die sie empfindet. Plötzlich stelle ich fest, dass der Penis des Pförtners nicht in ihre Vagina, sondern in ihren Po eindringt. Ich wusste nicht, dass sie einen auch auf diese Weise ausfüllen können. Wieder spüre ich, wie meine Klitoris pulsiert, und ich merke, dass auch mein Anus sich regt.

Ich war der Meinung, dass wir guten Schülerinnen gewisse Privilegien genießen, aber man hat uns betrogen. Daran denke ich, als ich bemerke, wie der Pförtner mich ansieht – er lächelt fies, pervers. Während er weiterhin in sie hineinstößt, hebt er eine Hand und deutet mit einem Finger an, dass ich in das Zimmer kommen soll. Vorsichtig und schüchtern öffne ich die Tür. Da beugt er sich über das Mädchen, um mit der Hand ihre Klitoris zu erreichen und sie zu streicheln, während er zugleich den Rhythmus des Koitus beschleunigt, bis sie so mächtig kommt, dass ich sie beneide und mir wünsche, an ihrer Stelle zu sein.

Er zieht seinen Penis hinaus und lässt sich auf einen Sessel fallen. Sein Glied ist noch immer steif, er hatte noch keinen Orgasmus. Wieder gibt er mir ein Zeichen, dass ich näher kommen soll, und er befiehlt mir: »Knie dich hin!«

Ich gehorche ihm. Ich knie mich vor ihm und seinem Glied auf den Boden. Er greift in mein Haar, ohne mir wehzutun, und mit leichtem Druck bringt er mich dazu, seinen Penis in meinen Mund zu nehmen.

»Deine Lehrer haben es dir nicht richtig gezeigt«, sagt er gelassen.

Meine Schulkameradin kniet sich neben mich und berührt mich am Arm, damit ich zur Seite weiche.

»Schau her, so macht man das«, sagt sie zu mir, während sie ihre Lippen befeuchtet.

Sie gleitet über den Penis des Pförtners, berührt ihn mit halb geöffneten Lippen und mit ihrer Zungenspitze. Und als sie bei der Eichel ankommt, zeichnet sie feuchte Kreise darum. Dann nimmt sie den Penis in den Mund und hebt ihren Kopf, als würde sie an der Eichel saugen.

»Jetzt du.«

Ich ahme sie nach.

»Als ob es ein Eis wäre, aber ohne es ganz zu verschlucken«, höre ich, wie sie zu mir spricht.

Und ich fahre fort mit der Fellatio, bis ich merke, dass er erschaudert und dass eine Flüssigkeit in meinen Mund spritzt.

Er ist erschöpft und hebt meinen Kopf, indem er mich mit einer Hand am Kinn anfasst. Mit der anderen Hand ergreift er eine Papierserviette und wischt das Sperma von meinem Mund.

»Du bist eine gute Schülerin. Beim nächsten Mal stecke ich ihn dir hinten rein, so wie ich es mit der anderen gemacht habe. Das ist ein Versprechen. Und jetzt geh ins Bett.«

Meine Kameradin und ich ziehen uns in unser Zimmer zurück. Ich bin voller Vorfreude und kann es gar nicht abwarten, bis die nächste Nacht kommt und er sein Versprechen einlöst.

Nun gut. Ich nehme an, dass ich mir beim nächsten Mal, wenn ich mich wieder meiner Fantasie hingebe, das folgende Kapitel ausdenken werde.

Seit vier Jahren lebe ich mit meinem Partner zusammen. Im ersten Jahr unserer Beziehung haben wir uns eine Eigentumswohnung gekauft. Dann haben wir geheiratet. Ich liebe ihn sehr und kann mir ein Leben ohne ihn nicht mehr vorstellen. Bis ich einunddreißig Jahre alt wurde, hatte ich nur einige wenige, sehr kurze Beziehungen, die nie wirklich ernst waren. Es gab auch lange Phasen, in denen ich solo blieb. Ich vergnügte mich und war gern allein. Ich habe mich wirklich nie einsam gefühlt. Aber an seiner Seite hat sich mein Leben verbessert. Andererseits habe ich jetzt mehr Probleme als früher, denn zu den Problemen jedes Einzelnen kommen noch die Komplikationen hinzu, die sich in einer Partnerschaft ergeben können. Wir hatten auch Krisen, aber wenn man das große Ganze betrachtet, sind Krisen eigentlich gut. Denn das Schlimmste, was einem passieren kann, ist Langeweile. Und zumindest für meinen Teil kann ich sagen: Ich langweile mich nicht.

Körperlich wirke ich anziehend auf Männer. Das merke ich ihnen an, und meine Freundinnen sagen es mir auch... Warum? Keine Ahnung. Ich habe zwar keine großen Selbstzweifel, aber ich verstehe auch nicht richtig, was mich so besonders anziehend macht. Was ich damit sagen will: Ich finde, dass ich eine hübsche Frau bin, jedoch kann ich mir nicht erklären, worin die Verführungskunst besteht, die ich offensichtlich beherrsche. Es geschieht unbewusst. Wahrscheinlich ist genau das die Erklärung: Dass ich mich gebe, wie ich wirklich bin. Dass ich nichts anderes darzustellen versuche.

Ich mag es, mich gleichzeitig gut aussehend zu fühlen und es bequem zu haben. Nach der Mode richte ich mich nicht, sondern ich ziehe nur an, was mir gefällt und was mir steht. Einen bestimmten Stil habe ich auch nicht. Ich trage mal dies, mal jenes – je nachdem, was mir spontan gefällt und in welcher Stimmung ich bin. Immer wieder nehme ich mir vor, mich mehr um mein Aussehen zu kümmern, und ich kaufe mir Kosmetikprodukte wie Gesichtsmasken, Haarkuren, Peeling-Gels, Anti-Zellulitis-Cremes und dergleichen mehr. Aber dann liegen die Sachen nur im Schrank rum und warten darauf, ranzig zu werden. Ich mache alles andere lieber, als meine Zeit der Körperpflege zu widmen: lesen, einen guten Film sehen, mich in die Küche stellen und ein neues Rezept ausprobieren... Heutzutage achte ich darauf, zu Hause gut gekleidet zu sein. Wenn man sich in dieser Hinsicht vernachlässigt, ist das meiner Meinung nach ein Indiz dafür, dass das Interesse am sexuellen Aspekt einer Beziehung nachlässt. Wenn meine Finanzen es zuließen, würde ich ein Vermögen für Dessous ausgeben und meinen Partner damit beeindrucken. Ich mag es, oben zu sein, mit seinem Penis in meiner Vagina, und dabei ein Teil anzuhaben, in dem ich mich sexy fühle. So was erregt mich selbst: Nylonstrümpfe (keine Strumpfhosen) mit Spitzenrand am Oberschenkel; Negligés, deren weicher und transparenter Stoff uns beide zart berührt.

Männer mit Prinzipien finde ich klasse – Männer, die mit reichlich Selbstsicherheit ausgestattet sind. Darauf stehe ich. Sie sind allerdings nicht zu verwechseln mit Typen, die sich überlegen fühlen oder die danach trachten, überlegen zu sein. Ein selbstsicherer Mann ist in der Lage, eine Frau als gleichwertig anzusehen; er kann zuhören und weiß fremde Meinungen zu schätzen; er ist geistig flexibel. Oder er kann – schlicht und einfach – die Weltsicht seiner Partnerin respektieren. Aber ich glaube, je mehr man einer Person hinsichtlich der Mentalität ähnelt, umso besser funktioniert die Beziehung. Es gibt grundlegende Themen, zu denen man entweder dieselbe Meinung hat oder bei denen man nie auf einen Nenner kommen wird. Ich finde es wichtig, mit meinem Partner gute Gespräche zu führen. Und wenn wir zusammen schweigen, dann geschieht das, weil wir uns wohl miteinander fühlen und es keine Spannungen zwischen uns gibt. Ich hasse es, mit jemandem zusammen zu sein, mit dem ich mir nichts zu erzählen habe. In dieser Hinsicht sind Liebe und Freundschaft einander ähnlich, glaube ich. Denn der Mann, der mich anzieht, muss in gewisser Weise auch mein »Kumpel« sein, damit wir auch außerhalb des Schlafzimmers etwas miteinander anfangen können. Bei meinen früheren Beziehungen war es immer so, dass wir entweder nur im Bett oder nur außerhalb des Bettes gut miteinander klarkamen. Aber natürlich gibt es viele Unterschiede zwischen Liebe und Freundschaft. Ein Kumpel kann mir von seiner Ex oder von Freundschaften mit anderen Frauen erzählen – kein Problem. Mit dem Partner ist es nicht das Gleiche. Ich bin mir sicher, dass man auf die Vergangenheit eifersüchtig sein kann – auch wenn andere noch so steif und fest behaupten, dieses Gefühl nicht zu kennen.

Körperlich mag ich keine Männer, die weichlich wirken. Für mich muss ein Mann männlich sein. Gern gut aussehend, aber wichtiger ist es mir, dass Männer eine Mischung aus Kraft und Zärtlichkeit ausstrahlen. Ich wüsste nicht, wie ich das erklären soll. Na ja, manchmal kann es passieren, dass ich einem Mann sehr mütterlich begegne. Andererseits will ich mich in seinen Armen beschützt fühlen. Es geht darum, die Rollen zu tauschen, wann immer das nötig ist. Ich bin mir bewusst, dass jeder für sich selbst verantwortlich ist, dass der Partner nicht mein Ein und Alles sein kann. Das ist sicher wahr. Aber die Menschen, die mich umgeben, sind in schwierigen Momenten meine Stützen. Das Gleiche gilt für meine guten Erinnerungen oder meine persönlichen Triumphe … Hoppla, jetzt werde ich ein bisschen melodramatisch. Schade eigentlich, denn während ich meine Fantasie erzählte, merkte ich, wie meine Vagina total feucht wurde. Und gleich kommt mein Mann nach Hause. Vielleicht lese ich ihm die Fantasie vor. Mal sehen, was dann passiert. Das wird ein Experiment.

Mit der Selbstbefriedigung habe ich als kleines Mädchen angefangen, vielleicht war ich damals neun oder zehn Jahre alt. Ich wusste nicht genau, was ich da tat, und manchmal dachte ich, dass meine Großeltern, die nicht mehr lebten, mich von irgendeinem Ort aus beobachten würden. Dann habe ich mich ein bisschen geschämt. Weil meine Oma und mein Opa aber keine autoritären Menschen, sondern das genaue Gegenteil davon waren, hielten die Schamgefühle bei mir nicht lange an. Also fuhr ich damit fort, meinen Körper zu liebkosen, bis ich einen Orgasmus bekam. Ich hielt Ausschau nach verschiedenen Empfindungen, berührte zart meine Leisten, meinen Bauch, bis ich zu den Schamlippen vordrang; streichelte mich von außen mit angezogener Unterhose; begann mich selbst zu befriedigen und beobachtete dann, was passierte, wenn ich die Beine öffnete; legte mich auf den Bauch; verließ das Bett und versuchte, es im Stehen zu machen; lehnte mich an die Wand; ließ meine Hand nach hinten gleiten, um meine Pobacken zu streicheln …

Als Mädchen sprachen wir nicht darüber. Grinsend erzählten wir einander von den Jungen, die wir mochten, und wir redeten viel von der Menstruation. Uff, das waren echte Horrorgeschichten. Zum Beispiel erinnere ich mich daran, dass meine Freundinnen ein Mädchen erwähnten, deren Regelschmerzen so schlimm waren, dass sie das Mobiliar ihrer Wohnung zerschlug. Auch wetteiferten sie darum, bei welcher von ihnen die Brüste am schnellsten wuchsen und welche sich zuerst einen BH kaufen würde. Aber kein Wort über Selbstbefriedigung.

Menstruationsbeschwerden

In Zeiten, als Frauen noch nicht berufstätig waren, wurden diese Frauenkrankheiten anscheinend nicht ernst genommen. Erst als Frauen sich wegen Menstruationsbeschwerden krank meldeten, schenkte man dem Thema Beachtung. Heute wird nach Mitteln gegen die Leiden gesucht, die unsere Mütter und Großmütter stillschweigend ertragen mussten.

Fast fünfzig Prozent aller jungen Frauen leiden unter Dysmenorrhoe, also unter chronischen Regelschmerzen, zu denen oft noch Fieber, Schwindelgefühle, Übelkeit und andere Symptome hinzukommen. Manche Mütter gehen mit ihren Töchtern zum Frauenarzt, damit er ihnen die Pille verschreibt, wenn kein anderes Medikament ihr Leiden mildern kann. Wir warten noch immer darauf, dass jemand ein ideales Mittel findet, das keine Nebenwirkungen hat.

Nicht einmal während der Pubertät. Wenn ich es mir recht überlege, dann glaube ich, dass ich noch nie mit Frauen über dieses Thema gesprochen habe. Ich kann mich nur daran erinnern, dass ich einmal bei einem Abendessen unter Freundinnen auf meine Orgasmen mit Männern zu sprechen kam. Ich sagte, dass ich nur kommen kann, wenn sie meine Klitoris berühren, worauf die anderen einstimmig antworteten: »Wie alle Frauen!«

Ich war wohl noch in der Pubertät, als ich anfing, mir während meiner Selbstbefriedigungs-Experimente alles Mögliche in die Vagina zu stecken. Und dann kam die große Enttäuschung: Ich spürte nichts, und die Lust verging mir wie im Fluge. Mit den Fingern stellte ich fest, dass alles sehr feucht war. Und ich Dummkopf dachte, dass meine Scheide zu glitschig war, um die Berührung mit den Fingern oder den Griff einer Haarbürste in meinem Inneren wahrzunehmen. In der Klosterschule hatten sie mir nur von der Sünde erzählt, aber nicht vom Vaginalsekret. Auch meine Mutter klärte mich kaum auf. Und was meine Freundinnen anging – das habe ich ja schon erzählt: Scheinbar fasste sich keine von ihnen selbst an, ich war die Einzige.

Nun weiß ich nicht, ob dies der Grund war, warum ich bei meinem ersten Koitus keine Schmerzen hatte. Ich war ungefähr einundzwanzig und wollte nicht mehr länger darauf warten, mich zu verlieben, als ich auf einer Party einen vier Jahre älteren Mann kennen lernte, der mir sofort gefiel. Es beruhte auf Gegenseitigkeit. Wir tanzten, betranken uns, und wir taten es in seinem Auto. Ich hatte keinen Orgasmus, aber ich fühlte mich sehr gut dabei. Er war sehr einfühlsam und zärtlich. Sicherlich wäre es ihm gelungen, mich zu befriedigen, wenn ich ihm eine weitere Gelegenheit dafür gegeben hätte. Aber bei unserem zweiten Treffen habe ich mich völlig idiotisch verhalten. Ich merkte, dass ich Zuneigung zu diesem

Mann empfand, und zum ersten Mal in meinem Leben zeichnete sich die Möglichkeit einer Beziehung ab. Darüber war ich wohl so erschrocken, dass ich mich daneben benahm. Es wäre für mich etwas Neues gewesen, auf einen Mann einzugehen, der mich um etwas bat. Das hatte ich noch nie getan.

Es dauerte ungefähr vier Jahre, bis ich wieder Sex mit einem Mann hatte. Bei jenem Mal tat es mir durchaus weh. Ich war saudumm: Ich setzte mich auf ihn, nahm seinen Penis und wollte ihn mit Macht in mich hineinschieben. »Sei vorsichtig!«, meinte er noch. Und während ich seine Worte hörte, spürte ich schon den Schmerz. Ganz klar: Sex muss man lernen. Ich hatte noch keine Ahnung davon, dass die Vagina erst feucht werden muss und sich langsam weitet. Was für ein Glück, dass ich nie mit einem dieser egoistischen Männer zu tun hatte, die nur an ihr eigenes Vergnügen denken. Der Zufall wollte es, dass alle meine Liebhaber rücksichtsvoll waren. Außerhalb des Bettes war es nicht immer so, aber in Bezug auf Sex haben die Männer mich immer gut behandelt.

Dass ich nicht mit vielen zusammen war, hat seine Gründe: Es passiert mir selten, dass ich einen Mann anziehend finde. Wenn ich aber bedenke, was meine Freundinnen mir erzählt haben, dann bin ich ganz zufrieden mit dem, was bei mir gelaufen ist. Denn ich habe keine traumatischen Situationen durchgemacht (außer der einen, die ich gerade beschrieben habe, und da war es meine Schuld), nichts hat mich negativ beeinflusst. Mit allen meinen Männern erging es mir gut, jedoch hatte ich – außer bei der Selbstbefriedigung – erst mit meinem vierten Liebhaber einen Orgasmus. Ich erreichte ihn, als ich mich nicht mehr darauf versteifte, unbedingt zu kommen, sondern mich entspannte und einfach alles genoss, was dieser Mann mit mir tat. Das Beste mit dabei war der Oralsex. Französisch finde ich wunderbar, aber nicht mit allen Männern, denn manche sind sehr geschickt mit den Fingern und können es andererseits nicht so gut mit ihrer Zunge machen. Direkte Berührungen meiner Klitoris mit der Zunge sind mir sehr unangenehm. Ich bekomme Angst, dass es mir wehtut, und wende mich ab.

Auch bei meinem Mann war ich immer ein bisschen davor zurückgewichen, bis ich eines Tages in seinem Mund kam. Was ich aber hinsichtlich der sexuellen Erfahrungen mit ihm hervorheben muss: Bei keinem anderen außer ihm konnte ich je die Penetration in meiner Scheide spüren. Mit meinem Mann geschah es schon, als wir zum ersten Mal miteinander schliefen, und es ermuntert mich zu Experimenten, zur Suche nach den Winkeln in meiner Vagina, in denen sein Penis mich am stärksten erregt. Ich glaube, dass ich den G-Punkt entdeckt habe. Was mir jedoch am besten gefällt: wenn ich oben bin und mich derart bewege, dass die Eichel diese Zone berührt, danach zu meiner Klitoris gleitet und dann wieder in mich eindringt. So führe ich seinen Schwanz immer wieder ein und aus, reibe dabei seine Eichel über meinen Scheidenvorhof. Während ich das mache, schließe ich die Augen, um mich zu konzentrieren. Manchmal öffne ich sie zwischendurch, um ihn anzusehen, und da beobachtet er mich mit einem Lächeln im Blick. Ein andermal lehnt er seinen Kopf zurück und gibt sich alle Mühe, nicht die Kontrolle zu verlieren. Er kommt am liebsten nach mir – wenn er merkt, dass ich keine weiteren Orgasmen haben werde. Ich kann zwei oder drei Orgasmen nacheinander haben oder einen sehr langen, sehr intensiven. Und dann, wenn er kommt, erschaudere ich noch einmal, das ist wundervoll, ein letztes Aufbäumen. Schließlich falle ich erschöpft aufs Kissen und schlafe die Nacht durch. Wenn wir es morgens oder nachmittags miteinander treiben, mache ich danach auch ein Nickerchen.

An Umfragen, wie oft man Geschlechtsverkehr hat, könnte ich mich nicht beteiligen, denn das ist bei mir phasenweise sehr unterschiedlich. Es gibt Zeiten, in denen man Pech hat, Probleme im Beruf, mit der Familie, großen Kummer (zum Beispiel beim Verlust eines geliebten Menschen), Stress oder Müdigkeit – da lässt einen die Libido im Stich. In anderen Phasen habe ich wiederum täglich Lust auf Sex – oder sogar mehrmals täglich.

Zumindest ist es in meinem Fall so: Wenn es mir nicht gut geht, fehlt mir die Energie, um eine gute Nummer schieben zu können. Etwas anderes ist es bei der Selbstbefriedigung: Ich weiß, wo und wie ich mich anfassen muss, um schnell einen Orgasmus zu bekommen und mich zu entspannen. Aber wenn man mit jemandem zusammen ist, inszeniert man ein Spiel, man muss auch für den anderen da sein, und man braucht mehr Zeit. Von Quickies verstehe ich nichts. Manchmal denke ich: Es ist spät, wir sind müde und könnten es ohne Umschweife machen. Letztlich kennen wir einander so gut, dass wir wissen, in welcher Stellung und auf welche Art wir schnell kommen. Aber dann versteife ich mich darauf, umgehend einen Orgasmus zu kriegen – und kriege ihn nicht. Der Verstand ist nun mal unbestechlich. Fantasien sind natürlich großartig, um sich auf den Sex zu konzentrieren. Früher hatte ich Bedenken, im Beisein meines Partners an solche Geschichten und Szenen zu denken, wie ich sie vorhin beschrieben habe. Aber inzwischen sind meine Schuldgefühle verflogen.

Jetzt möchte ich Analsex ausprobieren. Er hat mir das mal vorgeschlagen, und ich verschließe mich nicht der Möglichkeit. Ja, ich würde es sehr gern versuchen. Eine Freundin hat mir erzählt, dass der Orgasmus fantastisch ist, wenn man rektal penetriert wird. Nur die Hygiene, die man dabei beachten muss, schreckt mich ab. Ich denke, ich werde mit einem Dildo oder mit den Fingern beginnen – aber das werde ich bei mir selbst machen. Wenn die Masturbation dazu dient, sich kennen zu lernen und seinem Partner gegenüber Wünsche äußern zu können, dann müsste meiner Meinung nach dasselbe für den Analsex gelten.

Pornografie ist nichts für mich. Das ist mir alles zu genital, und die Szenen erscheinen mir absurd, grotesk – als wären es Dokumentarfilme über das menschliche Paarungsverhalten. Zum ersten Mal sah ich einen Pornofilm zusammen mit meinen Schwestern. Unsere Eltern waren verreist, und wir schlichen uns in die Videothek. Dort baten wir die Angestellte – ein sehr junges Mädchen –, uns einen Porno mit Handlung rauszusuchen. Und sie gab uns einen, in dem ein Paar in den Urlaub fuhr und dort diverse Erfahrungen sammelte. Ich glaube schon, dass uns das scharf machte, aber ich dachte mir auch: Wenn das eine Handlung sein soll, dann bin ich imstande, gleich eine ganze Reihe von oscarverdächtigen Drehbüchern zu schreiben. Später habe ich mir ein paar Filmausschnitte in Hotels angeguckt, in denen ich mit meinem Mann übernachtete. So stellte ich fest, dass der Porno, den ich mit meinen Schwestern gesehen hatte, fantastisch war. Was mich damals am meisten anmachte (und ich kann mich noch immer daran erinnern, obwohl es schon so lange her ist), war der Oralsex: Er machte es ihr mit der Zunge im Swimmingpool ihres Hauses, nachdem sie von der Reise zurückgekehrt waren. Sie hielt sich am Beckenrand fest, und ihr Körper lag an der Wasseroberfläche. Er packte sie an den Beinen, versenkte seinen Kopf in ihrer Muschi und leckte sie. Die Szene spielte nachts, in schummerigem Licht. Das würde ich auch gern einmal machen! Nur muss ich vorher noch ein Haus mit Privatswimmingpool kaufen.

Erotische Filme, in denen der Sex nicht so explizit dargestellt wird, mag ich lieber als Hardcore-Pornos. Insbesondere gefallen mir Geschichten, bei denen Frauen in die Geheimnisse der Sexualität eingeweiht werden. Jetzt, wo ich eure Fragen beantworte, fällt mir folgendes auf: Meine Fantasien sind vielfältig, aber alle haben sie mit dem »ersten Mal«, mit Initiationen zu tun. Wahrscheinlich törnt mich so was an, weil alles besonders aufregend ist, wenn man es noch nicht kennt und es erst entdecken muss. Außerdem sind in meinen Fantasien die Männer die Lehrer, und die Frauen müssen nichts machen. Wenn ich in meinen Fantasien überhaupt etwas tue, dann befehle ich ihnen, mich zu bedienen. Ich stelle mir vor, eine Königin zu sein, die von feschen Soldaten umgeben ist, und diese Männer gehorchen mir. Daneben treten auch noch Mädchen auf, die entjungfert werden sollen – und plötzlich übernehme ich die Rolle eines Mädchens, die Königin ist eine andere. Oder ich übernehme zwei Parts gleichzeitig, das ist doch gerade das Feine an der Sache: Es ist eine Geschichte, und man kann sich darin den Luxus erlauben, mehr als eine Person zu sein.

Zurzeit kundschafte ich das Sortiment der Sexshops aus. Mein Mann lässt das zu, ich bin auch noch nie mit einem Spielzeug angekommen, das seinen geheiligten Penis ersetzen könnte. Sowieso finde ich Plastikschwänze nicht übermäßig interessant. Liebeskugeln habe ich ausprobiert, aber da habe ich nichts gespürt. Man sagte mir, das läge daran, dass ich eine kräftige Beckenbodenmuskulatur habe. Also trainiere ich sie noch mehr, indem ich mir die Liebeskugeln reinstecke, wenn ich daran denke. Für die Kugeln habe ich mir ein Gleitgel gekauft, und in einer ganz anderen Situation hat dieses Gel mir erstklassig weitergeholfen. Bis zum Tag davor hatte ich meine Regel gehabt, und als wir eine unserer Lieblingsstellungen einnahmen, war das ein unangenehmes Gefühl für mich. Ich holte das Gleitgel heraus, und wir hatten ein Riesenvergnügen. Vielleicht war es der Reiz des Neuen, also ein psychischer Effekt.

Und jetzt erforsche ich die Analsex-Thematik. Ob es wohl spezielle Handschuhe dafür gibt? Wenn man solche Fragen hat, ist das Internet ein geniales Informationsmedium, nichts muss einem peinlich sein. Da gibt es auch erotische Erzählungen. An sich mag ich erotische Literatur sehr gern, aber auf alle Fälle muss sie für mich eine gewisse Qualität haben, ansonsten verliere ich das Interesse. Anaïs Nin ist Spitzenklasse.

Im Massagesalon

Ich bin fünfunddreißig und arbeite in der Verwaltung eines Pharmaunternehmens.

Seit vierzehn Jahren bin ich verheiratet, wir haben zwei Kinder. Meinem Partner bin ich treu, seit ich ihn kenne, obwohl ich gelegentlich ein Auge auf andere Männer geworfen habe. Bevor ich meinen Mann traf, hatte ich keinen Sex mit anderen, sondern nur Spielereien in der Jugend.

Es gab Phasen, in denen mir meine Kleidung und mein gesamtes Aussehen egal waren. Normalerweise bin ich eitel und achte auch auf Kleinigkeiten, ich kleide und frisiere mich gern modisch, trage aber keine extravaganten Sachen. Was Männer an mir besonders attraktiv finden? Ich bin mir nicht sicher, was das sein könnte. Vielleicht, dass ich schüchtern und klein bin ... Sie haben das Gefühl, mich beschützen zu müssen, und das gefällt ihnen. Früher sagte man von mir, ich sei sinnlich. Aber ich weiß nicht – seit einigen Jahren flirte ich kaum noch.

Wenn ich möchte, dass sie mich beachten, wähle ich meine Kleidung sehr sorgfältig aus. Ich ziehe hochhackige Schuhe an, teures Parfüm finde ich wunderbar, und ich versuche, ein Dekolleté zu tragen, das ein bisschen sexy ist ... Aber auf gar keinen Fall will ich nuttig wirken, ich bemühe mich immer um eine gewisse Eleganz (jedenfalls tue ich, was ich kann). Auch Blicke oder Gesten setze ich ein. Aber eigentlich bin ich viel zu schüchtern.

Es gibt keinen Männertyp, der mir ganz besonders gut gefällt. Ich achte sehr auf die Augen und die Hände. Vielleicht

Gerüche

»Ein Mann sollte sauber sein«, ist die oberste Bedingung vieler Frauen. Sie sind der Männer überdrüssig, die weder regelmäßig duschen noch täglich ihre Unterwäsche wechseln. Das andere Extrem sind diejenigen, die sich so sehr mit Düften überschütten, dass alle Menschen um sie herum mit dem Erstickungstod kämpfen. Diese Gewohnheit, seine natürlichen – und reinlichen – Körperausdünstungen auf künstliche Art zu übertünchen, kann übrigens auch den Erfolg eines Verführungsmanövers behindern. Denn wie in der Tierwelt gibt es auch bei den Menschen chemische Signale, die auf unsere Bedürfnisse und Launen schließen lassen. Zu den Aufgaben mancher Körpergerüche gehört es, die sexuelle Lust der Person zu wecken, die sie wahrnimmt. Und das, obwohl sich der Geruchssinn der Menschen im Laufe der Zeit immer weiter zurückgebildet hat.

Dennoch müssen wir anerkennen, dass es der Kosmetikindustrie gelungen ist, Düfte zu kreieren, die Leidenschaften entfachen – insbesondere gilt dies für Moschusdüfte. Ein einfacher Weg, der Routine und Monotonie in einer festen Partnerschaft zu entfliehen, besteht darin, ein anderes Parfüm zu verwenden als das, an welches man sich seit Jahren gewöhnt hat. So ein neuer Duft kann wie ein Lockmittel auf den Partner wirken.

finde ich klapperdürre Männer ein bisschen unangenehm, aber an jedem Mann gibt es irgendetwas, das ich attraktiv oder verführerisch finden könnte. Ich mag es, wenn Männer einfühlsam sind, selbstsicher, wenn sie sich benehmen können und reinlich sind (ja, es gibt viele, die es nicht sind).

Wie bereits erwähnt, bin ich seit vierzehn Jahren verheiratet und war nie untreu. Aber nach so vielen Jahren geht die Libido stark zurück, denn rund um die Beziehung kann vieles passieren, das den sexuellen Appetit erheblich einschränkt.

Wie oft Sex?

Verschiedene Umfragen und Erhebungen ergeben, dass die meisten Paare zwei- bis dreimal wöchentlich Sex haben.

Aber es ist problematisch, diese Zahlen auf eine ganze Bevölkerung zu übertragen. Manche Menschen denken, sie seien nicht normal, wenn sie seltener Sex haben als der Durchschnitt der Bevölkerung. Sexualforscher erinnern uns daran, dass Sex kein Leistungssport ist und dass ein Mittelwert nicht das normale Maß der sexuellen Lust vorgibt.

Spannungen in einer Partnerschaft entstehen zwangsläufig, wenn einer der beiden ein stärkeres sexuelles Verlangen hat als der andere. Derjenige, der mehr Lust hat (oder diejenige – es ist nicht immer nur der Mann), bedrängt den anderen und ist angesichts der regelmäßigen Zurückweisungen extrem frustriert. In vielen Fällen kommt es dann zu einem Konflikt, zu einem Kampf um die Macht innerhalb der Partnerschaft. Wenn sich aufgrund dieses Zustandes eine Beziehungskrise abzeichnet, sollte man erwägen, sich von einem Fachmann beraten zu lassen.

Außerdem ist es möglich, dass man diesen Menschen liebt, aber die Begierde lässt nach. Das ist bei mir der Fall.

Mit achtzehn Jahren hatte ich zum ersten Mal Sex. Ich war angeheitert, und es geschah im Auto. Besonders befriedigend war es nicht, denn ich bekam keinen Orgasmus und achtete mehr auf das Drumherum (ich war enttäuscht). Dann fuhren seine Eltern in Urlaub, wir hatten die Wohnung für uns, und da erst habe ich erfahren, was Sex ist. Ja, ich habe es sehr genossen. Während der knapp drei Jahre bis zu unserer Hochzeit waren unsere sexuellen Aktivitäten sehr intensiv, damals war sogar ich diejenige, die auf ihn zuging.

Als wir heirateten, wurde alles anders. Die Verantwortung lastete auf mir, das Zusammenleben überforderte mich. Ich habe sehr jung geheiratet und merkte schnell, dass ich einen Fehler begangen hatte. Die Ehe entsprach nicht meinen Erwartungen. Dadurch veränderte ich mich, und eine Zeit lang fand ich Sex sogar eklig (es war schlimm für mich). Später fanden wir erneut zueinander und schliefen wieder öfter miteinander, aber wir konnten nicht mehr an alte Zeiten anknüpfen.

Dann kamen die Schwangerschaften, es ging auf und ab mit unserer Beziehung. Heute haben wir einmal wöchentlich Sex miteinander (manchmal seltener), wobei es mir am liebsten ist, wenn alles zügig geht und wir ohne Umschweife zum Orgasmus kommen. Das hat unter anderem damit zu tun, dass ich oft müde bin. Und ich bin egoistisch geworden, habe keine Lust, ihn anzufassen, ich komme gleich zur Sache, alles schnell, schnell. Der emotionale Zustand, in dem ich mich jeweils befinde, hat einen großen Einfluss auf mein sexuelles Verhalten.

Ich habe damit angefangen, mich selbst zu befriedigen, als ich ungefähr ein Jahr lang verheiratet war, und während dieser ganzen Zeit habe ich es immer wieder getan – nicht sehr regelmäßig, aber manchmal war es mit mir selbst befriedigender als mit meinem Mann. In all den Jahren bin ich Männern begegnet, die mir gefielen, ich war sogar verliebt, aber ich habe mich auf kein Abenteuer eingelassen. Untreue entspricht nicht meinem Wesen, sie zieht zu viele Komplikationen nach sich. Allerdings habe ich manchmal ein großes Verlangen danach, geküsst zu werden und noch einmal diesen Kitzel zu spüren.

Eine Zeit lang haben wir uns samstags Pornos im Fernsehen angeguckt, ich fand sie sehr erregend. Danach haben wir miteinander das getan, was wir gerade gesehen hatten. Ich lese auch gern erotische Geschichten, und es kommt vor, dass ich mich dabei selbst befriedige. Es ist mir peinlich, solche Sachen zu kaufen, und meine Freunde sollen nichts davon wissen. Es ist mir sogar unangenehm, wenn mein Partner mich dabei erwischt, wie ich erotische Literatur lese, für mich ist das eine sehr intime Angelegenheit. Ich gebe zu, dass die Pornos unser Sexualleben in Schwung brachten, und manche meiner Fantasien sind von dem inspiriert, was ich gesehen oder gelesen habe.

Sexspielzeug benutze ich nicht.

Es ist mir lieber, meine Fantasien im Kopf zu behalten und sie nicht auszuleben. Ich habe festgestellt, dass es mich erregt, wenn ich beobachte, wie zwei Frauen zusammen sind. Eine meiner Fantasien besteht darin, dass ich mich in einem Massagesalon voller Frauen befinde und sexuell verwöhnt werde.

Plötzlich beginnen die Frauen, einander zu küssen, und die Frau, die bei mir ist, öffnet meine Beine, streichelt meine Genitalien, leckt meine Klitoris. Auch greift sie manchmal zu einem Spielzeug und führt es in meinen Anus ein. Gelegentlich stelle ich mir auch vor, mit mehreren Frauen Sex zu haben, und wenn ein Mann auftaucht, benutzen wir ihn als Spielzeug. Was seltsam ist: Eigentlich stehe ich nicht auf Frauen. Nicht einmal in meinen Fantasien stelle ich mir vor, wie mich eine Frau auf den Mund küsst, weil mich das anekelt. Mehr noch: Wenn ich in einem Pornofilm sehe, wie sie sich küssen, finde ich das widerlich. Trotzdem erregt es mich zu sehen, wie sie es einander mit den Händen und der Zunge machen. Aber was mir wiederum nicht gefällt: Daran zu denken, dass ich diejenige bin, die es einer anderen Frau besorgt.

Eine weitere meiner Fantasien handelt von einer analen Penetration durch einen Mann. Es macht mich scharf, das zu sehen und mir auszumalen, dass sie es mit mir machen. Aber in Wirklichkeit tut es mir weh, es hemmt meine Begierde, und ich verliere die Lust weiterzumachen. Wenn zwei Männer Analsex haben, mag ich jedoch überhaupt nicht hingucken.

Dann habe ich noch eine Fantasie, die an meinem Arbeitsplatz mit einem Kollegen spielt, der mir gefällt. Ich stelle mir vor, wie wir es auf dem Schreibtisch wild miteinander treiben.

Analsex unter Frauen

Frauen, die wissen, wie extrem empfindsam der Damm (zwischen Anus und Vagina) und der Anus sind, ergänzen ihre lesbischen Spiele durch anale Praktiken: Liebkosungen, Stimulation und Penetration. In den Anus kann man mit den Fingern eindringen, mit Vibratoren oder erotischen Accessoires, die speziell für diesen Bereich unseres Körpers geschaffen sind – wie zum Beispiel Perlenketten oder Analdildos. Um eventuelle Risse zu vermeiden, ist Spielzeug für den Anus kleiner als solches für die Vagina.

Cybersex

Ich bin achtundzwanzig Jahre alt und arbeite in einer Reinigungsfirma. Nach dem Hauptschulabschluss habe ich eine Berufsausbildung angefangen, aber nicht abgeschlossen.

Meine neueste Fantasie ist sehr ungewöhnlich, denn ich habe jenen Menschen noch nie gesehen. Ich weiß nur seinen Namen, und womöglich handelt es sich dabei um ein Pseudonym.

In einem Chatroom habe ich einen einundzwanzigjährigen Mann kennen gelernt. Ja, ich weiß, er ist ganz schön jung für mich. Aber ich habe begonnen, mich mit ihm zu unterhalten, und unser Gespräch wurde immer heißer – so sehr, dass ich extrem erregt war. Das kann ich selbst kaum glauben. Und ich bin mir bewusst, was die Leute von Chats halten, aber ich war ein Neuling und hatte keine Ahnung. Nun gut, ich habe mich also darauf eingelassen, und er fing an, mir haargenau zu beschreiben, was er mit mir anstellen würde. Auch ich habe ihm alles Mögliche beschrieben, was mir in dem Moment gerade einfiel – ich berichtete ihm davon, was ich mit ihm gemacht hätte, wenn wir beieinander gewesen wären. Eigentlich unvorstellbar: Als ich mich meiner Fantasie hingab, kam ich zum Orgasmus. Unglaublich, aber wahr! Daraus schlussfolgere ich, dass beim Sex mit einem Fremden die Bereitschaft größer ist, Ungewöhnliches zu machen. Mit einem festen Partner ist es zwar schöner, aber man vergisst, spielerisch miteinander umzugehen. Und mit einem Unbekannten stürzt man sich ins Abenteuer, weil man im Grunde genommen ja weiß, dass es sich nur um eine Fantasie handelt.

Aber ich hoffe, irgendwann keine Schuldgefühle mehr zu bekommen, wenn ich Fantasien habe. Denn ich fühle mich, als sei ich meinem Partner untreu. Ja, ich weiß, das ist widersprüchlich. Denn ich fühle mich sehr gut dabei, und ich schade niemandem. Hoffentlich schaffe ich es, mich selbst ganz und gar davon zu überzeugen, dass meine Fantasie mir gehört und sonst niemandem. Dass es schön ist, zu zweit etwas zu teilen, aber dass man auch Dinge haben und fühlen darf, die einem allein gehören.

Jetzt will ich aber genauer von dem erzählen, was passiert ist. An jenem Nachmittag hatte ich Langeweile und war allein bei mir zu Hause. Ich loggte mich in einen Chatroom ein. Zuerst plauderte ich mit einem Mann, den ich dort schon öfter getroffen hatte. Wir begannen, uns über Sex zu unterhalten – da-

Mentale Selbstbefriedigung

Forschungen ergaben, dass mindestens zwei Prozent aller Frauen ohne Berührung ihrer Genitalien zum Orgasmus kommen können – sie brauchen dabei nicht einmal ihre Abduktoren anzuspannen. In diesen Fällen kann man von mentaler Selbstbefriedigung sprechen, denn die Stimulation erfolgt dabei ausschließlich im Gehirn – durch Gedanken, sexuelle Reize oder Fantasien.

Manche Frauen, die bestimmte Psychopharmaka nehmen, bemerken vielleicht, dass ihre Libido sie im Stich lässt, denn manchmal wirken solche Medikamente hemmend. Man kann den Arzt jedoch um eine andere Behandlungsform bitten, um der Nebenwirkungen Herr zu werden. Psychopharmaka beeinträchtigen nicht nur den sexuellen Appetit, sie können auch für eine allgemeine Antriebslosigkeit verantwortlich sein.

rüber, was wir mögen und so weiter. Irgendwann fragte er mich, was ich gerade anhätte. Ich antwortete ihm: kurze Hosen und ein Top mit Spaghettiträgern. Er bat mich darum, mich auf den Bauch zu legen (alles nur in Gedanken, ist ja klar), und er sagte, er würde meinen ganzen Körper massieren – und zwar nur mit seiner Zunge.

Weiter ging es, indem er beschrieb, wie er mir langsam das Hemdchen ausziehen und mich küssen würde. Und ich solle mich umdrehen, denn er wolle auch meine Brüste küssen, ganz zart an ihnen knabbern, ohne mir wehzutun. In meinem Kopf ging alles drunter und drüber, mein Herz schlug wie wild. Dann bewegte er sich weiter nach unten, bis zu meinem Nabel. Er leckte meinen ganzen Bauch ab, bis er an meiner Hose anlangte. Und er sagte zu mir, er würde meine Hose Stück für Stück herunterziehen und währenddessen nicht aufhören, mich zu lecken. Er glitt weiter an meinem Körper hinunter, berührte nur kurz mein Geschlecht, kam zu meinen Beinen, die er küsste, liebkoste und an denen er knabberte. Und weiter ging es, indem er meinen gesamten Körper mit seinem Mund massierte. Schließlich wünschte er sich, dass er mich auf ein Bett legen dürfe (auch nur in Gedanken). Er beschrieb, wie er meine Beine öffnen und ganz sanft mit seiner Zunge in meine Scheide eindringen würde. Ich empfand das alles so, als machte er es tatsächlich mit mir.

Also steckte er seine Zunge in mich hinein, zuerst langsam und dann ein bisschen schneller. Er sagte, dass er gleich dasselbe mit meinem Hintern mache, dass er mich gerade umgedreht habe und seine Zunge in meinen Anus schiebe und dass er dabei ganz verrückt werde.

So machte er einen Moment lang weiter, und als er damit aufhörte, bat er mich, seinen Schwanz in den Mund zu nehmen, bis er schön groß sei. Er meinte, es mache ihn total heiß, wenn man ihm einen bläst (wie alle Männer, oder etwa nicht?). Also taten wir, als würde ich ihn lecken, und er hatte seinen Spaß dabei. Dann erklärte er, dass er als Nächstes in meinen Po eindringen würde und dass er das noch nie getan habe. Er wolle herausfinden, wie sich das anfühle – und sei es auch nur auf virtuelle Art.

Und dann beschrieb er, wie wir es machen würden. Seine Version war, dass er mich an den Hüften festhalten würde, damit ich ihm nicht entwischen konnte (in meiner Version kam ich nicht auf die Idee, mich davonzumachen). Dann begann er, langsam in mich zu stoßen, bis er tief in mir drinnen war. Und sein Schwanz ging rein und raus, rein und raus. Zugleich berührte er hin und wieder meinen Busen oder steckte mir einen Finger in die Vagina.

Dann wünschte er sich, dass ich mich umdrehe, und wir stellten uns vor, es von vorn miteinander zu treiben – wieder zuerst langsam, dann schneller. Gleichzeitig beschrieb er, wie er mir so heftige Zungenküsse geben würde, dass er dabei fast mein Zäpfchen berühre. Und dass er an meinen Brustwarzen knabbere, bis sie ganz hart seien. Dann bäte ich ihn aufzuhören, woraufhin er sie lecken würde. Er erklärte mir, wie heiß er sei, er könne jetzt nicht mehr aufhören (denn anders als ich fasste er sich selbst an, wie er mir schrieb), er müsse mich weiter stoßen, an mir knabbern, mich überall lecken, mich küssen, bis ich nicht mehr könne. Und als er mir mitteilte, er sei gekommen, kriegte ich einen Orgasmus.

Ich muss sagen, dass ich die ganze Zeit bei der Sache blieb und auf alles antwortete, was er mir schrieb. Aber weitgehend war es meinem Gehirn und meiner Fantasie zu verdanken, dass ich an jenem Nachmittag einen Orgasmus hatte, ohne meine Hände oder irgendeinen Gegenstand benutzen zu müs-

Analküsse

Menschen mögen und können am ganzen Körper geküsst werden, auch im Analbereich. Zwar wird schon die Penetration dieser Körperöffnung oft als schmutzige Praktik angesehen, aber angeblich ist es noch ekliger, diesen Bereich mit Lippen und Zunge zu liebkosen. Wenn man die Sache jedoch gut vorbereitet und wenn man ausreichend auf die Hygiene achtet, kann man dabei keinen Schaden nehmen. Voraussetzung ist natürlich, dass alle Beteiligten freiwillig handeln und sich dabei wohl fühlen.

Bei Analküssen sollte man nicht vergessen, auch jenes so kleine und so empfindsame Gebiet zu stimulieren, das sich zwischen dem Anus und der Vagina (bei Männern: zwischen Anus und Hoden) befindet: den Damm, in dem viele Nerven enden. Man kann ihn zärtlich von oben nach unten streicheln, mit der Zunge oder mit den Fingern. Der Damm besteht aus der gleichen Haut wie die Schamlippen.

Für Küsse im Analbereich ist eine Latexfolie empfehlenswert, um Ansteckungsgefahren abzuwenden (solche Folien dienen auch zur Vermeidung von Risiken beim Cunnilingus).

Und jetzt: Weiter geht's

Auf keinen Fall darf man direkt nach dem analen Koitus in die Vagina eindringen, denn sie könnte dadurch mit Bakterien aus dem Anus infiziert werden. Bevor man sich dem vorderen Bereich widmet, muss man den Penis waschen – genauso wie alles andere, was bei der Praktik zum Einsatz gekommen ist (wie zum Beispiel die Finger). Außerdem ist selbstverständlich ein neues Präservativ zu verwenden. Für alle, die mit den Fingern in den Anus eindringen möchten, gibt es Aufsätze aus Silikon oder Latex. Das flexible Material passt sich dem Körper an, zugleich sorgen Erhebungen oder Riffel für eine sehr intensive Stimulierung.

Hygienische Vorsichtsmaßnahmen sind bei den griechischen Künsten absolut unverzichtbar – wer darauf verzichtet, handelt leichtfertig und unverantwortlich. Ausgenommen sind allein Situationen, bei denen sich der Analsex nur in der Fantasie abspielt – wie es bei diesem Bericht der Fall ist.

sen. Manchmal chatte ich noch mit ihm, aber wir haben nie wieder miteinander gespielt. Das Gefühl, meinen Partner verraten zu haben, lastet sehr stark auf mir. Andererseits weiß ich nicht, ob es möglich ist, jemanden in Gedanken zu verraten.

Vor drei Jahren habe ich geheiratet. Mir kommt es allerdings vor, als wäre es schon viel länger her, denn wir waren vorher schon sechs Jahre zusammen. Ich glaube, je länger eine Beziehung hält, desto komplizierter wird sie. Gerade wenn man meint, einen Menschen von Grund auf zu kennen, kann man Überraschungen erleben. Also heiratet man und stolpert von einer Überraschung zur nächsten – und natürlich sind das nicht immer nur angenehme Überraschungen.

Mit vierzehn hatte ich meinen ersten Freund. Ich war ganz verrückt nach ihm, er war ein extrem gut aussehender Junge, und wir blieben drei Jahre lang zusammen. Aber ich war mir nie ganz sicher, ob er wirklich zu mir stand. Das änderte sich, als er eine Affäre mit einer französischen Austauschschülerin hatte. Naiv wie ich war, habe ich ihm das trotzdem verziehen.

Ein weiterer Mensch, der in meinem Leben eine Rolle gespielt hat, war ein Junge aus einer entfernten Stadt. Ich hatte ihn im Sommer kennen gelernt und trauerte ihm fast zwei Jahre lang nach. Und dann waren da noch ein paar mehr: ein Soldat, auch aus einer anderen Stadt, der sich bald als verstockter Idiot entpuppte; ein Junge, den ich sehr gern mochte und mit dem ich drei Monate zusammen war, doch dann verließ ich ihn, weil er ein seltsames Verhalten an den Tag legte. Und mein Mann natürlich, aber da wären wir ja schon in der Gegenwart angelangt. Sicherlich waren die genannten Männer die wichtigsten für mich. Zwar hatte ich noch andere Männergeschichten, aber rückblickend sind sie für mich weniger bedeutsam.

Ich persönlich finde mich nicht hübsch. Oft schminke ich mich stark – zwar laufe ich nicht wie ein Clown durch die Gegend, aber ich könnte diesbezüglich zurückhaltender sein. Wenn Männer es auf mich abgesehen haben, geschah das mit Sicherheit wegen meiner grünen Augen, sie sind an mir das Auffälligste. Ansonsten sehe ich ziemlich durchschnittlich aus, und auf einer Skala von eins bis zehn würde man mich wahrscheinlich bei der Fünf einordnen. Andererseits kann ich mich zurzeit nicht beklagen, denn obwohl ich verheiratet bin, wirke ich weiterhin anziehend auf viele Männer. Aber möglicherweise interessieren sie sich auch gerade deshalb für mich: Sie fahren darauf ab, dass ich verheiratet bin.

Ich gehe nicht ins Fitness-Studio, und eine Diät halte ich höchstens zwei Tage durch. Im Moment versuche ich gerade abzunehmen, drei Kilo habe ich schon geschafft, aber ich habe ständig Hunger. Ich kleide mich gern lässig, ein bisschen hippiemäßig, vor allem bequem, aber ich gehe auch nicht oft aus. Schuhe müssen für mich ganz flach sein, andernfalls schaffe ich es nicht mal zehn Schritte weit. Ich rasiere mich einmal wöchentlich, manchmal überspringe ich aber auch eine Woche – was das angeht, bin ich ein wenig nachlässig. Teure Parfüms liebe ich, aber wenn nötig, benutze ich auch nur ein simples Eau de Cologne; Hauptsache, man riecht gut.

Ein Mann muss für mich vor allem sympathisch sein. Okay, auch das Aussehen spielt eine Rolle, aber manchmal hilft dir ein schöner Anblick nicht wirklich weiter. Es gefällt mir insbesondere, wenn Männer im Bett kreativ sind, sie sollten nicht nach dem Motto Rein – Raus – Fertig handeln. Zumindest sollten sie länger dabei bleiben als die halbe Stunde, an die viele Frauen sich gewöhnt haben. Es ist nicht immer so, aber es passiert oft.

Sex mag ich gerne, dazu stehe ich. Am liebsten habe ich abwechslungsreichen Sex, im Bett darf es nicht langweilig zugehen. Aber manchmal ist es gar nicht so einfach, das seinem Partner zu erklären. Womöglich meint er, man sei von ihm gelangweilt. Und selbst wenn das überhaupt nicht zutrifft: Männer gehen immer vom Schlimmsten aus. Gelegentlich denke ich, dass ich tatsächlich ein bisschen gelangweilt bin, denn einmal habe ich mir sogar vorgestellt, mit meinem Nachbarn ins Bett zu gehen (er sieht super aus). Gleich danach bekam ich Gewissensbisse, aber da war es schon passiert, wenn auch nur in meiner Fantasie.

Eigentlich ist mein Mann in jeder Hinsicht gut zu mir. Er weiß, was mir im Bett gefällt, und er befriedigt mich. Aber manchmal geht meine Fantasie mit mir durch, was soll man da machen. Bestimmt bin ich da nicht die Einzige. Ich fühle mich noch genauso wie mit achtzehn, nur mit dem Unterschied, dass ich jetzt verheiratet bin. Und obwohl sich mir viele Gelegenheiten zum Fremdgehen boten, habe ich sie nie wahrgenommen, was wohl mit meiner Erziehung zusammenhängt. Das Übliche: die Ehe sei heilig und man müsse seinem Partner treu bleiben.

Von anderen Männern träumen

Viele von uns befürchten, es sei böse, sich Sex mit jemandem vorzustellen, den wir kennen und der nicht unser fester Partner ist. Diese Angst ist ganz natürlich (vor allem in christlichen Gesellschaften sind Schuldkomplexe weit verbreitet), denn die meisten Menschen glauben, sie würden diese Fantasie in die Praxis umsetzen, sobald sich eine Gelegenheit dazu böte.

Wenn es sich aber ausschließlich um Gedanken handelt und die zweite Person sich überhaupt nicht beteiligt, kann man auch nicht von Untreue sprechen. In unserer Fantasie dürfen wir dem Luxus frönen, verbotene Dinge zu tun, ohne dabei unser Wertesystem zu verletzen. Das ist eine sinnvolle Art, seine Sehnsüchte zu verarbeiten. Problematisch wird die Sache möglicherweise dann, wenn man sich so sehr auf eine Fantasie versteift, dass nur sie allein Erregung bewirkt und man dadurch keinen Sex mehr mit seinem Partner haben kann.

Als ich mit meinem ersten Freund zusammen war, hatte ich zum ersten Mal Sex – allerdings mit einem anderen. Die Penetration hat nicht geklappt, aber ansonsten war es wunderbar. Schon witzig: Ich bin fremdgegangen und dabei Jungfrau geblieben.

Kurz darauf schlug die Stunde der Wahrheit – ich hatte einen Typen kennen gelernt, der klasse aussah und mich rasend machte. Die Sache mit ihm hielt wenige Monate, aber da es in dieser Beziehung nur um Sex ging und wir beide uns dessen bewusst waren, tat die Trennung nicht weh. Es war zwar schade, dass wir nicht mehr miteinander schliefen, und das hatten wir ziemlich oft getan. Aber weder Männer noch Frauen können nur von Sex leben. Und obwohl ich sehr in meinen Mann verliebt bin, weiß ich nicht genau, ob es sexuell perfekt mit ihm läuft – es wird ja seine Gründe haben, warum ich an andere Männer denke. Ein paar Mal habe ich mich selbst befriedigt, aber ich bin danach wirklich nicht süchtig, das waren Ausnahmesituationen. Manchmal denke ich, dass ich gern Praktiken umsetzen würde, die ich in Filmen gesehen habe. Zum Beispiel würde ich es gern anal machen. Vielleicht ist das Unsinn, ich kenne auch nicht viele Leute, die es tun, oder zumindest gibt es kaum jemand zu. Auch Sexspielzeug würde ich ausprobieren, aber anscheinend habe ich in all diesen Jahren viele Wünsche unterdrückt, und mein Partner würde sich womöglich wundern, wenn ich jetzt mit so was ankäme. Noch immer kennen wir einander nicht richtig, aber es ist nie zu spät.

An der Grenze zu Sodom

Als Eva Moreno ihren Sexshop eröffnete, war sie sich dessen bewusst, dass viele Frauen mit Ängsten und Vorurteilen beladen sind und glauben, an einem solchen Ort gebe es nur Männerspielzeug.

Um den weiblichen Widerstand zu brechen, begann sie, Verkaufspartys für Erotikartikel zu initiieren, die nach dem gleichen Prinzip funktionieren wie Tupper-Partys: Jemand organisiert bei sich zu Hause ein Treffen mit Freunden (das können nur Frauen, nur Männer oder gemischte Gruppen sein) und lädt Eva ein, die einen Koffer voller Überraschungen mitbringt. Auf lustige und entspannte Art präsentiert sie Öle, Gleitmittel, Vibratoren, Klitoris-Stimulatoren und viele weitere Erotikartikel, und sie erklärt, wozu die Sachen gut sind. Langsam bricht das Eis, man lacht miteinander, die Gäste stellen Fragen, geben Kommentare ab und verabschieden sich von ihren Vorurteilen ... Bis zu dem Moment, wenn Eva auf Analsex zu sprechen kommt. Da herrscht plötzlich Stille. Und das passiert jedes Mal bei den Partys, wenn die Verkäuferin beginnt, Ketten und Analdildos vorzuführen, die diesen Bereich stimulieren und mit deren Hilfe man üben kann, die Muskulatur seines Rektums zu lockern und anzuspannen.

Wie die Berichte zeigen, haben viele Frauen Angst vor Schmerzen bei der Analpenetration. In heterosexuellen Beziehungen sind es in der Regel die Männer, die vorschlagen, Analsex zu praktizieren. Doch wollen sie meist nicht die passive Rolle spielen, sondern diejenigen sein, die aktiv penetrieren. Viele Männer fürchten sich davor, dass es ihnen Spaß machen könnte, penetriert zu werden – sie meinen, das sei ein Anzeichen für homosexuelle Neigungen.

Dabei ist es völlig normal, wenn Männer die passive Penetration angenehm finden. Denn beim Eindringen in ihr Rektum wird die Prostata stimuliert – das ist der P-Punkt, der dem weiblichen G-Punkt entspricht.

Jedem Menschen steht es zu, ganz nach Belieben alle möglichen Bereiche und Tiefen des Körpers zu erkunden. Offensichtlich verspüren zahlreiche Frauen ein Verlangen danach, diese neue Empfindung kennen zu lernen. Darauf lassen sowohl die Berichte in diesem als auch in anderen Kapiteln schließen. Manche von denen, die es bereits ausprobiert haben, sind begeistert. Andere Frauen fanden die Erfahrung enttäuschend. In den Fantasien ist der Analsex nur eine unter vielen Spielarten, aber die Frauen malen ihn sich als ein ganz besonders genussvolles Erlebnis aus. Das kann zwei Gründe haben: Entweder haben die Frauen eine große Sehnsucht danach, es griechisch zu machen, oder sie haben die Erfahrung schon hinter sich und empfanden den realen Analsex als schmerzhaft.

Die Fantasie, einen Penis zu haben, ist hochinteressant. Die junge Frau träumt nicht davon, ein Mann zu sein, sondern die Rolle des Gebenden und des Penetrierenden zu spielen – also diejenige zu sein, die den anderen vögelt. Sie ist eine abenteuerlustige und mutige Frau, sie will noch mehr Seiten des Sexuallebens entdecken als nur die, die uns Frauen zustehen. Sie ist eine aktive Frau, die im Bett gern bestimmt, wo es langgeht, und der es Freude bereitet, den Partner und sich selbst sexuell zu verwöhnen. Warum sollte die Erfahrung nicht erregend sein, mit einem Teil unseres Körpers in einen Anus oder eine Vagina einzudringen? Wer darauf Lust hat, muss weder Penisneid empfinden noch auf seine Weiblichkeit verzichten. In der Fantasie dieser achtundzwanzigjährigen Frau geht es weder um Zorn noch um Rache. Sie stellt sich vor, ihren Partner ganz zärtlich, ganz vorsichtig zu penetrieren, sie will ihm keine Schmerzen zufügen, ihn nicht verletzen. Ihre Fantasie hat nichts mit Aggressionen zu tun.

Das Sexualverhalten der anderen Frau, die ebenfalls achtundzwanzig Jahre alt ist und mit einem anonymen Liebhaber chattet, unterscheidet sich sehr stark davon. Im eben beschriebenen Fall geht es um eine unrealistische Fantasie (nämlich sich die männlichen Genitalien für einen Moment auszuleihen). Dagegen sind es allesamt realisierbare erotische Bilder, die die zweite Frau mit einem virtuellen Partner im Internet thematisiert hat – nur fühlt sie sich nicht imstande, ihren realen Mann um ein bisschen Abwechslung zu bitten. Aus Angst vor seinem Unverständnis verschweigt sie lieber ihre Bedürfnisse und beschreitet Wege, auf denen sie sich von ihrem Lebensgefährten entfernt. Sie ist der langweiligen sexuellen Routine überdrüssig und traut sich dennoch nicht, ihre Lust auf Analsex zu äußern.

Die anderen zwei Frauen, die in den Dreißigern sind, entscheiden sich für die passive Rolle, aber sie beide entdecken Praktiken in ihren Fantasien, die sie in Wirklichkeit noch nicht ausprobiert haben: Sex mit Frauen und die anale Penetration. Sie finden es erregend, sich vorzustellen, mit etwas Neuem zu experimentieren. Es heißt ja, das Schlimme an Wünschen sei, dass sie wahr werden können. Bei der Internatsfantasie liegt ein Schwerpunkt auf der Unterwerfung seitens des Mädchens, das – artig und gehorsam – seine Ausbildung genießt. Zugleich könnte die Frau ihre Fantasie in Form eines Rollenspiels mit ihrem Mann umsetzen, wenn sie noch einmal die Schuluniform anzieht, die sie einst trug.

Die Protagonistin der Szene mit den Masseurinnen ähnelt einer Sultanin in einem Harem, und alle (in erster Linie Frauen, aber auch Männer, die wie Spielzeug benutzt werden) stehen ihr zu Diensten.

Zweifelsohne kann Analsex ein Weg zu andersartigen, aber köstlichen Höhepunkten sein. Voraussetzung dafür ist jedoch, dass nichts ohne gegenseitiges Einverständnis geschehen darf – und zwar ehrliches Einverständnis (noch immer gibt es allzu viele Frauen, die unehrlich sind, um ihren Partnern zu gefallen!). Außerdem darf man dabei die Vorsichtsmaßnahmen nicht außer Acht lassen. Jawohl, sehr geehrte heterosexuelle Herren: Gut gemachter Analsex tut nicht weh!

8

Sex mit einem Fremden

Wie, bitte? Mit einem Fremden ins Bett gehen, den man im Leben noch nie zuvor gesehen hat? Ohne auch nur ein kleines bisschen verliebt zu sein? Können Damen etwa auch zwischen Sex und Liebe unterscheiden? Eine Umfrage des Meinungsforschungsinstitutes Kanon Tower ergab, siebenundsiebzig Prozent aller Männer glauben nicht daran. Aber viele der Frauen, die hier anonym von sich berichten, gestehen: Sie haben erotische Stunden mit einem Mann verbracht, den sie gerade erst kennen gelernt hatten. Und viele andere, die noch vor dem Risiko zurückschrecken, spielen das Abenteuer stattdessen in ihrer Fantasie durch.

Wir spielen Blindekuh

Ich bin fünfundzwanzig Jahre alt und Psychologiestudentin. Ich mache gerade mein Diplom.

In meiner Fantasie fesselt mich ein fremder Mann (dessen Gesicht ich nicht sehen kann), und er verbindet mir die Augen. Er leckt mich am ganzen Körper ab und dringt in mich ein. Meistens liege ich dabei auf dem Rücken. Manchmal – in der gleichen Situation – erscheint plötzlich ein zweiter Mann. Sie besorgen es mir gleichzeitig von vorn und hinten.

Ich habe einen Partner, in den ich sehr verliebt und dem ich treu bin.

Mein Gesicht ist sehr hübsch. Vor kurzem habe ich ein paar Kilo zugenommen, dadurch fühle ich mich ein bisschen unsicher. Ich würde gern wieder abnehmen. Meine Brüste sind prima, nicht sehr groß, aber fest und rund. Was ich am wenigsten an mir leiden mag, sind meine Hüften, ich finde sie zu breit. Ich bin sehr wortgewandt und beeindrucke Männer durch meine intellektuellen Fähigkeiten. Noch mehr Aufmerksamkeit errege ich allerdings durch mein Aussehen.

Ich gehe oft ins Fitness-Studio und habe einen sehr durchtrainierten Körper. Wenn ich mir Kleidung kaufe, versuche ich witzige, billige Sachen zu finden, manchmal nehme ich auch etwas ausgeflipptere Teile. Schminke benutze ich wenig und nur, wenn ich ausgehe. Ich rasiere mich oft, benutze teure Parfüms, habe langes glattes Haar.

Es gibt keinen bestimmten Männertypus, auf den ich stehe. Aber ich mag dunkelhaarige Männer mit schwarzen Augen.

Als ich zehn Jahre alt war, begann ich, meine Klitoris zu stimulieren, und zwar von außen durch den Schlüpfer hindurch. Mit siebzehn entjungferte mich mein erster Freund, das war schön, weil wir uns liebten, aber ich empfand keine körperliche Lust. Mit jenem Jungen war ich acht Jahre zusammen, und Sex war für uns zweitrangig – wir taten es höchstens einmal im Monat. Das lag wohl daran, dass ich mit ihm nur selten einen Orgasmus hatte. Es ging nur, wenn er mit seiner Zunge lange genug meine Klitoris bearbeitete, bevor er in mich eindrang und selbst kam. Wenn er den ersten Schritt ausließ, ging ich leer aus. Ja, das hätte ich ihm sagen sollen, aber ich tat es nicht.

Mit meinem neuen Freund ist der Sex unschlagbar, wir tun es jeden Tag, er macht es mir jedes Mal mit der Zunge, da werde ich völlig wild vor lauter Lust! Er liebkost meinen ganzen Körper, und wenn ich schon extrem heiß bin, dringt er in mich ein, während er weiterhin meine Klitoris mit einer Hand sti-

Manchmal ein Orgasmus

Viel zu oft nehmen Frauen eine passive Haltung ein und erwarten, dass der Mann sie befriedigt, obwohl sie ihm keinerlei Hinweise geben, keine Anmerkungen machen, sich weder durch Worte noch durch Gesten äußern. Dieses Verhalten führt dazu, dass die Verantwortung für den sexuellen Genuss einzig und allein dem Mann zufällt. Frauen sollten selbst die Verantwortung für ihren Genuss übernehmen und den Liebhaber an ihren Empfindungen teilhaben lassen. Sie müssen ihm beibringen, was sie befriedigt und was nicht. Wir Frauen schleppen eine Menge Ballast mit uns herum: Scham, eine lustfeindliche Erziehung, religiös begründete Einschränkungen, ein männlich orientiertes Verständnis von Sexualität. Viele Frauen nehmen diese Lasten mit ins Bett.

Eine funktionierende Kommunikation, bei der man seine Vorlieben unbefangen äußern kann, ist die grundlegende Voraussetzung für ein wohltuendes sexuelles Erleben. Für viele Frauen ist Oralsex die beste Art, zum Höhepunkt zu kommen, und fast alle – bis auf sehr wenige Ausnahmen – finden Oralsex äußerst angenehm. Dafür muss sich niemand schämen! Ist es denn nicht so, dass Männer nur zu gern von einem guten Blowjob schwärmen? Und sie geben nicht nur damit an, wie scharf sie das macht, sondern manche drängen schon in der ersten »romantischen Nacht« ohne Umschweife darauf, dass man ihnen einen bläst.

muliert. Wenn ich mich nicht mehr zusammenreißen kann, gebe ich ihm ein Zeichen, dass ich gleich einen Orgasmus haben werde, und wir kommen gleichzeitig. Absolut perfekt! Ich habe immer große Lust zum Vögeln. Wir haben schon Analsex gehabt. Und wir haben es an den unterschiedlichsten Orten getan: im Gebirge, im Meer, am Strand, im Toilettenraum eines Zuges; wir haben uns beim Autofahren gegenseitig befriedigt ... Also, wirklich: genial!

Ich besitze einen Vibrator, aber der kann meinen Freund nicht übertrumpfen. Tatsächlich habe ich kein Verlangen nach Selbstbefriedigung, seitdem ich mit diesem Mann zusammen bin. Manchmal, sehr selten, gucken wir uns einen Pornofilm an und kommen dabei in Fahrt. Früher habe ich mir Pornos aufgenommen und sie abgespielt, wenn ich masturbieren wollte. Aber das waren Zeiten, in denen ich sexuell unbefriedigt war.

Wer ist wer? Du weißt es nicht!

Ich arbeite in der Verwaltung, habe einen Universitätsabschluss und bin einunddreißig Jahre alt.

Ich bin unverheiratet, ohne Freund, ohne alles! Dabei bin ich jemand, der sich schnell verliebt. Es gab immer einen Mann, der mir gefiel, und wenn die Schwärmerei für den einen vorüber war, hatte ich mir schon den nächsten ausgeguckt. Aber genau darauf hat es sich immer beschränkt: auf Schwärmereien. Man hat ein paar Blicke miteinander getauscht, ein paar Worte vielleicht, mehr nicht. Ich war wohl schon immer zu sehr in mich selbst zurückgezogen und habe mir dadurch den Weg zu einem glücklichen, normalen Leben verbaut. Aber, nun ja, jetzt ist es ein bisschen spät dafür.

Mein amouröser Lebenslauf? Puh... Der umspannt einen Zeitraum von nur wenigen Monaten. Es begann, als ich einen Mann kennen lernte, mit dem ich seit kurzem – und zum ersten Mal im Leben – Sex habe. Wie soll ich das erklären? Sagen wir mal so: Er ist mein »Lehrmeister« in Bezug auf Sex. Man könnte sagen, er ist mein guter Bekannter – obwohl ich manchmal nicht weiß, was ich denken soll, denn er zeigt großes Interesse an mir. Er will wissen, was ich mache, wie es mir geht, was ich fühle. Aber nie – oder fast nie – erzählt er mir von sich, von seinem Leben, seinen Angelegenheiten. Und wenn ich mal mehr darüber erfahren möchte, lenkt er vom Thema ab. Obwohl ich mir vornehme, mich zu entspannen und die Beziehung einfach zu genießen, bereitet sie mir manchmal Kopfschmerzen. Doch die positiven Aspekte überwiegen. Denn seit ich ihn kenne, fühle ich mich rundherum besser, und ich komme besser mit mir selbst zurecht. Ich bin in jeder Hinsicht wesentlich zugänglicher geworden. Obwohl ich mit ihm nie eine ernsthafte oder beständige Beziehung haben werde (das weiß ich ganz genau), ist er ein sehr wichtiger Mensch für mich. Er bewirkt, dass ich Dinge spüre, von denen ich nie gedacht hätte, dass ich sie empfinden könnte. Es ist wundervoll, begehrt zu werden. Und noch besser ist es, jemanden so sehr zu begehren wie ich ihn.

Wie ich aussehe? Ich weiß, dass ich eine durchschnittliche Frau bin. Aufmerksamkeit habe ich nie erregt. Auch bin ich niemand, für den die Männer sich besonders interessieren. Aber ich denke, so was hängt mit dem Verhalten zusammen. Wer sich selbst leiden mag, den mögen auch die anderen. Und genau das ist es, was ich jetzt am eigenen Leib erfahre. Ich glaube, dass ich keine hübsche Frau bin. Aber aus Gründen, die ich eben erwähnt habe, fühle ich mich in letzter Zeit viel besser (und ich bin mir sicher, dass auch andere das merken). Und jetzt habe ich das Gefühl, gar nicht mal schlecht auszusehen. Ich bin weder sehr schlank noch groß, aber ganz ordentlich »proportioniert«. Meine Augen sind weder groß noch besonders aufsehenerregend, dennoch gefallen sie vielen Menschen. Ihre Farbe ist ungewöhnlich: marineblau mit einem etwas helleren Kranz rund um die Pupillen. Man sagt mir oft, ich hätte schöne Augen. Ich bin schüchtern. Aber ich glaube, wenn ich ein bisschen Vertrauen gefasst habe, werde ich recht umgänglich.

Fitness-Studio? Was ist das denn? Ich nehme mir immer wieder vor, mich bei einem anzumelden, aber dann mache ich es doch nicht. Ich bin faul ... Andererseits achte ich gern auf mein Äußeres. Was meinen Kleidungsstil angeht: Auch der hat sich in letzter Zeit verändert. Früher trug ich immer die gleichen schwarzen Hosen und Oberteile ohne Dekolleté. Damit ist jetzt Schluss. Ich habe mir Shirts mit Ausschnitt gekauft, ich ziehe Hemdchen mit Spaghettiträgern an, enge Jeans, Bikinis. Sogar ein Negligé habe ich mir gekauft! Wo ich doch sonst immer Schlafanzüge getragen habe. Außerdem habe ich mir mehrere Unterwäsche-Sets geholt, aber nichts Extravagantes. Das sind hübsche Sachen, ein bisschen sexy, ohne atemberaubend zu sein. Sie waren auch nicht teuer, ich habe nicht so viel Geld.

Grundsätzlich trage ich hohe Absätze. Daran habe ich mich gewöhnt, und ich weiß gar nicht mehr, wie man auf flachen Schuhen läuft. Natürlich rasiere ich mich, ich fühle mich wohler, wenn ich rasiert bin, und ich finde das sauberer, hygienischer. Außerdem sieht es besser aus, nicht wahr? Jedenfalls ist das meine Meinung. Ich schminke mich gern. Ich mag es, wenn man mir ansieht, dass ich geschminkt bin, aber es muss natürlich wirken. Lippenstift benutze ich täglich, immer, ausnahmslos. Außerdem achte ich sehr auf meine Fingernägel

Aufmerksamkeit habe ich nie erregt

Das Einsetzen der Pubertät oder des aktiven Sexuallebens bewirkt bei vielen Menschen eine Veränderung ihrer Körpersprache – insbesondere bei sehr schüchternen Charakteren. Wer sonst immer einen gebückten Gang hatte (was auf Probleme mit dem Selbstwertgefühl schließen lässt), kommt eines Tages erhobenen Hauptes und mit einem breiten Lächeln ins Büro. Es steht ihm (oder ihr) ins Gesicht geschrieben: Er (sie) hatte Sex.

Frauen werden dann meistens aufgeschlossener und gehen eher auf andere Menschen zu. Sie kleiden sich anders – nämlich mutiger: Sie tragen Sachen, die sie früher zu gewagt fanden, zum Beispiel enge Jeans und sexy Unterwäsche. Es wird sogar behauptet, dass die Haut von solchen Situationen profitiert und man einen bezaubernden rosigen Teint bekommt. Sex bewirkt Entspannung.

und lackiere sie immer frisch. Wie ich schon sagte, bin ich in letzter Zeit mutiger geworden, und so trage ich mein Haar jetzt schulterlang, rötlich getönt und mit ein paar intensiv roten Strähnen, die großartig aussehen. Also: Ich achte auf mich. Sogar Massagen gönne ich mir. Jener »Freund«, von dem ich erzählt habe, ist nämlich Physiotherapeut.

Normalerweise mag ich am liebsten große Männer mit dunklem, kurzem Haar. Ich achte auf die Hände, die Augen, das Lächeln. Am meisten gefällt mir, wenn sie mich zum Lachen bringen. Das finde ich wichtig. Und ehrlich müssen sie sein. Auf Ehrlichkeit lege ich äußerst großen Wert. Und dann noch:

liebevoll, zärtlich, intelligent, aber auch wild, leidenschaftlich … Es kommt mir nicht unbedingt darauf an, dass ein Mann gut aussehend oder attraktiv ist. Meiner Meinung nach sind Äußerlichkeiten nicht so wahnsinnig entscheidend. Trotzdem habe ich – wie jeder Mensch – nichts gegen einen Leckerbissen einzuwenden. Schönheit ist jedoch etwas sehr Subjektives. Und wenn ein Mann über Qualitäten wie die oben genannten verfügt, glaube ich nicht, dass er noch viel mehr bieten muss, um eine Frau zu erobern.

Ich befriedige mich selbst, na klar, das macht mir Spaß. Ich habe damit angefangen, als ich ungefähr achtzehn oder neunzehn war. Mittlerweile weiß ich, dass andere Leute viel, viel früher losgelegt haben. Wie man sieht, bin ich eine Spätzünderin. Und weil ihr mich danach fragt, erzähle ich auch, dass ich es beim ersten Mal aus Neugier gemacht habe … Ich fasste mich an, streichelte mich … Ich wollte das fühlen, wovon alle Welt redet. Und ja, ich habe es geschafft, es gespürt. Und es gefiel mir sehr. Seitdem habe ich nicht aufgehört, es mir regelmäßig zu besorgen (täglich, manchmal sogar mehrmals, auch wenn ich mit ihm zusammen bin) und zu perfektionieren. Dass ich mich selbst befriedige, ist mir überhaupt nicht peinlich, denn es ist etwas Natürliches, und es schadet niemandem, sondern es tut mir sehr gut. Mit meinen Freundinnen spreche ich jedoch nicht über dieses Thema. Wahrscheinlich liegt das daran, dass auch sie sich in dieser Hinsicht mir gegenüber bedeckt halten.

Als ich das erste Mal zu jenem Mann nach Hause ging, wusste ich, dass etwas passieren würde, und ich wollte auch, dass es passiert. Aber andererseits hatte ich Angst, denn ich war noch nie mit einem Mann zusammen gewesen, und ich zermarterte mir das Hirn, indem ich mich fragte, was ich tun und was ich bleiben lassen sollte. Aber mit ihm ist alles so leicht. Obwohl ich mich anfangs schämte, mich in seiner Gegenwart auszuziehen oder ihn zu berühren, tat ich es. Ich tat es, weil ich es mir wünschte und weil ich meine Ängste besiegen wollte. Von Anbeginn hat er sich meinem Tempo angepasst. Er ließ alles ganz allmählich, ganz langsam geschehen. Er gab mir Zeit, jeden Winkel seines Körpers, seines Geschlechts zu erforschen. Der Tag, an dem er zum ersten Mal in mich eindrang, war weder traumatisch noch negativ für mich. Ganz im Gegenteil. Weil alle behaupten, das erste Mal sei fast immer unbefriedigend, ging ich davon aus, dass es bei mir katastrophal sein würde. Aber ihr könnt mir glauben: Dieser Mann ist so gut, dass mein erstes Mal fantastisch war. Das Größte. Ich blutete nicht, hatte keine Schmerzen … Ach, ich weiß auch nicht, ganz ehrlich: Es übertraf alle meine Erwartungen. Und selbstverständlich macht es mich glücklich, dass alles so gut gelaufen ist.

Ja, ich genieße den Sex. Absolut! Ich habe nie Erfahrungen gemacht oder Beziehungen gehabt, die mich prägten. Weder auf positive noch auf negative Art und Weise. Die, die ich jetzt habe, ist sehr positiv.

Zurück zum eigentlichen Thema. Natürlich ist immer er derjenige, der die Initiative ergreift. Und das finde ich »natürlich«, weil ich selbst bisher ja keine Ahnung von alledem hatte. Aber er hat auch schon Sachen gemacht, die bewirkten, dass ich aktiv wurde. Er verleitet mich dazu, meine Fantasie spielen zu lassen und mir Situationen vorzustellen, die ich ihm dann erzähle. Und so kommt es, dass ich immer fantasievoller werde, auch mal Vorschläge mache und Stück für Stück die Initiative ergreife.

Ob ich sexsüchtig bin? Nun ja, das wäre wohl doch ein bisschen übertrieben formuliert, glaube ich. Aber ich muss zugeben, dass ich Sex ganz wunderbar finde. Und seitdem ich herausgefunden habe, was Sex tatsächlich ist, vergehe ich oft vor

Verlangen danach, mit ihm zusammen zu sein, mit ihm zu schlafen, meine Fantasien Wirklichkeit werden zu lassen... Ich hätte nie gedacht, dass ich so empfinden könnte. Und es gefällt mir, denn ich fühle mich wie eine richtige Frau.

Was den Orgasmus angeht, das ist ein anderes Thema... Wenn ich mich selbst befriedige, bekomme ich immer einen. Die Male, die ich mit ihm zusammen war, hatte ich keinen... Und das ist etwas, das ich nicht verstehe. Ich genieße ja jede Sekunde mit ihm, jeden Moment; es geht mir großartig, aber ich bekomme einfach keinen Orgasmus. Er sagt, es gebe Frauen, die sich so sehr darauf konzentrieren, dass es ihnen am Ende gar nicht gelingt. Und das, obwohl sie sehr erregt sind. Er sagt, diese Frauen schränken ihre Orgasmusfähigkeit ein, indem sie sich zu sehr darauf versteifen. Seiner Meinung nach ist der Orgasmus nicht so wichtig, wie die meisten Leute behaupten. Nun ja, unwichtig ist er aber auch nicht gerade. Aber man kann es sich auch äußerst gut gehen lassen, ohne zum Höhepunkt zu kommen. In meinem Fall trifft das nämlich zu. Ich schwöre euch, dass ich den Sex voll und ganz genieße.

Obwohl ich keinen Orgasmus habe, tue ich alles, damit mein Partner kommt, und das mit Erfolg. Und wenn er seinen Höhepunkt hat, dann ist das auch für mich ein großer Genuss.

Pornografische Produkte habe ich mir noch nie gekauft, nichts davon hat mich interessiert. Aber ich will ehrlich sein: Ich habe mich zwar noch nie an einem Chat beteiligt, aber ich bin doch schon auf Internetseiten gegangen, von denen man sich Fotos oder Filme herunterladen kann. Die Neugier hat mich dazu bewogen. Ich wollte wissen, was für Sachen die Menschen miteinander anstellen, wie sie es miteinander treiben, um das Gesehene selbst in der Praxis auszuprobieren. Aber ich stelle fest, dass ich das nicht brauche. Es ist nicht nötig, um mich zu erregen. Denn ich lerne mit ihm, und zwar viel. Nun gut, es ist auch schon lange her, dass ich mir so was angesehen habe, denn in Wirklichkeit motiviert es mich nicht. Ich finde es erregender, mir Situationen in Gedanken auszumalen.

Zum Thema Spielzeug... Ich wohne bei meinen Eltern, deshalb habe ich zu Hause nichts dergleichen. Aber manchmal denke ich, dass ich gern Spielzeug benutzen würde. Das letzte Mal, als ich mit ihm zusammen war, holte er einen Dildo heraus, der genau so wie sein Penis aussah (den hatte eine Freundin für ihn angefertigt); anfangs hatte ich noch leichte Bedenken, aber ich gab mich hin und machte eine angenehme Erfahrung. Ich glaube, beim nächsten Mal bitte ich ihn darum, ihn mir mal auszuleihen.

Das sind so Sachen, von denen ich dachte, ich würde sie nie benutzen oder brauchen, aber dann sammelt man Erfahrungen und will immer mehr ausprobieren. Daran ist nichts auszusetzen, finde ich. In einer Beziehung – wenn beide absolut damit einverstanden sind – kann man alles machen, einschließlich Pornofilme angucken, Spielzeug benutzen oder was auch immer.

Wir denken uns ganz schön wilde Geschichten aus und schicken sie einander per Mail. Vor allem er ist in dieser Hinsicht sehr aktiv. Wenn wir gemeinsam fantasieren, dann ist er wie besessen von der Vorstellung, dass ein zweiter Mann mit uns zusammen ist. Ein anderer Mann, der sich eher mit ihm beschäftigt als mit mir. Für mich wäre das nicht unbedingt das Größte, aber ich bemerke auch, dass mir die Vorstellung nicht missfällt. Ich male mir aus, wie die beiden zusammen sind, und das macht mich ganz schön scharf.

In Wirklichkeit habe ich keine extravaganten Fantasien, sondern nur die üblichen: Sex mit zwei Männern oder an öffentlichen Orten, das stelle ich mir ziemlich heiß vor. Manchmal

Ihn mit einem anderen Mann zusammen sehen

Obgleich wir mehr zum Exhibitionismus als zum Voyeurismus neigen, gibt es auch Frauen, für die es erregend ist, das Liebesspiel anderer zu beobachten, ohne sich daran zu beteiligen. Das Bild zweier Männer, die einander berühren, streicheln und lecken, kommt in den Fantasien vieler Frauen vor.

Was ist das Besondere daran, sich schwulen Sex vorzustellen? Sicherlich spielt Neugier eine große Rolle. Man will diese Art der Sexualität kennen lernen. Man will herausbekommen, ob Männer zärtlich miteinander umgehen oder wild. Indem man beobachtet, wie es zwei Männer miteinander treiben, kann man außerdem neue Tricks erlernen, die dann dem eigenen Liebhaber zugute kommen.

fantasiere ich, dass er jemand ist, den ich nicht kenne – auch eine scharfe Sache. Kürzlich beschrieb er mir via Mail, wie ich seinen »Spielzeugpenis« benutzen würde, um ihn zu penetrieren, und das gefiel mir. Obwohl es Dinge sind, die ich noch nie getan habe. Ich weiß nicht, ob ich sie machen würde – aber doch, ja, wahrscheinlich würde ich das alles tun. Es sind ja weder schlechte noch besonders ausgefallene Sachen, denke ich.

Vor einiger Zeit erzählte er mir von einer Freundin, die meinte, sie hätte Lust auf einen Dreier: sie, er und eine weitere Frau. Ich antwortete ihm, ich sei dazu noch nicht bereit. Aber um ehrlich zu sein (und das habe ich ihm nicht gesagt): Ich finde diese Idee durchaus verlockend. Irgendwie bin ich wohl neugierig darauf, was ich oder auch was er dabei empfinden wird... Genauso ist es mit dem Gedanken an einen zweiten Mann. Manchmal sagt er zu mir: »Stell dir vor, wir zwei sind zusammen, und da sind noch zwei weitere... Einer für dich und einer für mich. Was würdest du denken, wenn ich dir diesen Vorschlag im Ernst machte?« Und ich antworte immer: »Sei still, du reichst mir völlig aus.« Aber im Grunde genommen hätte ich doch Lust darauf. Vor allem geht es wohl darum, es einfach mal auszuprobieren. Einmal hat er zu mir gesagt: »Man kann nicht lieben, was man nicht kennt.« Und wenn man etwas nicht ausprobiert, kann man auch nicht sagen, ob es einem gefällt oder nicht.

Wenn ich nur an ihn denke und an die Sachen, die er mit mir macht, die ich mit ihm mache... dann wird mir schon ganz heiß. Viel mehr brauche ich nicht. Außerdem glaube ich, dass ich immer und zu vielem bereit bin. Ich erkenne mich selbst nicht mehr wieder.

Ach ja! Es gibt etwas, womit ich erst letzte Woche angefangen habe. Am vergangenen Montag – es war Nacht, und ich wollte gerade schlafen gehen – hatte ich die geniale Idee, ihm eine SMS zu schicken, eine erotische Botschaft. Sie war der Beginn einer Geschichte, die ich ihm nach und nach per SMS erzähle. Immer wenn mir eine Fortsetzung einfällt, tippe ich sie in mein Handy und schicke sie ihm. Natürlich höre ich immer genau da auf, wo es besonders spannend wird, und ich lasse ihn zappeln, bis ich ihm die nächste Mitteilung schicke. Der Anfang der Geschichte war erotisch, mittlerweile hat sie sich zu einem Hardcore-Porno entwickelt. Wenn wir nachts miteinander sprechen, bittet er mich (er fleht mich fast an), mit der Handlung fortzufahren, die ich mittendrin unterbrochen habe. Aber ich bleibe stur, ich verweigere ihm die Fortsetzung. Und ich erkläre ihm, dass der Reiz darin besteht, die Geschichte »Kapitel für Kapitel« zu erzählen, und dass es damit weitergehen wird, wenn er brav ist. Ihr könnt euch nicht vorstellen, wie scharf er dann wird. Es macht mich wirklich glücklich, ihn so zu erleben. Ich hätte nicht gedacht, dass ich über die Fähigkeit verfüge, einen Mann durch meine bloße Anwesenheit zu erregen. Oder durch ein Gespräch, durch bestimmte Sachen, die ich ihm erzähle. Und das ist wiederum etwas, das auch mich erregt.

Zum Beispiel hätte ich gern Sex am Strand. Wir zwei allein ... Oder zumindest denken wir, dass wir allein sind. Ich stelle mir vor, dass er sich mir nähert, als wäre er ein Fremder – diese Vorstellung macht mich an. Und dass er nicht aufhört, mich zu liebkosen, zu küssen, zu berühren, während uns das Gefühl beschleicht, jemand beobachte uns, was unsere Erregung noch weiter steigert. Und zu spüren, wie die Begierde immer stärker wird; wie sich unsere Körper der Leidenschaft hingeben und nicht aufhören können; wie sie sich nehmen, was sie brauchen, was sie begehren, alles ... Sachen zu machen, von denen wir nicht zu träumen gewagt haben. Und ich male mir aus, wie der Mensch, der uns beobachtet (wenn ich es mir aussuchen könnte, wäre es ein anderer Mann), so erregt wird, dass er sich uns anschließt. Und dass die beiden mich nehmen, in mich eindringen, gleichzeitig oder nacheinander; dass sie sich gegenseitig vögeln, während ich dem einen und dann dem anderen einen blase; eine unendliche Reihe von Kombinationen ...

In einer anderen Fantasie geht es um einen Maskenball. Und hier erregt mich wieder der Gedanke an das Fremde, die Fremden ... Und ich stelle mir vor, wie ich mit mehreren Männern schlafe, wie sie Empfindungen in mir auslösen, wie ich sie noch nie im Leben hatte. Jeder von ihnen stellt etwas anderes mit mir an ... Ja, es sollten viele Männer sein.

Ihr seht, dass meine Fantasien nichts Ungewöhnliches sind, sondern eigentlich ganz normal.

Ein mächtiger Typ

Ich bin sechsunddreißig und habe als Diplom-Psychologin eine Position als Koordinatorin inne.

Ich bin eine hübsche Frau mit einer zierlichen Figur. Angezogen sehe ich eindeutig besser aus als nackt. Ich schminke mich fast gar nicht, trage diskrete Unterwäsche in Weiß, Naturfarben, Rosa. Ich unterhalte mich gern mit Leuten, lache gern, mag Ironie und habe Humor. Mein Kleidungsstil ist sportlich.

Mir gefallen kommunikative Männer und solche, die mich zum Lachen bringen, die zärtlich und sinnlich sind, einen guten, muskulösen Rücken haben und einen knackigen, runden Hintern, so dass Jeans bei ihnen perfekt sitzen. Ich mag einen durchdringenden, liebevollen Blick, einen dunklen Teint und braunes oder schwarzes Haar.

Ich lebe mit meinem Partner zusammen, bin aber nicht verliebt. Meine Libido ist gerade ein bisschen schwach, ich bin kaum aktiv. An Sonn- und Feiertagen, nach dem Essen, habe ich noch am meisten Lust auf Sex. Nachts bin ich zu nichts gut, da stört es mich nur.

Seit fast zehn Jahren lebe ich in einer festen Beziehung. Ich mag es, wenn der Mann anfängt, sich mir nähert und mich zuerst liebkost. Nachts, im Schlaf, habe ich manchmal plötzliche Erregungszustände, dann befriedige ich mich selbst.

Wir verwenden überhaupt keine erotischen Produkte. Früher haben wir allerdings mit Lebensmitteln gespielt, mit Süßigkeiten. Ich bin mir sicher, dass viele Dinge den Sex bereichern können. Erotische Filme mag ich nicht, aber Musik hilft mir, meine Libido zu steigern.

Meine Fantasie: Ich erobere einen attraktiven Mann und bin

mit ihm nur eine Nacht zusammen. Ich betrinke mich, verbringe die ganze Nacht mit ihm und sehe ihn danach niemals wieder. Der Mann in meiner Fantasie ist körperlich anziehend: ein dunkler, kräftiger Typ. Er kann sehr gut tanzen und weiß, wie man eine ganze Nacht miteinander Spaß hat – mit Spielen, Tanz, Speisen und Getränken. Und er kennt sich gut mit Sex aus, bei dem es nicht zur Penetration kommt.

Kompromisslose Auflehnung

»Ich führte einen Kampf gegen die repressive Erziehung, die in meiner Jugend üblich war, und jedes sexuelle Erlebnis war für mich ein Sieg in diesem Kampf.«

Die Frauen von heute wollen die Löwin herauslassen, die in ihnen steckt. Und das ohne Gewissensbisse und Hemmschwellen, ohne in den Gelegenheits-Lover verliebt zu sein, und vor allem ohne ihre emotionale Stabilität zu gefährden.

Kann man auf der Basis unserer Erhebungen bereits erste gültige Schlüsse ziehen? Leider hat sich herausgestellt, dass Frauen bei Umfragen zum Thema Sexualität häufiger die Unwahrheit sagen als Männer.

Das bestätigt auch der Psychologe Terri Fisher von der Universität Ohio, der die Unterschiede zwischen dem Sexualverhalten von Frauen und Männern erforschte. Wenn die Probandinnen an einen Lügendetektor angeschlossen wurden, gaben sie andere Antworten auf Fragen, die man ihnen zuvor schon einmal ohne Einsatz eines Lügendetektors gestellt hatte. Zum Beispiel bei der Frage nach der Anzahl der Sexualpartner in ihrem bisherigen Leben. Ohne Lügendetektor sprachen die Frauen von durchschnittlich 2,6 Partnern, mit Detektor waren es plötzlich 4,4. Fast das Doppelte! Moderne Frauen rühmen sich einerseits ihrer Promiskuität, wollen aber andererseits den Eindruck erwecken, es gebe nichts Besseres als Sex im Rahmen einer Liebesbeziehung. Und noch immer gibt es viele, deren Sexualleben von Angst erfüllt ist. Weiterhin gilt die gesellschaftliche Norm, dass anständige Frauen ihr sexuelles Begehren zügeln müssen, während Männer sich seit jeher von ihrem Schwanz lenken lassen.

Mehr Zahlen: Im »Durex Local Report 2004 – Studie zu sexuellen Einstellungen und Verhaltensweisen in Deutschland« steht zu lesen, dass siebenunddreißig Prozent der Deutschen mindestens einen One-Night-Stand gehabt haben. Männer sind in dieser Hinsicht aktiver als die Frauen: Einundvierzig Prozent der männlichen Befragten gaben an, ein solches Abenteuer (oder mehrere) erlebt zu haben, bei den Frauen waren es nur fünfunddreißig Prozent.

Warum sollte der Sex mit einem Mann, den eine Frau noch nie gesehen hat und wahrscheinlich nie wieder treffen wird, besonders gut sein? Bei einem solchen Abenteuer schaffen es manche Frauen, alle ihre Begierden zu stillen – ohne Scham und ohne Angst vor Zurechtweisungen. Es ist egal, was jener Fremde von ihr denkt! Ihre Lebenswege werden sich nicht wieder kreuzen, und sie haben kein gemeinsames soziales Umfeld. Es ist genau deshalb ein lustvolles Erlebnis, weil man weiß, dass es sich nicht wiederholen wird. Und das Beste: Man erspart sich die Erniedrigung, in den folgenden Tagen sehnsüchtig auf seinen Anruf zu warten.

Wenn Frauen ein befreites Leben führen wollen, passiert es selbstverständlich auch, dass sie männliche Verhaltensweisen annehmen. Dennoch geht es vor allem darum, die Sexualität auszuleben, die jede einzelne Frau sich wünscht, ohne deshalb den Respekt vor anderen zu verlieren.

Wer ist der Auserwählte, mit dem man wilde Stunden erleben möchte? Einen attraktiven und mächtigen Mann wünscht sich die eine; einen, bei dem die Funken sprühen, wünscht sich eine andere; anonyme Männer, mit denen alles zur Abwechslung mal sehr körperlich ist, eine dritte.

Und wieder einmal werden die Berichte in diesem Buch durch wissenschaftliche Forschung bestätigt. Laut einer Studie der Psychologin Pamela Reagan, Professorin an der Universität Kalifornien, würden sechsundachtzig Prozent der befragten Frauen den Fremden aufgrund seines Äußeren wählen. Hier spielen die Hormone eine entscheidende Rolle. Tatsächlich kommen beim sexuellen Verlangen und der Partnerwahl viele biochemische Faktoren zum Zuge.

Ja, viele Frauen versichern in diesem Buch, dass das Äußere nicht viel über einen Menschen sagt und dass innere Schönheit wichtiger ist als äußerliche. Aber bei Fantasien, in denen es um Sex mit einem Fremden geht, suchen Frauen weder einen Vater für ihre Kinder, noch verschwenden sie ihre Zeit mit geistreichen Gesprächen. Es geht in allererster Linie um das sexuelle Erlebnis an sich. Und damit dieses Erlebnis zu einem guten Abschluss kommt, lassen wir uns unbewusst von unserem Instinkt leiten, von den primitivsten Regionen unseres Gehirns. Eine internationale Gruppe von Wissenschaftlern (sie arbeiten an Universitäten in Florida, Texas und Kassel) hat herausgefunden, dass die Orgasmusfähigkeit der Frau ursächlich mit der Attraktivität des erwählten Sexualpartners zusammenhängt.

Der Biologe Randy Thornhill und sein Team, die sich seit vielen Jahren dem Thema widmen, sind zu ähnlichen Ergebnissen gekommen. Darüber hinaus stellten sie bei einem ihrer Experimente fest, wie stark unser Geruchssinn beim Auffinden der schönsten Männer mit entscheidet. Den am Versuch beteiligten Frauen gaben sie T-Shirts, die jeweils zwei Tage lang von einem Mann getragen worden waren. Jede Frau musste das Kleidungsstück auswählen, dessen Geruch ihr am attraktivsten erschien. Weder die

Versuchsperson noch die Forscher wussten, welches T-Shirt zu welchem Mann gehörte. Tatsächlich gelang es den Frauen, anhand der Kleidungsstücke eine auch visuell nachvollziehbare Schönheits-Rangliste der Männer zu erstellen. Dies bedeutet, dass es den attraktiveren Männern schneller gelingt, Frauen erfolgreich den Hof zu machen. Und das, obwohl die Menschen unter allen Säugetieren den am stärksten verkümmerten Geruchssinn haben.

Allerdings sind sich die Wissenschaftler noch nicht darüber einig, in welchem Maße die Pheromone (jene Geruchssubstanzen, die das Sexualverhalten beeinflussen) das Auffinden der besten menschlichen Gene beeinflussen.

Und nun zum Verhalten der Männer. Einerseits sind sie One-Night-Stands mehr zugetan als wir Frauen (was unter anderem damit zu tun hat, dass sie sich nicht so sehr um ihre körperliche Unversehrtheit sorgen müssen wie wir). Andererseits berichten viele Therapeuten, dass immer mehr Männer bei ihnen auftauchen, die an die Notwendigkeit emotionaler Stabilität glauben und die Sex in Liebesbeziehungen höher bewerten als kurze Affären.

Sieht ganz so aus, als kämen die Stereotypen gehörig durcheinander!

9

Wir drei kommen gut miteinander aus

Dario Fo sagt: »Damit eine offene Partnerschaft funktioniert, darf man sie nur auf der Seite des Mannes öffnen, denn wenn man sie auch auf Seiten der Frau öffnet, herrscht Durchzug.« Aber den Frauen in diesem Kapitel ist es egal, ob sie von einem Tornado erfasst werden – vorausgesetzt, es geschieht auf der Ebene der Fantasie.

Willst du mitspielen?

Ich bin achtundzwanzig Jahre alt und arbeite als Verwaltungsangestellte, obwohl ich ausgebildete Chefsekretärin bin.

Es erregt mich, mir einen Dreier vorzustellen, obwohl ich nicht in der Lage wäre, mich tatsächlich an einem zu beteiligen. Meine sexuelle Fantasie findet in einem Zimmer statt. Ich bin mit meinem Freund zusammen, und da ist noch ein weiterer Mann bei uns, dessen Gesicht ich nie zu sehen bekomme. Aber ich stelle fest, dass er sehr gut gebaut ist. Muskulös, aber nicht zu sehr. Mit definierten Bauchmuskeln. Und er ist ein ziemlich dunkler Typ. Ich knie auf dem Boden, stütze mich mit den Händen auf dem Bett ab. Mein Freund dringt von hinten in mich ein, er packt mich feste an den Hüften und zieht mich energisch auf seinen Schwanz. Dabei beobachtet uns der andere Mann. Mein Freund »lädt ihn ein«, sich zu beteiligen. Er will, dass der andere mir seinen Schwanz in den Mund schiebt. Ich wehre mich, aber schließlich mache ich mit. Meine Gefühle sind seltsam gemischt: Die Situation ist für mich einerseits unangenehm, andererseits lustvoll. Bequem ist es jedoch nicht. Aber ich mache weiter, es gefällt mir, zu sehen, wie beide sich an mir laben. Keiner bekommt einen Orgasmus. Dann bin ich selbst dran: Sie legen mich aufs Bett, und während einer seine Finger in meine Vagina steckt und meine Klitoris leckt, küsst der andere meine Brüste und knabbert an meinen Brustwarzen. Die beiden wechseln sich ab. Und als ich mich kaum noch zurückhalten kann, geht der andere Mann. Dann treiben mein Freund und ich es miteinander wie die Verrückten.

In meinem Leben gibt es zwei Menschen, die Spuren hinterlassen haben: Einer davon – ich war dreizehn – war mein erster Freund. Er war mein Schulkamerad, und wir blieben zu-

Die erste Liebe vergisst man nie?

Die besten literarischen Werke, das Kino, unzählige Cora-Heftchen und der Volksglaube haben sie heilig gesprochen: die erste Liebe, den ersten Kuss, den ersten Sex … In Wirklichkeit jedoch gibt es reichlich Menschen, die ihre erste Liebe nur deshalb nicht vergessen, weil sie so furchtbar war. Das Leben hält mehr als eine Liebe für uns bereit. Je mehr die Entwicklung unserer Persönlichkeit voranschreitet, umso passender sind die Partner, die wir wählen. Wie viele in jungen Jahren eingegangene Beziehungen scheitern, weil beide sich in unterschiedliche Richtungen entwickelten! Wenn man wehmütig an seine erste Liebe zurückdenkt, so liegt das vielleicht daran, dass damals alles neu und aufregend für uns war.

sammen, bis ich achtzehn war. An ihn werde ich mich stets erinnern. Der andere Mensch ist mein jetziger Partner, mit ihm bin ich seit viereinhalb Jahren zusammen. Es gab noch mehr, Liebhaber und andere, die wichtig waren. Aber man kann sie nicht mit diesen beiden vergleichen.

Ich finde mich ziemlich hübsch, ein bisschen »moppelig«, aber nicht dick. Ich habe weibliche Rundungen. Man sagt, meine Augen seien ausdrucksstark, und das finden Männer anziehend. Ich bin extrovertiert, aber ich tue nicht so, als wäre ich wahnsinnig intelligent, wenn ich verführerisch wirken möchte. Um auf mich aufmerksam zu machen, setze ich auf meine Augen, meine Lippen und Brüste. Ich kümmere mich nicht besonders um meinen Körper, Kosmetikartikel verwende ich nicht, und meiner Frisur schenke ich ebenfalls kaum Beachtung. Zur Arbeit kleide ich mich klassisch, zum Ausgehen eher lässig und sexy. Am liebsten trage ich Schuhe mit hohen, schmalen Absätzen. Meine Unterwäsche ist vielfältig: aus Baumwolle, Stretch, sexy... kommt ganz auf die Situation an. Ich rasiere mich, und wenn ich mich schminke, dann mit allem Drum und Dran. Seit über zehn Jahren benutze ich dasselbe Parfüm, es ist nicht übermäßig teuer.

Ich bevorzuge Männer mit dunklem Haar und hellen Augen. An einem Partner schätze ich Ehrlichkeit, Loyalität, innere Verbundenheit, Romantik und dass er mich täglich überrascht. Also gut, ich gebe es zu: Ich will ständig wie in einem Märchen leben!

Beim Sex bin ich überdurchschnittlich aktiv, und in meiner jetzigen Partnerschaft bin fast immer ich diejenige, die die Initiative ergreift. Generell widme ich dem Sex viel Zeit und Aufmerksamkeit. Sex ist für mich die reine Freude – und ganz sicher keine Pflicht! Meine erogenen Zonen sind mein Busen, meine Genitalien und meine Ohren! Ich finde, dass eine gute sexuelle Kommunikation entscheidend ist für eine Beziehung. Ich habe Orgasmen, und beim Sex ist es mir immer sehr wichtig, zum Orgasmus zu kommen.

Sachen, die ich niemals tun würde: Ich weiß nicht, wie man die Praktik nennt, bei der man seinen Darm auf dem Partner entleert oder er auf dir. [Gemeint ist die »Koprophilie«. Mit diesem Begriff bezeichnet man sexuelle Handlungen, bei denen die Beteiligten mit ihrem Kot spielen. Wenn die Exkremente darüber hinaus auch verzehrt werden, spricht man von »Koprophagie«.] Auch Sodomie käme für mich nicht in Frage. Ich hatte ein paar rein sexuelle Affären.

Tatsächlich kümmere ich mich in meiner Partnerschaft sehr darum, dass es sexuell gut läuft. Ich glaube nicht, dass eine Beziehung richtig gut funktioniert, wenn der Sex nicht sehr aufregend ist. Je nachdem, in welcher seelischen Phase sich die Beziehung zwischen meinem Partner und mir befindet, ist meine Libido stärker oder schwächer. Untreue bei meinem Partner finde ich abstoßend. Ich selbst habe schon manchmal den Wunsch verspürt fremdzugehen, aber ich habe mich zusammengerissen. Ja, ich befriedige mich selbst, wenn auch nicht regelmäßig, sondern nur in Ausnahmefällen. Vielleicht bin ich ein bisschen verdorben ... denn (fast) alles, was mit Sex zu tun hat, törnt mich an.

Als ich sechzehn war, entjungferte mich mein damaliger Freund in seinem Zimmer, während ein befreundetes Paar über uns im selben Etagenbett schlief. Was für eine Katastrophe! Für mich war das keine positive Erfahrung. Aber glücklicherweise kann ich heute Sex genießen. Wie alt ich war, als ich begann, mich selbst zu befriedigen, weiß ich nicht genau. Selbstbefriedigung finde ich zwar nicht beschämend, aber ich würde auch nicht überall offen darüber sprechen. Auf

Nicht verdorben, sondern gesund

Aufgrund der herrschenden Moral werden insbesondere Frauen mit einer ausgeprägten Sexualität oft als »verdorben« bezeichnet. Aber eigentlich ist es ganz normal, sexuelle Reize als angenehm zu empfinden, sie zu genießen und sie deshalb – wie alles, was für Befriedigung sorgt – so oft wie möglich erleben zu wollen. Doch Frauen, die so fühlen und sich entsprechend verhalten, rufen bei vielen Menschen Unverständnis oder gar Ablehnung hervor. Solches Verhalten wird gerne als »animalisch« verunglimpft.

Lassen wir ethische Bewertungen jetzt mal außen vor und betrachten das Ganze aus rein physiologischer Sicht. Es ist gesund, angesichts eines Tellers mit leckeren Speisen Appetit zu bekommen und zu spüren, wie einem das Wasser im Mund zusammenläuft. Es ist gesund und normal, am Ende eines Tages müde zu werden. Und ganz genauso »gesund« ist es auch, wenn man aufgrund sexueller Reize erregt wird. Ein Mensch ohne sexuelle Störungen reagiert nun einmal auf Reize, die der entsprechenden Person als erotisch erscheinen. Dagegen kann und muss man nichts unternehmen.

Sexualität lege ich großen Wert, und zurzeit bin ich sexuell topfit (wenn die Umstände es erlauben).

Pornofilme gucke ich mir nicht oft an, nur hin und wieder im Fernsehen. Nur ein einziges Mal haben wir uns einen ausgeliehen. Ich finde Pornos nicht schlecht, aber ich brauche sie auch nicht, um erregt zu werden. Ja, ich habe einmal einen Porno mit meinem Partner gesehen, aber nur ein einziges Mal. Wenn ich Pornos gucke, endet es immer damit, dass ich mich selbst befriedige. Es hat sich noch nie ergeben, mit Freunden über dieses Thema zu sprechen, aber es würde mir nichts ausmachen, wenn sie wüssten, dass ich mir gelegentlich Pornos anschaue. In bestimmten Situationen kann ich die Erregung der Darstellerinnen nachempfinden, und ich würde manche Szenen gern selbst nachstellen. Tatsächlich sind einige meiner Fantasien direkt durch gewisse Pornoausschnitte inspiriert. Ich bin sehr leicht erregbar, aber Dreier-Szenen machen mich ganz besonders heiß, auch wenn ich nicht in der Lage wäre, tatsächlich bei einem Dreier mitzumischen.

Ich benutze kein Sexspielzeug, aber ich hätte auch nichts dagegen, weder allein noch zu zweit. Es wäre sicher gut, den Partner daran zu beteiligen, damit beide ihren Spaß haben. Wenn mein Freund sich Pornos angucken würde, um heiß zu werden, würde mich das nicht stören, aber er tut das sowieso nicht. Warum sollten pornografische Produkte oder Spielzeuge einer Partnerschaft schaden? Das kann ich mir nicht vorstellen.

Drei gewinnt

Ich bin achtunddreißig Jahre alt und arbeite als kaufmännische Angestellte.

Eine wiederkehrende Fantasie habe ich nicht, und überhaupt denke ich in letzter Zeit wenig an Sex. Ich habe nämlich keine Lust darauf. Aber manchmal stelle ich mir vor, dass ich mit zwei Männern zusammen bin, die alle meine Wünsche mehr als erfüllen. Oder ein Mann und eine Frau – die Vorstellung, eine andere Frau im Bett zu erleben, macht mich an. Eine andere Fantasie besteht darin, dass man mich ans Bett fesselt oder mich auf andere Art fixiert.

Seit vielen Jahren habe ich keinen Mann, keinen Freund. Ich

Die sexuelle Ampel

Laut der Sexualforscherin Francisca Molero verfügt jeder Mensch über eine Art »virtuelle Ampel«, die anderen gegenüber grünes, gelbes oder rotes Licht signalisiert. Je nachdem, welche Farbe wir ausstrahlen, ziehen wir mehr oder weniger Zuneigung und sexuelles Interesse auf uns.

Einer der am meisten verbreiteten Fehler nach einer Trennung besteht darin, andere für das büßen zu lassen, was der Ex uns angetan hat. Als hätte man nicht selbst den Fehler begangen, sich auf einen ungeeigneten Partner einzulassen. Zwar ist diese Haltung auch bei Männern zu beobachten, aber vor allem sind es Frauen, die dafür sorgen, dass sich ihnen niemand nähert. An jedwedem Mann finden sie nur Fehler, und sie vergleichen jeden potenziellen Liebhaber mit ihrem Ex.

lebe allein. Es sieht fast so aus, als wäre ich der Topf, auf den kein Deckel passt. Inzwischen habe ich die Suche allerdings auch aufgegeben. Kontakt zu Männern suche ich nicht, und wenn mich einer anspricht, dann lasse ich ihn stehen. Ich fühle mich in der Defensive. Wahrscheinlich will ich vermeiden, dass man mich noch einmal verletzt, nachdem ich viele schlechte Erfahrungen gemacht habe. Neunzig Prozent meiner Partner und Liebhaber hatten eine Frau oder Freundin, und keiner von ihnen trennte sich meinetwegen. Ich glaube, dass ich dadurch den Eindruck gewonnen habe, ich sei zum Scheitern verurteilt. Es fällt mir schwer, mich davon freizumachen.

Ich sehe ganz normal aus. Es kann nicht sein, dass ich hässlich bin, denn immer mal wieder gucken mich Männer an. Manchmal denke ich, dass ich ihnen Angst einjage, dass sie vor mir flüchten, weil sie denken, ich sei so selbstsicher (was ich in Wirklichkeit überhaupt nicht bin). Ich kümmere mich um mein Äußeres, ohne dabei zu übertreiben. Je nach Situation versuche ich, mich zurechtzumachen. Aber eigentlich finde ich, dass ein reines Gesicht mit wenig Schminke am schönsten ist. Außerdem will ich aufgrund meiner inneren Werte geliebt werden und nicht aufgrund meines Aussehens.

Ich mag selbstsichere Männer, die wissen, was sie wollen. Ehrliche, unkomplizierte und zärtliche Typen. Und vor allem: Männer, die mich überraschen, die mich nicht langweilen.

In sexueller Hinsicht bin ich eher passiv. Ich bevorzuge es, Dinge geschehen zu lassen, anstatt die Initiative zu ergreifen. Meistens warte ich ab, bis sie anfangen. Aber ich finde es schön, wenn der Sex für den Mann befriedigend ist.

Die Vorstellung, eines Tages in einen Sexshop zu gehen und mir ein Spielzeug zu kaufen, ist sehr verlockend für mich. Aber ich tue es nicht, weil ich mich zu sehr schäme. Was das angeht, habe ich Hemmungen.

Passiv oder aktiv?

Passivität beim Sex passt perfekt zu der Fantasie, gefesselt und fixiert zu werden. In solch einer Situation bleibt einem nichts anderes übrig, als die Rolle des Empfangenden zu spielen, während der andere der Gebende ist. Die passive Person braucht dann keinerlei Initiative zu ergreifen. Und darüber hinaus muss sie sich nicht schuldig fühlen, denn ihr Verhalten entspricht den zuvor vereinbarten Spielregeln.

Wollen wir einen Dreier machen?

Ich bin neunundzwanzig Jahre alt, habe ein Journalistik-Studium abgeschlossen und einen Master in Webdesign gemacht. Jetzt arbeite ich als Webmaster.

Meine Fantasien sind sehr vielfältig. Zwei von ihnen möchte ich nachfolgend beschreiben.

Nachdem ich *Gladiator* gesehen hatte, begann ich mir vorzustellen, ich lebte im Rom der Antike. Russell Crowe und ich hatten eine leidenschaftliche Affäre miteinander; er war eine Mischung aus zärtlichem und starkem Mann. Umwerfend! Meistens machten wir es in einem jener römischen Häuser, nahe beim Feuer, auf einem Tierfell. Ich war oben. Er stieß hart in mich hinein mit seinem immensen Schwanz. Dabei fasste er meine Brüste an. Mein langes Haar fiel über meine Schultern. Es gab verschiedene Varianten dieser Fantasie. Manchmal malte ich mir aus, dass »der Bösewicht« aus dem Film uns beobachtete. Dann erledigte er Russell und vergewaltigte mich.

In einer weiteren Fantasie bin ich im Urlaub an einem heißen Ort, auf Kuba zum Beispiel. Ich befinde mich in einem Zimmer, das in hellen Tönen gehalten ist und in dem ein Himmelbett steht. Ich habe einen weißen Mann kennen gelernt, einen ganz süßen. Ohne miteinander zu sprechen, gehen wir aufs Zimmer, und ich ziehe mein Kleid aus. Darunter bin ich nackt. Er wird total scharf und beginnt, meinen Körper zärtlich abzuküssen. Dann dringt er im Stehen in mich ein. Und plötzlich stelle ich fest, dass hinter mir ein prächtiger Kerl steht, wie ein Prinz aus Ebenholz, muskulös und mit wunderschöner schwarzer Haut. Ohne etwas zu sagen, nimmt er mich von hinten, während der andere mich von vorn vögelt. Oh, ja!

Penisgröße

Dr. Eduardo Gómez de Diego vom Zentrum für Andrologie in Madrid gibt für das männliche Sexualorgan die folgenden Durchschnittslängen an:

Schwarzafrikaner: 17 cm
Nordamerikaner: 17 cm
Nordeuropäer: 16 cm
Spanier, Italiener und Portugiesen: 15 cm
Lateinamerikaner: 12–13 cm
Asiaten: 12–13 cm

Fantasien über den Sexualkontakt mit Angehörigen anderer Rassen sind weit verbreitet. Ausschlaggebend sind dabei die Exotik und der Reiz des Neuen.

Normalerweise bediene ich mich meiner Fantasie nur, wenn ich mich selbst befriedige. Beim Sex mit meinem Freund brauche ich an nichts anderes zu denken. Im Allgemeinen bin ich dann so erregt, dass mein Gehirn gar nicht mehr in der Lage ist, irgendwelche Fantasien zu entwickeln. Ich bin total verliebt in meinen Süßen. Jeder von uns hat seine eigene Wohnung, aber wir schlafen praktisch jede Nacht miteinander.

Ich hatte noch nicht viele Männer. Ich verliebe mich selten, und Sex gibt es bei mir nur, wenn Gefühle mit im Spiel sind. Meinen ersten Freund hatte ich mit achtzehn, fünf Jahre lang blieben wir ein Paar. Er hat mich entjungfert. Danach war ich mit zwei Iren, einem Italiener und einem Franzosen zusammen. Das alles waren kurze Beziehungen. Sex hatte ich nur mit zweien davon, und es war Sex ohne Penetration (aus verschiedenen Gründen).

Ich bin ziemlich groß und weder schlank noch dick, sondern ich habe sehr üppige weibliche Kurven: breite Hüften und viel Busen. Auf meine Persönlichkeit bin ich wesentlich stolzer als auf mein Äußeres, obwohl ich mich nicht hässlich finde. Um jemanden für mich zu interessieren, rede und scherze ich mit ihm. Ich kleide mich sexy/flippig, mache Yoga, trage hochhackige oder bequeme Schuhe und sexy Unterwäsche, die nicht allzu teuer ist. Und ich rasiere mich (davon bin ich besessen). Gelegentlich schminke ich mich. Ich habe langes, lockiges Haar mit ein paar helleren, natürlich wirkenden Strähnchen. Ich verwende teure Parfüms. Ansonsten gebe ich für Schönheitsprodukte kein Vermögen aus. Nur wenn ich Feuchtigkeitslotion fürs Gesicht kaufe, achte ich auf besonders hohe Qualität.

Auch wenn das abgedroschen klingt – bei mir ist es die Wahrheit: Die Persönlichkeit finde ich wichtiger als das Aussehen. Mein jetziger Freund ist nicht hübsch; er ist sehr dünn, groß, blond, blauäugig, hat Aknenarben und eine sehr blasse Haut. Doch für mich ist er der Beste auf der Welt (anfangs fiel es mir schwer, ihn körperlich attraktiv zu finden, aber die Persönlichkeit war entscheidender). Ich finde Menschen anziehend, mit denen ich über alles reden kann, denen ich vertraue und die versuchen, mich zu verstehen. Außerdem sollten sein und mein Lebensentwurf ähnlich sein. Bis auf einen hatten alle meine Freunde eine zugleich starke und sanftmütige Persönlichkeit, und jeder von ihnen hatte viel zu erzählen. Äußerlich waren sie sehr verschieden: blond, dunkelhaarig, kräftig und mager.

Jungfrau blieb ich bis zu meinem zweiundzwanzigsten Lebensjahr. Nur zu Beginn fühlte ich mich unsicher, ansonsten bin ich immer sehr sinnlich gewesen. Wenn ich mich mit einem Partner wohl fühle, bin ich sehr aktiv und hingebungsvoll. Ich liebe es, meinen Partner zu provozieren, bevor ich mich ihm hingebe. Ich will beim Vorspiel spüren, wie viel »Macht« ich besitze und wie sehr er mich begehrt.

Es gefällt mir auch, verführt zu werden und zu merken, wie er die Initiative ergreift und sich meiner »bemächtigt«. In meinem Leben gab es nur zwei sexuell wirklich aktive Phasen, und in einer davon befinde ich mich jetzt. Momentan bin ich extrem verliebt und habe sehr viel Lust auf Sex. Seit fünf Monaten sind wir zusammen, und wir tun es mindestens einmal täglich. Während ich dies schreibe, empfinde ich eine Mischung aus Überraschtheit und Scham, aber gleichzeitig finde ich es wunderschön, wie sehr wir einander begehren. Ich hoffe, dass das lange anhält. Andererseits bin ich realistisch und weiß, dass diese Intensität nicht von Dauer sein kann.

Pornografie gucke ich mir nicht regelmäßig an. Wenn ich Pornos sehe, passiert das eher zufällig. Interessant finde ich so was schon. Regelmäßig lese ich die Zeitschrift »Cosmopolitan«, sehe mir *Sex and the City* an. Ein bisschen Pornografie gibt dem Leben Würze, finde ich. Auch im Internet habe ich mir mal was angesehen, aber eher erotische Geschichten als Fotos. Im Allgemeinen finde ich sowohl Pornofilme als auch Fotos oder Magazine viel zu männlich orientiert. Pornogeschichten erregen mich sehr. Wenn ich sie lese, befriedige ich mich immer selbst und komme ganz schnell zum Orgasmus. Bevor ich mit meinem Freund zusammenkam, wollte ich mir einen »Roger Rabbit« kaufen, den Vibrator aus *Sex and the City*. Aber dann fand ich das doch zu traurig. Wenn ich einen sehr guten Pornofilm entdecken würde oder sogar ein Video mit Sextechniken, würde ich mir das gern zusammen mit meinem Freund ansehen. Sexspielzeug habe ich noch nie benutzt.

Wenn die Intensität nachlässt

Die Anthropologin Helen Fisher beschreibt drei Kategorien oder Phasen der Liebe: Verlangen, Anziehung und Zuneigung. In jeder dieser Gefühlsetappen verhalten wir uns unterschiedlich, und auch unsere Absichten ändern sich. Menschen verspüren Verlangen, damit sie auf andere aufmerksam werden; die Anziehung bewirkt, dass man seine Energien auf eine einzige Person konzentriert; und die Zuneigung sorgt dafür, dass wir an der Seite dieser Person bleiben. All diese Verhaltensweisen sind naturgegeben und helfen den Mitgliedern unserer Spezies bei der Paarung.

Irgendwann mag die Intensität der Leidenschaft nachlassen, und man bekommt kein Herzklopfen mehr bei jedem Telefonklingeln. Jetzt kann die Beziehung in anderer Hinsicht gewinnen, sie tritt in die dritte Phase ein. Oder ist es etwa nicht schön, die Ruhe und Sicherheit zu fühlen, die uns der enge Kontakt mit dem geliebten Menschen vermittelt?

Lass mich sie vögeln!

Ich habe das Wirtschaftsabitur und arbeite in der Verwaltung. Mein Alter: achtundzwanzig Jahre.

Ich stelle mir vor, dass ich mich in dem Zimmer befinde, in dem ich sonst mit meinem Freund schlafe. Wir haben ein Mädchen zu uns geholt, das hübscher und üppiger ist als ich. Unsere Vereinbarung: Wir machen einen Dreier, aber er wird nicht in sie eindringen. Schummeriges Licht. Er reibt uns beide mit Öl ein. Ich beginne, an mir herumzuspielen. Das erregt meinen Partner, und er fängt an, die andere Frau zu lecken. Sie presst seinen Penis an sich, massiert ihn mit ihren Brüsten. Dann leckt er sie wieder. Er wird so heiß, dass er mich um Erlaubnis bittet, die andere zu ficken; und auch sie will, dass er sie nimmt. Das ist der schärfste Moment. Ich verbiete es und erinnere ihn an unsere Abmachung. Aber er ist so erregt, so wild, so außer sich, dass er in sie hineinstößt und ihre Brüste knetet. Er macht weiter, bis er kommt. Wenn ich mir diese Szene vorstelle, kriege ich ganz schnell einen Orgasmus – sowohl in der Fantasie als auch tatsächlich –, und zwar einen großartigen Orgasmus.

Ich habe schon mal darüber nachgedacht, diese Bilder in die Praxis umzusetzen, aber dann bekam ich Angst, dass das unsere Beziehung zerstören könnte.

Vor ein paar Monaten hatte ich eine andere Fantasie. Darin ging es um lesbischen Sex: Ich stellte mir vor, mit einem anderen, sehr üppigen Mädchen Sex zu haben oder mit mehreren. Auch die lesbischen Szenen in Pornofilmen gucke ich mir sehr gern an. Ich habe mich sogar schon gefragt, ob ich wohl lesbisch sein könnte. Doch ich denke, dass Frauen für mich nur interessant sind, wenn es um Sex geht. Was komisch ist, denn Männer erregen mich nur, wenn ich in sie verliebt bin. Wenn nicht, stelle ich mir in meinen Fantasien eher vor, mit Mädchen zusammen zu sein. Immer male ich mir Szenen aus, in denen Frauen vorkommen und mein Freund.

Seit zwei Jahren lebe ich mit einem Mann zusammen, der neun Jahre älter ist als ich. Ich verliebte mich so heillos in ihn, dass ich mich seinetwegen von dem Mann entfernte, der die letzten sieben Jahre meine Gefühle in Beschlag genommen hatte. Als die Verliebtheit verflogen war, habe ich jenen Mann noch einmal heimlich getroffen, ein einziges Mal. Wir umarmten einander sehr fest, eine Stunde lang, wir waren beide ganz zittrig, und gemeinsam riefen wir alte Erinnerungen wach. Eine Partnerschaft hat es zwischen uns beiden nie gegeben, denn als wir uns ineinander verliebten, lebte ich mit einem anderen Mann als dem jetzigen zusammen, er war zehn Jahre lang mein Freund (seit meinem fünfzehnten Lebensjahr). Meine große Liebe hatte auch eine Freundin, seit sechs Jahren schon. Noch heute ist er mit derselben Frau zusammen, sie haben zwei Töchter. Ja, so sieht es aus. Obwohl wir beide wissen, dass es fantastisch wäre, und obwohl wir darüber gesprochen haben: Miteinander geschlafen haben wir nie. Ich möchte es nicht, und er respektiert das. Diese Beziehung gefällt mir, weil der Umstand, dass wir nicht zusammen sein können, dafür sorgt, dass das Verliebtsein anhält. Ich leide nicht darunter, denn ich fühle seine Nähe. Vielleicht habe ich mich auch an den Zustand gewöhnt. Außerdem liebe ich natürlich den Mann, mit dem ich heute zusammen bin.

Bisher bin ich in drei Männer verliebt gewesen. Der erste, ich war vierzehn, hatte entscheidenden Einfluss auf mein Leben. Er sah aus wie David Summers, deshalb verliebte ich mich in ihn. Ha, ha! Im Laufe der Jahre wurde es eine schlimme Beziehung für mich, das war psychische Folter. Er war kalt wie Eis und ein Workaholic. Erst mit dreiundzwanzig Jahren wurde ich mir dessen bewusst. Ich begann, sein Verhalten zu ignorieren, wurde unabhängiger, und das war das Ende. Heutzutage sehen wir uns selten, aber wenn, dann plaudern wir miteinander.

Der zweite Mann war jene unglaubliche Liebe. Er ist ein Freund des ersten, so lernten wir uns kennen. Aber ineinander verliebt haben wir uns erst sechs Jahre später. Er ist ein sehr aufgeweckter Typ, fröhlich und gut aussehend. Ich glaube, dass er ein Doppelleben führt: Das eine findet zu Hause statt, wo er ein guter Ehemann und Vater ist, das andere draußen. Ich weiß nicht, ob das, was er für mich empfindet, auf mich beschränkt ist, oder ob er es nicht auch noch für andere Frauen empfindet. Und so ist es mir lieber, ihn nicht als festen Partner zu haben.

Der dritte ist der Mann, mit dem ich zusammenlebe. Er ist nicht gerade sehr intelligent, und das merkt man ihm an (obwohl ich es nicht gemerkt habe, als ich ihn kennen lernte). Aber er hat so viel Zärtlichkeit, dass ich mich deshalb in ihn verliebte. Außerdem sieht er gut aus. Nur muss ich gestehen, dass er (wie der Erste) ein Workaholic ist. Ich hab vielleicht ein Händchen…

Ich finde, dass ich eine gut aussehende Frau bin, schlank, aber nicht zu mager (mit einem kleinen, süßen Busen), damit bin ich sehr zufrieden. Es fällt mir leicht, Klamotten zu finden, die mir stehen. Was Männer am attraktivsten an mir finden, ist vor allem mein blondes (gefärbtes), glattes Haar, glaube ich. Dann noch mein Lächeln, von dem sie sagen, es hätte das »gewisse Etwas«. Und viele finden, mein Gesicht wirke sehr jung für mein Alter. Das alles betrifft den ersten Eindruck, und danach merken sie wohl, dass ich auch ziemlich pfiffig bin.

Ich neige zur Schüchternheit, versuche aber, sie zu überwinden – wenn mir ein Mann gefällt und ich mich bemühe, gelingt mir das meistens. Um anziehend auf Männer zu wirken, achte ich darauf, mich gut, aber immer auch lässig zu kleiden: unten leicht ausgestellte Stretch-Hosen, Turnschuhe und Pullover, manchmal ein Polohemd, manchmal ein Shirt mit Spaghettiträgern. Und an den Wochenenden trage ich Sandalen oder Schuhe mit einem kleinen Absatz. Unten drunter habe ich immer String-Tangas an und schlichte BHs ohne Muster. Ich achte darauf, dass mein Haar immer schön glatt ist und mein Pony gut sitzt. Schminke benutze ich sehr wenig: ein Lidstrich am unteren Augenrand und Abdeckstift für Hautunebenheiten. Ich schaue ziemlich oft in den Spiegel und trainiere mein Lächeln. Um körperliche Fitness kümmere ich mich weniger, ich gehe nur eine Stunde täglich mit meinem Hund spazieren. Für Kosmetik, Friseur und sogar für Kleidung gebe ich wenig

Geld aus. Das empfände ich als Verschwendung. Ich spare mir mein Geld lieber für Bücher, Konzertkarten, eine Fotokamera, ein Computerprogramm oder für andere Sachen auf.

Ich rasiere mich jeden Freitagabend. Dem Sprichwort »Wer schön sein will, muss leiden« stimme ich nicht zu.

Es gibt keinen bestimmten Männertypus, den ich umwerfend finde, denn die drei, in die ich mich verliebt habe, sind sehr unterschiedlich. Obwohl es da sicherlich irgendetwas gibt, was sie verbindet und mir nicht bewusst ist. An Männern schätze

Schatz, arbeitest du nicht zu viel?

Unsere Gesellschaft hat die schlechte Angewohnheit, Menschen nach ihrer beruflichen Stellung, ihrem Einkommen und dem Auto, das sie fahren, zu bewerten. Deshalb ist es sehr verständlich, dass die Arbeit sich für manchen in eine gefährliche Droge verwandeln kann und alle Bereiche des Privatlebens beherrscht. Die Arbeitssucht ist eine typische Krankheit unserer Zeit.

Diese Abhängigkeit entwickelt sich sehr langsam, fast unmerklich, und kaum jemand nimmt wahr, dass er ein Workaholic ist. Der Lebenspartner ist in der Regel der Erste, der die Alarmsignale wahrnimmt. In extremen Fällen kommt der Sex praktisch abhanden, oder der Arbeitssüchtige hat nur noch deshalb Sex, weil er sich dazu verpflichtet fühlt.

Bisher sind die meisten Workaholics männlichen Geschlechts. Unglücklicherweise gibt es aber auch immer mehr Frauen, die andere wichtige Lebensbereiche vernachlässigen, um für ihre Firma alles zu geben.

ich es, wenn sie ein freundliches Gesicht haben und zärtlich sind. In letzter Zeit achte ich mehr auf Intelligenz – ich mag es nicht, wenn sie immer nur oberflächlichen Small Talk machen.

Ich bin sexuell aktiv, obwohl mein sexueller Appetit nur ungefähr einmal wöchentlich erwacht und seiner fast täglich. Wenn ich erregt bin und es wirklich will, dann verführe ich ihn und werde sehr heiß. Am besten gefällt es mir, wenn er es mir mit der Zunge macht. Dann habe ich auch die tollsten Fantasien. Ich schließe die Augen und stelle mir Dinge vor.

Ich habe Orgasmen, aber nie bei der Penetration, sondern fast immer beim Oralsex. Mit ungefähr vier Jahren begann ich, mich selbst zu befriedigen. Ich erinnere mich daran, dass ich mich nachts berührte, bis ich einen Orgasmus hatte. Was ich da tat, wusste ich nicht – auch nicht, ob andere es ebenfalls tun. Aber ich befriedigte mich beinahe täglich selbst. Heute mache ich es im Durchschnitt alle drei Tage.

Es gibt keine Praktik, die mich anwidert, ich bin für alles offen, obwohl ich nicht alles ausprobiert habe, weil mein Partner in dieser Hinsicht anders ist als ich.

Was Untreue angeht: Ich glaube, wenn er fremdgehen würde, wollte ich es lieber nicht erfahren. Für mich gibt es einen einzigen, ganz bestimmten Mann, mit dem ich untreu werden könnte, weshalb es mich nicht allzu sehr belastet, wenn ich daran denke, dass mein Freund mich vielleicht einmal betrügt. Es täte mir sehr weh, aber es kann nun mal passieren.

Als ich fünfzehn war, hat mich mein erster Freund entjungfert. Für mich war es blöd, ich hatte Schmerzen und bekam keinen Orgasmus. In dem Alter hatte ich so meine Schwierigkeiten, ihm klar zu machen, was ich mag und was nicht. Ich glaube, er hat mich nie verstanden. Aber der Mann, mit dem ich jetzt zusammen bin, weiß ganz genau, was mir gefällt.

Der Männertypus, den wir anziehend finden

Die Psychologen sagen, dass jede und jeder von uns seine eigene Landkarte der Liebe hat – ein Muster von Qualitäten und auch Makeln, aus denen sich der Menschentypus zusammensetzt, in den wir uns verlieben. Dieses Modell nimmt bereits in der Kindheit Gestalt an, und es kann sich im Laufe unseres Lebens verändern. Einfluss darauf haben die Menschen, die uns am nächsten stehen, die tiefe Eindrücke hinterlassen oder auf irgendeine Art wichtig für uns waren (angefangen bei den Eltern). Solange diese Landkarte sich nicht verändert, wird jeder unserer Partner sehr wahrscheinlich dem vorherigen ähneln, wenigstens aber entwickeln wir persönliche Verhaltensnormen, die bei allen Beziehungen die gleichen sind.

Kein sexuelles Erlebnis hat mich besonders geprägt, und ich habe auch nichts Außergewöhnliches getrieben, mit einer Ausnahme: Sex auf einem Motorrad mitten auf der Straße.

Pornofilme gucke ich mir allein und gemeinsam mit meinem Partner an, wir haben nämlich Pay-TV. Pornos finde ich super. Gemeinsam sehen wir sie jedes Wochenende, dabei befriedige ich mich immer selbst. Manchmal identifiziere ich mich mit dem, was ich sehe, und manchmal auch nicht. Mit Freunden spreche ich nicht über mein Sexualleben.

Mein Partner und ich sind zu einem Erotikfilm-Festival gegangen, wo sie alles live gezeigt haben. Letztes Jahr haben wir uns einen Vibrator gekauft, um beide damit zu spielen. Mir bringt er viel Spaß, er erregt mich, aber ihm hat er anscheinend nur die ersten Tage gefallen, danach ließ er ihn links liegen. Jetzt benutze ich ihn allein, um mich selbst zu befriedigen. Ich werde nicht eifersüchtig, wenn er sich Pornos anguckt und dabei scharf wird. Im Gegenteil: Da werde ich gleich noch schärfer.

Dreier, keine Dreiecksverhältnisse

»Im Haus gegenüber machen sie es zu dritt! Ich fasse es nicht! ... Ob die wohl pervers sind?« Die Alarmsirenen heulen auf, Blaulicht, höchste Gefahrenstufe, allergrößte Vorsicht! Alle sexuellen Aktivitäten, bei denen weitere Menschen zu einem Paar hinzustoßen, rufen Unverständnis und Ablehnung hervor. Sogar bei denjenigen, die an dem Erlebnis beteiligt sind. Hier ist nicht von Untreue die Rede. Jeder Sterbliche kann einen schwachen Moment haben (das gilt insbesondere für Männer) und den Kopf verlieren – vor allem bei den ganzen leichten Mädchen, die überall herumlaufen und gebundene Jungs herausfordern. Nein, wenn jemand fremdgeht, dann finden rechtschaffene Leute das weniger erschütternd, als wenn Menschen in anderer Hinsicht Grenzen überschreiten. Und der Dreier gehört zu den Grenzüberschreitungen, die im Allgemeinen inakzeptabel sind.

Manche Frauen verstehen selbst nicht, warum ihnen diese Fantasien in den Kopf kommen. In der Männerwelt gehört sie zu den am stärksten verbreiteten Fantasien. Denn wenn man Männer fragt, was sie in sexueller Hinsicht am liebsten täten, antworten sie prompt: »Mit zwei Mädchen ins Bett gehen.« Auch Frauen törnt es an, sich im Geiste mit zwei Männern zu amüsieren. Und da wären wir schon bei der Frage angekommen: »Soll der Dritte eine Frau oder ein Mann sein?« Paaren bleibt nichts anderes übrig, als beide Varianten auszuprobieren, um dann zu entscheiden, welche davon den stärkeren Reiz auf sie ausübt. Und wenn sie sich uneins sind? Dann ist es Verhandlungssache.

Die Leser werden es bereits bemerkt haben: Die meisten Frauen, die Dreier erregend finden, stellen sie sich am liebsten mit ihrem Partner vor – was ganz normal ist, wenn die Beziehung sexuell gut funktioniert. Anders ist es bei Fantasien, in denen mehr als zwei Männer auftauchen, und in Gruppensexszenen, bei denen der Partner meist außen vor ist.

Aber was passiert, wenn der Wunsch so stark anwächst, dass sich eine Realisierung abzeichnet? Dann springen die Alarmsirenen an, und man muss Vorsichtsmaßnahmen ergreifen.

Möglichkeit A: Wenn jemand seinen sexuellen Horizont erweitern möchte, dann ist das Risiko in einer Konstellation mit zwei Fremden am geringsten. Aber das bedeutet natürlich, untreu zu sein und den Partner zu hintergehen. Auch verletzt man auf diese Weise die Regeln, denen sich die meisten Anhänger der Dreier-Disziplin unterwerfen: Man muss offen mit seiner Sexualität umgehen und sie ausschließlich in Gegenwart des Partners ausleben. So wird Lügen und Betrug der Boden entzogen, denn die Partner haben nicht etwa Sex außerhalb ihrer Beziehung, sondern sie teilen ihr Lustobjekt miteinander (wobei der Begriff frei von negativen Bewertungen zu verstehen ist).

Möglichkeit B: Man überlegt es sich gründlich, wägt die Vor- und Nachteile gegeneinander ab – und wenn man es dann noch immer will, spricht man mit seinem Partner darüber. Bestenfalls ist er einverstanden, und man beschließt gemeinsam, die Idee zu verwirklichen.

Manche Partner interpretieren die Vorbereitung für einen Dreier als »Liebesbeweis«, aber nicht im Sinne eines »Zugeständnisses«. Es handelt sich dabei um ein Geschenk, das beiden Seiten gleichermaßen Vergnügen bereitet: einerseits demjenigen, der es sich ausdenkt, es auswählt und dem anderen überreicht; andererseits demjenigen, der es erhält. (Die Vorbereitung des Dreiers ist vergleichbar mit einem exquisiten Festmahl, das man viele Stunden lang vorbereitet und dann gemeinsam mit seinen Gästen verspeist.)

Bei einem Paar, das eine zweite Frau in das gemeinsame Schlafzimmer einladen möchte, ist es vielleicht die Partnerin, die ihrem Liebsten ein Geschenk macht. Und falls es ein Mann sein soll, der sich dem Paar anschließt, erweist vielleicht der männliche Partner seiner Frau den Liebesdienst.

Dreier mit einem Mann und zwei Frauen kommen häufiger vor, obwohl es weniger Frauen gibt, die sich dafür »anbieten« (mittels Kleinanzeigen in Zeitschriften, im Internet oder in Swingerklubs). Wie lässt sich diese Situation erklären? Jedenfalls nicht durch die vermeintliche Dominanz der Männer, sagen die Paare, die Dreier praktizieren. Die stärkere bisexuelle Neigung von Frauen ist da schon ein überzeugenderes Argument.

Beim Dreier mit zwei Frauen berühren, streicheln und küssen die Frauen einander. Sie spielen miteinander zum eigenen Vergnügen und zu seinem. Denn hiermit sei klargestellt: Das Beobachten lesbischer Szenen ist für Männer hochgradig erregend. Dabei sind aber auch die Frauen nicht vor Rivalitäten und den dazugehörigen feindseligen Vergleichen gefeit: Ist sie hübscher als ich? Hat sie einen flacheren Bauch? Wird er bei ihr wilder als bei mir? Besorgt sie es ihm besser als ich? Hingegen kommt es bei Dreiern mit zwei Männern nur äußerst selten zu schwulen Handlungen.

Der Dreier mit zwei Frauen kann für die Partnerin ein kleiner Kick sein, der die Leidenschaft neu entfacht. Eifersucht ist ein Anreiz (»Wenn die Situation mich beunruhigt, und sei es auch nur ein kleines bisschen, dann ist das ein Zeichen dafür, dass ich etwas für ihn empfinde.«). Und es ist gleichfalls motivierend zu sehen, dass er in der Lage ist, sich mit einer anderen zu vergnügen – was bedeutet, dass er einem nicht hundertprozentig sicher ist (»Schau mal an, er ist ja gar nicht so stark auf mich angewiesen, wie ich dachte.«).

An oberster Stelle sollte jedoch die Frage stehen, ob die Praktik der Beziehung schaden kann. Man darf kein Abenteuer eingehen, das ein Risiko birgt (für die einzelnen Partner oder für die Stabilität ihrer Beziehung), ohne zuvor gründlich darüber nachzudenken und die sexuellen Handlungen abzusprechen. Üblich ist es zu vereinbaren, ob eine Penetration der dritten Person erlaubt ist, ob es Zungenküsse geben darf und ob der Mann bei beiden kommen darf oder nur bei der Partnerin. Außerdem muß die eingeladene Person sowohl dem Mann als auch der Frau angenehm sein. Wenn sich die Situation in eine Richtung entwickelt, die einem der beiden Partner missfällt, wird das Spiel abgebrochen (und der Gast verabschiedet). Man darf sich nicht albern vor der eingeladenen Person aufspielen oder Speichel triefend nach dem Körper der »Neueroberung« lechzen. Selbstverständlich ist es ausgeschlossen, den Partner zu ignorieren – das darf man nicht einmal wenige Minuten lang tun, denn diese Minuten würden ihm wie eine Ewigkeit erscheinen. Und es darf kein einziges liebevolles Wort, kein Kosename gegenüber der hinzugeladenen Person fallen. Obwohl man einander sehr nahe kommt, muss man sich dessen bewusst sein, dass es allein auf der sexueller Ebene geschieht. Alles, was mit Liebe zu tun hat, gehört ausschließlich in die Partnerschaft.

Diese Art von sexueller Erfahrung geht nur dann gut, wenn die beiden Partner einander schützen und eine feste, wenn auch durchlässige Einheit bilden. Fühlt sich einer von beiden zurückgewiesen, lässt sich das hinterher nur schwer wieder gutmachen. Die ungeschriebenen Gesetze, die solche Erlebnisse regeln, sind Beweise für Liebe und Respekt, für gutes Benehmen und Höflichkeit.

In seinem Buch *Die Freude am Sex* spricht der Autor Alex Comfort der menschlichen Sexualität drei Funktionen zu: Sie kann reproduktiv sein (also den Zweck haben, Kinder zu zeugen), einer Partnerschaft dienen (dann ist Sex ein Ausdruck von Liebe und Zusammengehörigkeit) oder ein reines Vergnügen darstellen.

Alex Comfort zufolge bewirkt die Verwechslung der Funktionen im Hinblick auf die Sexualität die meisten Probleme und die damit zusammenhängenden Ängste. Selbstverständlich erfüllt der Dreier die dritte Funktion.

Von grundlegender Wichtigkeit ist die uneingeschränkte Diskretion aller an dem Abenteuer Beteiligten. Am geringsten ist das Risiko, wenn der Dritte nicht zum Bekanntenkreis gehört, also zum Beispiel ein Callgirl oder Callboy ist. Mit einem Angehörigen des Freundes- oder Bekanntenkreises ist es komplizierter, denn falls die Erfahrung unbefriedigend war, muss man ihn eventuell davon abbringen, sie wiederholen zu wollen, oder die Freundschaft aufgeben. Außerdem gibt es mit Menschen, die man schon gut kennt, immer persönliche Verwicklungen, die bei dieser Art von Handlungen nicht wünschenswert sind.

In der Fantasie, die wir besonders interessant finden, ist es für die Frau am erregendsten, wenn der Mann die Regeln bricht, in die fremde Frau eindringt und in ihr ejakuliert. In Wirklichkeit finden die allermeisten Frauen solches Vorgehen inakzeptabel. Die Dreiersituation an sich ist schon heikel genug, da sollte man nicht auch noch Regeln brechen.

Der Dreier ist eine Praktik, bei der sich ein Paar für zahlreiche neue Empfindungen öffnet: gleichzeitig anal und vaginal penetriert zu werden (was weniger einfach ist und weniger Spaß macht, als Pornofilme es vermuten lassen); zwei Zungen zu spüren, die gleichzeitig über den Körper gleiten; zwei Körper zu beobachten, die Lust empfinden und einander Lust bereiten ... Obgleich es natürlich nicht dasselbe ist – mit einem Dildo oder, noch besser, mit einem Vibrator kann man die Doppelpenetration ebenfalls erleben.

Auf der psychologischen Ebene weist der Dreier hochgradig voyeuristische und exhibitionistische Facetten auf.

Es macht uns (als Frauen) sehr wütend, wenn der Dreier in Pornofilmen einzig und allein zur Befriedigung männlicher Begierden herhalten muss. Damit meinen wir Filme, in denen zwei Männer nichts weiter zu tun scheinen, als »Löcher zu stopfen«. Der Frau bereitet eine solche Stellung heftigen Stress: Fellatio in einem Rhythmus, der durch die Analpenetration bestimmt wird; Doppelpenetration (schon die Koordination der zwei Penisse ist kompliziert genug, und insgesamt müssen dabei ja drei Körper miteinander klarkommen); zwei fabelhafte Schwänze im Mund – während man der Darstellerin ansieht, was sie denkt: »Wann hört das bloß endlich auf?« Und das alles branchenüblich zu heftig, zu gewaltsam und mit zu großen Schwänzen. Und dann, endlich, der doppelte Samenerguss: die Frau dermaßen mit Sperma beschmiert, dass es ihr zu den Ohren wieder rauskommt. Sperma auf ihren Brüsten, Sperma in ihrem Gesicht, Sperma in ihrem Mund. So viel Sperma, dass man damit sämtliche Samenbanken des Landes beliefern könnte ... »Na ja, jetzt ist es wenigstens vorbei«, denkt da so manch eine Zuschauerin.

Bei Pornos, in denen die Frauen in der Mehrzahl sind, ist es nicht unbedingt besser. Denn dann muss der Kerl von allen Seiten abgeleckt werden, wobei sein Penis die Hauptrolle spielt. Lasst uns doch den Jungen küssen, während er unsere Kollegin vögelt, er soll sich ja nicht vernachlässigt fühlen! Und kommt, wir wollen an seinen Eiern und an seinem Schwanz lutschen, damit er noch mehr Spaß hat! Dann kümmern wir uns erst einmal um das Mädchen, das er gleich anal penetrieren wird! Er soll sich doch nicht selbst seine Zunge an ihrem Anus beschmutzen!

Zweifelsohne ist Sex zu dritt extrem anregend, wenn die Libido eines festen Paares beginnt, sich zu verflüchtigen. Aber bevor man sich zu dieser Maßnahme flüchtet, gibt es auf dem Gebiet der Liebeskunst noch viele andere Möglichkeiten zu entdecken, darunter zum Beispiel Hilfsmittel aus Sexshops (ein expandierender Markt mit immer intelligenteren Produkten), Tantra-Sex oder »Kulissenwechsel«.

10

Her mit den Männern!

Die vierundfünfzigjährige Kunstexpertin Catherine Millet behauptet in ihrer Autobiografie *Das sexuelle Leben der Catherine M.*, dass viele der dort beschriebenen Erlebnisse den Fantasien zahlreicher Frauen entsprechen. Mit mehreren Männern gleichzeitig Sex zu haben, ist eine der am weitesten verbreiteten Fantasien. Allerdings hat Millet nicht nur davon geträumt, sondern sie hat ihre Träume realisiert. Die Frauen in diesem Kapitel erfinden weiterhin Orgien, in denen ihnen die typisch weibliche, also die passive Rolle zufällt, oder aber sie greifen aktiv in die Handlung ein.

Ich bin ständig scharf

Ich bin fünfundzwanzig Jahre alt, arbeite als Buchhalterin und habe einen Hochschulabschluss.

In meiner Fantasie schlafe ich mit mehreren Männern gleichzeitig. Es ist eine Fantasie, die ich noch nicht realisiert habe, deshalb würde ich mit zwei Männern anfangen, obwohl es in meinen Träumen mehr als nur zwei sind.

Zurzeit wohne ich mit meinen Eltern und einem Bruder zusammen. Es würde mir gefallen, mich von meinem Elternhaus zu lösen, aber ich denke, dass meine finanziellen Möglichkei-

»Die andere«

Obwohl es Ausnahmen gibt und wir auch nicht verallgemeinern möchten: Frauen, die sich an verheiratete Männer binden, sind meist unsicher und haben Probleme mit dem Selbstwertgefühl. Sie brauchen das Gefühl, von jemandem geliebt zu werden, auch wenn die Beziehung zu diesem Menschen noch so unbefriedigend sein mag. Sie fürchten, dass die Einsamkeit noch schmerzhafter sein könnte. Außerdem hat die Tragik einer unmöglichen Liebe auch ihren Reiz.

Viele dieser Frauen – nämlich diejenigen, die solche Geschichten lange mitmachen – sind überzeugt davon, dass er die große Liebe ihres Lebens ist. Sie fragen sich, wie es möglich ist, dass die Ehefrau mit ihm zusammenbleibt, obwohl sie ahnt, dass er sie betrügt. Und dabei stecken die Geliebten selbst in der gleichen Falle. Persönliche Erfahrungen und die familiären Strukturen, mit denen sie aufgewachsen sind, tragen entscheidend dazu bei, dass sie sich in solche Situationen verstricken.

ten nicht ausreichen, um mir eine eigene Wohnung zu suchen und dennoch ein genauso bequemes Leben zu führen, wie ich es jetzt habe.

Was meine sexuellen Aktivitäten angeht: Seit eineinhalb Jahren habe ich eine Beziehung mit meinem Masseur. Er ist verheiratet, und jedes Mal, wenn ich einen Termin bei ihm habe, schlafen wir miteinander. Das erfüllt mich nicht gerade, aber nun ja, erst mal mache ich damit weiter.

Während dieser Zeit lernte ich Männer kennen, mit denen ich Küsse getauscht habe, aber mehr ist nicht passiert. Ich kann nicht zwei Beziehungen gleichzeitig haben – und ganz ehrlich: Mein Masseur macht mich echt heiß. Vielleicht bewerte ich die Sache zu hoch, denn das Einzige, was wir miteinander haben, ist Sex. Sehr guter Sex.

Aber obwohl ich mich in sexuell-partnerschaftlicher Hinsicht nie auf die Suche begebe (wenn sich jedoch die Möglichkeit abzeichnet und der Mann mir gefällt, verweigere ich mich normalerweise nicht), hoffe ich doch, mal jemanden kennen zu lernen, mit dem ich eine sozusagen »normale« Beziehung führen kann.

Vor der jetzigen hatte ich zwei wichtige sexuelle Bekanntschaften: Mit vierzehn entjungferte mich ein Freund, und obwohl wir kein Paar waren, hatten wir immer wieder Sex miteinander, bis ich neunzehn war. Mit zweiundzwanzig war ich fast ein Jahr lang mit einem Mann zusammen, aber Sex hatten wir nur selten.

Ich bin ein bisschen mollig. Was Männer attraktiv an mir finden? Ich glaube, ich bin ihnen einfach sympathisch. Ich mache nichts Spezielles, um Männer zu verführen, sondern warte darauf, dass sie mich verführen (ein großes Problem, weil sie dich oft genug allein lassen mit deinen Gelüsten).

Wenn sie mich einmal »intim« erlebt haben, fühlen sie sich durch den guten Sex zu mir hingezogen. Aber da der Mensch nicht vierundzwanzig Stunden am Tag vögelt, sind meine Beziehungen nicht gerade die haltbarsten. Jedenfalls schaffe ich es nicht, eine normale Partnerschaft zu haben.

Ich kleide mich sportlich, im Sommer ziehe ich gern Kleider und Tops mit Spaghettiträgern an, damit man meine schöne, gebräunte Haut sieht. Ich trage keine Stöckelschuhe, ich schminke mich diskret und nicht täglich. Ich rasiere mich komplett, lasse nur ein paar Härchen im oberen Schambereich übrig – vor allem, damit man mir im Duschraum des Fitness-Studios nicht ansieht, dass ich ganz rasiert bin.

Ja, ich gehe zum Masseur, aber nicht aus ästhetischen Gründen, sondern wegen eines Bandscheibenvorfalls. Ich benutze teure Parfüms. Mein Haar trage ich lang, wellig, ohne Pony.

Es kann passieren, dass ich einen Mann gut aussehend finde, aber das Äußere ist für mich nicht alles. Und erscheint er mir auch noch so attraktiv – wenn ich mit ihm rede und er dumm auf mich wirkt, dann verflüchtigt sich auch schon wieder alles, was ich vorher in ihm gesehen habe. Ich mag dunkelhaarige Männer, die größer sind als ich, mit dunklen Augen, ein bisschen gebräunt. Besonders achte ich auf Arme und Hände; die Fingernägel müssen geschnitten und gepflegt sein.

Es ist mir wichtig, dass man sexuell zueinander passt und dass ein Mann weiß, wie er mich befriedigen kann.

Wie bereits erwähnt, entjungferte mich mein erster Freund. Wir berührten einander, stimulierten uns gegenseitig manuell, und ohne darüber nachzudenken, ergab es sich. Er drang in mich ein, und es war für mich überhaupt nicht unangenehm. Für ihn war es nicht das erste Mal, wahrscheinlich profitierte ich von seiner Erfahrenheit. Was mir gerade einfällt: Wir haben überhaupt kein Verhütungsmittel verwendet, und ich hatte schon die Regel, aber nur zwei- oder dreimal jährlich. Es war wohl Glück, dass ich nicht schwanger wurde.

Wir gingen miteinander ins Bett, bis ich neunzehn war, wir guckten uns gemeinsam Pornohefte an oder lasen erotische Comics, oder wir liehen sie uns gegenseitig aus. Außerdem hatten wir Oralsex und machten es uns gegenseitig mit den Händen. Andere Sachen passierten nicht.

Als ich zweiundzwanzig Jahre alt war, hatte ich mit meinem damaligen Partner Oral- und Vaginalsex, und wir machten es uns mit den Händen. Ein bisschen Analsex hatten wir auch (mit dem Finger, während er vaginal in mich eindrang oder es mir französisch machte), und es gab Küsse im Analbereich.

Ich befriedige mich selbst, seit ich neun oder zehn Jahre alt bin, und ich war immer der Meinung, ich bekäme dabei Orgasmen, denn ich empfand es als sehr lustvoll. Aber was tatsächlich ein Orgasmus ist, erfuhr ich erst beim Oralsex: Welch großartiges Gefühl, wenn man an meiner Klitoris und meinen Schamlippen leckt und mir dabei abwechselnd einen oder mehrere Finger in die Vagina und den Anus steckt!

Als ich noch klein war, bekam ich Gewissensbisse, nachdem ich mich selbst befriedigt hatte (ich nehme an, das lag größtenteils am Religionsunterricht). Wenn ich mich heute selbst befriedige, genieße ich es, ich entspanne mich und schlafe danach besser. Versuche ich aber, mich selbst zu befriedigen, weil ich beim Sex mit meinem Süßen nicht gekommen bin, dann kriege ich beim besten Willen keinen Orgasmus.

Mit dem Masseur hatte ich sogar eine Ejakulation, aber das ist mir nur einmal passiert.

Ich erinnere mich, dass ich meine ersten intimen Erlebnisse in Wirklichkeit mit zwei Freundinnen hatte (aber nicht gleichzeitig, und keine von uns hat je darüber gesprochen). Wir küssten uns und stimulierten einander mit den Händen. Wir sind keine Lesben. Das war einfach ein Ausprobieren, nehme ich an. Und als wir begannen, es mit Männern zu machen, bemerkten wir selbstverständlich, dass es das war, was wir wollten.

Ein paar Mal habe ich mit einem Hund rumgemacht, und – nun ja – im jeweiligen Moment tat es mir gut. Aber danach habe ich mir das Hirn zermartert und mir vorgenommen, es nicht wieder zu tun. Also, mit Tieren, das finde ich nicht normal. Vielleicht hat es mir auch geholfen, dass der Hund überfahren wurde.

Sex mit Tieren

Der Fachbegriff für sexuelle Handlungen zwischen Mensch und Tier lautet »Sodomie«. Das Wort leitet sich ab von der biblischen Stadt Sodom, die als Ort der Sünde und Lasterhaftigkeit gilt.

In vielen Völkern waren Sexualkontakte mit Tieren ein Element religiöser oder anderer Rituale. Pervers? Abartig? Jede Kultur hat ihr eigenes Wertesystem, in dem festgelegt ist, was man als sexuell »normal« oder »abnorm« erachtet. Nicht einmal die Spezialisten und Wissenschaftler sind sich einig, in welcher Weise sexuelle Psychopathologien zu kategorisieren sind. Denjenigen, die sich gern von Statistiken leiten lassen, können wir Zahlen aus Kinsey-Studien zur Verfügung stellen: 3,6 Prozent der Frauen und acht Prozent der Männer gaben an, Sodomie zu praktizieren. Siebzehn Prozent lebten in ländlichen Gebieten. Die Frauen rieben ihren Vaginalbereich mit Honig oder Zucker ein, um einen Hund oder eine Katze dazu zu bringen, ihnen die Vulva abzulecken. Die Männer beichteten, mit Kühen, Schafen, Schweinen oder anderen Nutztieren zu koitieren. Jedoch sei daran erinnert, dass die Umfragen zu Beginn der fünfziger Jahre in den USA durchgeführt wurden.

Zurzeit habe ich einmal wöchentlich Sex, was mir überhaupt nicht reicht. Ich bin ständig scharf und befriedige mich im Badezimmer, abends im Bett …

Ich gucke mir Pornos an, aber was mir besser gefällt, sind erotische Geschichten. Früher habe ich mir zusammen mit einem Jungen Pornos angesehen, heute mache ich das allein.

Meine noch nicht verwirklichte Fantasie – die mit den vielen Männern gleichzeitig – ist vielleicht von Pornos inspiriert. Aber ich brauche diese Fantasie nicht, um erregt zu werden.

Ich benutze einen Vibrator. Im Moment nur allein, niemand weiß, dass ich ihn habe. Ich habe ihn mir selbst gekauft, und zwar im Internet (ich traute mich nicht, in einen Sexshop zu gehen). Es macht mich nicht eifersüchtig, wenn mein Partner sich Pornos anguckt, um heiß zu werden. Einer Freundin, die nicht richtig zu ihrem Höhepunkt kommt, würde ich nichts kaufen. Einmal habe ich zugegeben, dass ich mich selbst befriedige. Und ich kann es nur empfehlen, weil man sich dadurch besser kennen lernt und dann den Sex mit einem Partner mehr genießen kann.

Ich glaube, dass ein Paar alles machen kann und darf, solange es im gegenseitigen Einverständnis geschieht. Sicher gibt es Praktiken, die manche Paare eklig finden und andere nicht. Zum Beispiel habe ich einmal eine »goldene Dusche« gemacht, und zwar im Badezimmer in der Duschwanne. Wir haben uns gegenseitig angepinkelt, ohne den Urin herunterzuschlucken. Aber wir haben einander von oben bis unten nass gemacht.

Sie spritzen mich voll

Ich bin vierundzwanzig Jahre alt und arbeite als Redakteurin. Ich habe studiert und einen Master-Abschluss.

Eine praktikable Fantasie (tatsächlich ist sie schon Wirklichkeit geworden): Analsex mit meinem Freund und fühlen, dass er die Zügel in der Hand hat. Ich würde mich auch gern bäuchlings über seinen Schoß legen, damit er mir zärtliche Schläge mit einer Rute geben kann.

Eine Fantasie, die mich mental erregt (die ich aber nicht um-

Die »goldene Dusche«

Die Praktik gilt als sadomasochistisch und besteht darin, auf die untergebene Person zu urinieren. Aber manche Paare urinieren gegenseitig einer auf den anderen, wie es diese junge Frau erlebt hat.

Es gibt Frauen, die berichten, sie hätten intensivere Orgasmen, wenn sie fühlen, wie die heiße Flüssigkeit auf sie niedergeht oder wenn er auf ihr Gesicht oder ihre Brüste ejakuliert. Manche finden das Gefühl erniedrigend, aber für andere ist es eine zusätzliche Stimulation. Die »goldene Dusche« befriedigt ihre Unterwerfungsgelüste.

Im Gegensatz dazu wollen Frauen, die sich lieber in der dominanten Rolle sehen, vorzugsweise selbst diejenigen sein, die auf den anderen urinieren. Und es gibt Leute, die es schlicht und einfach erregt, wenn sie dabei zusehen, wie ihr Schatz uriniert (viele Männer mögen das gern).

setzen möchte): mit mehreren Männern zusammen zu sein. Dem einen blase ich einen, und er kommt in meinem Mund; zwei andere massiere ich mit meinen Händen, und sie spritzen mich voll; und der vierte Mann vögelt mich. Im wirklichen Leben will ich zum Beispiel kein Sperma schlucken. Trotzdem erregt es mich, mir das vorzustellen.

Auch die Vorstellung, wie mein Freund sich von zwei anderen Frauen verwöhnen lässt, macht mich an (aber ich glaube, dass ich auch diese Fantasie nicht realisieren möchte).

Ich wohne bei meinen Eltern und habe seit zweieinhalb Jahren einen festen Freund. Sexuell läuft es phänomenal mit uns beiden (er macht mich total heiß), und ich bin sehr verliebt in ihn, obwohl ich in letzter Zeit hin und wieder Fantasien habe, in denen ich mit einem anderen zusammen bin. Aber ich liebe nur meinen Freund.

Mit ihm zusammen zu wohnen, wäre sicher schön. Er ist mein erster Freund und der Mann, mit dem ich meinen ersten Sex hatte. Im Bett geht es bei uns sehr feurig zu, auch wenn ich in letzter Zeit die Neugier und die Fremdheit vermisse, die ich zu Beginn verspürte.

Seit ich mit meinem Freund zusammen bin, gebe ich mich weiblicher. Früher war mein Kleidungsstil eher hippiemäßig. Heute trage ich weiterhin legere Sachen, aber ich mache mich mehr zurecht, wenn ich ausgehe. Das habe ich sonst nicht getan. Also, bevor ich auf die Piste gehe, schminke ich mich, ziehe hochhackige Schuhe an, Oberteile mit Dekolleté und Miniröcke. Ich hatte immer eine Menge Selbstzweifel, aber mein Freund und seine Kumpels sind dabei, sie mir zu nehmen. Seine Freunde erwähne ich aus dem folgenden Grund: Wenn ich mit ihnen ausgehe und mich um mein Styling kümmere (dann sehe ich ganz anders aus als an normalen Tagen), machen sie mir viele Komplimente – manchmal sind auch zweideutige Andeutungen dabei, glaube ich. Heutzutage finde ich mich hübscher und attraktiver – vor allem, wenn ich mich zurechtmache.

Ich bin schlank und ansehnlich, aber ziemlich klein. Und ich finde, dass ich wenig Busen habe. Mein Freund liebt meine Brüste allerdings.

Zu besonderen Anlässen ziehe ich gern rote Unterwäsche und durchsichtige Sachen an, aber es muss elegant wirken. Ich rasiere mich (heutzutage nicht mehr nur im Sommer), auch mein Schamhaar. Ich benutze normale Parfüms und habe langes Haar. Zum Friseur gehe ich sehr selten.

Mir gefallen Männer, die groß, stark und maskulin sind, mit

vollen Lippen und breitem Kinn. Und sehr wichtig: Kräftige Hände müssen sie haben. Ich hasse zarte, weiche Hände.

Mit zweiundzwanzig hatte ich mein erstes Mal, zusammen mit meinem jetzigen Freund. Es war ein schönes Erlebnis, und ich hatte keine Schmerzen. Wir hatten vorher schon eine Zeit lang alle möglichen sexuellen Spielchen ausprobiert, so dass es kein großer Schritt war.

Ich habe keine sexuellen Erfahrungen mit anderen Männern gesammelt und möchte meinem Freund nicht untreu werden, weil ich ihn liebe und den Sex mit ihm schön finde. Wir sind sehr leidenschaftlich und passen wirklich gut zueinander. Aber seit einem Jahr finden mich viele Männer attraktiv (das ist mir früher nicht passiert), und manchmal schleicht sich bei mir der Gedanke ein, dass ich es mit einem anderen tun könnte. Nur um noch einmal den Reiz des Neuen zu spüren, und weil ich gar nicht weiß, wie es ist, mit einem anderen als ihm zusammen zu sein. Aber ich glaube nicht, dass ich es dazu kommen lasse. Denn das, was ich habe, gefällt mir sehr gut, und ich möchte es nicht verlieren.

Von klein auf habe ich mich selbst befriedigt, und ich komme schnell zum Orgasmus. Ich mag das, es ist sehr entspannend. Es hilft mir auch beim Einschlafen.

Heute bin ich sexuell ruhiger als zu Beginn, aber immer noch ziemlich aktiv. Der Sex ist nicht ganz so wild, aber wenn wir anfangen und in Fahrt kommen, ist auch viel Leidenschaft mit im Spiel. Manchmal bemerke ich, dass meine Libido nicht so ausgeprägt ist wie in der ersten Zeit. Ehrlich: Ich genieße den Sex.

Ich mag erotische Geschichten im Internet. Ab und an lese ich sie, das erregt mich sehr, und es kommt vor, dass ich mich danach selbst befriedige. Ich fühle mich elend, so elend, aber Inzest- und Unterwerfungsgeschichten machen mich besonders an, obwohl ich so was (insbesondere den Inzest) in Wirklichkeit

Wenn der Partner sich allein Pornos anguckt

Viele Frauen (und sicherlich auch der eine oder andere Mann) werden eifersüchtig, wenn sie herausbekommen, dass ihr Partner sich Pornoseiten im Internet oder Pornofilme anguckt, wenn er alleine ist. Wenn er sich dabei außerdem auch noch selbst befriedigt, ist es für die Frauen umso schlimmer. Sie haben das Gefühl, ihr Partner hintergehe sie, indem er seine individuelle Sexualität genießt. Jedoch handelt es sich hierbei um die persönliche Freiheit des Partners, die man respektieren sollte. Oder liebt man den anderen etwa weniger, weil man sich in seiner Abwesenheit selbst befriedigt?

Alleine einen Porno anzusehen, ist keine Form von Untreue oder Betrug. Zwar gibt es Fälle, in denen der Besuch derartiger Internetseiten zu einer Abhängigkeit führt, in deren Folge sich der Süchtige von seiner Partnerschaft entfernt und dieser schadet. Aber solche Probleme sind vergleichbar mit den Folgen anderer Süchte oder Krankheiten.

rundum ablehne. Wenn mein Partner und ich zusammen sind, brauchen wir solche Anregungen nicht. Er mag keine Pornos, und wir haben uns noch nie einen gemeinsam angeschaut.

Die Vorstellung, dass er sich in meiner Abwesenheit Pornos angucken könnte, macht mich ein bisschen eifersüchtig. Wenn ich daran denke, dass es ihn erregen könnte und er sich dann selbst befriedigen würde … Also, ganz ehrlich: Ich wäre wirklich eifersüchtig.

Wir benutzen auch kein Sexspielzeug, obwohl wir uns manchmal vorgestellt haben, wie es wäre, wenn wir einen Vibrator hätten und er ihn mir reinstecken würde, während ich ihm einen blase (vielleicht machen wir das auch wirklich mal).

Ich glaube, dass manche dieser Hilfsmittel eine Beziehung beleben können, weil es reizvoll ist, etwas Neues auszuprobieren.

Im Kino, im Wohnheim, im LKW

Ich bin achtundzwanzig Jahre alt und habe Jura, Psychologie und Sozialpädagogik studiert. Heute arbeite ich als Produktmanagerin in einer größeren Firma in den USA.

In einer meiner Fantasien bin ich allein in einem Kino. Der Film läuft, um mich herum ist alles dunkel. Da bemerke ich, wie sich ein Mann neben mich setzt. Ich kenne ihn nicht. Er fängt an, mich anzufassen und mich zu nehmen. Ich lasse es geschehen, bis ein zweiter Mann zu uns kommt, dem ich einen blase. Zu dritt tun wir daraufhin alles, worauf wir Lust haben.

In einer anderen Fantasie bin ich in einem Studentenwohnheim. Ich sitze mit einem der Studenten in seinem Zimmer, und wir reden über Sex, bis er anfängt, mich zu küssen und mich zwischen den Schenkeln zu lecken. Ich sitze auf dem Tisch, er vor mir auf einem Stuhl, so dass sein Gesicht genau auf der richtigen Höhe ist … In einer dritten Fantasie nehmen mich ein paar LKW-Fahrer mit, und ich bezahle den Lift direkt in der Führerkabine mit gewissen Gefälligkeiten.

Ich bin verheiratet und durchaus auch glücklich, obwohl mein Mann gewisse sexuelle Probleme hat, so dass wir nicht oft miteinander schlafen und ich in dieser Hinsicht unzufrieden bin. Keiner von uns war jemals untreu, und wir lieben uns sehr, weswegen wir auch versuchen, das Problem zu lösen. Ich bin ein sexuell höchst aktiver Mensch, und ich liebe den Sex.

In den drei Jahren, bevor ich meinen Mann kennen lernte, hatte ich überall auf der Welt einen Haufen Liebhaber (ich bin aufgrund meines Jobs viel gereist).

In meinem Leben zählten drei Männer: meine große Liebe mit fünfzehn, mit dem ich mich noch heute großartig verstehe. Mein Ex, der auch nach der Trennung noch häufiger mein Liebhaber war und der heute zu meinen besten Freunden gehört; die Lust mit ihm war Genuss pur! Er hat mir viel gezeigt, wir haben herumprobiert, er hat mir den Sex und auch das »Verbotene« erschlossen. Für mich gibt es in dem Sinne nichts Verbotenes, aber dennoch existieren nun einmal jede Menge Tabus im Bereich der Sexualität. Mit meinem Mann war es am Anfang ähnlich intensiv, jetzt aber ist es schwierig geworden, obwohl er keine Erektionsprobleme hat.

In Bezug auf Affären kann ich mich ehrlich gesagt nicht beschweren. Ich habe eigentlich immer bekommen, wen ich wollte, sei es als Liebhaber oder als Freund (mit »Liebhaber« meine ich nicht den verheirateten Typ, der seine Frau betrügt, sondern den Mann, mit dem man lediglich eine sexuelle Beziehung unterhält; ich bin kein Freund von Untreue, egal in welcher Hinsicht).

Es heißt, ich sehe gut aus und bin, auch wenn ich ein wenig kräftig bin, hübsch anzuschauen, da ich gute Proportionen habe. Und da ich schon immer Sport treibe, ist meine Haut auch nicht schlaff. Ich habe mich immer so gekleidet, wie ich es wollte, ob das den anderen gefallen hat oder nicht. Ich folge meinem Gusto, mal sehr leger, dann wieder eleganter, aber immer in meinem Stil: unabhängig, feminin und feministisch. Ich mache mich gern zurecht, ich liebe es, mich zu baden, schöne Essenzen, Salze … Da ich ein bisschen faul bin, kommt es nur alle Jubeljahre dazu, aber wenn, dann verwende ich auch Stunden auf diese Zeremonie.

Für Unterwäsche, speziell für sexy Unterwäsche, habe ich ein echtes Faible. Das ist eins meiner Laster, in das ich ordentlich Geld investiere. Die kosmetischen Produkte, die ich benutze, sind in der Regel sehr gut, was zum Teil aber auch meiner empfindlichen Haut geschuldet ist, denn ich neige zu Allergien. Richtig Glück habe ich mit meinen Zähnen. Die sind wirklich schön.

Ich halte mich für intelligent, wenn auch für etwas leichtgläubig. Ich nehme alles für bare Münze, was man mir erzählt. Am Anziehendsten an mir sind gewiss meine Persönlichkeit, meine aufgeschlossene Art, mein Lebenshunger und meine Lust, die ganze Welt zu umarmen. Äußerlich sind meine Augen, mein Hintern und meine vollen Brüste erwähnenswert.

Ich liebe die dunkelhaarigen Männer, solche, deren Blicke einen durchbohren können und die selbstsicher sind; die mich zum Lachen bringen und mit Sinn und Verstand über unterschiedliche Themen sprechen. Vor allem aber müssen sie eine starke, selbstbewusste Persönlichkeit mitbringen. Rätselhaft dürfen sie sein. Zärtlich und gelegentlich sogar butterweich.

Ich habe meine Unschuld erst mit zweiundzwanzig verloren. Etwa zur gleichen Zeit fing ich auch an, mich selbst zu befriedigen, und das tue ich heute noch. Für mich hat das nichts Beschämendes, im Gegenteil, es ist eine gute Art, den eigenen Körper kennen zu lernen.

Wie ich bereits erwähnte, hatte ich eine Menge sexueller Beziehungen, die meist ein paar Monate andauerten, aber einen gelegentlichen One-Night-Stand nicht ausschlossen. Ich war wie die Seefahrer: in jedem Hafen eine Braut.

Über meinen erotischen Lebenslauf kann ich mich nicht beschweren, aber vor allem war es mein »Liebhaber-Freund«, mit dem ich den Sex ohne jedes Tabu zu genießen lernte. Das war eine wirklich gute Zeit, in der ich mich sicher und behütet

Wenn der Mann versagt

Bei jeder Form von sexuellem Versagen sind das Verständnis und die Unterstützung des Partners das A und O, um die Situation zu lösen. Sofern das Problem nachweislich nicht auf eine physische Ursache zurückzuführen ist, steckt hinter der fehlenden Lust meist ein handfestes psychisches Problem. Jeder weitere gescheiterte Versuch vergrößert den Frust, und nicht selten wagt sich der Mann bald gar nicht mehr an seine Partnerin heran, weil er fürchtet, seiner »Aufgabe« wieder nicht »gerecht« zu werden.

Bevor die Situation eskaliert und zu weiteren tiefgreifenden Störungen innerhalb der Partnerschaft führt, ist es besser, sich einem Spezialisten anzuvertrauen, der prüft, ob einer oder beide eine Psychotherapie in Erwägung ziehen sollten, bevor sie sich auf die eigentlichen sexuellen Probleme stürzen.

gefühlt habe. Wir haben so vieles ausprobiert ... Ja, so gesehen bin ich momentan wirklich etwas frustriert. Ich kann nur wünschen, dass sich die Situation mit meinem Mann wieder verändert.

Wenn ich allein bin, benutze ich keinerlei pornografisches Material. Es berührt mich nicht. Mir reicht da meine eigene Fantasie. Ich respektiere das bei anderen, aber für mich ist das nicht erregend.

Mit Spielzeugen hingegen hatte ich sowohl allein als auch mit einem Partner schon Spaß.

Um noch einmal auf die Pornografie zu sprechen zu kommen: Bis vor kurzem hat sie mich überhaupt nicht gestört. Ich fand sie völlig normal; aber jetzt, mit dem Problem, das mein Mann hat, beginne ich sie zu hassen, denn Pornos erregen ihn, ich aber nicht.

Ein Harem für uns allein

Trotz der tief verwurzelten Schuldgefühle bei den Völkern mit katholischer Tradition scheint sich die Mehrzahl der spanischen Frauen ihre grenzüberschreitenden Fantasien doch ohne größere innere Konflikte eingestehen zu können. Die Unterstellung, Frauen hätten im Gegensatz zu den immer verfügbaren männlichen Vertretern ihrer Spezies sexuell so selten Lust, bringt sie höchstens zum Lächeln.

Und wie wir sehen, ist der Gruppensex keine ausschließlich männliche Fantasie. Wir wissen allerdings nicht, ob solche Begehrlichkeiten die Antwort auf das stereotype Bild der fügsamen, unschuldigen Frau sind, das die Gesellschaft lange genug entworfen hat, oder ob bereits unsere Großmütter derlei Gedanken hegten, während sie sich nach außen hin keusch gaben. Vielleicht aber zeugen solche Fantasien auch von einem bis in die Vorgeschichte zurückreichenden Gedächtnis, als die Sippe noch in einem Matriarchat lebte und die Frau »die Hosen anhatte«.

Ist dem Leser bekannt, dass es auch heute noch Orte auf diesem Planeten gibt, wo die Frauen mehrere Männer haben dürfen? Hierbei handelt es sich um die sogenannte Polyandrie, eine Familienstruktur, die früher viel verbreiteter war als heute, die man in kleinen Enklaven aber noch in Indien, Tibet, Nigeria, Australien, auf den Philippinen und am Amazonas antrifft.

Frauen hatten ihren Harem und konnten eine sexuelle Freiheit in einer Gesellschaft genießen, die sich von der unseren unterschied, aber nichtsdestoweniger zivilisiert war.

Aber vergessen wir die Familienzusammenhänge, denn was sich die Frauen in diesem Kapitel vorstellen, hat nichts mit polygamen Bindungen oder einem festen Zusammenleben mit mehreren Männern zu tun. Ihnen geht es um den reinen Sex mit mehr als zwei Männern.

In seinem Klassiker *Die Freude am Sex* schrieb Alex Comfort mit Begeisterung über Zentren aus der Zeit des Flower Power, in denen man seine Lust absolut freizügig auslebte. Dort konnten Ehepaare oder Alleinstehende mit Begleitung an Kursen und Seminaren teilnehmen, um, sagen wir mal, an den gesellschaftlich akzeptierten sexuellen Normen zu kratzen, »ihren Horizont zu erweitern« und sich vor anderen oder in Gesellschaft ohne Angst zu lieben. Die Frauen lernten, ehrlich zu sein und »nein« zu sagen, wenn ein Mann ihnen den Hof machte, der ihnen nicht gefiel. Und die Männer lernten, solche Absagen nicht als generelle Zurückweisung oder Ablehnung zu interpretieren und das Recht der Frau zu akzeptieren, sich den Mann selbst auszusuchen.

Das berühmteste dieser Zentren war wohl der kalifornische Landsitz Sandstone. Es geht die Legende, dass ein Mann seine Frau dorthin zerrte, um es sich nach Herzenslust gut gehen zu lassen, und dass er aber sofort wieder abreisen wollte, als er merkte, wie trefflich sich seine Frau in der Gruppe amüsierte.

Der klassische Wertekanon sieht für den Mann das freie Ausleben seiner Sexualität vor, während Frauen noch immer polarisierend auf Hure oder Heilige festgeschrieben zu sein scheinen.

Es hat sich gezeigt, dass die Frau von heute über ihre Sexualität selbst entscheiden, dem Mann seine Rolle als ausschließlicher Herr und Meister streitig machen und sich von einem zu engen gesellschaftlichen Korsett befreien will. Dennoch fürchtet sie, durch ihr Verhalten den Respekt des Mannes und den anderer Frauen zu verlieren. Noch immer wird ihr mit einer gewissen Boshaftigkeit vorgeworfen, den Sex und ihre körperlichen Reize für andere Zwecke zu instrumentalisieren.

Die Frauen in diesem Kapitel legen es nicht darauf an, ihre Fantasien unbedingt auszuleben, doch sind sie überwiegend dazu bereit. Für solche Abenteuer organisieren gewisse Lokalitäten sogenannte Gangbangs, ein Ausdruck, der aus dem Englischen kommt und die erotische Begegnung einer Frau mit mehreren Männern meint.

Die Frau ist bei diesen Gangbangs der unbestrittene Mittelpunkt. Die Männer sind ihr zu Diensten, auch wenn das heißt, dass sie ihr Metallringe um Hals oder Hände legen. Sie entscheidet, ob sie sich als passives Subjekt verhält, das gestreichelt, massiert, geleckt oder penetriert wird, oder ob sie eine aktive Rolle einnimmt und etwa ihre Reize bei einem Striptease zur Schau stellt, ihre Fähigkeiten als Liebhaberin beweist oder mehrere Schwänze beim Fellatio mit ihrer Zunge beglückt.

Und sie ist es auch, die bestimmt, ob und welche Spielzeuge, Verkleidungen, Cremes, Lotions oder sonstige Hilfsmittel eingesetzt werden, welche Getränke man zu sich nimmt, mit welchen Speisen man spielt usw.

11

Blumen aus einer anderen Welt

War Spanien bis vor wenigen Jahrzehnten ein Auswanderungsland, so suchen heute umgekehrt Menschen aus den unterschiedlichsten Kontinenten Arbeit und eine neue Heimat auf der iberischen Halbinsel. Mehr als achtundzwanzig Prozent der Einwanderer kommen aus Lateinamerika, doch leider wird gerade die Hoffnung vieler Frauen auf ein besseres Leben enttäuscht, und sie erwartet ein Dasein in Abhängigkeit, das nicht selten auch in der Prostitution endet.

Als wir unseren Fragebogen ins Netz stellten und in diversen Foren darauf hinwiesen, erreichten wir auch jene Kulturen, mit denen uns ein historisches Band eint und die sich heute in unsere Gesellschaft zu integrieren versuchen. Von daher halten wir es für angezeigt, stellvertretend einige der Antworten zu veröffentlichen, die uns aus Argentinien, Bolivien, Peru oder Mexiko erreichten.

Erinnerungen bei strömendem Regen

Ich bin Argentinierin und vierundzwanzig Jahre alt. Ich bin Sozialarbeiterin und studiere nebenbei Psychologie.

Wahrscheinlich ist das ziemlich ungewöhnlich, aber ich habe keine Fantasie, da ich alles, was mir in den Sinn kommt, sofort in die Tat umsetze. Wenn ich masturbiere, denke ich ebenfalls an nichts, sondern konzentriere mich auf das, was ich fühle. Allenfalls kommen mir heiße Erinnerungen an Nächte in den Sinn, die noch nicht lange zurückliegen. Ich füttere mich selbst auch mehr mit eigenen Erfahrungen als mit hypothetischen Situationen. Dann versuche ich, die Szenarien im Geiste noch einmal durchzuspielen, mich an die Gerüche zu erinnern, den Geschmack – das allein erregt mich schon.

Mit meinem Partner zusammen habe ich Rollenspiele ausprobiert, und das hat mich ebenfalls erregt. Zum Beispiel spielen wir Schülerin und Lehrer. Das Spiel entsteht in der Situation. Was andere Frauen betrifft, so bin ich da eher neugierig, als dass sich Filme im Kopf abspulen würden. Dreier oder andere ungewöhnliche Praktiken hingegen interessieren mich überhaupt nicht.

An einen meiner Exfreunde, den wichtigsten, habe ich eine Erinnerung, die mich mit Zärtlichkeit erfüllt, wenn sie mir durch den Kopf geht. Es war ein Sonntag, zur Zeit der Siesta. In unserem Dorf hat es wie aus Eimern gegossen.

Wir standen auf der Veranda seines Hauses und sahen dem Regen zu, der in dicken Tropfen auf die menschenleere Straße prasselte. Wir waren noch sehr verspielt, ja, selbst heute verhalten wir uns noch wie Welpen, tollen miteinander, lachen …

Wir haben angefangen zu spielen, sind in Pfützen gesprungen, um einander nass zu spritzen, folgten den Wasserbächen, die sich auf der Straße gebildet hatten, und haben uns großartig amüsiert. Es ist doch erstaunlich, wie sehr man das einfache, leichte Leben genießen kann … Plötzlich griff er unvermittelt nach mir und zog mich unter einen Wasserstrahl, der von einem Dach herabfloss. Wir waren sofort durchnässt bis auf die Haut. Wir rangelten miteinander, und ich spürte die wachsende Erregung. Er presste seinen steifen Schwanz an meinen Hintern, da ich mit dem Rücken zu ihm stand. Ich drehte mich um. Er sah mich an – und bei diesem Blick, das schwöre ich, hätte ich sterben können und würde es auch jederzeit wieder tun. Ich hatte einen Bikini und einen Rock an; wir standen mitten auf der Straße, als er mich hochhob und an Ort und Stelle in mich eindrang. Es war ziemlich wild... ich weiß nicht, ob uns jemand beobachtet hat, ich werde es nie wissen, denn die Welt um mich herum begann sich mit einem Mal zu drehen.

Ohne mich loszulassen, schafften wir die paar Meter, die uns von einer Autowaschanlage trennten, die an diesem Sonntag geschlossen war. In ihrem Schutz wälzten wir uns hinter einem niedrigen Mäuerchen bestimmt noch eine gute Stunde im Schlamm, lachten und trieben es immer wieder und wieder... ohne ein Wort zu wechseln.

Wenn ihr gesehen hättet, wie wir nach Hause kamen, über und über mit Dreck und grünem, brackigem Wasser beschmiert. Seine Großmutter hat sich fürchterlich erschrocken, uns aber geglaubt, als wir erzählten, dass wir hingefallen seien.

Auf dieses Erlebnis greife ich oft zurück, und zwar überwiegend, wenn ich allein bin. Um ehrlich zu sein, fängt auch jetzt, wo ich es aufschreibe, mein Herz schon wieder an, schneller zu schlagen. Seitdem sind die Sommerschauer für mich nicht mehr dasselbe wie vorher.

O weh! Ich habe lange nicht mehr so intensiv an meinen Ex gedacht. Unsere Liebe währte neun Jahre, und sie war ungeheuer stark und wunderbar. Nach Tausenden von Windungen und Neuanfängen endete sie letztendlich vor einem halben Jahr. Daneben gibt es eine beträchtliche Anzahl weiterer Exfreunde oder Abenteuer, die mir nichts bedeuteten. Ich bin ziemlich wählerisch. Aus einer dieser Beziehungen hätte vielleicht etwas werden können (sie hielt immerhin mehrere Monate an), aber ich habe mich einfach nicht verliebt. Die anderen waren nach ein paar Wochen oder nur Nächten wieder vorbei. Es ist offensichtlich mein Karma, dass die Männer immer gleich mit mir zusammen sein wollen. Untreu war ich denen, die ich nicht geliebt habe – manchmal. Geliebte war ich nur einmal ... Das Durchschnittsalter meiner Partner variierte sehr, von meinem Alter bis zu einem Siebenundfünfzigjährigen war alles dabei (Letzterer erst kürzlich), und ich kann bei den Männern auch keine grundlegenden Gemeinsamkeiten feststellen, bis auf die eine, dass es eben Männer waren.

Derzeit entwickelt sich gerade eine ziemlich gute Beziehung zu einem Mann, der mich in jeder Hinsicht befriedigt und mich dreimal so sehr liebt wie ich ihn. Vor allem aber gibt er mir Frieden und innere Ruhe, Worte, die bis dato in meinem Liebesvokabular nicht existierten und die mir, wie ich jetzt merke, sehr gefehlt haben.

Meine Unschuld habe ich mit zwanzig verloren. Ich hatte etwas Angst davor und brauchte mehrere Anläufe. Vorher sammelte ich bereits eine Menge Erfahrungen, die aber nicht im Geschlechtsverkehr mündeten. Ich war ein artiges Mädchen, das auf eine katholische Schule ging, aber, herrje, auch ich hatte Hormone. Ironischerweise habe ich meine Unschuld nicht mit meiner großen, verdrehten Liebe verloren, sondern mit dem zweiten ernsthaften Partner danach. Er war zehn Jahre älter als ich, ein guter Freund von mir, der vor allem eins hatte: viel Geduld. An ihn habe ich nur positive Erinnerungen. Jetzt, mit dem neuen Mann an meiner Seite, merke ich, wie ich mich gern »setzen« würde. Ich habe das verrückte Leben lange genug gehabt. Ich kenne die durchgemachten Nächte, den Spaß, die Abwechslung, und ich denke, es wundert niemanden, wenn ich sage, dass ich es nun gern etwas ruhiger angehen lassen würde (was aber bitteschön auch nicht heißen soll, dass ich morgen heiraten will, aber zumindest verliere ich zum ersten Mal die Angst davor).

Bescheidenheit beiseite: Ich glaube, ich sehe gut aus. Eher attraktiv als hübsch. Meine Mutter hält mich für die geborene Verführerin. Ich bin weder besonders groß noch besonders dünn, aber ich habe hübsche Züge, große Augen, eine weiche Haut, ein nettes Dekolleté und wohl geformte Hüften. Entsprechend figurbetont ziehe ich mich an. Auf der linken Brust habe ich ein Tattoo, und tiefe Ausschnitte finde ich großartig. Aufgrund meiner Arbeit ziehe ich meistens Jeans an, aber ich versuche schon, mit der Mode zu gehen. Teure Parfüms sind meine Leidenschaft, und flache Schuhe sucht man bei mir – fast – vergeblich. Ich gehe nicht zum Sport und mache auch keine Diät, im Gegenteil, ich stehe ziemlich gut im Futter.

Männer wie Frauen schauen mir nach, und ich finde es klasse, wahrgenommen zu werden. Trotzdem glaube ich nicht, dass mein Äußeres der Grund für meine Attraktivität ist. Ich bin auch einigermaßen klug. Ich kann über alles Mögliche reden. Ich liebe Literatur, Politik interessiert mich, meine Freundinnen halten mich für eine Blitzdenkerin, weil ich so schnell begreife und Zusammenhänge erkenne. Ich glaube, ich habe einen Sinn für Humor, für ironischen, etwas sarkastischen Humor. Ich rede viel, zuweilen wie ein Wasserfall. Ich bin einfach gern unter Leuten.

Männer gefallen mir auf ganz unterschiedliche Arten. Ich nehme an, sie müssen irgendwie zu mir passen und wissen, wie man sich in Gesellschaft verhält. Weichheit und Fürsorglichkeit bei Männern beeindruckt und fasziniert mich zutiefst. Physisch ziehen mich wohl eher die Unattraktiven an. Ich mag einfach keine Schönlinge. Die weniger Attraktiven sind oft interessanter, und ich schätze die Bodenständigen, die mit beiden Beinen auf der Erde stehen, mit denen man reden kann. Nichts nervt mich mehr als solche, die dir beim Reden ständig auf Bauch oder Busen glotzen. Wenn sie mit mir zusammen sind, sollen sie bitte auch mit mir zusammen sein.

Ich halte mich für sexuell sehr aktiv. Die Jahre, die ich länger Jungfrau war, habe ich mittlerweile gewiss aufgeholt, sowohl qualitativ als auch quantitativ. Ich entdecke gern, erkunde meine eigenen Grenzen und habe keine Tabus, solange beide sich über alles einig sind.

Körperkontakt ist mir super wichtig, und so kann es passieren, dass ich einen Mann mitten auf der Straße mit Küssen bedecke oder ihm an einer Haltestelle einen blase. Ich bin beinahe allzeit bereit. Auch kann ich es genießen, mich mit Berührungen, Kommentaren etc. stundenlang auf eine Liebesnacht einzustimmen… Wenn der Sex sich dann auf die schnelle Nummer reduziert, enttäuscht mich das, denn einmal angefangen, will ich mehr und mehr, wenn möglich, sollte es dann die ganze Nacht gehen. Allerdings bin ich auch für den Quickie im Stehen zu haben, wenn es sich denn so ergibt. Ich sagte es ja bereits: Ich bin für alles zu haben!

Intensive Beziehungen hatte ich einige, auch jenseits des Stadiums der Verliebtheit, wo man sowieso nicht voneinander lassen kann, weder durch eine eiskalte Dusche noch durch einen chirurgischen Eingriff. Einer meiner Freunde war super im Bett, aber sonst der Totalreinfall, was ich erfolgreich verdrängt habe, um mich so lieber an unsere unvergesslichen Liebestage und -nächte zu erinnern.

Pornografie langweilt mich, bringt mich aber auf Ideen. Erotische Literatur ist mir lieber, eine gelungene anregende Geschichte törnt mich sofort total an. Sie dem Partner vorzulesen, hat sich auch schon bewährt.

Einen Vibrator habe ich bereits benutzt, wenn ich allein war, aber nun ist leider der Motor kaputt. Ich würde es gern auch mal mit einem Partner zusammen ausprobieren, und ich glaube, mein jetziger Freund wäre genau der Richtige dafür. Wenn die Männer Pornos gucken und dabei in Wallung kommen, stört mich das nicht. Ich betrachte das nicht als Untreue. Die Sache mit dem Cybersex hingegen will mir nicht in den Kopf. Und sobald diese Form der Interaktion ins Spiel kommt, hat das für mich schon mit Fremdgehen zu tun. Ich weiß, dass ich in der Vergangenheit kein Unschuldslamm war und auch selbst betrogen worden bin, heute jedoch meide ich solche Situationen – sie tun weh und passen nicht gut zu meiner Besitz ergreifenden Art.

Wenn ich komme …

Ich bin einunddreißig und habe einen Doktortitel. Ich komme aus Mexiko, lebe aber in England.

Ich habe zwei oder drei Fantasien, an die ich oft denke. Die, die mich am meisten erregt, hat mit Frauen zu tun, die mir gefallen: Obwohl ich immer ausschließlich heterosexuell war, würde ich wahnsinnig gern mal die Schenkel einer Frau kosten … und es erleben, wie wir uns gegenseitig befriedigen. Nichts Weltbewegendes, aber voller Leidenschaft.

In meiner anderen Fantasie habe ich Sex mit einem Mann, der mich von hinten – aber vaginal – nimmt, während eine Frau mich befriedigt und wir uns abwechselnd den Busen und die Brustwarzen küssen. Mir vorzustellen, dabei einen Orgasmus zu bekommen, ist für mich das Allergeilste. Richtig heiß finde ich auch die Vorstellung, dass ein Mann in mir kommt, wenn auch ich meinen Höhepunkt habe – das ist vielleicht nicht so originell, aber für mich scharf, weil ich immer auf einem Kondom bestehe.

Ich bin momentan Single. Meine letzte Beziehung dauerte sieben Monate, und ich habe sie vor ein paar Wochen beendet. Sie war insgesamt nicht schlecht, aber wir waren nicht verliebt... Im Bett kam er sehr schnell, hat sich aber immer bemüht, mich auch zu befriedigen. Gestört hat mich, dass er ähnlich gebaut war wie ich. Er war bereits der dritte eher kleine, rundliche Mann, und ich habe beschlossen, dass es auch der letzte war, denn all diese Männer hatten die Tendenz, meine Größe und Figur zu kritisieren, weil sie selbst mit ihrer nicht zufrieden waren. Da ich beruflich ziemlich ausgelastet bin, suche ich keine Beziehung, sondern nur Sex, und das sage ich den Leuten auch klipp und klar, mit denen ich ausgehe. Ich wäre bereit, mit einer Frau ins Bett zu gehen, aber eine Beziehung mit ihr käme für mich nicht in Frage, denke ich.

Ich bin 1,67 Meter und habe schon immer Gewichtsprobleme. Mein Gesicht ist recht hübsch, und ich habe eine anziehende Ausstrahlung. Aufgrund meines Aussehens habe ich mich nie für ausgesprochen attraktiv gehalten, und trotzdem weiß ich, dass mein Wesen die Männer anspricht. Sie mögen meine vollen Lippen, meine dunklen Augen und mein schwarzes Haar. Ich bin eher extrovertiert und nicht auf den Mund gefallen. Seit einiger Zeit gehe ich wieder zum Sport, um an meiner Figur zu arbeiten.

Wie ich mich anziehe... das ist nicht so leicht zu sagen. Anders als früher. Um in London zu verführen, kommt es nicht wirklich auf die Kleidung an. Meine Unterwäsche ist aus Baumwolle, und seit kurzem bunter, weil ich das für mich selbst mag und lustig finde. Ich rasiere mir die Beine, Achseln, Oberlippe und seit neuestem auch die Schambehaarung. Make-up finde ich grässlich, aber ich benutze teure Parfüms.

Wenn ich mir überlege, wie ich erzogen worden bin, habe ich in Sachen Verführung eine Menge dazugelernt.

Männer: Ich mag sinnliche Blicke, einen verführerischen Gesichtsausdruck, Hände. Ansonsten habe ich kein Idealbild. Sie müssen etwas zu sagen haben, Lebenserfahrung haben und ausstrahlen, dass sie auch die schwierigen Seiten kennen und daran gewachsen sind. Frauen: Sie müssen schön sein, attraktiv, größer als ich und mit runden prallen Brüsten und Hüften. Die knabenhaften, zierlichen gefallen mir nicht.

Ich bin gut im Bett – das hat zumindest die Mehrzahl meiner Liebhaber gesagt. Oralsex ist eine meiner Stärken. Gleichwohl habe ich Probleme, einen Orgasmus zu bekommen, jedenfalls beim Koitus. Klitoral sieht es anders aus. Beim Sex genieße ich meinen Körper übrigens sehr! Erst recht, wenn ich verliebt bin. Die Fantasien mit Frauen resultieren aus meiner ersten Beziehung mit einem Typen, der wirklich etwas pervers war. Er hat von mir verlangt, eine Frau zu verführen. Irgendwie muss mich das traumatisiert haben, denn aus diesem Grund würde ich mich heute nicht trauen, es mit einer Frau auszuprobieren. Außerdem hat mich seine Mitteilung schockiert, dass er den sexuellen Missbrauch, den er im Alter von zehn Jahren durch ein männliches Familienmitglied erdulden musste, genossen hat. Jedenfalls begannen alle meine Fantasien mit ihm, und auch wenn ich sie nicht wirklich abstoßend fand, denke ich doch, dass es zu früh für mich war und dass er meine Schwäche ausgenutzt hat.

Pornos habe ich mir bislang nur über das Internet angeguckt. Ich masturbiere gern, während ich zwei lesbischen Frauen zusehe, die tun, was auch ich mag. Andere Filme oder Zeitschriften und Spielzeuge finde ich eher langweilig.

Mit Diego

Ich bin achtzehn, studiere im zweiten Semester Grafikdesign und komme aus Bolivien.

Das perfekte Ambiente mit dem perfekten Menschen für einen Liebesakt sähe folgendermaßen aus: Wir sind in einem Penthouse in New York. Überall stehen rote Kerzen, und die ganze Einrichtung ist ebenfalls rot. Das Licht ist gedämpft, wir trinken Champagner, und ich bin mit Diego dort – ganz sicher bin ich mit einem Diego dort!

Ganz New York erstrahlt im Lichterglanz des Feuerwerks zum 4. Juli, und auf uns wartet ein großes Doppelbett mit roter und schwarzer Seidenwäsche.

Nach einem wunderbaren Abendessen gehen wir langsam zu dem Bett hinüber. Im Hintergrund läuft leise Musik von Barry White oder etwas ähnlich Romantisches. Mit Champagner beginnt nun unser Liebesspiel. Er bedeckt mich mit Küssen, und der Rest folgt, wie es sein soll …

Dann, am Morgen danach, wache ich für ein köstliches Frühstück auf: frisch gepresster Orangensaft, Toast mit Butter, ein Milchmixgetränk. Dann klingelt das Telefon. Diegos Freundin ist am Apparat, und er erzählt ihr, dass er die Liebe seines Lebens gefunden hat – mich.

Ich bin derzeit mit einem Mann zusammen. Schon seit vier Monaten, was für mich die längste Beziehung überhaupt ist. Das Dumme ist nur, dass er in einer anderen Stadt wohnt. Außerdem kann ich meine Jugendliebe Diego einfach nicht vergessen. Ich sehe ihn täglich. Er besucht die gleichen Seminare wie ich. Er schaut dauernd zu mir rüber, aber er hat eine Freundin, und ich denke Tag und Nacht an ihn, stelle mir aber nur vor, wie wir im Bett liegen und uns küssen, mehr nicht.

Ich hatte schon ein paar Beziehungen, und mein jetziger Freund ist der Erste, mit dem ich geschlafen habe. Ich kann mir nicht vorstellen, ihn zu betrügen, denn ich liebe ihn, und ich glaube, ihm geht es genauso. Da ich selbst noch sehr jung bin, habe ich keine Kinder und will momentan auch keine.

Neben Diego ist mir Alejandro sehr wichtig, der deutlich älter ist als ich und mit dem mich eine rein platonische Beziehung verbindet, aber den ich mein Leben lang lieben werde. Er lebt in der gleichen Stadt wie mein Freund.

Durch Alejandro lernte ich Martin kennen, und mit ihm war ich einen Monat zusammen. Er hat mich verlassen, was sehr schlimm für mich war, und auch heute bin ich noch nicht richtig darüber hinweg, da er mir sehr viel bedeutete. Mein Freund kennt Martin vom Sehen und weiß, dass wir zusammen waren, was ihm manchmal auch Sorgen bereitet. Aber ich habe jeden Kontakt zu ihm abgebrochen.

So viel zu meinem bisherigen erotischen Lebenslauf.

Ich halte mich für hübsch, auch wenn ich nicht die Maße eines Models habe. Ich denke, die Männer fahren am meisten auf meinen Busen und meinen Hintern ab. Aber das mögen wohl alle Männer an den Frauen am liebsten, oder?

Ich kann sehr gut reden und habe ein echtes Händchen dafür, auf Leute zuzugehen und neue Kontakte zu knüpfen. Das gilt auch für Männer. Ich kann die Herzen ganz gut erobern… Zu Hause trage ich meistens bequeme, sportliche Sachen, wenn ich rausgehe, Jeans und T-Shirt, wenn es kalt ist, mit einer Strickjacke darüber.

Ich achte schon auf meinen Körper, im Moment aber gehe ich nicht zum Sport. Dafür passe ich auf meine Ernährung auf.

Ich rasiere mich und schminke mich immer, wenigstens die Augen. Ich habe eine Schwäche für Parfüms. Die Haare trage ich, wie es gerade modern ist.

Am wichtigsten ist mir bei Männern die Ehrlichkeit. Gut, attraktiv sollten sie auch sein, wenigstens in Maßen. Der Rest ist mir nicht so wichtig. Hauptsache, sie lieben mich, nehmen mich so, wie ich bin, und haben irgendetwas Interessantes an sich. Gern dürfen sie blaue oder grüne Augen haben, lange Wimpern, schmale Brauen und einen dunklen Teint.

Was den Sex betrifft, so bin ich eher passiv. Trotzdem genieße ich ihn und begreife ihn nicht als Pflichtübung oder dergleichen. Zu meinen erogenen Zonen gehören der Hals, der Rücken und mein Haar. Mit dem Orgasmus habe ich keine Schwierigkeiten. Ich komme eigentlich immer. Das glaube ich zumindest. Genau weiß ich es nicht.

Ohne Gefühl kann eine Beziehung für mich nicht funktionieren. Man muss seinen Partner mindestens ein wenig lieben oder anziehend finden.

Ich befriedige mich selbst, nicht besonders oft, aber ich tue es.

In einem Sexshop war ich noch nie, und auch erotische Spielzeuge besitze ich nicht. Sex mit mehreren interessiert mich nicht. Ich bin die Frau für *einen* Mann, und zwar nur für einen Mann. Lesbischer Sex ist nichts für mich. Ich finde ihn abstoßend.

Ich habe alles wahr gemacht

Ich komme aus Peru und bin achtundzwanzig Jahre alt, habe Erziehungswissenschaften studiert und bin heute pädagogische Beraterin.

Wenn ich so darüber nachdenke … ich glaube, ich habe alle meine Fantasien bereits wahr gemacht: Ich habe es im Auto getrieben, in einem Bus voller Leute, im Haus von Freunden, im

Büro, zu dritt (mit einer anderen Frau), mit Farben, Eis und Champagner, im Jacuzzi, mit Kerzen, in einem Pool, am Strand…

Na ja, die eine fehlt mir vielleicht noch: draußen auf der Wiese auf einer Decke. Mitten auf der Wiese… das fände ich großartig!

Ich habe zurzeit einen Freund, der mein Leben radikal verändert hat, auch wenn mich das einiges kostet.

Vorher hatte ich eine Vielzahl an unterschiedlichen Liebhabern. Ich bin relativ chaotisch, was mein Gefühlsleben angeht. Zum ersten Mal richtigen Sex hatte ich mit zwanzig. Das war ziemlich merkwürdig, weil ich dachte: Meine Güte, solche Schmerzen für so wenig! Später begriff ich, dass es so wenig doch nicht ist, je nachdem, mit wem man zusammen ist. Insgesamt gab es etwa fünfzehn Menschen, mit denen ich Sex hatte, mal waren es feste Partner, mal nicht.

Ich bin ziemlich leidenschaftlich und habe schon immer gern mit Verkleidungen und an ungewöhnlichen Orten gespielt. Ich habe den Dingen immer die Bedeutung geschenkt, die sie meiner Meinung nach haben. Normalerweise haben die Männer mitgemacht. Manche haben mich mit ihrer Kreativität auch echt überrascht. Für andere ist der Liebesakt nichts als Bumsen. Und wieder andere haben sich so lange mit dem Vorspiel aufgehalten, dass sie hinterher auf das Eigentliche keine Lust mehr hatten. Aber ein paar wenige gab es, die sich richtig eingebracht haben.

Trotzdem war mit jedem von ihnen das erste Mal etwas Besonderes, weil Kerzen angezündet wurden oder schöne Musik im Hintergrund lief. Bloß bei meinem letzten Partner war das nicht nötig. Ich fühlte mich mit ihm so gut, dass das Drumherum keine Bedeutung mehr hatte.

Das alles aber hält dem Vergleich mit meinem jetzigen Freund nicht stand. Ganz ehrlich! Zwar ist er vielleicht nicht so einfallsreich wie andere oder so stark oder verrückt, aber er berührt und liebt mich mit einer solchen Zärtlichkeit, dass ich schier verrückt werde. Mir ist das jetzt fast peinlich.

Ich habe immer geglaubt, dass Sex etwas mit Kreativität und dem ausgiebigen Genuss zu tun hätte. Nie wäre ich darauf gekommen, dass ich achtundzwanzig Jahre alt werden muss, um zum ersten Mal mit jemandem im wahrsten Sinne des Wortes Liebe zu machen. Tatsächlich weiß ich heute, dass Sex viel mit Hingabe zu tun hat und dass die Wonnen weit über die Penetration hinausreichen. Es hat etwas mit Gefühlen zu tun, mit diesem sublimen Teilen, mit der schlichten Tatsache, dass man den anderen liebt. Und das genau wünscht man sich auch für ihn: das absolute Glück.

Man kann nicht sagen, dass ich dick bin, aber so dünn wie diese magersüchtigen Models, die den ganzen Tag nur Salat essen und auch den wieder erbrechen, bin ich nicht. Ich habe glatte Haare von nicht genau zu bestimmender Farbe, weil ich sie ständig ändere. Derzeit ist es dunkelbraun. Meine Augen sind klein, mein Blick stets wach, ich habe eine Stupsnase und kleine Hände.

Am auffälligsten an mir ist, glaube ich, mein Blick. Ich drücke sehr viel mit meinen Augen aus; sie können regelrecht sprechen. Und mein »Vorbau« ist auch nicht schlecht. So gesehen kann ich alles in allem mit mir zufrieden sein. Das nötige Rüstzeug ist mir mitgegeben. Die Männer drehen sich nach mir um.

Ich denke, den Jungs gefällt meine natürliche Art, dass ich immer liebevoll und zugleich mädchenhaft bin. Außerdem bin ich unglaublich offen und redselig, ohne mich der Lächerlichkeit preiszugeben.

Wenn ich etwas will, spiele ich gern das unschuldige Mädchen, und bislang habe ich es dann meistens auch bekommen.

Ich liebe es, Menschen zu analysieren, mich mit ihnen auseinander zu setzen und so auf sie zuzugehen, wie sie es sich wünschen. Ich will damit sagen: Wenn mir jemand gefällt, dann verhalte ich mich so, als hätte ich genau jemanden wie ihn gesucht, und wenn er mich dann langweilt, gehe ich wieder.

Sport ist nicht meine Sache, aber ich habe mit Entspannungsübungen angefangen. Früher war ich deutlich aktiver, aber irgendwann hat es mich gelangweilt. Ich werde der Dinge schnell überdrüssig.

Ich benutze nicht viel Make-up, oft ist es nur ein Lidstrich, etwas Rouge auf die Wangen und je nach Laune etwas Lippenstift.

Auch bei der Kleidung kommt es drauf an. Auf der Arbeit trage ich ein Kostüm und Pumps, in der Freizeit aber laufe ich in Cordhosen oder Jeans und einer hübschen Bluse herum. Im Grunde kleide ich mich wie jede andere auch. Obwohl ich eine Schwäche für ausgefallene Ketten habe. Solche mit großen silbernen Anhängern etwa liebe ich besonders. Auch bei den Accessoires bin ich sehr pingelig. Schuhe, Tasche, Portemonaie müssen zusammenpassen. Und Parfüms sind mir auch sehr wichtig ... noch so eine Schwäche.

Ein Idealbild von einem Mann habe ich eigentlich nicht. Jeder meiner bisherigen Partner unterschied sich fundamental von dem vorhergehenden. Ich war schon mit einem Hippie zusammen, aber auch mit einem Waffennarr. Jetzt im Moment ist es eher der stille Poet und Komponist, der gleichzeitig Ingenieur ist, eine eigenwillige und erfüllende Kombination für mich.

Auch wenn es sich abgedroschen anhört: Ehrlichkeit und vor allem Authentizität sind mir wichtig; die Männer sollten für sich einstehen können, sich nicht beherrschen lassen, meine ich damit, und selbstsicher sein.

Ich glaube, dass ich, seit ich zwanzig bin, beim Sex eine aktive Rolle einnehme. Das liegt daran, dass ich nach dem ersten Mal gedacht habe: Und darauf hast du so lange gewartet? So beschloss ich, mir meinen Spaß entweder selbst zu suchen oder es ganz zu lassen. Ich konzentriere mich für gewöhnlich sehr aufs Vorspiel, möchte, dass mein Partner es genießt, weil mich das berührt und auch befriedigt.

Zu meinen erogenen Zonen gehören der Hals, die Brüste und meine Muschi … aber keine Experimente an dieser Stelle! Und ich mag es, meinem Partner die unterschiedlichsten Empfindungen zu entlocken. Ich versuche immer herauszufinden, was genau er am liebsten mag.

Sex macht für mich vierzig Prozent einer Beziehung aus. Mir soll niemand erzählen, dass er gar nichts bedeutet, dass es allein auf die Gefühle ankommt. Das ist Quatsch. Alles muss seinen Platz haben.

Ich gehöre wohl zu den wenigen privilegierten Frauen, die mehrere Orgasmen hintereinander haben können. Ich kann das beim Liebesakt nach Belieben steuern.

Gruppensex finde ich abstoßend. Bah, ich glaube, eine Beziehung hat ihren Sinn verloren, wenn plötzlich mehrere Leute ins Spiel kommen.

Ich bin manchmal mit Männern nur eine Beziehung eingegangen, weil ich Lust auf ein bisschen Spaß hatte und nicht allein sein wollte. Oft aber sind daraus dann die besten Freundschaften erwachsen. Verrückt, was? Vielleicht weil Sex dafür sorgt, dass sich Vertrauen entwickeln kann. Einer von ihnen ist inzwischen verheiratet und hat sich von daher etwas entfernt. Der Zweite aber ist mein bester Freund. An die anderen fünf oder sechs erinnere ich mich lieber nicht.

Meine Libido ist heute mindestens genauso ausgeprägt wie früher, zumal ich mit einem so anderen Menschen zusammen bin. Ich bewundere ihn, und er schafft es, immer wieder das Beste aus mir herauszuholen. Fremdgehen käme für mich heute absolut nicht in Frage. Früher war ich schlimm, aber da hatte ich noch nicht den richtigen Partner gefunden.

Ich befriedige mich nicht gern selbst, finde es aber sexy, wenn mein Partner mich darum bittet.

Meine Unschuld habe ich nach einem Jahr des Bittens und Bettelns verloren. Ich war zwei Jahre mit meinem damaligen Freund zusammen und habe schließlich nachgegeben. Wir sind in eine Pension gegangen. Es war furchtbar! Zack, und nach zehn Minuten war es vorbei. Ich lag wie tot im Bett und heulte, weil es so grauenhaft wehtat.

Grundsätzlich halte ich Sex für eine gute Sache, denn so kann man sich dem anderen hingeben und sich ohne Maske zeigen.

Ich hatte zwei unglaublich intensive und genau so schwierige Beziehungen. Eine hielt drei Jahre. Auch ihm war ich oft untreu, aber als er mich dann verließ, hatte ich das Gefühl, meinen besten Freund verloren zu haben. Ich habe fast ein ganzes Jahr lang darunter gelitten, und obwohl ich schon wieder mit einem anderen zusammen war, dachte ich doch nur an ihn und fragte mich, was ich falsch gemacht hatte. Heute sind wir die dicksten Freunde. Ich liebe ihn wie verrückt, und er kennt mich wie kein Zweiter. Und ich ihn.

Die andere Beziehung war die zu dem Waffennarren. Eine ganz merkwürdige Sache, intensiv, das schon… Angefangen hat es als Spiel, denn er hatte eine Freundin, ich einen Freund. Er hat geheiratet, sich scheiden lassen… und bekam dann einen Sohn. Zwei Jahre waren wir zusammen, sind viel gereist, weil er gern Reisen unternahm und ich von ihm abhängig war. Dann wurde er immer eifersüchtiger, Besitz ergreifender. Am Anfang gefiel mir das noch, aber dann…

Es ist mir schwer gefallen, die Beziehung zu beenden, denn wir hatten so viel miteinander unternommen. Aber ich habe es getan. Und jetzt bin ich mit jemandem zusammen, von dem ich mich nie trennen werde, so glücklich bin ich.

Ich sehe anderen nicht gern beim Sex zu. Ich möchte mich und meinen Partner erleben. Deshalb mag ich Pornografie nicht. Mit dem Waffenfreak habe ich mir mal einen Porno angesehen, aber es hat mir nicht gefallen.

Ich habe unterschiedliche Cremes benutzt und mich gern verkleidet: als Katze, Häschen, Dienstmädchen … Ich habe mir Sachen aus Latex angezogen und Handschellen benutzt und mich wahnsinnig sexy gefühlt. Heute brauche ich das nicht mehr, damit es mir gut geht.

Epilog

Die besten Rezepte gegen emotionale Kälte entstehen im Kopf. Die Zutaten haben viele Namen: Pornocomics, Pornos, erotische Erzählungen, vor allem aber Erinnerungen und Erfahrungen mit den besten Liebhabern.

Den Sexualwissenschaftlern zufolge sind es vor allem die Frauen, die zuweilen unter sexueller Appetitlosigkeit leiden. Gleichwohl haben wir uns nach Auswertung der eingesandten Antworten gefragt, wie genau man den Begriff sexuelles Begehren zu definieren hat, denn es hat sich herausgestellt, dass die Frauen, die die Lust an der Lust mit dem Partner verloren haben, es sich für sich allein sehr wohl auch weiterhin gut gehen lassen. Zumeist sind daran Faktoren Schuld, die mit der weiblichen Sexualität an sich gar nichts zu tun haben, wie etwa die Geburt eines Kindes oder die Einkehr der Routine.

Einig sind sich die Experten jedoch, dass der Verlust der sexuellen Fantasie eines der maßgeblichsten Symptome für das Nachlassen des Begehrens ist. Sexuelle Fantasien sind das dringend benötigte Schmieröl, um die Motoren wieder anzukurbeln.

Nun möchten wir dieses Buch nicht beschließen, ohne nachfolgend einige Beobachtungen aufzulisten, die uns von Bedeutung erscheinen.

Die Liebe ist ein wesentlicher Bestandteil der weiblichen

Sexualität. Viele Frauen im Alter von zwanzig plus betonen bereits, dass sie den Sex nicht genießen können, wenn ansonsten keine Gefühle im Spiel sind. Dennoch gibt es mehr Frauen, die knallharten Sex ohne emotionale Kompromisse genießen, als wir anfangs annahmen.

Alle Frauen, die uns ihre intimen Geständnisse mitgeteilt haben, geben zu, dass sie sich selbst befriedigen. Die meisten von ihnen haben zudem sehr früh damit angefangen.

Die Frauen wertschätzen alles, was ihrer Beziehung neuen Schwung gibt und als frisches Element in sie einfließt.

Beim so genannten »Idealmann« gibt es gewisse Übereinstimmungen. Gefragt sind große, beschützende Hände, die sowohl zärtlich als auch »zupackend« sein können. Er soll reden und die Frau zum Lachen bringen können und immer wieder eine Überraschung parat haben.

Den meisten Frauen fällt es leichter, ihre Wünsche ohne Scham vor Fremden oder vor Männern zu äußern, an die sie emotional nicht gebunden sind, als gegenüber ihrem Partner.

Die Mehrzahl der Frauen, die ihren Partner in ihre sexuellen Fantasien einbauen, ist frisch verliebt.

Frauen nehmen in ihren Fantasien eher den passiven Part ein. Sie sind es, die empfangen.

Obwohl das Schuldbewusstsein noch tief in den Frauen verankert ist, reden die meisten von ihnen doch ohne große Gewissensbisse über ihre Wünsche und Fantasien.

Die Mehrzahl der Frauen kann ihren Körper annehmen, wie er ist, selbst die, die angeben, keine Traummaße zu haben.

Praktisch alle Frauen lieben Oralsex und legten mit den Jahren auch immer mehr die Scheu ab, ihren jeweiligen Partner das auch wissen zu lassen. Hingegen halten die Männer den Koitus zumeist noch für das Nonplusultra.

Die Diskussion zum Thema »Porno – ja oder nein?« wird weitergeführt. Auch wenn sie sich andere Filme wünschen, schauen sich Frauen aus Mangel an Alternativen doch den einen oder anderen Streifen im Fernsehen an und lassen sich durchaus davon inspirieren. Lieber aber sind ihnen die Geschichten, die nur andeuten und nicht – wie im klassischen Porno – alles zeigen.

Fast alle Frauen sind bereit, Sexspielzeuge auszuprobieren, doch kaum eine traut sich, die Schwelle zu einem Sexshop zu überschreiten. Diejenigen, die einen Dildo oder Ähnliches ihr Eigen nennen, begreifen ihn nicht als Ersatz für den Partner, den sie nicht haben, sondern als ein ergänzendes Element ihrer Sexualität.

Zum Schluss möchten wir betonen, wie nachhaltig uns die vielen Geständnisse über sexuellen Missbrauch in Erinnerung geblieben sind. Niemals hätten wir gedacht, dass dergleichen so häufig vorkommt. Und gewiss hätten wir nicht davon erfahren, wenn die Fragebögen nicht anonym über unsere Website ausgefüllt worden wären.

Dank

Wir möchten danken: den Sexualwissenschaftlern Francisca Molero, Juanjo Borrás, Xavier Pujol, Pilar Cuéllar, Isabel S. Larraburu, Pilar Cristóbal sowie Antoni Martín für die vorbehaltlose Revision dieses Buches. Ihre Hinweise, Bemerkungen, Tipps und Korrekturen waren uns unverzichtbar. Carmen Palma, die uns die Sexualität anderer Frauen auf diesem Planeten nahe gebracht hat, und Lourdes Blanco, die uns eine andere Wahrnehmung der menschlichen Psyche gezeigt hat. Der Psychologin Margarita Sentís und dem Zentrum für Familienplanung in Santa Coloma de Gramenet für ihr Interesse an unserem Projekt, die Zeit, die sie uns geopfert, und die Öffentlichkeitsarbeit, die sie dafür geleistet haben. Unser Dankeschön auch an all jene, die offen und klar mit uns gesprochen haben, die sich dem Thema didaktisch näherten und einen progressiven Blick auf Sexualität haben.

Unserem Freund und Computercrack Manel Castro für seine ebenso großartige wie einfühlsame Arbeit an unserer Website. Ohne sie hätten wir in dieser Rekordzeit niemals so viele Frauen für eine Umfrage dieser Größenordnung erreicht.

Eva Moreno und Maica Solà, die unsere Seite auf ihrer eigenen Homepage publik gemacht haben und uns immer mit Rat und Tat zur Seite standen.

Itzíar G. Ziga, die von der Zeitschrift *Andra* aus Leserinnen anrief und auf unsere Homepage aufmerksam machte, die in ihren Workshops die Werbetrommel rührte und sich vom ersten Moment an für dieses Projekt begeistert hat.

Tomás Román, der so wahnsinnig geduldig mit uns und unserem »kleinen Thema« war und stets darüber Bescheid wusste, was »die Menschen auf der Straße« dachten. Álex Carulla, der uns half, den »Fragebogen für Ihn« zu entwerfen.

Belén López, unsere Lektorin bei Temas de Hoy, die an das Buch glaubte, seit sie das Manuskript zum ersten Mal in den Händen hielt, und es mutig vorangetrieben hat. Und Laura León, die irgendwann den Stab übernahm.

Unserem Freund Javier Reguera, dem es zu verdanken ist, dass wir auf den Fotos so hübsch aussehen (uns ist klar, dass das nicht so ganz einfach war). Und Isabel Fuentes, die an dem Ergebnis ebenfalls mitgewirkt hat.

Ferner möchten wir allen danken, die unsere Internetadresse über das Netz publik gemacht haben: Mercè Penalba, Leiterin der Zentralbibliothek von Santa Coloma de Gramenet, die Buchhandlungen Pròleg und Excellence in Barcelona, der Librería Mujeres in Madrid, Rox und San Francisco, de Mérida y Maxtor in Valladolid. Und außerdem: Marisol Abejón, Anna Delatte, M. Carmen Banús, Miguel und Carlos Matilla, Carmen Sanz, Manuel Téllez, Mar Montilla, Alicia Martínez, Cecilia Marcos, Antonia Román sowie all den Freunden und Bekannten, die ebenfalls ihren Teil zur landesweiten Verbreitung unseres Anliegens beigetragen haben.

Unser besonderer Dank gilt auch all jenen Frauen, die unseren Fragebogen beantwortet haben, wegen der Auswahlkriterien, des Platzes oder aus sonstigen Gründen mit ihren Erfahrungen aber nicht in diesem Buch auftauchen. (Da wir bereits Informationen für eine andere Untersuchung sammeln, hoffen wir, ihre Zeugnisse später berücksichtigen zu können.)

Da wir ein Autorinnenduo sind, gibt es auch spezielle Danksagungen, die wir nicht mit einer Stimme aussprechen können. Hier sind sie.

Sonsoles:
Ich danke meiner Agentin Sandra Bruna, die dieses Projekt zu »ihrem Schatz« machte und mit Überzeugung und Verve dafür eintrat.

Pepe García Romero und Daya Rolsma für all das, was sie mir in all den Jahren gezeigt haben. Das fing bei den Begegnungen im Radio an und reichte noch über die Ratschläge zum Thema Publikationen hinaus. Besonders wertvoll aber war mir, dass sie mir immer wieder Mut zugesprochen und Energie geschenkt haben. Meinen Schwestern Loli und Isabel, die sich ebenfalls um die Verbreitung der Website verdient gemacht haben und mir den Weg wiesen, ohne es zu wissen.

Meiner Mutter, die nicht die Nase gerümpft hat, als ich ihr zum ersten Mal erzählte, dass ich in meinem nächsten Buch über schweinische Fantasien schreiben würde. (Stattdessen tippte sie sich bedeutungsschwer mit dem Zeigefinger an die Stirn und sagte: »Wenn es nicht eine reine Kopfsache wäre, wären viele Frauen meiner Generation nie mit ihrem Mann ins Bett gegangen.«) Meinem Vater, der mir mit seiner Liebe beigebracht hat, mich von allem zu verabschieden, was mich unglücklich macht. Und Tomás, noch einmal, nicht nur, weil beide Autorinnen es ihm schulden, sondern weil er meine Stressattacken stoisch ertragen – und sie mit seinen Umarmungen gelindert hat.

Laura:
Mein Dank gilt Sonsoles Fuentes, Koautorin, exzellentem Profi und herausragendem Menschen (ja, ich weiß, dass du nicht

mit in die Danksagung einbezogen werden möchtest, aber du weißt, dass ich nicht darauf verzichten will), die mich dazu ermuntert hat, mit ihr zusammenzuarbeiten, und durch die ich an diesem wunderbaren Projekt teilnehmen durfte. Ich werde dir nie genug dafür danken können.

Manel Castro (schon wieder!?). Ja. Für seine Unterstützung, seine Begeisterung, seine SMS-Nachrichten, sein Lachen und für das Vertrauen in mich – von Anfang an. Du weißt, dass ich ohne dich nicht durchgehalten hätte.

Meiner Schwester Ana Carrión, für ihr waches Auge und dafür, dass sie mir einige, sagen wir, technische Fragen beantworten konnte.

Cèlia Castells, die an mich geglaubt hat und für ihre (unbezahlbare) Freundschaft, für ihre positiven Energien und für das Geschenk, das sie all denen machte, die diese Seiten lasen.

Mama Ana Colillas – willkommen im Club der Großmütter ohne Grenzen.

Candela, die mein Leben bereichert hat und die – nicht zu vergessen – dieses Manuskript redigiert hat.

Gemma und Lara, die sich so liebevoll gekümmert haben.

Álvaro Colomer, der mich zu den Abendessen der »kleinen Strolche« mitgenommen hat. Gemeinsam war es leichter, den »Horror vacui« einer leeren Seite auszuhalten (auch in nicht mehr ganz nüchternem Zustand).

Meiner Schwägerin Montse Cortinas, die mich bei der Verbreitung des Fragebogens sehr unterstützt hat.

Joaquín Sabina, für so viele gesungene Wahrheiten.

Guillermo Hernaiz, dem Herausgeber der »Primera Línea«, dafür, dass er mir die Türen zum Journalismus mit erotischem Schwerpunkt öffnete.

Allen interviewten Frauen für die Zeugnisse, die sie ablegten und die dank unserer Schweigepflicht extrem transparent waren. Noch gilt es, einige Tabus zu brechen und Barrieren einzureißen, aber mit Menschen wie euch wird diese Aufgabe ungleich leichter zu bewältigen sein.

Silvia Martín, Chefredakteurin von »Woman«, die ein paar meiner Arbeiten aufrichtig gelobt hat (das ermuntert ungemein!).

Juan Maldonado, stellvertretender Chefredakteur von »Man«, der mir für diese Arbeit die Zeit geschenkt hat.

Der katholischen Schule Santa Teresa de Jesús. Ihre repressive Erziehung hat in mir einen antidogmatischen Geist geweckt, der mich nie verlässt und der im Journalismus unabdingbar ist.

Meinen Neffen Carlos und Albert, die mitten in der Pubertät und noch mächtig orientierungslos sind, was beweist, dass man mit der sexuellen Aufklärung schonungs- und bedingungslos weitermachen muss.

Meinen Ex-Lovern und Freunden für die guten und weniger guten Momente, die wir geteilt haben. Bei allen habe ich Aspekte der Sexualität kennen gelernt, die mir bei meiner Arbeit (und nicht nur bei dieser) hilfreich waren.

Und all meinen Kolleginnen, Freunden und Freundinnen möchte ich danken, für die unzähligen offenen und vertrauensvollen Bekenntnisse rund um ein höchst intimes Thema. Bei Tag und bei Nacht.

Anhang

Fragebogen für Sie

Alter:
Beruf und Schulabschluss:
Geburtsort und aktueller Wohnort:

Deine Fantasien
Erzähle von den sexuellen Fantasien, die dir am besten gefallen oder die dich heute am meisten erregen: wenn du dich selbst befriedigst, wenn du mit jemandem zusammen bist oder um besser zum Orgasmus zu kommen. Bedenke dabei, dass wir grenzüberschreitende Fantasien im Allgemeinen ungern erzählen. Sie sind uns peinlich, obwohl wir sie gar nicht in die Tat umsetzen wollen und sie ohnehin nur auf der imaginären Ebene funktionieren. Solche Fantasien interessieren uns am meisten! Wenn du möchtest, kannst du uns gern eine Fantasie erzählen, die du verwirklichen möchtest, und eine, um deren Erregungspotential es dir vorrangig geht, nicht aber um ihre Realisierung.

Um sie zu erklären, beschreibe das Umfeld der vorgestellten Szene, die mitwirkenden Personen, die Abfolge der Ereignisse und deine Empfindungen. Es geht nicht darum, bloß zu erwähnen, dass du es dir zu dritt vorstellst, mit einer Frau oder an einem öffentlichen Ort, sondern wichtig ist die detaillierte Beschreibung der Fantasie.

Aussehen

Wie siehst du aus? Hältst du dich für hübsch oder eher nicht? Bist du schlank oder pummelig? Was, denkst du, mögen die Männer am meisten an dir (oder die Frauen, wenn du lesbisch bist)? Bist du kommunikativ, schüchtern oder extrovertiert? Benutzt du deinen Intellekt als Mittel der Verführung? Welche Körperpartien betonst du, wenn du jemanden erobern willst? Pflegst du deinen Körper, indem du Sport treibst, dir teure Kosmetika gönnst oder regelmäßig eine Sauna aufsuchst? Wie ziehst du dich an (klassisch, sportlich, leger, hippiemäßig ...)? Trägst du Schuhe mit Absätzen, Markenunterwäsche, welche Art von Dessous (aus Baumwolle und eher jugendlich, sexy, teuer und elegant)? Rasierst du dich, schminkst du dich (stark, wenig, dezent ...), benutzt du Parfüms, gehst du regelmäßig zur Massage, wie frisierst du dich (klassisch oder modern)?

Welche Männer/Frauen gefallen dir?

Gibt es ein Idealbild, dem du nicht widerstehen kannst? Was schätzt du an deinem Liebhaber am meisten?

Familienstand

Bist du ledig, aber mit Freund? Ohne Freund? Lebst du allein, mit Freunden ohne Sex, mit Freunden und dem Wunsch, dass ihr Sex habt, mit Freunden und Sex mit einem Dritten, mit der Familie? Hast du einen Lover, um Spaß zu haben? Bist du verliebt, verheiratet oder mit festem Freund, dem du treu bist? Verheiratet oder fest gebunden, aber mit einem Liebhaber? Verheiratet und gebunden, aber gehst ab und an oder regelmäßig fremd? Getrennt mit Kindern und neuem Freund oder neuer Freundin, ohne Freund oder Freundin (keine Lust)? Suchst du eine neue Beziehung? Versuchst du, den Ex zurückzugewinnen? Bist du geschieden, oder lebst du getrennt, weil er fremdging, und jetzt möchtest du am liebsten kein Abenteuer auslassen (auch das lesbische nicht)? Bist du geschieden ohne Kinder? Mit Kindern, und nun suchst du nach einem neuen Vater für sie? Bist du lesbisch, mit Partnerin, ohne, mit mehreren? Suchst du die Liebe deines Lebens, oder hast du im Moment die Nase voll von allem? Schwärmst du für jemanden, der unerreichbar ist? Bist du eventuell »die andere«, die Liebhaberin deines Chefs, Nachbarn, Zeitungshändlers? Bist du Witwe (glücklich oder unglücklich) und suchst noch einmal nach einem Partner an deiner Seite oder genau das nicht? Erzähl von den wichtigsten Liebhabern, Partnern, Ehemännern, die du im Laufe deines Lebens hattest.

Welche Einstellung hast du zum Sex?
Uns interessiert, ob du beim Sex aktiv bist oder eher eine passive Rolle spielst, ob du beim ersten Kennenlernen auch die Initiative ergreifst, ob du dem Sex viel Zeit einräumst und ein Ritual daraus machst oder ihn mehr als »Pflichtübung« absolvierst. Welches sind deine erogenen Zonen, und welche Praktiken erregen dich am meisten? Hat Sex in einer Beziehung einen hohen Stellenwert für dich, oder ist er zweitrangig? Hast du einen Orgasmus, bist du dir nicht ganz sicher, möchtest du unbedingt zu einem kommen, oder ist es dir nicht so wichtig? Welche Praktiken schrecken dich körperlich und/oder moralisch ab? Hattest du jemals eine rein sexuelle Beziehung, oder wünschst du dir eine solche? Glaubst du, dass eine Beziehung funktionieren kann, auch wenn der Sex nicht besonders aufregend ist? Hat deine Lust mit den Jahren nachgelassen? Welche Situationen schüchtern dich ein oder blockieren dich? Wie

stehst du zum Thema Fremdgehen (du selbst oder dein Partner)? Hattest du schon mal Lust fremdzugehen, hast es dir dann aber aus moralischen Gründen verboten? Erzähle uns, welche sexuelle Erfahrung dich traumatisiert hat (sofern es eine solche gab). Befriedigst du dich selbst? Wenn ja, wie, wie oft, nur wenn du allein bist oder auch mit Partner.

Beschreibe deinen sexuellen Werdegang: Wann und wie bist du entjungfert worden? War es eine positive Erfahrung? Genießt du den Sex? Wann und wie hast du angefangen, dich selbst zu befriedigen? Ist dir das unangenehm, oder hältst du es für eine Bereicherung? Berichte uns von einem einschneidenden Erlebnis, einem Gedanken oder einer Beziehung, die dein sexuelles Selbst stark geprägt haben (eine kurze, aber aus irgendeinem Grund bedeutsame Affäre, die Beziehung zu einem Verwandten, mit jemandem, der bedeutend älter oder jünger war als du, zu einem Tier ... es ist egal, wenn dieses Erlebnis schon lange zurückliegt). Was bedeutet dir Sexualität im Moment, in welcher Situation bist du gerade (unfreiwillig abstinent, lustlos, absolut auf der Höhe, total verliebt)?

Andere Praktiken

Wie hältst du es mit der Pornografie (Filme, Zeitschriften, Comics, Chats, erotische Literatur)? Konsumierst du derlei manchmal, oft, in den Ferien, einmal pro Woche, täglich, nie ...? Gefällt dir das? Erregt, langweilt es dich? Verletzt Pornografie deine Gefühle, findest du sie ekelhaft oder hervorragend, um dich zu stimulieren? Siehst du dir solche Sachen allein oder zusammen mit deinem Partner an? Weil er/sie den Vorschlag macht oder auf deine Initiative hin (gehörst du also zu denen, die auch schon mal einen Film in den Einkaufswagen werfen)? Wenn du allein bist und dich mit pornografischem Material beschäftigst, möchtest du dich dann selbst befriedigen? Bewahrst du die Sachen zu Hause auf, oder leihst du sie dir? Redest du mit deinen Freundinnen darüber? Wäre es dir peinlich, wenn eine deiner Freundinnen bei dir Pornos fände? Identifizierst du dich mit der Lust, die die Frauen in diesem Genre bei den gezeigten Praktiken offenbar empfinden? Würdest du gern selbst mal etwas davon ausprobieren? Wurde eine deiner Fantasien von einem Porno inspiriert oder basiert gar darauf? Welche derartigen Szenen stimulieren dich?

Benutzt du erotisches Spielzeug aus dem Sexshop (Dildos, Liebeskugeln, Vibratoren, Schwämmchen o.ä.)? Wenn ja, allein oder mit jemandem? War es ein Geschenk, oder hast du dir die Sachen selbst gekauft? Erregt dich das Spiel damit, oder tust du es ihm oder ihr zuliebe? Bist du eifersüchtig, wenn dein Partner sich über Pornos in Stimmung bringt? Würdest du einer Freundin etwas kaufen, das dich sehr erregt, wenn du weißt, dass sie gerade schwer zu stimulieren ist? Bereichern solche Accessoires eine Partnerschaft, oder sind sie Gift?

Fragebogen für Ihn

Kaum hatten wir die Einrichtung unserer Seite in diversen Foren im Netz publik gemacht, da wollten die Männer schon bald wissen, wann denn wohl sie an die Reihe kämen. Wir versprachen ihnen, uns ihrer Sache anzunehmen, sobald unser Manuskript beim Verlag sei. Hier ein Auszug aus einer der Zuschriften:

»In einer Welt voller Tabus, in der man sich kaum selbst anfassen darf, Fantasien zu haben, ist ein notwendiges Instrument, um Dinge kennen zu lernen, die jenseits der gesellschaftlich erlaubten Grenzen liegen.

Wir Männer haben zunehmend auch homosexuelle Fantasien; dafür aber fühlen wir uns immens schuldig und fürchten, dass unsere Männlichkeit durch sie in Frage gestellt wird.

Oft haben wir Fantasien mit mehr als nur einer Frau. Sie lösen starke Schuldgefühle aus, und wir fürchten, dadurch der Partnerin untreu zu werden.

Manchmal stellen wir uns vor, wie unsere Partnerin es mit anderen Männern treibt. Das kann höchst erregend sein, aber wir verheimlichen solche Gedanken und würden sie in den seltensten Fällen laut aussprechen. (...)

Es ist wahr, die männliche Sexualität ist einem Wandel unterworfen. Manchmal aber scheinen wir uns eher rückwärts zu bewegen, und daran sind die neoliberalen oder rechten Kräfte nicht ganz unschuldig.

Die Revolution ist in vollem Gange. Männer und Frauen sollten bei der Neudefinition von Beziehungs- und Partnerschaftsmodellen äußerst wachsam sein. Begriffe wie ›normal‹, ›anständig‹, ›erlaubt‹, ›moralisch‹ wurden bislang immer dazu benutzt, zu unterdrücken, zu zerstören und den Prozess des Wandels zu unterbinden.«

Dieser Kommentar stammt von einem vierzigjährigen, verheirateten Mann. Um den Prozess des männlichen Wandels kennen zu lernen, haben wir unseren Fragebogen entsprechend angepasst. Hier der Wortlaut:

Alter:
Beruf und Schulabschluss:
Geburtsort und aktueller Wohnort:

Deine Fantasien
Erzähle von den sexuellen Fantasien, die dir am besten gefallen oder die dich heute am meisten erregen: wenn du dich selbst befriedigst, wenn du mit jemandem zusammen bist oder

um besser zum Orgasmus zu kommen. Bedenke dabei, dass wir grenzüberschreitende Fantasien im Allgemeinen ungern erzählen. Sie sind uns peinlich, obwohl wir sie gar nicht in die Tat umsetzen wollen und sie ohnehin nur auf der imaginären Ebene funktionieren. Solche Fantasien interessieren uns am meisten! Wenn du möchtest, kannst du uns gern eine Fantasie erzählen, die du verwirklichen möchtest, und eine, um deren Erregungspotential es dir vorrangig geht, nicht aber um ihre Realisierung.

Um sie zu erklären, beschreibe das Umfeld der vorgestellten Szene. Wo findet das Szenario statt, wie ist die Beleuchtung? Ist es warm oder kalt, welche Personen spielen eine Rolle, gibt es bestimmte herausragende körperliche Merkmale? Welche Abfolge haben die Ereignisse (welche Praktiken werden umgesetzt, geschieht alles langsam oder schnell, welche Körperpartien sind besonders wichtig, was tun die einzelnen Personen)? Welche Empfindungen hast du? Es geht nicht darum, bloß zu erwähnen, dass du es dir zu dritt vorstellst, mit einer Frau oder an einem öffentlichen Ort, sondern wichtig ist die detaillierte Beschreibung der Fantasie.

Aussehen

Wie siehst du aus? Hältst du dich für gut aussehend oder eher nicht? Bist du schlank oder pummelig? Was, denkst du, mögen die Frauen am meisten an dir (oder die Männer, wenn du homosexuell bist)? Bist du kommunikativ, schüchtern oder extrovertiert? Benutzt du deinen Intellekt als Mittel der Verführung? Welche Körperpartien betonst du, wenn du jemanden erobern willst? Trainierst du deinen Körper? Benutzt du Kosmetik, rasierst du dich, gehst du in Spas, zur Massage? Wie ziehst du dich an (klassisch, sportlich, hippiemäßig, modern …)? Legst du Wert auf deine Unterwäsche? Was trägst du normalerweise? Benutzt du Düfte? Welchen Haarschnitt hast du, und wie frisierst du dich?

Welche Frauen/Männer gefallen dir?
Gibt es ein Idealbild, dem du nicht widerstehen kannst? Was schätzt du an deinen Geliebten am meisten? Auf welche Körperpartien achtest du für gewöhnlich? Gefallen dir die schüchternen Frauen oder solche, die wissen, was sie wollen – auch im Bett? Suchst du für den Sex und für eine feste Beziehung den gleichen Typ?

Familienstand
Bist du ledig, aber mit Freundin? Ohne Freundin? Lebst du allein, mit Freunden ohne Sex, mit Freunden und dem Wunsch, dass ihr Sex habt, mit Freundinnen und Sex mit einem Dritten, mit der Familie? Hast du eine Geliebte, um Spaß zu haben? Bist du verliebt, verheiratet oder mit fester Freundin, der du treu bist? Verheiratet oder fest gebunden, aber mit einer Geliebten? Verheiratet oder gebunden, aber du gehst ab und an oder regelmäßig fremd? Getrennt mit Kindern und neuer Freundin oder neuem Freund (vielleicht entdeckst du ja gerade ganz neue Seiten in dir), ohne Freundin (keine Lust)? Suchst du eine neue Beziehung? Versuchst du, deine Ex zurückzugewinnen? Bist du geschieden, oder lebst du getrennt, weil sie fremdging, und jetzt möchtest du am liebsten kein Abenteuer auslassen (auch das homosexuelle nicht)? Bist du geschieden ohne Kinder? Mit Kindern, und nun suchst du nach einer neuen Mutter für sie? Bist du homosexuell, mit Partner, ohne, mit mehreren? Suchst du die Liebe deines Lebens, oder hast du im Moment die Nase voll von allem? Schwärmst du für jemanden, der unerreichbar ist? Bist du eventuell »der andere«, der Liebhaber eine Kollegin, der Nachbarin, der Fischverkäuferin?

Bist du Witwer (glücklich oder unglücklich) und suchst noch einmal nach einer Partnerin an deiner Seite oder genau das nicht? Erzähl von den wichtigsten Geliebten, Partnerinnen, Ehefrauen, die du im Laufe deines Lebens hattest.

Welche Einstellung hast du zum Sex?

Uns interessiert, ob es dich Überwindung kostet, eine Frau anzusprechen oder ob du gern und gleich zur Sache kommst, ob du für das Kennenlernen gewisse »Techniken« entwickelt hast (den Schüchternen spielen, das Opfer, den Unerreichbaren...), ob du Frauen getroffen hast, die beim Sex aktiv waren, und wie es dir damit ging (übernimmst du dann den passiven Part?). Räumst du dem Sex viel Zeit ein, und machst du ein Ritual daraus, oder begreifst du ihn mehr als »Pflichtübung«? Welches sind deine erogenen Zonen, und welche Praktiken erregen dich am meisten? Glaubst du, zum Sex muss die Penetration immer dazugehören, wenn du befriedigt sein willst? Hat Sex in einer Beziehung einen hohen Stellenwert für dich, oder ist er zweitrangig? Hast du immer einen Orgasmus, kommst du auch mehrmals, bevor du ejakulierst? Welche Praktiken schrecken dich körperlich und/oder moralisch ab? Hattest du jemals eine rein sexuelle Beziehung, oder wünschst du dir eine solche? Glaubst du, dass eine Beziehung funktionieren kann, auch wenn der Sex nicht besonders aufregend ist? Hat deine Lust mit den Jahren nachgelassen? Welche Situationen schüchtern dich ein oder blockieren dich? Wie stehst du zum Thema Fremdgehen (du selbst oder dein Partner)? Hattest du schon mal Lust, fremdzugehen, hast es dir dann aber aus moralischen Gründen verboten? Erzähle uns, welche sexuelle Erfahrung dich traumatisiert hat (sofern es eine solche gab). Befriedigst du dich selbst? Wenn ja, wie, wie oft, nur wenn du allein bist oder auch mit Partner.

Glaubst du, dass die Gesellschaft oder die Erziehung, die du genossen hast, für deine sexuellen Praktiken verantwortlich ist oder sie zumindest mit geprägt hat? Wenn ja, dann wie? Hast du jemals das Gefühl gehabt, den Macho geben zu müssen, auch wenn du nicht wolltest? Identifizierst du dich mit dem Typ Mann, der von der Gesellschaft in sexueller und emotionaler Hinsicht als »Gewinnertyp« proklamiert wird? Stört dich an diesen Idealbildern etwas? Wenn ja, was?

Wer hat dich in deiner Kindheit aufgeklärt: dein Vater, deine Brüder, Freunde, Frauen...? Welches sind deine größten Zweifel und Ängste? Kannst du mit deinen Freunden über sexuelle Belange sprechen? Welches Verhalten im Bett würdest du deinen bisherigen Partnerinnen am ehesten vorwerfen? Denkst du, dass du sexuell im Vorteil bist, weil du als Mann geboren wurdest?

Beschreibe deinen sexuellen Werdegang: Wann, wie bist du »entjungfert« worden? War es eine positive Erfahrung? Genießt du den Sex? Wann und wie hast du angefangen, dich zu befriedigen? Ist dir das unangenehm, oder hältst du es für eine Bereicherung? Berichte uns von einem einschneidenden Erlebnis, einem Gedanken oder einer Beziehung, die dich stark geprägt haben (eine kurze, aber aus irgendeinem Grund bedeutsame Affäre, die Beziehung zu einem Verwandten, mit jemandem, der bedeutend älter oder jünger war als du, zu einem Tier... es ist egal, wenn dieses Erlebnis schon lange zurückliegt). Was bedeutet dir Sexualität im Moment, in welcher Situation bist du gerade (unfreiwillig abstinent, lustlos, absolut auf der Höhe, total verliebt)?

Andere Praktiken

Wie hältst du es mit der Pornografie (Filme, Zeitschriften, Comics, Chats, erotische Literatur)? Konsumierst du derlei manchmal, oft, in den Ferien, einmal pro Woche, täglich, nie …? Gefällt dir das? Erregt, langweilt es dich? Verletzt Pornografie deine Gefühle, findest du sie ekelhaft oder hervorragend, um dich zu stimulieren? Siehst du dir solche Sachen allein oder zusammen mit deiner Partnerin an? Weil sie/er den Vorschlag macht oder auf deine Initiative hin (gehörst du also zu denen, die auch schon mal einen Film in den Einkaufswagen werfen?). Wenn du allein bist und dich mit pornografischem Material beschäftigst, möchtest du dich dann selbst befriedigen? Bewahrst du die Sachen zu Hause auf, oder leihst du sie dir? Redest du mit deinen Freunden darüber? Wäre es dir peinlich, wenn einer deiner Freunde bei dir Pornos fände? Identifizierst du dich mit der Lust, die die Männer in diesem Genre bei den gezeigten Praktiken offenbar empfinden? Würdest du gern selbst mal etwas davon ausprobieren? Wurde eine deiner Fantasien von einem Porno inspiriert oder basiert gar darauf? Welche derartigen Szenen stimulieren dich?

Benutzt du erotisches Spielzeug aus dem Sexshop (Dildos, Vibratoren, Gummipuppen o.ä.)? Wenn ja, allein oder mit jemandem? War es ein Geschenk, oder hast du dir die Sachen selbst gekauft? Erregt dich das Spiel damit, oder tust du es ihr oder ihm zuliebe? Bist du eifersüchtig, wenn deine Partnerin sich über Pornos in Stimmung bringt? Würdest du einem Freund etwas kaufen, das dich sehr erregt, wenn du weißt, dass er gerade Erektionsprobleme hat? Bereichern solche Accessoires eine Partnerschaft, oder sind sie Gift?